Bei Vielfalt Chancengleichheit

Marianne Krüger-Potratz,
Ursula Neumann, Hans H. Reich (Hrsg.)

Bei Vielfalt Chancengleichheit

Interkulturelle Pädagogik
und Durchgängige Sprachbildung

Waxmann 2010
Münster / New York / München / Berlin

Bibliografische Informationen der Deutschen Nationalbibliothek
Die Deutsche Nationalbibliothek verzeichnet diese Publikation in
der Deutschen Nationalbibliografie; detaillierte bibliografische
Daten sind im Internet über http://dnb.d-nb.de abrufbar.

ISBN 978-3-8309-2359-6

© Waxmann Verlag GmbH, Münster 2010

www.waxmann.com
info@waxmann.com

Umschlaggestaltung: Pleßmann Kommunikationsdesign, Ascheberg
Satz: Carina Dluhosch, Hamburg
Druck: Hubert & Co., Göttingen
Gedruckt auf alterungsbeständigem Papier, säurefrei gemäß ISO 9706

Inhalt

Interkulturelle Bildung und Politik

Interkulturelle Pädagogik in der Disziplin

Interkulturelle Pädagogik in der Profession

Vielfalt der Bildungssprachen

Mehrsprachigkeit im Bildungssystem

32

Marianne Krüger-Potratz, Ursula Neumann und Hans H. Reich

Fachgeschichte und Biographie

Zur Einführung

Fachgeschichte ist immer auch Geschichte von Personen und Institutionen. Dies gilt auch für die Interkulturelle Pädagogik, ein junges Fachgebiet, dessen Anfänge Ende der 1960er, Anfang der 1970er Jahre zu finden sind. Zu dieser Zeit wurde zwar intensiv über Chancengleichheit diskutiert, aber – wie die bekannte Kunstfigur des ‚katholischen Arbeitermädchens vom Lande' zeigt – wohl mit Bezug auf sozioökonomische, soziogeographische und konfessionelle Unterschiede, aber ohne Bezug auf die damals so genannten ‚Gastarbeiterkinder' oder ‚Ausländerkinder'. Sie waren zwar gerade in die allgemeine Schulpflicht einbezogen worden, wurden aber noch nicht als wirklich zugehörig wahrgenommen, obwohl sich schon recht schnell abzeichnete, dass sie keineswegs nur ‚Gäste' in der deutschen Schule sein würden. Diese ‚Besonderung' markierte auch die Anfänge der pädagogischen Migrationsforschung und führte zur Etablierung der ‚Ausländerpädagogik' resp. ‚Interkulturellen Pädagogik' als eines eigenständigen Forschungs- und Lehrgebiets.

Die erste Forschungsstelle zu Migration und Bildung ist 1972 an der Pädagogischen Hochschule Rheinland, Abteilung Neuss, eingerichtet worden. Unter dem Namen „Ausbildung von Lehrern für Ausländerkinder – ALFA" hat sie sich in ihren ersten Arbeiten im Auftrag der Bund-Länder-Kommission für Bildungsplanung mit der „Entwicklung von Maßnahmen zur Fort- und Weiterbildung für deutsche Lehrer von Kindern ausländischer Arbeitnehmer" befasst. Anlass des Forschungsauftrags war die damals als gänzlich neuartig empfundene Aufgabe der Unterrichtung von neu aus dem Ausland zugewanderten Kindern und Jugendlichen. Realisiert wurde eine interdisziplinäre Zusammenarbeit von Pädagogen, Soziologen, Sprachwissenschaftlern und Praktikern, die über den Weg der Lehrerfortbildung den pädagogischen Umgang mit Einwandererkindern im schulischen und unterrichtlichen Rahmen gestaltend beeinflussen sollten.

Ingrid Gogolin, die zunächst berufliche Erfahrungen als Journalistin und Mitinhaberin einer Werbeagentur gesammelt hatte, hat sich schon als Studentin an der PH Neuss für das damals noch eher exzentrisch anmutende Themengebiet „Deutsch als Zweitsprache und Ausländerpädagogik" interessiert und aktiv in der Forschungsgruppe ALFA mitgearbeitet. Davon zeugen u.a. ihre erste und ihre zweite Staatsarbeit, in denen sie sich mit den Einsatzmöglichkeiten einer sprachkontrastiv begründeten Fehleranalyse im Unterricht des Deutschen als Zweitsprache auseinandersetzt. Es war die Zeit, in der eine ins Didaktische gewendete Kontrastive Linguistik noch als solide Grundlage fremdsprachendidaktischer Planungen galt. Robert Lados „Moderner Sprachunterricht", seit 1967 mehrfach neu aufgelegt, lieferte die Orientierungen dafür; die Fundamentalkritik von Heidi C. Dulay und Marina K. Burt wurde zwar in den USA gerade formuliert, aber erst Jahre später in Deutschland rezipiert. Danach hat es sehr lange gedauert bis kontrastive Gesichtspunkte im Rahmen empirischer Untersuchungen zum Zweitspracherwerb wieder hoffähig geworden sind. In der Zwischenzeit ging die ins Didaktische gewendete Linguistik andere Wege.

Bald galt Ingrid Gogolins Interesse der pädagogischen Sprachdiagnostik. In Kooperation mit dem Pädagogischen Institut Düsseldorf entstand der Entwurf für die „Sprachstandsmessung bei Schulanfängern", dessen Vorlage eine öffentliche Kontroverse auslöste. Jahre später flammte diese Kontroverse noch einmal auf, als Berlin mit „Bärenstark" einen ähnlichen Weg ging. Nach einer mühevollen empirischen Überprüfung des Verfahrens, die mit begründeten Zweifeln an der Validität endete, hatte sich Ingrid Gogolin von dem Verfahren distanziert und die Suche nach einer besseren Lösung aufgenommen; die Senatsverwaltung von Berlin hat sich zu Unrecht auf ihre Vorgängerschaft berufen. Als Alternative zum Messen entwickelte sie zusammen mit Hans H. Reich und einer Arbeitsgruppe des nordrhein-westfälischen Landesinstituts für Schule und Weiterbildung gegen Ende der 1980er Jahre ein Verfahren zur „Qualifizierung von Lehrerinnen und Lehrern für sprachdiagnostische Tätigkeiten"; Heide Elsholz und Alfred Goll, die dabei waren, gehen im vorliegenden Band auf diese gemeinsame Entwicklungsarbeit ein.

Neben der Lehrerfortbildung war die Evaluation von Modellversuchen in anderen europäischen Ländern ein zweiter Schwerpunkt der „Forschungsgruppe ALFA". Die Kommission der Europäischen Gemeinschaften, wie sie damals noch hieß, hatte zur Vorbereitung der „Richtlinie des Rates (. . .) über die schulische Betreuung der Kinder von Wanderarbeitnehmern", die 1977 erlassen worden ist, Modellversuche in verschiedenen Mitgliedstaaten initiiert und die „Forschungsgruppe ALFA" war beauftragt, die Modellversuche in Genk, Bedford, Paris und Leiden zu evaluieren – eine angesichts der weitgehenden Heterogenität dieser lokalen Initiativen und der kaum vorhandenen theoretischen Grundlagen schwierige, ja fast unlösbare Aufgabe. Nach Erlass der Richtlinie wurde die vergleichend-bewertende Arbeit mit weiteren europäischen Modellversuchen fortgesetzt. Nachzulesen sind die Ergebnisse in der von Ingrid Gogolin und Hans H. Reich herausgegebenen Reihe „Migrantenkinder in den Schulen Europas". Belgien und Dänemark waren die Länder, deren Bildungssystemen das besondere Interesse von Ingrid Gogolin galt.

Zwei wichtige Orientierungen sind mit dieser Phase verbunden: das Forschen in der internationalen Dimension und der produktive Einsatz der ethnographischen Methode. Hier liegen die Anfänge dessen, was viele Jahre später mit der inhaltlichen Ausrichtung des „Instituts für International und Interkulturell Vergleichende Erziehungswissenschaft" an der Universität Hamburg seinen weithin sichtbaren Ausdruck gefunden hat.

Eine Forschungstradition war in der Zeit um 1980 noch nicht etabliert, es ging noch um das Erspüren von Hypothesen, das Erproben angemessener Begriffe, das Eröffnen verstehender Zugänge; ethnographisches Arbeiten wurde seinerzeit von Vielen, die sich am Anfang einer Forschungsaufgabe sahen, bevorzugt als Zugang zum Feld genutzt. Bald schon wurde es begleitet von Warnungen vor der (nicht nur) mit diesem Ansatz verbundenen Gefahr der ausgrenzenden ‚Kulturalisierung'. Franz Hamburger spielt im vorliegenden Band auf seine damaligen Warnungen an und warnt heute wie damals vor der einengenden Gewalt übergestülpter Begriffe. Ingrid Gogolin ist nie einem Methodenmonismus verfallen; aber sie hat in größeren und kleineren Arbeiten immer wieder auch mit ethnographischen Methoden gearbeitet, um sich wissenschaftlichen Zugang zu pädagogischen Handlungsfeldern zu verschaffen. Gunther Dietz zeigt in seinem Beitrag mit Rückgriff auf diese Arbeiten, welchen Stand die methodische und methodologische Reflexion des ethnographischen Ansatzes heute erreicht hat.

Die internationale Ausrichtung war zunächst vor allem mit dem Ausschauhalten nach Alternativen in den Ländern verbunden, die schon länger die Einwanderungstatsache als Herausforderung für Bildungspolitik, Wissenschaft und Praxis begriffen hatten. Natürlich steckt darin die Gefahr eines verklärenden Blickes nach außen – Michael Clyne kommt in seinem Beitrag darauf zu sprechen. Aber die Kenntnis der unterschiedlichen Spielarten bildungs- und sprachpolitischer wie auch pädagogischer Reaktionen in den europäischen Nachbarländern wie in den ‚klassischen' Einwanderungsländern ist doch allemal mit der Chance einer allgemeineren und tieferen Sicht der Dinge verbunden. Ingrid Gogolin hat diese Chance in ihrer 1988 publizierten Dissertation „Erziehungsziel Zweisprachigkeit" mutig ergriffen. Mit dem zentralen Begriff der „lebensweltlichen Zweisprachigkeit" und der Überzeugung, dass das "Erziehungsziel Zweisprachigkeit [...] für alle Schüler in der multikulturellen Schule" zu gelten habe, hat sie eine über migrationsgeschichtliche Besonderungen hinausgehende Bestimmung des Gegenstandes geschaffen und den Grund zu einer Programmatik gelegt, die in den folgenden Jahrzehnten mit dem Ausbau des Konzepts der interkulturellen sprachlichen Bildung für alle Schülerinnen und Schüler ihre Fortführung und Umsetzung erfahren hat. Die internationale Dimension ist in ihren Arbeiten fast allgegenwärtig geblieben. Davon zeugen viele ihrer Projekte wie auch die sprachlichen Herkünfte und fachlichen Ausrichtungen vieler der im vorliegenden Band versammelten Autorinnen und Autoren, mit denen sie durch viele größere und kleinere Kooperations- und Austauschprojekte seit langem verbunden ist, so mit Michael Damanakis, Gunter Dietz, Sjaak Kroon, Ton Vallen, Jill Bourne, Carol Bloch und Neville Alexander.

Aus der Tradition der Forschungsgruppe ALFA heraus und in der für ihre Arbeit typischen Teamorientierung hat Ingrid Gogolin gemeinsam mit den Herausgeberinnen und dem Herausgeber der vorliegenden Veröffentlichung bei der Deutschen Forschungsgemeinschaft das erste erziehungswissenschaftliche Schwerpunktprogramm zur Erforschung der „Folgen der Arbeitsmigration für Bildung und Erziehung" (FABER) beantragt. Das Programm war interdisziplinär angelegt und umfasste neben erziehungswissenschaftlichen auch sprachwissenschaftlich, psychologisch und soziologisch orientierte Forschungen, insgesamt 22 Projekte, die in der Zeit von 1991 bis 1997 gefördert wurden. Ingrid Gogolin hat nicht nur als langjährige Sprecherin des Schwerpunktprogramms das gemeinsame Anliegen der FABER-Konstrukteure gegenüber der DFG vertreten, sondern war auch maßgeblich daran beteiligt, die interdisziplinäre Diskussion über die wissenschaftlichen und die pädagogisch-praktischen Folgen der Migration für Bildung und Erziehung voranzutreiben und deutlich zu machen, dass die hier behandelten Fragen nicht als vorübergehende Irritationen des normalen wissenschaftlichen und bildungspolitischen Geschäftes abzuhaken seien, sondern die Erziehungswissenschaft in ihrem Kern betreffen.

Das entscheidende Stichwort hieß Perspektivenwechsel. Die Blickrichtung sollte umgelenkt werden, weg von den Migrantinnen und Migranten als ‚Klienten' hin zu den Institutionen von Bildung und Erziehung als Handelnden. Eines der Projekte, das diese Programmatik konkret umsetzte, war die große Übersichtsanalyse zu Schulrecht, Schulorganisation, curricularen Fragen und sprachlicher Bildung in den Ländern der Bundesrepublik Deutschland, die von Ingrid Gogolin, Ursula Neumann und Lutz R. Reuter geleitet wurde. Im vorliegenden Band führt Reuter die damals angeschlagene Thematik vertiefend und verallgemeinernd fort. Ebenfalls ein FABER-Projekt, ebenfalls auf Perspektivenwechsel gegründet war das Vorhaben „Bilinguale Kinder an monolingualen Schulen", bei dem schulisches Handeln mikroskopisch betrachtet und zum Erziehungshandeln der Eltern wie zum außerschulischen Handeln der Kinder in Beziehung gesetzt wurde. Unter dem Titel „Großstadt-Grundschule" sind die Ergebnisse 1997 als Band 1 der Reihe „Interkulturelle Bildungsforschung" (herausgegeben von Ingrid Gogolin und Marianne Krüger-Potratz) erschienen.

Dass Ingrid Gogolin inmitten all dieser Pläne und Pflichten auch noch ihre Habilitationsschrift geschrieben hat, beweist eine fast unglaubliche produktive Energie. Sie erarbeitet in dieser Schrift, in Weiterführung von Ansätzen des FABER-Programms und unter Nutzung des Habitus-Begriffs von Bourdieu, ein Stück historisch begründeter und zugleich gegenwartsbezogener Schultheorie, die durch Textanalysen und die Ergebnisse eigener Umfragen empirisch gefüllt wird. Unter dem Titel „Der monolinguale Habitus der multilingualen Schule" ist die Schrift 1994 im Druck erschienen. Der Titel hat fachgeschichtlich Karriere gemacht. Er bringt auf den Punkt, was bis dahin an Analyse und Kritik des Umgangs mit sprachlicher und kultureller Pluralität erarbeitet worden war, und er weist orientierend voraus auf die konstruktiven Aufgaben, die von da an zu leisten waren: Verbesserung der institutionellen Bedingungen für die wissenschaftliche Beschäftigung mit dem Thema – Generalisierung der theoretischen Grundlagen – Impulse für die Umsetzung in die Praxis.

Die professionspolitische Entwicklung der Erziehungswissenschaft mit Schwerpunkt auf den letzten 15 Jahren stellt Rudolf Tippelt in seinem Beitrag dar. Er liefert damit den Rahmen, in dem auch die professionspolitische Repräsentierung der neuen interkulturellen Fragen und Aufgaben innerhalb der Erziehungswissenschaft zu leisten war. Die allmähliche Herausbildung einer eigenständigen Fachrichtung begann mit der Einrichtung der Arbeitsgemeinschaft auf Zeit „Interkulturelle Bildung" in der Deutschen Gesellschaft für Erziehungswissenschaft. Sie konsolidierte sich in Gestalt der Kommission „Interkulturelle Pädagogik" als Teil der Sektion „International und Interkulturell Vergleichende Erziehungswissenschaft". Diesen Weg zeichnet Norbert Wenning in seinem Beitrag nach. Zu den gleichzeitigen und nachfolgenden Entwicklungen, die mit Ingrid Gogolins Tätigkeit zunächst als Mitglied des DGfE-Vorstands, anschließend als erste Vorsitzende und schließlich als (Mit-)Gründerin der EERA und WERA und deren erste Präsidentin verbunden sind, gehört auch – auf der Ebene der Forschung – die Einwerbung und Leitung des EERQI Projekts, das – wie Stefan Gradmann in seinem Beitrag erörtert – die internationale Wirksamkeit nicht englischsprachiger Forschung stützen resp. nachhaltig verbessern soll.

Die theoretische Weiterentwicklung nimmt ihren Ausgangspunkt bei einer Kritik am Allgemeinheitsanspruch der Allgemeinen Pädagogik, die auf den im ‚Allgemeinen' nur allzu oft versteckten nationalen Kern verweist und eine Neubestimmung des Allgemeinen einfordert, die die faktische gesellschaftliche Heterogenität zu erfassen in der Lage sei. Es geht zunächst darum, die erziehungswissenschaftlichen Teildisziplinen zu einer nicht nur rhetorischen Berücksichtigung der unterschiedlichen sprachlichen und kulturellen Lernvoraussetzungen anzuhalten. Dieser Impuls aber weitet sich aus und mit der Kritik am Kulturbegriff der Interkulturellen Pädagogik werden Forderungen nach systematischer Berücksichtigung zahlreicher anderer ‚Diversitäten' verbunden. Die Beiträge von Günther List, Paul Mecheril, Meinert A. Meyer, Wolfgang Nieke und Hans-Joachim Roth zeichnen diese Diskussionen und ihre Entwicklung nach. Franz Hamburger fragt auch hinter solche Positionen noch einmal zurück: Am Beispiel der Rede vom ‚Migrationshintergrund', aber durchaus auf weitere ‚Diversitäten' zu beziehen, zeigt er die Gefahren abstrahierender Kategorisierungen auf und beruft sich darauf, dass Befreiung durch Erziehung allein im individuellen pädagogischen Verhältnis stattfinden kann.

Das von Ingrid Gogolin, Ursula Neumann und Hans-Joachim Roth initiierte, von der Bund-Länder-Kommission für Bildungsplanung und Forschungsförderung (bzw. der KMK) 2004 bis 2009 geförderte Modellversuchsprogramm FÖRMIG stellt sich in diese Geschichte. Es konzipiert die „Förderung von Kindern und Jugendlichen mit Migrationshintergrund" als Teil einer Pädagogik für alle und stellt sich zugleich den konkreten Bedingungen der Praxis in ihren lokalen und regionalen Verschiedenheiten und arbeitet mit den real verfügbaren personellen und institutionellen Ressourcen. Die Pädagogik für alle bekommt genaue Namen dabei: „Zusammenarbeit in Bildungseinrichtungen" und „Vernetzung mit außerschulischen Partnern" – der Beitrag von Christiane Bainski zeigt es am Beispiel der RAA in Nordrhein-Westfalen; „Durchgängige Sprachbildung" und „Förderung der Bildungssprache" – im vorliegenden Band antworten darauf die Beiträge von Wilfried Bos und Mitarbeiterinnen, Jill Bourne, Herbert Christ, Britta Hawighorst und Gabriele Kaiser, Gudula List und Rosemarie Tracy; „Nutzung der sprachlichen und kulturellen Vielfalt" – über Beispiele aus Südafrika berichtet der Beitrag von Neville Alexander und Carol Bloch, welche Voraussetzungen im Denken dafür geschaffen werden müssen, besprechen Sara Fürstenau und Heike Niedrig in ihrer Analyse von Bildern der Mehrsprachigkeit und Michael Damanakis in seiner Analyse der schulischen Konstruktionen des Verhältnisses von Sprache und Kultur. Wie die bildungspolitischen Bedingungen dafür aussehen (sollten), ist das Thema der Beiträge von Michael Clyne (mit Bezug auf Australien), Georg Hansen (mit Bezug auf Europa), Hans-Jürgen Krumm (mit Bezug auf Deutschland und Österreich) und Rita Franceschini (mit Bezug auf das dreisprachige Schulwesen in der Rätoromania).

FÖRMIG war nicht allein, es gab gute und hilfreiche Kontakte zu gleichgerichteten Arbeiten in Europa und Übersee. Eine herausgehobene Stellung nahmen dabei die Beziehungen zu den Arbeiten im Kanton Zürich ein, die sich „Qualität in multikulturellen Schulen" (QUIMS) auf die Fahne geschrieben hatten. Es sind viele positive Anregungen und Herausforderungen von dieser Zusammenarbeit ausgegangen. Markus Truniger stellt das Schweizer Projekt dar, damit man das deutsche und das schweizer Projekt miteinander vergleichen kann.

FÖRMIG strahlt aus: In dem großen longitudinal angelegten Projekt „Ganztagsschule und Integration von Migranten" werden die oft behaupteten Vorzüge von Ganztagsschulen bei der Vermittlung von interkulturellen, gesellschaftlich-politischen und sprachlichen Kompetenzen auf den Prüfstand gestellt. Ingrid

Gogolin untersucht in ihrem Teilprojekt, ob und unter welchen Bedingungen die Ganztagsschule in der Lage ist, den Erwerb von Deutsch als Zweitsprache besser zu gestalten als die bislang gängige Halbtagsschule. Anne Gresser, Simone Schnurr und Heinz Reinders skizzieren dieses von FÖRMIG beeinflusste Vorhaben in ihrem Beitrag „Vom Halben zum Ganzen".

In vielen der für diesen Band versammelten Beiträge wird deutlich, dass der Abschied von einer national, auf Homogenität ausgerichteten Pädagogik und Schule schwierig, langwierig und konfliktreich ist, mehrere Beiträge machen es ausdrücklich zum Thema: Über die widersprüchliche Interessenlage von interkulturellen Fachleuten räsonniert der Beitrag von Gita Steiner-Khamsi. Welcher Art die scheinbar selbstverständlichen Denkgewohnheiten sind, die aufgegeben oder aufgebrochen werden müssen, zeigen exemplarisch Sara Fürstenau und Heike Niedrig. Dass Sprachen in pädagogisch folgenreicher Weise auch gesellschaftliche Machtpositionen und -konflikte markieren, reflektiert das Plädoyer von Hans-Jürgen Krumm, das – über Gogolins „Erziehungsziel Zweisprachigkeit" hinausgehend – ein „Erziehungsziel Mehrsprachigkeit" postuliert. Warum es manchmal zum Verzweifeln ist, demonstriert mit Bezug auf Frankreich die Klage von Fritz Wittek-Kaïm.

Ob wir schon mit Brecht sagen können, dass wir „die Mühen der Berge [...] hinter uns" haben und „die Mühen der Ebene" vor uns liegen? Vielleicht. Der Durchbruch könnte als erreicht gelten. Denn insbesondere seit die Politik die Einwanderungstatsache anzuerkennen und in politische Gestaltungsaufgaben umzusetzen beginnt, wird die Frage nach den zukunftsfähigen Reaktionen auf die Auswirkungen der Globalisierung nicht mehr allein von der Interkulturellen Pädagogik und den migrationsbezogenen Spezialisten in ihren Nachbardisziplinen gestellt, sondern quer durch die Disziplinen. Dies könnte als Überwindung der „Mühen der Berge" gesehen werden. Zu den „Mühen der Ebene" zählt dann, dass längst als überstanden geglaubte Konflikte wieder aufleben, neue Konfliktlinien aufbrechen und dass nicht selten bei denjenigen, die schon lange im Feld der Interkulturellen Pädagogik tätig sind, der Eindruck entsteht, als ginge man rückwärts statt vorwärts – und doch sind es genau die „Mühen der Ebene", die wir erreichen wollten und die wir jetzt und in Zukunft erfolgreich durchstehen wollen. Wir zählen dabei ganz stark auch auf die Kollegin, der diese Festschrift gewidmet ist.

Münster, Hamburg und Landau im April 2010

Marianne Krüger-Potratz, Ursula Neumann, Hans H. Reich

Franz Hamburger

Über die Unmöglichkeit Pädagogik durch Politik zu ersetzen

Solange eine ‚vernünftige' Migrationspolitik fehlt, muss die Pädagogik Bedingungen verlangen, die pädagogisches Handeln ermöglichen. Dies ist auch immer dann erforderlich, wenn pädagogisches Handeln strukturell an seine Grenzen kommt. Auf der anderen Seite muss das pädagogische Handeln seine Eigenständigkeit und Nichtersetzbarkeit behaupten und nachweisen. Die empirischen Studien der neueren Zeit zeigen, dass pädagogische Beziehungen vielfach ersetzt bzw. gerahmt werden durch eine ‚Politik der Differenz', der eine Pädagogik der Ignoranz gegenüber der je individuellen Besonderheit oder eine Pädagogik des ‚Übergriffs' auf das typisierte Andere folgt. Diese politische Rahmung ergibt sich aus der politisierten Persistenz des ‚Migrationshintergrunds'. Die Kategorie ‚Migrationshintergrund' erscheint ‚weicher' als die des ‚Ausländers'. Doch während letztere durch die erleichterte Einbürgerung überwunden werden kann, kann eine Person bis in die dritte Generation in der unvermeidlichen Zuschreibung des Migrationshintergrunds verstrickt werden. Pädagogisches Handeln dagegen verzichtet – dem Anspruch nach – strikt auf eine solche Etikettierung.

Am Anfang war Kritik

Unter dem forschen Titel „Über die Unmöglichkeit Politik durch Pädagogik zu ersetzen" (Hamburger, Seus & Wolter, 1981) hatten wir, die Autoren, eine Kritik der in den 1970er Jahren entstandenen Definition des Ausländerproblems und der Vorschläge zu seiner Lösung durch pädagogische Programme formuliert. Diese Kritik ist bis heute ebenso richtig wie ohnmächtig geblieben. Richtig ist die Kritik deshalb, weil dem pädagogischen Handeln gesellschaftliche und politische Definitionsprozesse und Entscheidungen vorausgehen, die das Bewusstsein der Handelnden und der Behandelten durchdringen und den Rahmen des pädagogischen Handelns festlegen. Noch wichtiger ist freilich der Umstand, dass politische Strukturverhältnisse (z.B. im Ausländerrecht) geschaffen werden, die die Möglichkeit der Selbstbestimmung, worauf pädagogisches Handeln abzielt, verhindern. Wenn dann pädagogische Programme aufgelegt werden, hinter denen die Verhältnisse verschwinden sollen, dann wird der Versuch unternommen, Politik durch Pädagogik zu ersetzen.

Ende der 1970er Jahre begann gleichzeitig mit der Aktivierung von Programmen auch die (qualitative) Erforschung des Bewusstseins der als behandlungsbedürftig definierten Jugendlichen, und die Erkenntnisse dieser Forschung bestanden zumindest auch in der Feststellung, dass die ausländischen Jugendlichen die ihnen auferlegten Definitionen erkannt hatten und eigensinnig auf diese Einsicht reagierten. Die Einsicht in die, dem Handeln vorausliegenden, Definitionen versetzt die Jugendlichen in die Lage, strategisch mit dem pädagogischen Handeln umzugehen, und damit enttäuschen sie die subjektiven Handlungsvorstellungen des pädagogischen Personals. Bis heute sind deshalb Konflikt- und Kampfdiskussionen an der Tagesordnung in pädagogischen Einrichtungen.

Ohnmächtig ist die Kritik nicht nur, weil sie gesellschaftliche Verhältnisse nicht ändern kann, solange „eine weitestgehende Umorientierung und Umschichtung materieller Ressourcen und pädagogischer Potentiale [...] Veränderung der Wissensbestände und Einstellungen der deutschen Bevölkerung" (Hamburger, et al., S. 166) utopisches Programm ist, sondern auch, solange das Pädagogische unterbestimmt bleibt und die Bedingungen für die Emanzipation des Pädagogischen, genauer: der Pädagoginnen und Pädagogen, nicht geklärt sind.

Steigerung der Kritik und die Ambivalenz der Realität

Die Kritik der Politik und der Gesellschaft hat Georg Auernheimer (2006) rassismustheoretisch wieder aufgegriffen und empirisch fundiert fortgesetzt. Mit Hilfe des Rassismusbegriffs wird die Analyse geschärft: Während die Etikettierungstheorie noch weitgehend mit dem Hinweis auf Vorurteile und Stereotypen, also mit Theorien des Ethnozentrismus auskam, verweist die Rassismustheorie auf die Struktur eines kollektiven Habitus, in dem Handeln und Bewusstsein nicht zu trennen sind. Die Spielräume für die Entfaltung eines pädagogischen Handelns werden hermetisch verschlossen. „Resignation liegt nahe" (Auernheimer, 2006, S. 278). Die Beschreibung der Verhältnisse, wie sie Auernheimer vorgenommen hat, ist nicht untypisch für eine Epoche, in der sich der Zusammenhang von innergesellschaftlichen und globalen Prozessen verdichtet. Die auf dem Huntington'schen Strategievorschlag beruhende Politik der aggressiven neokolonialen Globalisierung setzte sich insbesondere nach dem 11.09.2001 drastisch durch und suchte in Bewegungen, die sich legitimatorisch auf den Islam berufen, einen Gegenspieler. Der Islam wurde zum kognitiven Referenzpunkt für viele soziale, ökonomische und kulturelle Abwehrstrategien gegen ‚Modernisierung'. Genau dieses Muster hat die innergesellschaftliche Konfliktlage neu zu definieren erlaubt: Deshalb erhielt die Islamophobie auf der einen Seite, und die Begründung von Zurückweisungen, wenn beispielsweise eine Lehrerin Migrantenjugendliche *erziehen* wollte, auf der anderen Seite, kognitive Dominanz. Die Prozesse weisen dieselbe soziale Kontextstruktur auf: Einerseits wurde die kollektive Selbstbehauptung von migrantischen *communities* mit dem politischen Kampfbegriff „Parallelgesellschaft" belegt, anderseits bilden sich subkulturelle Gruppen in den Migrantenmilieus heraus, in denen die Abwehr der Modernität den Gruppenzusammenhalt stabilisieren soll. Die Komplementarität dieser Prozesse macht am Ende die Suche nach ‚Ursache' und ‚Wirkung' obsolet.

Doch genau diese Dynamik ist nicht total und nicht hegemonial. Die Ambivalenz der Modernisierung verlangt auch offene Lernprozesse in Bildungsinstitutionen, ebenso wie relativ offene Märkte für Waren und Arbeitskräfte, Wohnen und Konsum. Die mit ihr verknüpfte Individualisierung erzeugt die Bedingungen für Autonomie, und sei es auch nur für den Glauben an die Autonomie der Lebenspraxis. Die Menschen mit ‚Migrationshintergrund' verteilen sich auf alle Milieus der Gesellschaft, wohnen sie nur teilweise in den benachteiligten Stadtteilen und, der Bildungserfolg ist ebenso selbstverständlich wie der Ausschluss von Chancen der Teilhabe. Die „pädagogische Arbeit mit politischem Engagement und politischer Aufklärung zu verbinden" (Auernheimer, 2006, S. 278), ist Postulat und doch auch Realität einer gesteigerten Reflexivität im pädagogischen Alltag. Bildungsprozesse werden blockiert und sind doch nicht aufzuhalten (Badawia, 2006). Denn Schüler und Schülerinnen setzen sich mit ihrem Migrationshintergrund (oder dem ihrer Mitschüler) auseinander und verstehen die Welt ein Stück weit besser.

Der Migrationshintergrund: Identität im Käfig

Die Kategorie, durch die sich ein pädagogisches Denken heute hindurcharbeiten muss, um aus eigener Bestimmung Lern- und Bildungsprozesse anregen zu können, ist die des Migrationshintergrunds. Sie ist an die Stelle des ‚Ausländers', des ‚Aussiedlers' oder des ‚ausländischen Mitbürgers' und anderer Bezeichnungen getreten und hat sich in kurzer Zeit durchgesetzt. Es handelt sich zunächst nur um ein statistisches Konstrukt. In ihm werden Ausländer mit und ohne eigene Migrationserfahrung, Deutsche mit und ohne eigene Migrationserfahrung – wenn sie von Deutschen mit Migrationserfahrung abstammen – und noch andere Gruppen zusammengefasst; beispielsweise auch Jugendliche, die nach dem 01.01.2000 unter bestimmten Bedingungen neben der ihrer Eltern auch die deutsche Staatsangehörigkeit erhalten und sich nach dem 18. Geburtstag bis zum 23. entscheiden müssen, welche der beiden Angehörigkeiten sie behalten wollen. Der Migrationshintergrund ist also eine Sammelkategorie, die Staatsangehörigkeit, Volkszugehörigkeit und Geburtsland bunt vermischt.

Sozialwissenschaftlich ist die Kategorie völlig unbrauchbar, weil sie keine Lebenslage erklären kann. Die objektiven und subjektiven Lebensumstände der Menschen mit Migrationshintergrund sind so heterogen, dass eine Gemeinsamkeit nur noch abstrakt behauptet werden kann, so wie eben die Hälfte der Menschen in der Statistik Männer sind. Der Migrationshintergrund ist für die einen zur Migrationsgeschichte geworden, für die anderen die Realität des gestrigen Tages. Vor allem aber wird die innerstaatliche Migration nicht erfasst, die in sozialer Hinsicht bedeutsamer sein kann als die grenzüberschreitende Migration. Das Konzept bleibt höchst widersprüchlich: Ethnische Kriterien der Volkszugehörigkeit spielen nach wie vor eine entscheidende Rolle. Bei Deutschen (genauer: bei Deutschen vor 1950) ist die Überschreitung der Nationalstaatsgrenzen ohne Bedeutung, bei Ausländern wird ihre Besonderheit der Nicht-Volkszugehörigkeit bis in die dritte Generation registriert.

Die unübersichtlichen Verhältnisse haben für Kinder und Jugendliche unmittelbare Folgen. Die einen werden von anderen als Menschen mit Migrationshinterrund identifiziert und müssen sich mit dieser Fremdidentifizierung auseinandersetzen. Jugendliche ohne Migrationshintergrund können auf die Kategorie zurückgreifen und durch deren Anwendung ihre Zugehörigkeit zur deutschen Gesellschaft ‚aufwerten'. Der Umgang mit diesen Zuschreibungen und ihre Verwendung als Legitimationsformeln in der Auseinandersetzung um Rechte im sozialen Raum macht den Migrationshintergrund und die mit ihm verbundenen ethnischen Zuschreibungen zu einer Strukturdimension des jugendlichen Aufwachsens und der pädagogischen Beziehungen. *Die Verwendung* der Kategorie ‚Migrationshintergrund' erweist sich also bei genauerer Betrachtung als der Sachverhalt, der entscheidend ist.

Diese erstaunliche Karriere verdankt der Begriff seiner Diffusität; in ähnlicher Weise ist ‚Identität' zu einem Zauberwort der integrationspolitischen Debatte geworden. Der ‚Migrationshintergrund' positioniert jene, die über ihn sprechen. Er weist Zugehörigkeiten aus und charakterisiert Problemstadtteile oder Schulen. Er ist Instrument der gesellschaftlichen Konstruktion der Wirklichkeit. Diese Wirklichkeit entsteht bei der Verwendung des Begriffs; er hält fest, was sich als Migrationsgeschichte aufzulösen begonnen hat.

Politik als Vermessungswahn

Die Kritik der Politik bezieht sich nicht nur auf die Mechanismen, die Differenz und Ungleichheit im Alltag herstellen. Sie bezieht sich auch nicht nur auf die ‚Unschuld' der Statistik, sondern muss insbesondere die Aktivitäten einbeziehen, die der systematischen Herstellung von Herrschaft dienen: Der einheimischen Wahlbevölkerung soll möglichst lange verkündet werden, dass ein Teil der Bevölkerung, nämlich der mit Migrationshintergrund, ihr noch nicht gleich geworden ist. In der Realisierung dieser Idee ist mit Hilfe von Wissenschaft und Bevölkerungsstatistik eine einzigartige, aber totalisierende Phantasie entstanden: die vollständige Vermessung der migrantischen Bevölkerung. Diese setzt sich aus Ausländern und anderen Menschen mit Migrationshintergrund zusammen. Dieser Teil der Bevölkerung wird festgelegt (abstammungstheoretisch über drei Generationen, wie manche Nationalstaaten ihre Angehörigen definieren), von der übrigen Bevölkerung statistisch separiert und dann mit der Gesamtbevölkerung verglichen.

Der „Erste Integrationsindikatorenbericht der Beauftragten der Bundesregierung für Migration, Flüchtlinge und Integration" vom Juni 2009 beruht auf den Daten des Mikrozensus 2005–2007 und anderen Quellen und stellt „den Stand der Integration von Personen mit Migrationshintergrund" (S. 5) dar. Ein Teil der Bevölkerung hat also einen bestimmten Stand erreicht, der andere Teil der Bevölkerung betrachtet sich dies. Das Herr-und-Knecht-Verhältnis wiederholt sich umstandslos.

Systematische Grundlage der Vermessung des Zustands der Integrationsbedürftigen sind 100 Indikatoren, die 14 gesellschaftliche Bereiche erfassen. Dabei handelt es sich außer bei „Interkultureller Öffnung", „Politik" und „Fremdenfeindlichkeit" (als Teil von „Kriminalität, Gewalt, Fremdenfeindlichkeit", also in einen widersinnigen Kontext eingestellt) nur um Merkmale der Migranten. Während die deskriptiven Daten überall einen niedrigeren Integrationsgrad der Migrantenbevölkerung beschreiben, und dies kann nicht anders sein, prüfen die für den Bericht beauftragten Wissenschaftler systematisch den Einfluss des Migrationshintergrunds und stellen dabei fest, dass die üblicherweise verdächtigten sozialstrukturellen Bedingungen tatsächlich die Benachteiligung in wichtigen Dimensionen – wie Bildung beispielsweise – hervorrufen, während der Migrationshintergrund entweder keinen oder nur einen schwachen Einfluss hat. Damit werden die dem Bericht zu Grunde liegenden politischen Zuschreibungsabsichten ad absurdum geführt. Bei Kriminalität und Gewaltkriminalität werden die genaueren kriminologischen Untersuchungen allerdings nicht angestellt. Deren Ziel ist nicht das „Herausrechnen" der Migranten aus der Kriminalitätsstatistik, sondern die Integration ihrer Kriminalität nach den *für alle* geltenden Regeln. Noch nicht einmal dies wird beabsichtigt, obwohl selbst dem Bundeskriminalamt klar ist, dass man bezogen auf Delinquenz Deutsche nicht mit Ausländern, Menschen mit Migrationshintergrund nicht mit Menschen ohne Migrationshintergrund, eben: Birnen nicht mit Äpfeln, vergleichen kann.

Die 100 Indikatoren messen ein Objekt, die Ausländer oder Menschen mit Migrationshintergrund (je nach Differenzierung der statistischen Erhebung), so sorgfältig aus, wie noch nie eine Bevölkerung vermessen wurde. Das wissenschaftliche Muster gleicht dem der Tierexperimente, denn das Objekt der Untersuchung wird auch hier wie ein bewusstloses Nicht-Subjekt behandelt. Es wird betrachtet und selbst sein Protest erscheint interessant. Der Sachverständigenrat deutscher Stiftungen für Integration und Migration verwendet, um das Vorhaben der 100 Indikatoren zu charakterisieren, das Bild vom Hamster im Käfig: Die Migranten passen sich fleißig an, laufen aber im Kreis und werden von außen beobachtet. Die gedankliche Struktur von Subjekt und Objekt der Integration ist tief verwurzelt. Der Nationale Integrationsplan beispielsweise, wird eingeleitet mit dem Satz: „Unser Land blickt auf eine lange und prägende Migrationstradition mit zahlreichen Beispielen erfolgreicher Integration zurück" (Die Bundesregierung, 2007, S. 1). Es ist weniger entscheidend, *was* hier gesagt wird, sondern *wie* es zum Ausdruck gebracht wird. Es ist vom Land derer die Rede, die hier sprechen, die also als Verfasser des Integrationsplans von „unserem" Land reden; ihnen gehört das Land und sie bestimmen, was Integration, zumal erfolgreiche, sei. Der Habitus des Landbesitzers bestimmt den Sinn einer solchen Redeweise. Das „Wir" („neben unseren Wertvorstellungen und unserem kulturellen Selbstverständnis [...] unsere freiheitliche und demokratische Ordnung [...]" (ebenda), heißt es dann weiter) verfügt die Ordnung, in die die Anderen („sprechen nur ungenügend Deutsch") sich einfügen dürfen (ebenda). Die deklarative Verfügung durch den Herr bzw. die Frau im Hause macht unwiderruflich klar, wer Subjekt und wer Objekt der Integration ist.

Integrationsplan und Integrationsindikatorenbericht schaffen – wie viele andere politische Papiere auch – eine Struktur des öffentlichen Redens. An sie kann das individuelle Bewusstsein anschließen und mit ihrer Hilfe seine persönlichen Erfahrungen ordnen. Oder das Individuum muss seine soziale Welt nach einem alternativen Muster ordnen.

Am Ende: Die Idee der Pädagogik

Nach einer solchen Alternative sucht die Pädagogik, und die Erziehungswissenschaft analysiert die Bedingungen für die Möglichkeit der Alternative. Im pädagogischen Verhältnis kommunizieren Personen, die sich als Subjekte wahrnehmen, also Individualität und Selbstverantwortlichkeit zuschreiben. Pädagogisches Handeln tritt aus den Routinen des Rollenhandelns und der stereotypisierenden Wahrnehmung heraus und entsteht situativ, wenn alle kulturellen Klischees in den Hintergrund treten. Die Einflussnahme der Pädagogin ist ernst gemeint, die Schülerin kann annehmen, dass sie persönlich angesprochen wird. Der Hintergrund der beteiligten Personen wird in eine Situation der pädagogischen Beziehung transformiert. Deshalb ist es unmöglich, Pädagogik durch Politik zu ersetzen.

Damit ist aber nur die formale Struktur beschrieben. In den pädagogischen Moment fließen die Erfahrungen der Handelnden als Inhalte ein. Angesichts der Dominanz des kollektiven Bewusstseins hatten wir 1981 die paradoxe Formulierung eines Bildungsideals vorgeschlagen, wie die Zumutung an Personen, die damals noch „einfach Ausländer" waren, aussehen könnte: „Tue alles, um wie ein ‚guter'

Deutscher zu werden, aber finde dich damit ab, dass deine Vergangenheit als Ausländer bereits vor dir liegt!" (Hamburger et al., 1981, S. 165). ~~Wer seinen Migrationshintergrund nicht abschütteln kann, sieht ihn ständig vor sich.~~ Der Bildungsprozess wird im Kontext dieser Formulierung als integrative Teilhabe konzipiert, deren Vorbehalt gleichzeitig mit dem Versprechen der demokratischen Gleichheit ausgesprochen wird.

Die Paradoxie des pädagogischen Handelns, im Prinzip immer noch als Erziehung zur Mündigkeit bestimmt, lässt sich nicht aufheben. Dies zeigt sich bei verschiedenen Versuchen, sie migrationstheoretisch auf den Begriff zu bringen. So argumentiert Paul Mecheril (2005), dass die Bedingung der Anerkennung des Anderen als Bedingung des pädagogischen Handelns notwendigerweise auch die Zumutung der Veränderungserwartung enthalte. Denn Anerkennung schließt die gesellschaftliche Realität der dominanzstrukturierten Beziehung von Migranten und Nichtmigranten ein. Die Aufrechterhaltung der Paradoxie scheint unter diesen Bedingungen nur möglich bei einem hohen Grad an individueller, kollektiver und theoretischer Reflexivität. Genau dies erfordert eine kommunikative Verbindung von praktisch Handelnden in einer professionellen Vergemeinschaftung und die Vermittlung von Theorie und Praxis.

Die Gleichzeitigkeit der Unmöglichkeit und der Unumgänglichkeit der Angleichung (Mecheril, 2006) ist nur eine – migrationsspezifische – Form der pädagogischen Beziehung bzw. genauer: der Verdoppelung ihrer Paradoxie. Im Handeln selbst können die Paradoxien erhalten bleiben und müssen nicht wegdefiniert werden, wenn es nicht nur von Reflexivität bestimmt ist, sondern auch von einer im Humor enthaltenen Entspanntheit getragen wird. Der „erzieherische Humor" (Bollnow, 2001) als die Fähigkeit, die Relativität des Konkreten zu erkennen und in einen Rahmen des Vorläufigen einzuordnen, schafft den Spielraum, um tatsächlich experimentell mit paradoxalen Anforderungen umzugehen. Gerade in einer interkulturellen Gemengelage (Müller, 2006) wird die „Beziehung zum unverfügbaren Anderen" (Wimmer, 1996, S. 446) als das Besondere des pädagogischen Handelns deutlich. Genau diesen Anspruch und dieses Handlungsmodell hat die Pädagogik theoretisch und praktisch auszuarbeiten und gegenüber der Politik zu vertreten. Die dort behaupteten Eindeutigkeiten werden im Raum des Pädagogischen durchsichtig gemacht und ‚aufgehoben'. Deshalb also ist Pädagogik nicht durch Politik ersetzbar.

Literatur

Auernheimer, G. (2006). Nochmals über die Unmöglichkeit, Politik durch Pädagogik zu ersetzen. In T. Badawia, H. Luckas & H. Müller (Hrsg.), *Das Soziale gestalten. Über Mögliches und Unmögliches der Sozialpädagogik,* (S. 265–279). Wiesbaden: VS-Verlag für Sozialwissenschaften.

Badawia, T. (2006). Die leise Vernunftstimme der *Intra*kulturalität – kritische Anmerkungen zur „Reflexiven Interkulturalität". In T. Badawia, H. Luckas & H. Müller (Hrsg.), *Das Soziale gestalten. Über Mögliches und Unmögliches der Sozialpädagogik* (S. 281– 294). Wiesbaden: VS-Verlag für Sozialwissenschaften.

Bollnow, O. F. (2001). *Die pädagogische Atmosphäre. Untersuchungen über die gefühlsmäßigen zwischenmenschlichen Voraussetzungen der Erziehung.* Essen: Verlag Die blaue Eule.

Die Beauftragte der Bundesregierung für Migration, Flüchtlinge und Integration (2009). *Integration in Deutschland. Erster Integrationsindikatorenbericht: Erprobung des Indikatorensets und Bericht zum bundesweiten Integrationsmonitoring.* Verfügbar unter: http://www.bundesregierung.de [25.03.2010].

Die Bundesregierung (2007). *Der Nationale Integrationsplan. Neue Wege – neue Chancen.* Als Mskr. veröffentlicht.Verfügbar unter: http://bundesregierung.de [25.03.2010].

Hamburger, F., Seus, L. & Wolter, O. (1981). Über die Unmöglichkeit Politik durch Pädagogik zu ersetzen. *Unterrichtswissenschaft,* 158–167.

Mecheril, P. (2005). Pädagogik der Anerkennung. Eine programmatische Kritik. In F. Hamburger, T. Badawia & M. Hummrich (Hrsg.), *Migration und Bildung. Über das Verhältnis von Anerkennung und Zumutung in der Einwanderungsgesellschaft* (S. 311– 328). Wiesbaden: VS-Verlag für Sozialwissenschaften.

Mecheril, P. (2006). Die Unumgänglichkeit und Unmöglichkeit der Angleichung. Herrschaftskritische Anmerkungen zur Assimilationsdebatte. In H.-U. Otto & M. Schrödter (Hrsg.), *Soziale Arbeit in der Migrationsgesellschaft. Multikulturalismus – Neo-Assimilation – Transnationalität* (S. 124–140). Lahnstein: Verlag neue praxis (= neue praxis Sonderheft 8).

Müller, B. (2006). Experimentelle Pädagogik interkultureller Begegnungen. In H. Nicklas, B. Müller & H. Kordes (Hrsg.), *Interkulturell denken und handeln. Theoretische Grundlagen und gesellschaftliche Praxis* (S. 407–416). Frankfurt & New York: Campus Verlag.

Wimmer, M. (1996). Zerfall des Allgemeinen – Wiederkehr des Singulären. Pädagogische Professionalität und der Wert des Wissens. In A. Combe & W. Helsper (Hrsg.), *Pädagogische Professionalität. Untersuchungen zum Typus pädagogischen Handelns* (S. 404–447). Frankfurt a. M.: Suhrkamp.

Gita Steiner-Khamsi

Wie viel Heterogenität erträgt eine Lehrperson?

Über den Zusammenhang zwischen Belastungserleben und Verfügbarkeit von interkulturellen Fachleuten

Ingrid Gogolin hat in ihren erziehungswissenschaftlichen Untersuchungen unermüdlich und überzeugend Praktiken im Schulalltag aufgedeckt, die einen monolingualen Habitus manifestieren (Gogolin, 1994). Gogolin sowie mehrere Autorinnen und Autoren dieses Sammelbandes einschließlich des Herausgeberteams haben zudem die Geburt, den Aufstieg und die Professionalisierung der Interkulturellen Pädagogik in den vergangenen dreißig Jahren nicht nur miterlebt, sondern selber aktiv unterstützt. Retrospektiv betrachtet, stellt sich nun die Frage: Hat die Professioaliierung der Interkulturellen Pädagogik dazu beigetragen, das monolinguale und monoulturelle Selbstverständnis von Schule aufzuweichen und wenigstens ansatzweise durch eines der Vielfalt zu ersetzen?

Die Professionalisierung interkulturellen Handelns

Die Professionalisierung interkulturellen Handelns, die sich in den vergangenen dreißig Jahren vollzogen hat, ist zunächst als Erfolg zu verbuchen. Neben den institutionellen Ausdrucksformen von Professionalität – eigene Berufsbezeichnung, Arbeitsstellen, Fachverbände, Zeitschriften, Tagungen, Zertifikats- und Studienlehrgänge – hat sich ein beachtlicher Korpus interkulturellen Wissens akkumuliert. Dieser Wissenskorpus erklärt nicht nur, sondern legt normativ fest, wie mit kultureller und sprachlicher Vielfalt, mit Rassismus oder mit struktureller Diskriminierung pädagogisch und bildungspolitisch umzugehen ist. Der Zugriff auf einen solchen Wissensbestand ist in seiner Wirkung nicht zu unterschätzen: Er legitimiert die einen als Experten und schließt die anderen als Laien aus. Inklusions- und Exklusionsprozesse sind bekanntlich identitätsfördernd. Systemtheoretisch betrachtet ist Professionalität eine von mehreren Problemlösungsmustern der modernen Gesellschaft, bei der sich eine Gruppe von Menschen als Repräsentanten eines spezifischen Problemlösungswissens ausgibt (Stichweh, 1996). Analog dazu werden die einen als Folge dieser funktionalen Differenzierung innerhalb der Pädagogik dazu befugt und ermächtigt, sich mit kultureller und sprachlicher Heterogenität auseinander zu setzen, wohingegen anderen nicht nur die Legitimation, sondern auch die berufliche Handlungssicherheit fehlt, um mit ausländischen Kindern und Jugendlichen umzugehen.

Die Pädagogik ist ein Handlungsfeld mit zwischenmenschlichen Beziehungen. Deshalb ist pädagogisches Expertenwissen ohne die dazugehörige Kundschaft wertlos. Zur Reflexionsleistung einer pädagogischen Profession gehört es, ihre Klientel immer wieder neu zu bestimmen und, falls möglich, den Radius der Klientel ständig auszuweiten. Es ist auch Aufgabe der Profession, diese Expansion rational bzw. fachlich zu begründen. In der pädagogischen Profession muss jeder diskursive Bruch mit dem Argument über den Nutzen der Veränderung für das lernende Subjekt begründet werden. Die pädagogische Rede muss sich zwangsläufig von der Leitfrage herleiten lassen: Was ist gut für das Kind? Die Interkulturelle Pädagogik ist geradezu vorbildlich bezüglich ihrer Reflexionsfähigkeit. Sie entwickelt ständig neue Erklärungen und berufliche Handlungsanweisungen für Lehrerinnen und Lehrer, angepasst an die sich verändernde Umwelt, speziell an der Schnittstelle Migration und Schule. All dies tut sie angeblich im Interesse der Kinder und Jugendlichen mit Migrationshintergrund. Mein Aufsatz hier ist als ein konstruktiver Beitrag zur kritischen Selbstreflexion, d.h. zu einer Reflexion über die steile Karriere der Interkulturellen Pädagogik gedacht.

Vor dem Hintergrund der Professionalisierungsdiskussion (s. Stichweh, 1996; Oevermann, 1996) wage ich es, mich nach Jahren wieder einmal zu den Entwicklungen in der Interkulturellen Pädagogik im deutschen Sprachraum zu äußern, hier vornehmlich bezogen auf die Schweiz und speziell auf die Entwicklungen im Kanton Zürich[1]. Mein Blick richtet sich vor allem auf die Expertisierung und der Klientisierung innerhalb der Interkulturellen Pädagogik. Folgende Fragen haben mich dazu angeregt, meinen Blick für den Professionalisierungsvorgang innerhalb der Interkulturellen Pädagogik zu schärfen: Wer genau sind diejenigen, denen interkulturelles (Handlungs-)Wissen attestiert wird, und wem genau sind die Leistungen der Interkutlturellen Pädagogik zugute gekommen?

Die Expansion von sonderpädagogischen und unterrichtsergänzenden Maßnahmen

Zur Erinnerung: Die Interkulturelle Pädagogik der Ersten Stunde forderte, Mehrsprachigkeit und kulturelle Vielfalt positiv zu besetzen und Ursachen für Chancenungleichheit kompensatorisch anzugehen. Die Institution Schule sollte dem Assimilations- und Integrationsdruck der Umwelt gewissermaßen entgegenwirken, indem sie Maßnahmen zur Förderung bzw. zum Erhalt muttersprachlicher Kompetenz aktiv unterstützte und vorzugsweise finanzierte. Zudem sollte sie eine Reihe von kompensatorischen Maßnahmen, vornehmlich den Zusatzunterricht in Deutsch

---

1   Siehe hierzu auch den – allerdings bildungspolitisch – praxisorientierten Beitrag von Markus Truniger im vorliegenden Band – Anm. d. Hrsg.

als Zweitsprache, aber auch Hausaufgabenhilfe und andere unterrichtsergänzende Maßnahmen einleiten, um Chancengleichheit zwischen Einheimischen und Eingewanderten herzustellen. Letzteres sollte die Einweisung von Kindern aus Zuwandererfamilien in wenig anspruchsvolle Schulformen oder gar in getrennt geführte Sonderklassen verhindern.

Diese Forderungen nach gezielter Förderung sind heute, dreißig Jahre später, mehrheitlich erfüllt. Ein Blick auf die sonderpädagogischen und unterrichtsergänzenden Maßnahmen im Kanton Zürich verdeutlicht die weite Verbreitung solcher Maßnahmen sowohl auf der Unterstufe (Grundschule) als auch bei Kindern mit Migrationshintergrund[2] (Bildungsdirektion des Kantons Zürich, 2007 & 2008). Im Schuljahr 2007/2008 haben 87 von 100 Lernenden mit Migrationshintergrund eine oder mehrere Zusatzmaßnahmen beansprucht. Den meisten wurde nur eine Zusatzmaßnahme verordnet (z.b. Deutsch als Zweitsprache), aber einigen durchaus gleich mehrere (Deutsch als Zweitsprache, Hausaufgabenhilfe sowie sonderpädagogische Maßnahmen). Gemäß der Züricher Bildungsstatistik ist die Tendenz steigend, d.h. im Verlauf der letzten Jahre wurden jedes Jahr mehr Schülerinnen und Schülerinnen mit Migrationshintergrund an dieses unterrichtsbegleitende Stützsystem verwiesen. In früheren Schriften habe ich dieses System, das in den 1980er Jahren entwickelt wurde, als „paraschulisches Stützsystem" gekennzeichnet (Steiner-Khamsi, 1995). Es ist eine ganz spezielle Form von „shadow educational system" (z.b. Baker & LeTendre, 2005; Bray, 2007). Im Gegensatz zum privaten Nachhilfeunterricht wird das Schattenbildungssystem im Kanton Zürich jedoch nicht von den Eltern, sondern vom Staat finanziert.

In den 1980er und 1990er Jahren verfolgte ich mit anfänglich großer Begeisterung die Geburt und die Institutionalisierung der Interkulturellen Pädagogik als Berufsfeld. Damals meinte ich die Konturen von vier verschiedenen, zeitlich aufeinander folgenden Phasen zu erkennen (Steiner-Khamsi, 1995). In der ersten Phase der Institutionalisierung wurde viel Wert auf die Zusammenarbeit zwischen schweizerischen Lehrkräften und ausländischen Eltern gelegt, und beide Seiten wurden dazu angehalten, Kommunikationsbereitschaft zu zeigen. Bereits in der

---

2   Hier zeichnet sich ein terminologisches Problem ab: In Deutschland ist „Migrationshintergrund" ein statistisches Konstrukt; es ist genau festgelegt, wer dazu gehört und wer nicht (s. auch den Beitrag von Franz Hamburger im vorliegenden Band – Anm. d. Hrsg.). In der Schweiz hingegen werden verschiedene Bezeichnungen synonym gebraucht: „eingewanderte" oder „zugewanderte" oder „ausländische Kinder und Jugendliche" oder auch „Kinder/Jugendliche mit Migrationshintergrund". Dass keine entsprechende Unterscheidung gemacht wird, könnte darauf zurückzuführen sein, dass in der Schweiz Einbürgerung im Vergleich zu Deutschland weniger üblich ist, und dass es in der Schweiz keine zugewanderten Schweizer/innen (analog zu den Aussiedler/innen) gibt.

zweiten Phase jedoch wurden die Rollen vertauscht: Opfer waren nicht mehr die eingewanderten Kinder und Jugendlichen, die in wenig anspruchsvollen Schulformen unterfordert wurden, sondern die „überlasteten Lehrkräfte". Die dritte Phase des Professionalisierungsprozesses war aus meiner Sicht durch einen rasanten Aufschwung der „Maßnahmenpädagogik" gekennzeichnet (Steiner-Khamsi, 1995, S. 51). In mehreren Publikationen setzte ich mich mit den unbeabsichtigten Folgen dieses paraschulischen Stütz- und Fördersystems für mehrsprachige Schülerinnen und Schüler auseinander. Die regulären Lehrkräfte konnten von nun an dank des paraschulischen Systems die Mehrsprachigkeit als ‚Problem' konstruieren und zugleich vernachlässigen, indem sie das mehrsprachige Kind an ein Heer von Spezialistinnen und Spezialisten überantworten konnten, welche sich speziell und ausschließlich um diese Kinder und Jugendlichen kümmerte. Die ‚Delegation des Problems an die Maßnahmenpädagogik' (Phase 3) leitete schließlich eine vierte Phase ein: die Entmündigung und Exotisierung der Einwanderer (Steiner-Khamsi, 1995, S. 52).

Rückblickend finde ich diese vier Phasen nach wie vor für eine kritische Selbstreflexion oder Metareflexion der Interkulturellen Pädagogik nützlich.[3] Zweifelshne ist es der Interkulturellen Pädagogik gelungen, ihre Zuständigkeit sowie ihre Klientel ständig zu expandieren und sich somit als legitimes Fachgebiet innerhalb der Erziehungswissenschaft zu etablieren. Damals wie heute leidet die Interkulturelle Pädagogik jedoch an einem Mangel von *kritischer Selbst*reflexion und an einer Überdosis von selbstauferlegten Tabus, die sich darin erschöpfen, wie das „Objekt" am besten benannt werden soll (Ausländer, Eingewanderte, Leute mit Migrationshintergrund, etc.) und wie genau die professionelle Beschäftigung damit umrissen werden soll (angefangen mit ‚Ausländerpädagogik' bis hin zu ‚Umgang mit Differenz'). Das Nomenklaturproblem haben auch andere Minderheiten: z.B. Lesben und Schwule sowie Schwarze. Das Nomenklaturproblem in der Interkulturellen Pädagogik sollte eigentlich zu einer Selbstreflexion anregen: Weshalb ist die Interkulturelle Pädagogik ein Chamäleon, das sich ständig an den sich verändernden gesellschaftlichen Zusammenhängen orientiert und auf diese *reagiert*? Daraus ergeben sich mindestens zwei Folgefragen:

- Erstens, muss die Interkulturelle Pädagogik zwingend transformativ sein, d.h. sie muss Lösungen anbieten, anstatt ‚nur' Probleme zu analysieren und aufzudecken bzw. kann eine wissenschaftliche Betätigung im Endeffekt transformativ wirken, ohne ‚Desiderata' und sonstige Empfehlungen zur Veränderung der gegenwärtigen Situation aufgezeigt zu haben?

---

3   Vgl. dazu auch den Beitrag von Hans-Jürgen Krumm im vorliegenden Band – Anm. d. Hrsg.

• Zweitens, worin besteht das wissenschaftliche Paradigma der Interkulturellen Pädagogik bzw. was genau unterscheidet die Interkulturelle Pädagogik von anderen Anwendungsfeldern der Pädagogik, die sich aus ihrer eigenen (System-) Logik heraus weiterentwickeln?

Der rasante Aufschwung des paraschulischen Stütz- und Fördersystems für Mehrsprachige sollte vor dem Hintergrund der Professionalisierung der Interkulturellen Pädagogik genauer untersucht werden. Ist sie eine Folge der Professionalisierung oder hat sie sich von selbst, gewissermaßen systemimmanent ausgeweitet? Wie ich im Nachfolgenden ausführe, trifft beides zu: Systeme wie z.b. das paraschulische Stütz- und Fördersystem tendieren dazu, sich selber zu erhalten und ständig auszubauen. Zudem hat die erfolgreiche Ausweitung der Interkulturellen Pädagogik dem paraschulischen Stütz- und Fördersystem die notwendige Legitimation gegeben, um sich ihre Klientel (mehrsprachige Kinder und Jugendliche) zu sichern.

Zurück zu den ‚harten Fakten': Innerhalb von ‚nur' dreißig Jahren haben wir uns von einer Situation erfernt, in der das mehrsprachige Kind völlig sich selber überlassen war, und uns hinbewegt zu einer Situation, in der es – zumindest im Kanton Zürich – von einem ganzen Regiment von Fachleuten, insbesondere von Lehrkräften für Deutsch als Zweitsprache, für Nachhilfe, Hausaufgabenhilfe, heimatliche Sprache und Kultur sowie einer ganzen Palette sonderpädagogischer Therapieformen und anderer Stütz- und Fördermaßnahmen überbetreut wird. Der PISA-Schock von 2000 – in abgefederter Form auch in der Schweiz spürbar – hat zu Tage gefördert: das ‚mehrsprachige Kind der Nation' muss so lange und so intensiv gefördert werden bis seine Mehrsprachigkeit in den internationalen Schulleistungsvergleichen nicht mehr negativ ins Gewicht fällt.

Die Therapeutisierung des Schülers betrifft zu einem gewissen Grad sowohl die mit einem schweizerischen Pass also auch die anderer Nationalität. Knapp jedes fünfte Kind im Kanton Zürich besuchte im Schuljahr 2007/2008 Zusatzunterricht in Deutsch als Zweitsprache, gut 9% aller Lernenden erhielten logopädische Therapie und 5% psychomotorische Therapie. Auf der Mittelstufe ist zusätzlich der Anteil von Kindern, die Hausaufgabenhilfe (6% aller Schülerinnen und Schüler) sowie Nachhilfeunterricht (5%) beanspruchten, beachtlich. Insgesamt wurden auf der Grundschule 61 Maßnahmen pro 100 Lernende ausgewiesen. Wenn wir diese Angaben nach Nationalität aufschlüsseln, zeigt sich jedoch eindeutig, dass die mehrsprachigen Schülerinnen und Schüler die Hauptklientel für das paraschulische Stütz- und Fördersystem darstellen.

Tabelle 1 zeigt die disproportional hohe Inanspruchnahme von unterrichtsergänzenden Maßnahmen durch Schülerinnen und Schüler mit Migrationshintergrund. Dies gilt sowohl für Maßnahmen, die bei den Eltern beliebt sind (Deutsch als

Zweitsprache, Hausaufgabenhilfe, Nachhilfeunterricht) aber auch für jene, die auf massiven Widerstand stoßen (Kleinklassen A–E) und derzeit weniger verordnet werden.[4]

Tabelle 1. Anzahl Maßnahmen pro 100 Lernende nach Nationalität
(Schuljahr 2007/2008)

	Ausländische SchülerInnen	Schweizerische SchülerInnen
Audiopädagogik	0,1	0,1
Aufgabenhilfe	6,6	2,3
Begabtenförderung	1,0	1,8
Beratung und Unterstützung f. Sehbehinderte	0,0	0,0
Deutsch als Zweitsprache (DaZ, DfF)	32,8	5,9
Dyskalkulietherapie	1,1	0,9
Heilpädagogischer Förderunterricht	2,5	1,4
Heimatliche Sprache und Kultur	12,5	2,7
Integrative Schulungsform (ISF)	4,7	2,5
Integrative Sonderschulung	0,3	0,2
Kleinklasse A (Einschulungsklasse)	1,8	0,7
Kleinklasse B (für Lernbehinderte)	1,8	0,4
Kleinklasse C (Hör- und Sprachbeh.)	0,7	0,2
Kleinklasse D (Verhaltensauffällige)	1,4	0,4
Kleinklasse E (Einschulung Fremdspr.)	0,5	0,0
Kleinklasse E-Mischform	0,4	0,0
Legasthenietherapie	1,4	1,7
Logopädische Therapie	7,4	4,9
Nachhilfeunterricht	5,2	2,8
Psychomotorische Therapie	2,2	2,4
Psychotherapie	0,7	0,7
Rhythmik	0,7	0,4
Sprachheilkindergarten	0,6	0,3
Total Massnahmen pro 100 Lernende	86,5	32,6

Quelle: Bildungsdirektion des Kantons Zürich (2009)

Die hier angeführte Statististik erlaubt es zwar nicht, genaue Prozentzahlen zu errechnen, da mehrere Maßnahmen von denselben Schülerinnen und Schülern in Anspruch genommen werden. Es ist jedoch möglich, den Anteil von Maßnahmen je

---

4   Die Zahl der Kleinklassen A, B, C, D, E hat in den letzten Jahren ständig abgenommen. Diese Form von separater sonderpädagogischer Beschulung wird zunehmend durch integrative Einzelförderung im regulären Unterricht ersetzt.

100 Lernende kumulativ anzugeben und nach Nationalität der Lernenden zu unterscheiden. Während der Pflichtschulzeit werden pro 100 ausländische Schülerinnen und Schüler (Lernende) 87 Maßnahmen ausgewiesen, aber nur rund 33 Maßnahmen pro 100 schweizerische Lernende; das bedeutet, dass die Wahrscheinlichkeit für ausländische Lernende außerschulisch ‚gefördert' zu werden, d.h. sich in einer oder mehreren sonderpädagogischen oder unterrichtsergänzenden Maßnahmen wiederzufinden, zwei bis dreimal größer ist als für Einheimische.

Wichtig für die vorliegende Diskussion ist der Umstand, dass diese Maßnahmen unterricht*ergänzend* sind und von *Zusatz*lehrkräften erteilt werden. Es sind spezielle Lehrkräfte bzw. pädagogische Fachleute, welche die sprachliche und andere Heterogenität der Schülerschaft außerhalb der regulären Unterrichtszeit so lange und so intensiv bearbeiten, bis sie im Regelunterricht nicht mehr stört. Wie ich im nachfolgenden Abschnitt ausführen werde, hat diese Normalisierungstechnologie bzw. das Delegieren der Heterogenität an Fachleute der Interkulturellen Pädagogik und der Sonderpädagogik es den regulären Lehrkräften ermöglicht, am homogenen und „monolingualen Habitus der Schule" (Gogolin, 1994) festzuhalten.

Die Toleranzschwelle für Heterogenität

Wie viel Heterogenität erträgt eine Lehrperson in ihrer Klasse? Die Toleranzschwelle für Heterogenität ist einerseits vom individuell unterschiedlichen Belastungserleben der Lehrperson abhängig (und variiert je nach Unterrichtsstil und Zusammensetzung der Klasse) und andererseits vom institutionellen Umfeld. Beim letzteren ist der wichtigste Faktor die Verfügbarkeit von finanziellen und personellen Ressourcen, die nötig sind, um unterrichtsergänzende Maßnahmen zu ermöglichen. Diese beiden Faktoren korrelieren positiv miteinander: Das individuelle Belastungserleben steigt im gleichen Ausmaß wie Ressourcen institutionell zur Verfügung gestellt werden, um die Lehrperson zu entlasten. Dies soll nachfolgend an einigen Studien, die sich mit dem individuellen Faktor (Belastungserleben) und dem institutionellen Faktor (Verfügbarkeit von unterrichtsergänzenden Maßnahmen) auseinandersetzen, gezeigt werden.

Das Belastungserleben der Lehrperson

Methodisch-didaktisch ist es natürlich am einfachsten, wenn alle Lernenden gleich viel oder gleich wenig wissen und können. Jede Abweichung davon ist eine berufliche Herausforderung, auf die die Lehrpersonen eigentlich von ihrer Ausbildung her bestens vorbereitet sein sollten. Doch wenn Lehrpersonen im Kanton Zürich oder auch anderswo gefragt werden, was sie sich am meisten wünschen, antworten sie: zusätzliche Lehrkräfte, die helfen, schwierige, fremdsprachige und lernschwache Schülerinnen und Schüler zu unterrichten.

Die neueste OECD-Studie TALIS (Teaching and Learning International Survey) bestätigt dies: „Als Hauptursachen für ihre Schwierigkeiten im Unterricht sehen die Lehrkräfte den Mangel an passender Ausstattung und an Zusatzlehr- und Hilfslehrkräften" (OECD, 2009, S. 43). Die in den 24 Bildungssystemen der TALIS-Studie befragten Lehrkräfte erwarten, dass ihnen pädagogische und andere Fachleute zur Seite gestellt werden. Gemäß TALIS fordern Lehrkräfte diese Zusatzhilfen speziell für den Unterricht mit eingewanderten Schülern und Schülerinnen und/oder für jene mit besonderen Lernbedürfnissen.

Aus der TALIS-Studie geht ebenfalls hervor, nach welchen Kriterien die Lehrkräfte in den 24 Bildungssystemen evaluiert werden. Von der langen Liste der Kriterien, die in den untersuchten Ländern zur Anwendung gelangen, rangiert das Kriterium interkulturelle Kompetenz *(teaching in a multicultural setting)* an letzter Stelle (OECD, 2009, S. 153f.). Als fast genauso unwichtig wird die Kompetenz der Lehrperson erachtet, auf die besonderen Lernbedürfnisse von Schülerinnen und Schülern einzugehen: In 13 der 24 Länder, die an der OECD-Studie teilnahmen, wird diese Kompetenz unter den drei unwichtigsten Kriterien für die Ermittlung von Lehrerqualität plaziert. Der Grund, weshalb diese beiden Kompetenzen *(teaching in a multicultural setting und teaching students with special learning needs)* keine Priorität für die Evaluation von Lehrpersonen einnehmen, hängt damit zusammen, dass die interkulturelle und sonderpädagogische Fachkompetenz *außerhalb* des regulären Unterrichts – im paraschulischen Stütz- und Fördersystem – angesiedelt ist. In unserem Fall: Das mehrsprachige Kind wird ‚hinausgefördert', und reguläre Lehrpersonen brauchen sich deshalb nicht mit Mehrsprachigkeit auseinanderzusetzen.

Die Verfügbarkeit von unterrichtsergänzenden Maßnahmen

Die zirkuläre Wechselwirkung zwischen Belastungserleben und Verfügbarkeit von Zusatzhilfen ist nicht zu unterschätzen: Die kontinuierliche Ausweitung des unterrichtsergänzenden Stütz- und Fördersystems führt dazu, dass die Toleranzschwelle der Lehrer für Heterogenität in der Klasse sich kontinuierlich nach unten senkt.

Wir haben es hier mit einer Bürokratisierung von Interkultureller Pädagogik zu tun. Das Merkmal einer Bürokratie ist, dass sie sich selber Arbeit beschafft. Da das pädagogische Handlungsfeld durch zwischenmenschliche Beziehungen gekennzeichnet ist, beinhaltet jede Bürokratisierung zwangsweise eine Klientelisierung. Als Folge der eben beschriebenen, zirkulären Wechselwirkung zwischen Belastungserleben und Verfügbarkeit von Geld und Experten, wird die Klientel ständig vergrößert. Gehörten zur interkulturellen Klientel in den 1970er und 1980er Jahren zunächst ausschließlich die Kinder von Arbeitsmigrantinnen und -migranten aus den Anwerbeländern, so wurden in der Schweiz relativ bald einmal nationale sprachliche und kulturelle Minderheiten dazu gezählt, danach Flüchtlinge, und heute jede und jeder, die/der biographisch oder faktisch als förderungsbedürftig erachtet wird. Im Gleichschritt mit der steten Expansion der Klientel ist der Bedarf an entsprechend ausgebildeten, interkulturellen Fachleuten, die unterrichtsergänzend arbeiten, gestiegen.

Der für den Kanton Zürich beschriebene Zuwachs an sonderpädagogischen und unterrichtsergänzenden Maßnahmen gilt auch für die anderen Kantone in der Schweiz, insbesondere für Kantone mit einem hohen städtischen Bevölkerungsanteil und einer hohen Einwanderungsquote. Die Situation im Kanton Basel-Stadt ist besonders hervorzuheben, da der Kanton mit dem 2007 verabschiedeten Integrationskonzept „Fördern und Fordern" die unterrichtsunterstützenden Fördermaßnahmen für Kinder mit Migrationshintergrund sowohl koordiniert als auch finanziert (Kommission für Migrations- und Integrationsfragen Basel-Stadt, 2008).

Gesamtschweizerisch werden diese Maßnahmen als „Angebote für Lernende mit besonderen Bildungsbedürfnissen" bezeichnet und beinhalten, wie auch im Kanton Zürich, sowohl sonder-/heilpädagogische als auch interkulturelle, unterrichtsergänzende Maßnahmen. Die Zunahme der unterrichtsergänzenden Maßnahmen im heil-/sonderpädagogischen Bereich hängt unter anderem mit der Integration ehemals segregierter Sonderklassen zusammen (s. Häfeli & Walther-Müller, 2005). Diese Maßnahmen werden nun integrativ bzw. unterrichtsergänzend und individuell anstatt segregiert in Gruppen oder Klassen erteilt. Die Schulreformen innerhalb der Heil- und Sonderpädagogik (weg von Segregation und hin zur Integration) erklären jedoch nur teilweise die beschriebene Explosion unterrichtsergänzender Maßnahmen.

Wie zahlreiche Untersuchungen in der Schweiz zeigen, ist die kontinuierliche Expansion von unterrichtsergänzenden Maßnahmen vom vorhandenen Angebot abhängig und somit aufs Engste mit der Professionalisierung der pädagogischen Fachgebiete, insbesondere der Sonder- und Heilpädagogik aber auch der Interkulturellen Pädagogik verknüpft (s. Schweizerische Koordinationsstelle für Bildungsforschung, 2006, S. 87ff.), denn die Maßnahmen – die integrativen, aber auch die segregierten Formen – haben vor allem in jenen Schulbezirken zugenommen, in denen sowohl großzügige finanzielle Mittel als auch Fachleute vorhanden waren. Die interkantonalen Vergleichsstudien zeigen eine große Varianz bezüglich der Angebotslage, die offenbar weniger von der aktuellen Bedürfnislage der Lernenden, sondern vielmehr von der Verfügbarkeit von finanziellen und personellen Resourcen abhängig ist (Häfeli & Walther-Müller, 2005; Schweizerische Koordinationsstelle für Bildungsforschung, 2006).

Der Wohnort bestimmt, ob ein Kind mit Migrationshindergrund als ein ‚Fall' für Sonderklassen oder unterrichtsergänzenden Stütz- und Förderunterricht erfasst wird. Die Chance zur institutionellen Diskriminierung durch Zuweisung in weniger anspruchsvolle Schulformen oder segregierte Sonderklassen ist am größten in Bezirken, die sich ein derart differenziertes Schulsystem leisten können. In Schulbezirken, wo das Schulsystem strukturell stark differenziert ist, werden die unattraktiven oder anforderungsarmen Schulformen durch Lernende mit Migrationshintergrund ‚aufgefüllt'. Vereinfacht formuliert: Die Chance institutioneller Diskriminierung ist am geringsten in ärmlichen ländlichen Gegenden, die aus finanziellen oder organisatorischen Gründen kein differenziertes Schulsystem anbieten können.

Auf der Suche nach den Akteuren und ‚Profiteuren'

Die Autonomie einer Profession ist dadurch gewährleistet, dass ihre Repräsentanten (Fachverbände, Fachzeitschriften, Fachleute, etc.) Güte- und Qualitätskriterium bzw. Standards festlegen und dadurch eine Einmischung von Außen bzw. von Laien verhindern. Es wäre falsch anzunehmen, dass sich Fachleute einer neuen Profession auf einen Wissenskanon einigen müssen. Im Gegenteil, Meinungsverschiedenheiten sind eine logische Folge eines Paradigmenwechsels und steigern die Reflexionsfähigkeit einer Profession. Ein ‚Dauerbrenner' in der Interkulturellen Pädagogik ist beispielsweise die Frage, ob kulturelle Sensibilität lehrbar sei. Es wurde hinreichend argumentiert, dass die Kulturalisierung der pädagogischen Arbeit kontraproduktiv wirke, d.h. die kulturellen Unterschiede zwischen Einheimischen und Zugewanderten unnötig hervorhebe und von anderen wichtigeren strukturellen Rahmenbedingungen wie beispielsweise institutioneller Diskriminierung ablenke. Letzten Endes sei das Hervorheben kultureller Unterschiede durch und durch antipädagogisch, anti-individualisierend und prämodern, weil der Kulturalisierungsansatz das einzelne Schulkind als Repräsentanten seiner Herkunftsgruppe festlege und dadurch deren individuelle Fähigkeiten und Bedürfnisse vernachlässige (s. Dittrich & Radtke, 1990; Steiner-Khamsi, 1992; Prengel, 1993; Diehm & Radtke, 1999; Gomolla & Radtke, 2002).

In diesem Aufsatz ging es mir nicht mehr darum aufzuzeigen, *was* in der Interkulturellen Pädagogik gelehrt wird und noch weniger, was gelehrt werden sollte, sondern vielmehr *wer* die Interkulturelle Pädagogik in der Praxis repräsentiert und *wem* sie dient. Ich schlage vor, dass wir aufhören, uns immer nur mit inhaltlichen Fragen zu quälen (z.B. mit der Frage: Was soll die Lehre und Forschung der Interkulturellen Pädagogik beinhalten?), und stattdessen unser Augenmerk vermehrt auf die Akteure und ‚Profiteure' (Wer repräsentiert und wer profitiert von der Interkulturellen Pädagogik?) richten. Die Expansion der unterrichtsergänzenden interkulturellen Maßnahmen legt nahe, dass jene Lehrkräfte als interkulturelle Experten betrachtet werden, die sich *speziell und fast ausschließlich* mit Mehrsprachigkeit befassen. In der Schweiz sind es vorwiegend die Lehrkräfte für Deutsch als Zweitsprache, die Lehrkräfte für Kurse in heimatlicher Sprache und Kultur sowie reguläre Lehrkräfte in Schulen mit einem überdurchschnittlich hohen Anteil von Kindern und Jugendlichen mit Migrationshintergrund.

Im Gegensatz zur Repräsentationsfrage ist es schwieriger die hauptsächlichen ,Profiteure' der Interkulturellen Pädagogik zu identifizieren. Auf den ersten Blick sind es die zugewanderten Kinder und Jugendlichen, ihr Wohlergehen wird – wie dies für pädagogische Argumentationen üblich ist – in den Vordergrund gestellt. Schließlich würde es als professionell, wenn nicht gar als moralisch verwerflich gelten, wollte man Reformen damit begründen, dass sie *in erster Linie oder gar ausschließlich* den Lehrkräften, den Schulverwaltern oder gar den Bildungsbehörden bzw. dem System zugute kommen. Aber gerade weil letztlich jede Reform im Bildungsbereich den Betroffenen, hier den Kindern und Jugendlichen, zugute kommen soll, wäre es Aufgabe der wissenschaftlichen Reflexion zu prüfen, welche anderen Akteure ebenso oder gar vorrangig von den Reformen, neuen Maßnahmen, etc. profitieren, in welchem Verhältnis dies zum ,Wohl des Kindes' steht, und ob bzw. wie beides miteinander zu vereinbaren ist. Die einem naiven Verständnis von Pädagogik geschuldete Idee, dass man stets auf „das Kind" bezogen und zu seinem Wohle argumentieren und handeln müsse, verkehrt die Realitäten und erzeugt Tabus und blinde Flecken, die es nicht zuletzt auch deshalb zu erhellen gilt, um wirklich professionell arbeiten zu können.

Literatur

Baker, D. & LeTendre, G. (2005). *National differences, global similarities. World culture and the future of schooling.* Stanford: Stanford University Press.

Bildungsdirektion des Kantons Zürich (2007). *Sonderpädagogische und unterrichtsergänzende Massnahmen. Stand im Schuljahr 2005–06, Entwicklungen und Vergleiche.* Zürich: Kantonale Verwaltung.

Bildungsdirektion des Kantons Zürich (2008). *Sonderpädagogische und unterrichtsergänzende Massnahmen. Stand im Schuljahr 2006–07, Entwicklungen und Vergleiche.* Zürich: Kantonale Verwaltung.

Bray, M. (2007). *The shadow educational system: private tutoring and its implications for planners.* Paris: UNESCO, International Institute for Education Policy.

Diehm, I. & Radtke, F.-O. (1999). *Erziehung und Migration. Eine Einführung.* Stuttgart: Kohlhammer.

Dittrich, E. J. & Radtke, F.-O. (Hrsg.). (1990). *Ethnizität. Wissenschaft und Minderheiten.* Opladen: Verlag für Sozialwissenschaften.

Gogolin, I. (1994). *Der monolinguale Habitus der multilingualen Schule.* Münster, New York: Waxmann Verlag (2. unveränderte Auflage 2008).

Gomolla, M. & Radtke, F.-O. (2002). *Institutionelle Diskriminierung. Die Herstellung ethnischer Differenz in der Schule.* Opladen: Leske & Budrich.

Häfeli, K. & Walther-Müller, P. (Hrsg.). (2005). *Das Wachstum des sonderpädagogischen Angebots im interkantonalen Vergleich. Steuerungsmöglichkeiten für eine integrative Ausgestaltung.* Luzern: Edition SZH/CSPS.

Kommission für Migrations- und Integrationsfragen Basel-Stadt (2008). *Gemeinsam mit Offenheit und Respekt. Fördern und Fordern. Das Gesetz über die Integration der Migrationsbevölkerung.* Basel: Kantonale Verwaltung Basel-Stadt.

OECD (2009). *Creating Effective Teaching and Learning Environments: First Results from TALIS.* Paris: OECD.

Oevermann, U. (1996). Theoretische Skizee einer revidierten Theorie professionalisierten Handelns. In A. Combe & W. Helsper (Hrsg.), *Pädagogische Professionalität. Untersuchungen zum Typus pädagogischen Handelns* (S. 70–182). Frankfurt: Suhrkamp.

Prengel, A. (1993). *Pädagogik der Vielfalt. Verschiedenheit und Gleichberechtigung in Interkultureller, Feministischer und Integrativer Pädagogik* (3. Aufl. 2006). Opladen: Leske & Budrich.

Steiner-Khamsi, G. (1992): *Multikulturelle Bildungspolitik in der Postmoderne.* Opladen: Leske & Budrich.

Steiner-Khamsi, G. (1995). Zur Geschichte und den Perspektiven der interkulturellen Pädagogik in der Schweiz und in Europa. In E. Poglia, A.-N. Perret-Clermont, A. Gretler & P. Dasen (Hrsg.). *Interkulturelle Bildung in der Schweiz. Fremde Heimat* (S. 45–78). Bern: Lang.

Stichweh, R. (1996). Professionen in einer funktional differenzierten Gesellschaft. In A. Combe & W. Helsper (Hrsg.), *Pädagogische Professionalität. Untersuchungen zum Typus pädagogischen Handelns* (S. 49–69). Frankfurt: Suhrkamp.

Lutz R. Reuter

Interkulturelle Bildung und Bildungschancengleichheit in der Migrationsgesellschaft

Ingrid Gogolin und ich lernten uns 1988 im Rahmen der Vorarbeiten für das DFG-Forschungsschwerpunktprogramm „FABER – Folgen der Arbeitsmigration für Bildung und Erziehung" kennen.[1] Im Rahmen dieses Programms haben wir gemeinsam mit Ursula Neumann das Projekt „Schulbildung von Migrantenkindern und Kindern autochthoner Minderheiten in der BRD" (1994–1999) durchgeführt (Gogolin, Neumann & Reuter, 2001).

Ziel des Projekts war die empirische Erfassung und systematische Darstellung der organisatorischen, curricularen und rechtlichen Vorkehrungen zur schulischen Bildung für Migranten- und Minderheitenkinder. Die gefundenen Rechtsvorkehrungen, Schulorganisationsformen und curricularen Texte wurden einer Analyse unter der leitenden Frage unterzogen, ob und inwieweit Migration als auslösendes Moment für Innovationen im Bildungswesen gelten kann. Ausgangspunkt war die Umkehrung einer gewohnten Fragerichtung; es interessierten weniger die Mechanismen der Ausgrenzung und ‚Besonderung‘ von Minderheiten – d.h. die historisch bekannten Formen der Reaktion auf Partikularansprüche, wie sie in anderen FABER-Projekten bereits belegt werden konnten (vgl. Krüger-Potratz, 1997), sondern die Ausgestaltung des Verhältnisses zwischen Partikular- und Universalitätsansprüchen im Bildungssystem.

Die zentrale Fragestellung unserer Untersuchung lautete, in welcher Weise die den Minderheitengruppen zugeschriebenen partikularen Ansprüche an schulische Bildung Anstöße für Veränderungen im Bildungswesen gaben. Es ging also um das Verhältnis von universalen und partikularen Interessen und um die Frage, welche Berechtigung einzelne Gruppenansprüche im öffentlichen Bildungswesen besitzen und durchsetzen (Gogolin, Krüger-Potratz & Meyer, 1998). Hintergrund war die Infragestellung der bestehenden Beziehungen zwischen universalen und partikularen Ansprüchen im Bildungssystem angesichts der Pluralität der Lebenswelten. Das öffentliche Schulwesen wäre – so die gängige Argumentation – nur unzureichend in der Lage, auf die Komplexität der Lebenszusammenhänge zu antworten; deswegen wären die Strukturen und Ziele des Schulsystems durch die Leitvorstellung der Homogenität der Gesellschaft und der Homogenisierung ihrer Mitglieder bestimmt. Die Gegenthese lautete, dass es angesichts der Koexistenz von Menschen verschie-

---

1   Eine der maßgebenden Sitzungen fand am 09. November 1989 statt, ohne dass wir von den Ereignissen in Berlin etwas erfuhren.

dener kultureller Traditionen und Orientierungen auf einem staatlichen Territorium erforderlich sei, eine Konzeption von Bildung zu erarbeiten, „die Bildungsprozesse als sich radikalisierende Prozesse der Wahrnehmung und Anerkennung anderer und der produktiven Verarbeitung von kultureller Differenz versteht" (Peukert, 1994, S. 12).

Die Ergebnisse des Gesamtprojekts (Gogolin, Neumann & Reuter, 2001) zeigten eine große Bandbreite von Reaktionsformen des öffentlichen Schulwesens auf ethnische bzw. kulturelle und sprachliche Diversität. Bereiche des Schulwesens, in denen Reaktionen auf Migrationsprozesse und die Anwesenheit von Minderheitengruppen untersucht wurden, waren (1) die Schulorganisation, (2) das Schulrecht, (3) die sprachliche Bildung sowie (4) die Inhalte und Ziele des Unterrichts, soweit sie in Lehrplänen festgelegt waren (Gogolin, Neumann & Reuter, 1998). Ein Teilprodukt des Forschungsprojekts, welches sich auf die beiden ersten Bereiche bezog, bestand in der Erstellung einer Synopse der einschlägigen länderrechtlichen Regelungen. Sie erfasste alle bundesweiten Regelungen und die Bestimmungen aller 16 Bundesländer von der Ebene der Landesverfassungen über Gesetze und Verordnungen bis hin zu Verwaltungsvorschriften auf der Grundlage von 21 Kategorien (z.b. Schulpflicht, Förderunterricht, Lehrerfortbildung). Die Synopse bestätigte die im Projektantrag formulierte Vermutung, dass sich das Ausländer-, Migranten- bzw. Minderheitenbildungsrecht durch Unübersichtlichkeit, Punktualität in Bezug auf die Bearbeitung von Sachfragen, mangelnde Systematik und fehlende Komparatistik zwischen allochthonen und autochthonen Minderheitengruppen auszeichnete (Reuter, Palt & Witte, 1998). Selbst die Kultusministerien zeigten sich überrascht von der Vielzahl und gelegentlichen Widersprüchlichkeit der in ihrem Zuständigkeitsbereich geltenden einschlägigen Vorschriften. Ergänzende Studien zur rechtlichen Steuerung der Folgen der Migration im Schulwesen bestätigten die Befunde widersprüchlicher Einzelmaßnahmen im Spannungsfeld von Nachteilsausgleich und Sicherung der Rückkehrbereitschaft (Neumann & Reuter, 1997; Reuter, 1999 a/b; Reuter, 2001).

Zur Analyse der in den Lehrplänen festgehaltenen Ziele und Inhalte des Unterrichts war ein Frageraster entwickelt worden (Gogolin, Neumann & Reuter, 1998; Bühler-Otten, Neumann & Reuter, 2000). Ausgangspunkt war die Einordnung interkultureller pädagogischer Konzepte zwischen den beiden Polen begegnungspädagogischer und konfliktpädagogischer Perspektiven. Dieser Einordnung von Lehrplanvorgaben und Zielformulierungen zur Berücksichtung kultureller und sozialer Heterogenität erwies sich als geeignet, die verschiedenen, teils koexistierenden, teils konkurrierenden Konzepte der interkultureller Bildung und Erziehung diskursiv aufeinander zu beziehen. Die Lehrpläne wurden daraufhin analysiert, wie sie die Ziele, Inhalte und Methoden des Unterrichts begründeten, die der Querschnittsaufgabe der interkulturellen Bildung zugeordnet wurden. Die Dichotomie zwischen begegnungs- und konfliktpädagogischen Konzepten wurde in fünf Kategorien oder ‚Perspektiven' ausdifferenziert, mit denen die Thematisierung interkultureller Aspekte in den Lehrplänen genauer bestimmt wurde. Diese galten dem Kulturvergleich, der Individual- oder Gesellschaftsorientierung, der Adressatenorientierung, der Bewertung von Heterogenität und den verfolgten didaktischen Zielen.

Die Befunde waren, wie zu erwarten, sehr unterschiedlich. Während in einigen Bundesländern interkulturelle Bildung als allgemeine Bildungsaufgabe begriffen wurde, wurde sie in der Mehrheit der Länder auf diejenigen Schulen beschränkt, die hauptsächlich von Kindern mit Migrationshintergrund besucht wurden, worin sich die eingeschränkte Adressatengruppe (Migrantenkinder) und die Zielsetzung (Kompensatorik) ausdrückte. Im Hinblick auf die fünf Kategorien zeigten sich folgende Gemeinsamkeiten und Unterschiede: Es überwog eine vergleichende Sichtweise, nach welcher kulturelle, religiöse und gesellschaftliche Differenz ausdrücklich herausgearbeitet und benannt werden sollte. Seltener wurde in den Lehrplänen von einer als objektiv angenommenen Betrachtung kultureller Merkmale des Anderen ausgegangen; vielmehr dominierte die von der Mehrheit auf die Minderheit gerichtete Perspektive. Die Grundschullehrpläne enthielten Vergleiche in der Regel in harmonischer Perspektive, während die Auseinandersetzung mit migrationsbezogenen gesellschaftlichen Konflikten eher den Sekundarschülern zugemutet wurde. Bei der Kategorie Individuum- oder Gesellschaftsorientierung zeigte sich, dass die untersuchten Dokumente in der Regel beide Aspekte ansprachen, wobei die individuellen überwogen. Dabei wurden die Normen und Werte des Individuums als kulturell bestimmt aufgefasst; zum Teil wurde das didaktische Prinzip formuliert, über die Begegnung mit Kindern und Jugendlichen anderer kultureller ‚Prägung' einen Wechsel der Perspektive herbeizuführen und so Erkenntnisse über sich selbst zu gewinnen. Auch bei der Analyse der Kategorie Adressatenorientierung war das Bild der Länder uneinheitlich. Nur in den Dokumenten eines Bundeslandes wurden die Lernprozesse und Lerninhalte eindeutig an eine heterogene Schülerschaft aus Mehrheits- und Minderheitsangehörigen adressiert. Eine Bewertung der Heterogenität unterblieb in allen Lehrplänen.

Was die Kategorie der mit interkultureller Bildung verbundenen didaktischen Ziele angeht, zeigte sich eine Tendenz, die Bearbeitung kultureller Differenzen als Aufgabe der allgemeinen Bildung zu verstehen. Eine Nachfolgeuntersuchung (Neumann & Reuter, 2004) ergab, dass die neueren Lehrpläne die Diskussion um die Bildungsstandards aufgenommen und über die Orientierung an fachlich-inhaltlichen Aspekten hinaus überfachliche Kompetenzen bei der Festlegung von Zielen der Lehr- und Lernprozesse formuliert hatten. Interkulturelle Bildung ist ein solcher Aspekt nichtfachlicher Art, der Eingang in die Lehrpläne gefunden hatte. Allerdings zeigte sich bei der Analyse der Lehrpläne auch, dass diese Texte in der Regel zwar die Ziele interkultureller Bildung und Erziehung erwähnten, aber die Struktur des Wi ssenserwerbs und des Aufbaus von Handlungskompetenz in unterschiedlichen Situationen nur sehr unspezifisch erfasste – wenn etwa von der Begegnung mit dem anderen eine Klärung des eigenen Standpunkts erwartet wurde; die angestrebten Ergebnisse schließlich wurden in der Regel nicht formuliert. Bezogen auf die fünf Kategorien oder Perspektiven der Lehrplananalysen zur interkulturellen Bildung konnten fünf Bedingungen für die erfolgreiche Etablierung interkultureller Bildung in den Lehrplänen formuliert werden: (1) eine Adressatenorientierung, welche die sprachlich-kulturell heterogene Schülerschaft ausdrücklich berücksichtigt und als positiv zu bewertendes Lernarrangement ansieht, in dem die Verschiedenheit der Ansichten, Fähigkeiten und Positionen zur Ausbildung von Handlungskompetenz beitrage; (2) ein reflektierter Vergleich nicht etwa von ‚Kulturen', sondern von Lebensformen, Sprachen, religiösen Haltungen und weltanschaulichen Einstellungen; (3) eine Reflexion sowohl gesellschaftlich-historischer als auch individueller Verantwortung und Handlungsmöglichkeiten; (4) die Bewertung von Heterogenität bzw. Differenz als ‚normal' und (5) die Entwicklung von Kriterien und Testverfahren, um den Aufbau interkultureller Kompetenz überprüfen zu können.

Die im FABER-Schwerpunktprogramm gebündelten Projekte stehen für einen Perspektivenwechsel und gesellschaftlichen Umbruch, den die Reform des Staatsbürgerschaftsrechts im Jahre 2000 auch äußerlich sichtbar machte. Der durch Migrationen hervorgerufene Wandel der gesellschaftlichen Verhältnisse betrifft nicht bloß die kulturellen Enklaven der Migrantinnen und Migranten, sondern die kulturelle Befindlichkeit der Gesellschaft als ganzer. Die zu beobachtenden Veränderungen lassen sich immer weniger in Kategorien wie der ‚Konfrontation' von Nationalkulturen, sondern nur über Begriffe wie die Herausbildung unterschiedlicher sozialkultureller und in der Regel nicht durch staatliche Grenzen be stimmter Milieus fassen (Gogolin, 1998). Die Kategorie der Differenz bzw. die ‚Normalität der Heterogenität', die in der erwähnten zweiten Lehrplananalyse (Neumann & Reuter, 2004) als Gelingensbedingung interkultureller Bildung benannt wurde, markiert den „Wechsel zur allgemeinen Pädagogik"[2]; alle Lehr-Lern-Prozesse haben mit Differenz auf der Seite der Lernenden wie der Lehrenden und ihrer Sicht auf viele der Lerngegenstände zu tun.

Die Normalität der Unterschiedlichkeit lenkt den Blick erneut auf das Verfassungs- und Bildungsrecht, jene Disziplin, die in dem FABER-Projekt Gogo-

---

2   Siehe den Beitrag von Meinert Meyer im vorliegenden Band – Anm. d. Hrsg.

lin, Neumann und Reuter (2001) Gegenstand der Analyse war. Seinerzeit ging es um die Regelungen, die der Staat als Ausdruck seiner Souveränität für die Bildungsbeteiligung der Kinder der Migranten mit dem Ziel der Integration, ggf. auch nur für die Dauer ihrer Anwesenheit im staatlich definierten Rechtsraum entwickelt hatte. Staatliche Souveränität verstanden als die Sicherung der nationalen Selbstbestimmung und die Abwehr äußerer Einmischungen ist jedoch einem mehrfachen Erosionsprozess ausgesetzt. Legitime staatliche Herrschaft ist heute an die Menschenrechte und an das Prinzip der Rechtsstaatlichkeit gebunden. Internationale Menschenrechtsdiskurse, Menschenrechtspolitik und Menschenrechts-Rechtsprechung haben das Nichteinmischungsprinzip des alten Souveränitätsdenkens zurückgedrängt. Diesem Gedanken sei mit Blick auf das Menschenrecht auf Bildung in der Migrationsgesellschaft nachgegangen.

Schüler durch Entwicklung ihrer Persönlichkeit zur Teilhabe am kulturellen, gesellschaftlichen, wirtschaftlichen und politischen Leben zu befähigen, kurzum Integration, ist das zentrale Anliegen des öffentlichen Erziehungs- und Bildungswesen, in welcher Weise auch immer Verfassungen und Schulgesetze den öffentlichen Bildungsauftrag im Einzelnen formulieren mögen (Langenfeld, 2001). Individuelles und soziales Anderssein sind als soziale Tatbestände einer liberalen Verfassungsordnung ,vorausgedacht'. Differenz ist die soziologische Voraussetzung der Grundrechte ebenso wie Pluralismus Grundlage der staatlich verfassten Gesellschaftsordnung ist. Mit diesen beiden durchaus nicht spannungsfreien Prinzipien, Integration einerseits und soziokultureller Differenz andererseits, hält die Verfassungsordnung die Eckpunkte für die Ausgestaltung des Erziehungs- und Bildungsauftrages auch für die Zuwanderungsminderheiten deutscher und ausländischer Staatsbürgerschaft bereit (Langenfeld, 2001). Unbeschadet bildungspolitischer Dissense im Detail besteht Übereinstimmung darüber, dass das öffentliche Schulwesen die Integration der Kinder aus Zuwanderungsminderheiten in die Mehrheitsgesellschaft zu leisten, die Entfaltung ihrer je unterschiedlichen Persönlichkeiten (Differenz) zu fördern und ihre Identität als Minderheitengruppenangehörige zu respektieren habe, vorausgesetzt, sie verstehen sich als solche.

Der allgemeine Gleichheitssatz schließt nicht aus, dass Gesetzgeber und Verwaltung, die grundsätzlich einheimische Schüler und Schüler mit Migrationshintergrund gleich zu behandeln verpflichtet sind, unter gewissen Umständen differenzieren können, ggf. sogar müssen, nämlich nach Maßgabe bestimmter, für die Erfüllung des schulischen Bildungsauftrags wichtiger Umstände (z.B. Erstsprache, Effekte sozialkultureller Milieus). Gerade im Schulwesen ist der Staat in vielen Fällen zur proportionalen (Un-)Gleichbehandlung (Chancengleichheit) verpflichtet. Die das Projekt von Gogolin, Neumann & Reuter (2001) begleitenden ausländerrechtlichen Projekte und Nachfolgestudien haben gezeigt, dass unterschiedliche rechtsstaatliche Standards für einheimische Schüler und für Schüler mit unterschiedlich gesichertem Aufenthaltsstatus gelten (Reuter et al., 1998; Reuter, 1999 b; Neumann & Reuter, 2004). Dabei sind gerade auch im Schulwesen und besonders bei der schulischen Versorgung von Schülerinnen und Schülern aus Minderheitengruppen und mit Migrationshintergrund die rechtsstaatlichen Regeln zu beachten. Rechtsstaat bedeutet insbesondere die Beachtung, aber auch die Ermöglichung der Verwirklichung der Grundrechte, die Rechtsförmigkeit der staatlichen Handlungsweisen, Rechtssicherheit und gerichtlicher Schutz.

Die meisten Grundrechte, die für den schulischen Raum relevant sind, gelten auch für ausländische Kinder und Jugendliche. Diese sind jedoch nicht Träger des Grundrechts der freien Wahl von Ausbildungsstätte und Beruf (Art. 12 GG), welches als Bürgerrecht deutschen Staatsbürgern vorbehalten ist. Allerdings verbietet das Europarecht eine Ungleichbehandlung zwischen deutschen und anderen EU-Staatsbürgern und Ausländer aus Drittstaaten werden durch die allgemeinen Gesetze in die grundrechtlichen Gewährleistungen einbezogen, welche allerdings aus Gründen der politischen Opportunität in bestimmten Fällen auch gesetzlich eingeschränkt werden können. Im Bereich des Schulwesens sind die Effekte der Differenzierung in der Grundrechtsträgerschaft allerdings nicht gravierend, wenn man sich den Zusammenhang zwischen dem Recht auf Schulzugang und der durch Art. 7 Abs. 1 GG legitimierten staatlichen Schulpflicht vor Augen führt. Denn zumindest so weit und so lange die Schulpflicht besteht, haben auch ausländische Schülerinnen und Schüler das Recht auf Zugang zu den jeweils für sie geeigneten weiterführenden Schulen des Sekundarbereichs (Reuter, 2003, S. 24f.). Das Sozialstaatsprinzip gemäß Art. 20 Abs. 1 GG legitimiert und verpflichtet die staatlichen Akteure, durch eine gerechte Sozialordnung für einen Ausgleich zwischen den Bedürfnissen der verschiedenen gesellschaftlichen Gruppen zu sorgen; dies impliziert insbesondere die staatliche Verpflichtung zu einer chancenausgleichenden Politik.

Aus sich heraus gewährleistet das Sozialstaatsprinzip in der Regel allerdings keine individuellen Ansprüche. Auch der Sozialstaat muss sich in den Formen des Rechtsstaates vollziehen. Das Sozialstaatsprinzip strahlt indes auf die Auslegung der Grundrechte aus. Dies hat dazu geführt, dass aus den Grundrechten und Staatszielbestimmungen des Grundgesetzes (GG) ein Menschenrecht auf chancengleiche Bildung als Voraussetzung für die Inanspruchnahme aller übrigen Freiheitsrechte abgeleitet wird. Grundlagen hierfür sind die folgenden Artikel des GG: Art. 7 (Schulen als staatliche Veranstaltungen), Art. 2 (Persönlichkeitsentfaltung durch Zugang und Teilhabe an den staatlichen Bildungsprogrammen), Art. 20 (Verfassungsauftrag zur Grundrechtsermöglichung durch Chancenausgleich und individuelle Fördermaßnahmen) und Art. 3 (materielle Gleichheit und Verbot soziokultureller Diskriminierung). Aus der Verbindung des Sozialstaatsprinzips mit dem

Erziehungs- und Bildungsauftrag der Schule und den ethnisch-kulturellen Differen-
zierungsverboten folgt also die Verpflichtung der Länder, auch Kindern mit Migrationshintergrund chancengleiche, d.h. ihren Bedürfnissen und ihrer soziokulturell
bedingten Lernausgangslage entsprechende Bildungsbedingungen zu gewährleisten. Dies bemisst sich im Einzelnen nach den gesellschaftlich diskutierten, schul-
politisch formulierten und schulgesetzlich verrechtlichten Standards für alle Schülerinnen und Schüler, auf deren Realisierung auch diejenigen mit Migrationshintergrund Anspruch haben. Umstritten ist hingegen, ob das aus dem sozialstaatlich interpretierten Pluralismusgebot abgeleitete Recht auf Achtung der
eigenen kulturellen Identität auch einen Anspruch auf Förderung in der Sprache
und Landeskunde des Herkunftslandes beinhaltet (Langenfeld, 2000).

Die Bildungsreformdebatte zwischen 1965 und 1975 hat vor allem die sozial-
staatliche Dimension des Rechts auf Bildung entfaltet. Die Folgen der internationalen Migration und die einschlägigen Befunde von PISA und IGLU waren und sind
in den letzten zwei Jahrzehnten erneut Anlass, an diese Dimension zu erinnern.
Konsens besteht über die folgenden drei Aspekte dieses Menschrechts: (1) Als institutionelles Zugangsrecht berechtigt das Recht auf Bildung zum uneingeschränk-
ten Zugang zu den öffentlichen Bildungseinrichtungen. Ein Ausschluss aufgrund
von Geschlecht, Behinderung, Sprache, Religion oder Herkunft ist verfassungswid-
rig. (2) Als institutionelles Entfaltungsrecht garantiert das Bildungsgrundrecht den
Anspruch auf Entfaltung der individuellen Begabungen und Interessen und auf
Vermittlung der für das Leben in der Gesellschaft unabdingbaren Fähigkeiten und
Kenntnisse. (3) Als institutionelles Mitbestimmungsrecht garantiert es ein ‚partizi-
patorisches Grundmuster' der Bildungseinrichtungen, d.h. Ansprüche auf Beteiligung an den innerinstitutionellen Entscheidungsprozessen (Richter, 1973; Reuter,
1975; Reuter, 2000). Die Forderung nach Chancengleichheit unterlegt dem Recht
auf Bildung nicht nur Ansprüche auf gleiche Zugangschancen zu den Bildungseinrichtungen, sondern auch auf Ausgleich von Nachteilen der Lebensumstände und
sozialkulturellen Milieus im Verlauf des Bildungsprozesses und auf Nachbesserung
der Lebenschancen durch berufliche Fortbildung, Umschulung und Rehabilitation.

Der Blick auf das Recht auf Bildung und den Grundsatz der Bildungschancen-
gleichheit wurde lange Zeit auf die justizielle Seite, die Einklagbarkeit konkreter
Ansprüche, enggeführt. Damit wurde die Beschränkung der den Grundrechten ver-
pflichteten (Verfassungs-)Rechtsprechung vor allem auf die rechtsstaatliche Poli-
tikkontrolle verwiesen bzw. der Vorrang der sozialstaatlich gestaltenden Politik betont. Dies ist richtig. Doch aus traditioneller juristischer Sicht wurde dem Grund-
recht auf Bildung zugleich auch in seiner Funktion als Staatsziel, d.h. als Leitlinie
der Bildungspolitik, seine praktische Bedeutung abgesprochen.

Dies geschah zu Unrecht, wie beispielsweise der Bericht von Vernor Muñoz als Sonderberichterstatter des UN-Menschenrechtsrates zur Praxis des Rechts auf Bildung in Deutschland und die Reaktion der deutschen Politik verdeutlicht haben (United Nations, 2006). Der Muñoz-Bericht sah das Menschenrecht auf Bildung, wie es in der UN-Menschenrechtserklärung, in der Internationalen Konvention über wirtschaftliche, soziale und kulturelle Rechte, in der Konvention über die Rechte des Kindes, in der Europäischen Menschenrechtskonvention und in der Europäischen Sozialcharta oder in den deutschen Bundes- und Landesverfassungen enthalten ist, verletzt. Er erinnerte die Bundesregierung sowie die Landesregierungen daran, dass die Bundesrepublik Deutschland Verpflichtungen zur Respektierung, zum Schutz und zur Umsetzung des Rechts auf Bildung eingegangen. Die Kritik umfasste u.a. die folgenden Punkte, die jeweils zu Lasten von Schülerinnen und Schülern nichtdeutscher Erstsprache gehen: (1) Überbetonung der Kompetenzen der deutschen Sprache im Schulverlauf; (2) Nichtberücksichtigung der und Unterbleiben einer Förderung in den mitgebrachten Sprachen – übrigens auch mit der Begründung der kulturellen und ökonomischen Bereicherung Deutschlands; (3) frühe Verteilung der Schüler auf unterschiedliche Schularten der Sekundarstufe I ohne hinlängliche Beachtung des Elternrechts und mit gravierenden Folgen für die Effektivität und Qualität der Lernprozesse; (4) Zusammenhang zwischen Schulsystemstruktur, Lehrerleistungen und Kompetenzerwerb der Schüler; (5) unzureichende Responsivität der Schule gegenüber den Bedürfnissen der Schüler und Schülerinnen sowie fehlende Beachtung des Prinzips der Diversität; (6) der Ausschluss von Kindern mit unsicherem Aufenthaltsstatus von der Schulpflicht in einigen Bundesländern; (7) der vollständige Ausschluss ‚illegaler' Kinder vom Schulbesuch durch die Verpflichtung von Schulleitern zur Information der Ausländerbehörden; (8) die Ungleichheiten in der Festlegung der Dauer der Schulpflicht deutscher und ausländischer Jugendlicher; (9) die Widersprüche zwischen Ausländer- und Bildungsrecht und die Nachrangigkeit des letzteren gegenüber dem Aufenthaltsrecht; (10) kurzum: die Missachtung der Bedeutung der Bildung als Menschenrecht, für dessen Verwirklichung die Qualität des Unterrichts, die Bereitstellung zusätzlicher Hilfen und das Bewusstsein für grundlegende soziale und erzieherische Bedürfnisse der Kinder entscheidend wären.[3]

Die auf das Menschenrecht auf Bildung gestützte Kritik des Muñoz-Berichts an der deutschen Schulpolitik, insbesondere an der Qualität der schulischen Betreuung von Schülern mit Migrationshintergrund, aus Minderheitengruppen und mit Behinderungen, beansprucht keine kritiklose Zustimmung. Einzelne seiner Einwände und

---

3   Beispiel für den weiterhin unbefriedigenden Regelungszustand sind die Kann- und Soll-Vorschriften in § 15 Schulgesetz Berlin, das im Ländervergleich am ehesten auf die Belange der Schüler mit Migrationshintergrund eingeht.

Vorschläge werden auch in der erziehungs- und sozialwissenschaftlichen Forschung nicht uneingeschränkt geteilt. Der menschenrechtliche Diskurs ist nicht mit
dem verfassungsrechtlichen Diskurs in Karlsruhe, Luxemburg oder Straßburg zu
verwechseln. Doch können Menschenrechtsdiskurse, wie sie Muñoz angestoßen
hat, ebenso wie die Entscheidungen des Bundesverfassungsgerichts oder des Europäischen Gerichtshofs dazu beitragen, der sozialen Dimension der Bildungsgrund-
rechte der Kinder und Jugendlichen mit sozioökonomisch und soziokulturell eingeschränkten Bildungschancen Beachtung und Geltung zu verschaffen. Dass dies ein
langer und äußerst mühseliger Prozess ist, hat Ingrid Gogolin jüngst in ihrem mir
zugeeigneten (Festschrift-)Beitrag „Chancengleiche Bildung in der Migrationsgesellschaft – ein Widerspruch in sich?" eindrucksvoll dargelegt (Gogolin, 2009).
Es wird in der Tat noch ein langer und mühseliger Weg zu beschreiten sein. Doch
auf diesem mit Ingrid Gogolin gemeinsam noch eine Weile weiterzugehen, ist eine
schöne Aussicht.

Literatur

Bühler-Otten, S., Neumann U. & Reuter, L. R. (2000). Interkulturelle Bildung in den Lehr-
    plänen. In I. Gogolin & B. Nauck (Hrsg.), *Migration, gesellschaftliche Differenzierung
    und Bildung: Resultate des Forschungsschwerpunktprogramms FABER* (S. 279–319).
    Opladen: Leske & Budrich.
Gogolin, I. (1998). *Rechenschaftsbericht zum Abschluß des Forschungsschwerpunktpro-
    gramms FABER: Folgen der Arbeitsmigration für Bildung und Erziehung.* Hamburg:
    Universität Hamburg (Typoskript).
Gogolin, I., Neumann, U. & Reuter, L. R. (1998). Schulbildung für Minderheiten: Eine Be-
    standsaufnahme. *Zeitschrift für Pädagogik, 44,* 663–678.
Gogolin, I., Krüger-Potratz, M. & Meyer, M. (1998). *Pluralität und Bildung.* Opladen: Leske
    & Budrich.
Gogolin, I., Neumann, U. & Reuter, L. R. (Hrsg.). (2001). *Schulbildung für Kinder aus Min-
    derheiten in Deutschland 1989–1999: Schulrecht, Schulorganisation, curriculare
    Fragen, sprachliche Bildung.* Münster u.a.: Waxmann.
Gogolin, I. (2009). Chancengleiche Bildung in der Migrationsgesellschaft – ein Widerspruch
    in sich. In I. Sylvester, I. Sieh, M. Menz, H.-W. Fuchs, & J. Behrendt (Hrsg.), *Bil-
    dung – Recht – Chancen: Rahmenbedingungen, empirische Analysen und internatio-
    nale Perspektiven zum recht auf chancengleiche Bildung* (S. 137–148). Münster u.a.:
    Waxmann.
Krüger-Potratz, M. (1997). Ein Blick in die Geschichte ausländischer Schüler und Schülerin-
    nen in deutschen Schulen. In C. Kodron, B. von Kopp, U. Lauterbach, U. Schäfer &
    G. Schmidt (Hrsg.), *Vergleichende Erziehungswissenschaft: Herausforderung – Ver-
    mittlung – Praxis* (S. 656–672). Köln: Böhlau.

Langenfeld, C. (2001). *Integration und kulturelle Identität zugewanderter Minderheiten: Eine Untersuchung am Beispiel des allgemeinbildenden Schulwesens in der Bundesrepublik Deutschland.* Tübingen: Mohr Siebeck.

Neumann, U. & Reuter. L. R. (1997). Alles was Recht ist: Minderheiten im deutschen Schulwesen. *Deutsch Lernen, 22,* 224–243.

Neumann, U. & Reuter, L. R. (2004). Interkulturelle Bildung in den Lehrplänen – Neuere Entwicklungen. *Zeitschrift für Pädagogik 50,* 803–817.

Peukert, H. (1994). Bildung als Wahrnehmung des Anderen: Der Dialog im Bildungsdenken der Moderne. In I. Lohmann & W. Weiße (Hrsg.), *Dialog zwischen den Kulturen: Erziehungshistorische und religionspädagogische Gesichtpunkte interkultureller Bildung* (S. 1–14). Münster u.a.: Waxmann.

Reuter, L. R. (1975). *Das Recht auf chancengleiche Bildung.* Düsseldorf: Henn.

Reuter, L. R., Palt, B. & Witte, A. (1998). Schulbildung für Migrantenkinder und Kinder autochthoner Minderheiten in der Bundesrepublik Deutschland: Eine Synopse schulrechtlicher Bestimmungen. *Beiträge aus dem Fachbereich Pädagogik der Universität der Bundeswehr Hamburg, 2,* 5–177.

Reuter, L. R. (1999 a). Schulrechtliche und schulpraktische Fragen der schulischen Betreuung von Kindern und Jugendlichen nichtdeutscher Erstsprache. *Recht der Jugend und des Bildungswesens, 47,* 26–43.

Reuter, L. R. (1999 b). Unterliegen Zuwandererkinder der Schulpflicht? *Recht und Schule, 3 (1),* 4–7.

Reuter, L. R. (2001): Schulrecht für Schüler nichtdeutscher Erstsprache. *Zeitschrift für Ausländerrecht und Ausländerpolitik, 21,* 111–119.

Richter, I. (1973). *Bildungsverfassungsrecht: Studien zum Verfassungswandel im Bildungswesen.* Stuttgart: Klett.

United Nations, Human Rights Council (2006). *Implementation of General Assembly resolution 60/251 of 15 March 2006 entitled „Human Rights Council": Report of the Special Rapporteur on the right to education, Vernor Muñoz.* A/HRC/4/29/Add. 3.

Markus Truniger

Wie kann Schulentwicklung nachhaltig werden?

Das Beispiel des Zürcher Programms „Qualität in multikulturellen Schulen (QUIMS)"

Hamburg und Zürich – dazwischen liegt eine Distanz von 800 Kilometern. Es gibt Unterschiede zwischen der Sicht auf die Alster und den Hafen und der Sicht auf den Zürichsee und Alpenkranz, zwischen Norden und Süden des deutschen Sprachraums, zwischen Millionen-Metropole und „kleinster Großstadt der Welt". Doch wenn wir die Schulen besuchen, treffen wir auf eine gleiche multikulturell gemischte und mehrsprachige Schülerschaft. Wenn wir mit Schulfachleuten sprechen, beschäftigt sie die gleiche Frage: Wie können wir in unseren Innen- und Vorstädten die Schulen so gestalten, dass *alle* Kinder und Jugendlichen gut im Lernen vorankommen und gleiche Bildungschancen haben? In Schulen mit vielen Kindern aus sozial benachteiligten Milieus gleiche Chancen wie in anderen Schulen zu vermitteln, das gilt weltweit als schwierige bis unlösbare Aufgabe. Das Bemühen in Hamburg und Zürich dreht sich denn auch eher darum, in dieser Aufgabe fundierte neue Lösungswege zu entwickeln und so schrittweise Verbesserungen zu erreichen, als auf einfache, aber illusionäre Rezepte zu bauen, die die Probleme schnell und definitiv zu lösen versprechen.

Seit Jahren gibt es in diesen Fragen eine produktive Zusammenarbeit zwischen Hamburg und Zürich über die Distanz und die Unterschiede hinweg. Dies ist in erster Linie Ingrid Gogolin zu verdanken. Sie hat den Austausch zwischen Hamburg und Zürich – und vielen andern Orten – gesucht. Sie ist zuallererst selbst immer neugierig auf andere Erfahrungen und Lösungsansätze gewesen. Sie hat zugehört und beobachtet, um sich zu informieren und zu lernen. Sie hat eingeladen zu Konferenzen, um die Fachleute zu vernetzen. Sie hat den Austausch moderiert und auch immer ihr immenses Wissen eingegeben. Sie pflegt die Beziehungen und die Netzwerke. So wundert es nicht, dass Entwicklungen in Hamburg und Zürich (und im dazwischen liegenden Raum) in vielen Aspekten ähnlich verlaufen.

Die nun dreizehnjährige Entwicklung in Zürich zeichne ich – mit einigen Seitenblicken nach Hamburg – im Folgenden nach. Die geschichtliche Aufarbeitung soll die These erhärten, dass das Sichern einer guten Schulqualität in sozialen Brennpunkten einer langfristig angelegten Strategie mit Entwicklungs- und Unterstützungscharakter bedarf, um nachhaltige Wirkungen zu entfalten.

Neue Wahrnehmung städtischer Schulsituationen, neue Lösungsansätze

Unter Fachleuten war es schon in den 1980er Jahren klar, dass eine ‚Ausländerpädagogik' – das Behandeln der Defizite von ‚bemitleidenswerten Ausländerkindern' mit einem Flickwerk von ergänzenden Sprachfördermaßnahmen – nicht taugt, um Chancengleichheit herzustellen. Dieser Ansatz wirkte faktisch oft gegenteilig, da er stigmatisiert und ausgrenzt. Gesucht wurde eine andere Wahrnehmung der Lage der Kinder und der Schulen. Studien von Ingrid Gogolin trugen maßgeblich dazu bei, die Schülerschaft städtischer Schulen in ihrer Mehrsprachigkeit zu analysieren und zu untersuchen, wie die Schulen damit umgehen. Anzutreffen war vor allem ein Ausblenden der mehrsprachigen Realitäten, das mit dem traditionellen „monoligualen Habitus" der Schule zusammenhängt (vgl. Gogolin, 1994). Die Kinder und Jugendlichen der „Großstadt-Grundschulen" lebten jedoch schon längst mit mehreren Sprachen (vgl. Gogolin & Neumann, 1997). Fachleute lernten damals, sprachliche und soziale Differenz als „Normalfall" zu betrachten und gleichzeitig die systematische institutionelle Benachteiligung aufgrund von sprachlicher und sozialer Herkunft besser zu verstehen (vgl. Gomolla, 2005). Damit wurde auch klar, dass Lösungen im Umgang mit Vielfalt nicht am Rand, sondern im Kern und im Regelbetrieb des Bildungswesens angelegt sein müssen.

Solche Überlegungen standen denn auch im Jahr 1996 am Anfang der Entwicklung von „Qualität in multikulturellen Schulen" (QUIMS). Prämissen des Auftrags, den der Zürcher Bildungsrat[1] für eine erste Phase von QUIMS erteilte, waren: Zur Ausgangslage und zum Handlungsbedarf wird nüchtern festgestellt, dass eine Analyse der Realitäten städtischer Schulen sowohl Potenziale in der Schülerschaft als auch schwierige Lernbedingungen und einen vergleichsweise schlechten Schulerfolg nachweist. Weder das Jammern über die Defizite noch das Beschönigen von Schwierigkeiten helfen weiter.

- Es braucht gesamtheitliche Konzepte der Sprach- und Lernförderung. Vereinzelte und unverbundene Maßnahmen genügen nicht. Die Konzepte sollen die Förderung *aller* Schülerinnen und Schüler in diesen Schulen – leistungsstarker und -schwacher, deutscher und nichtdeutscher Erstsprache – und notwendige Differenzierungen umfassen. Die ganze Schülerschaft in all ihren vielfältigen Unterschieden wird in den Blick genommen – und nicht nur einzelne spezifische Zielgruppen wie zum Beispiel die Kinder aus Migrantenfamilien.

---

1   Der Bildungsrat (früher Erziehungsrat) ist im Kanton Zürich das oberste Entscheidungsgremium über Lehrpläne, Lehrmittel und weitere wichtige pädagogische Fragen

- Es ist notwendig, dass sich die *ganzen* Schulen um neue Lösungen kümmern. Die Delegation an Spezialisten ist keine Lösung.[2] Neue Möglichkeiten ergeben sich mit der Einführung einer lokalen schulischen Teilautonomie (die damals im Kanton Zürich neu erprobt wurde). Städtische Schulen können die geforderte lokale Schulentwicklung, die pädagogische Schwerpunktsetzung und die Schulprogrammarbeit dafür nützen, die Schule und den Unterricht besser an die Bedürfnisse ihrer Schülerschaft anzupassen.

- Die sozialen Bedingungen für ein gelingendes schulisches Lernen sind in Innen- und Vorstadtschulen schwieriger, die Aufgaben von Schulen und Lehrerschaft größer als in andern Schulen. Die Forderung nach zusätzlicher Unterstützung im Sinne einer positiven Diskriminierung ist berechtigt. Wenn solche Schulen sich entwickeln sollen, ist es Aufgabe des übergeordneten Systems (in Zürich sind das der Kanton und die Kommunen), dafür förderliche und unterstützende Bedingungen zu schaffen.

- Lösungen können sich im Dialog zwischen Praxis, Verwaltung und Wissenschaft entwickeln. Von Anfang an wurde deshalb für QUIMS eine dialogische Entwicklung für sinnvoll erachtet. Eine längerfristige Strategie von Pilotprojekten über eine ausgeweitete Erprobung bis hin zu einer Generalisierung ist schon damals ins Auge gefasst worden – ein Plan, der unterdessen (fast) realisiert ist.

Schulentwicklung mit Pilotschulen

Der Bildungsrat eröffnete im Jahr 1996 für QUIMS zwar schon eine längerfristige Perspektive, erteilte jedoch erst einen kleinen operativen Auftrag, der mit einem kleinen Budget von 40.000 Euro für zwei Jahre versehen war. Damit konnte zum einen der Forschungsstand über „Schulqualität im multikulturellen Umfeld" (vgl. Rüesch, 1999) aufgearbeitet werden, und es konnten Fallstudien über bestehende „Innovation in multikulturellen Schulen" (vgl. Häusler, 1999) erstellt und dokumentiert werden. Zum andern wurden zwei Schulen gesucht und gefunden, die bereit waren, eigene Projekte zu entwickeln und durchzuführen. Erkenntnisse über eine verbesserte Sprachförderung gab es schon damals viele, darunter auch Grundlagen und Konzepte der Universität Hamburg. Was jedoch fehlte, war das Wissen über praktikable Wege, auf denen ganze Schulkollegien neben dem laufenden Schulalltag ihre Schule und ihren Unterricht weiterentwickeln können. Die Anfänge in den zwei Pilotschulen waren denn auch voller Unsicherheiten und Überforderungen. Standortbestimmungen uferten aus, die Konsenssuche für pädagogische Schwerpunkte brauchte (zu) viel Zeit, und es wurden Pläne mit (zu) vielen Aktivi-

---

2   Vgl. hierzu den Beitrag von Gita Steiner-Khamsi im vorliegenden Band – Anm. d. Hrsg.

täten geschmiedet, für deren Realisierung die notwendige Zeit nicht zur Verfügung stand.

Mit gemischten Erfahrungen in Schulentwicklungsprozessen und mit guten Forschungsgrundlagen konnte QUIMS 1999 in eine zweite (und 2002 eine dritte) Phase gehen. Der Bildungsrat entschied, weitere Schulen einzubeziehen. Damit war der Auftrag verbunden zu evaluieren, was in den Schulen gut funktioniert, sowie ein Handlungsmodell für QUIMS zu entwickeln und in einem Handbuch zu erläutern. Die kantonale Regierung bewilligte erstmals Gelder, die den Schulen direkt für ihre QUIMS-Arbeiten zuflossen. Zwischen 1999 und 2004 stiegen jährlich auf freiwilliger Basis drei bis fünf Schulen in den Schulversuch QUIMS ein. Die Einstiegsprozesse wurden schlanker gestaltet. Instrumente wurden erarbeitet, die die Planung erleichterten. Neu einsteigende Schulen konnten sowohl von den schulpädagogischen, als auch schulentwicklerischen Erfahrungen der ersten Schulen profitieren. Alle Schulen wurden von ‚Schulbegleiterinnen und Schulbegleitern' aus einem kantonalen QUIMS-Fachteam in ihren schuleigenen Entwicklungsschritten individuell beraten.

Der Entwicklungsmotor begann zu brummen. Schulen waren erfinderisch in ihren neuen Maßnahmen, insbesondere in der Leseförderung – die nach den PISA-Studien sowieso in aller Munde war – und in der Zusammenarbeit mit Eltern. Es gab viele neue Ideen und Praxisbeispiele, die unter den Schulen ausgetauscht wurden. Die Freude an QUIMS-Arbeiten wuchs, ebenso die Akzeptanz in den beteiligten Schulen und die Ausstrahlung auf andere Schulen.

Eine größere externe Evaluation (vgl. Interface, 2002) bestätigte die gute Akzeptanz des Ansatzes von QUIMS, der Ziele und Inhalte, des Vorgehens und der Unterstützung bei den beteiligten Lehrpersonen. In Fallstudien über sechs Schulen wurden die eingeleiteten schuleigenen Maßnahmen als pädagogisch sinnvoll angelegt beurteilt. Eine weitere kleinere Evaluationsstudie belegte, dass die Lehrpersonen im Pogramm QUIMS ihr professionelles Knowhow in der Lern- und Sprachförderung erweitern konnten (Sempert & Maag Merki, 2005).

Dem koordinierenden, kantonalen QUIMS-Team stand somit eine Menge Wissen aus Praxis, externer Evaluation und Forschung zur Verfügung, aus dem ein Handlungsrahmen für QUIMS hergeleitet werden konnte, der aus Leitzielen, Leitideen, (Umsetzungs-)Zielen und Handlungsfeldern besteht (siehe Abbildungen A und B; Bildungsdirektion, 2006).

Abbildung A: Leitziel und Leitideen von QUIMS

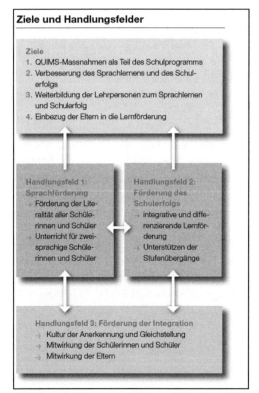

Abbildung B: (Umsetzungs-)Ziele und Handlungsfelder von QUIMS

Die Handlungsfelder und dazu gehörige Beispiele guter Praxis wurden nicht nur auf Netzwerktagungen diskutiert, sondern auch in Handbüchern so aufbereitet, dass sie von weiteren Schulen genutzt werden können. Das Buch „Schulerfolg: Kein Zufall" (vgl. Mächler et al., 2001) stellt alle Handlungsfelder dar, „Leseknick – Lesekick" (vgl. Sträuli, 2005) behandelt die Leseförderung im mehrsprachigem Umfeld und „Teamteaching" (vgl. Halfhide et al., 2001) erörtert Wege zum guten Unterricht. Der Orientierungsrahmen für QUIMS wurde weiter verfeinert mit einigen Qualitätsmerkmalen und Indikatoren zu jedem Handlungsfeld (vgl. Bildungsdirektion, 2007a & b) sowie mit kurzen Dokumentationen von Beispielen guter Praxis (vgl. Bildungsdirektion, 2007c & d), die auch Hinweise auf Materialien sowie auf Fachleute aus Schulen und Wissenschaft enthalten, die zu einzelnen Fragen Auskunft geben oder beraten können.

Politische Akzeptanz und gesetzliche Verankerung

Wie oben beschrieben, zeigte sich der Bildungsrat schon beim Start politisch weitsichtig, indem er von Anfang an die Perspektive einer späteren Generalisierung verfolgte. Die Zürcher Regierung äußerte ihren politischen Willen, Schulen in einem sozial benachteiligten Umfeld mit QUIMS zusätzlich zu unterstützen, erstmals 1999, indem sie ein Budget für eine damals noch kleinere Zahl von Pilotschulen bewilligte. Der damalige Bildungsdirektor[3], Ernst Buschor, war davon überzeugt, dass der Umgang mit Migration und Multikulturalität eines der strategisch wichtigen Themen zukünftiger Schulpolitik sein würde. Die späteren PISA-Studien haben dann auch sehr deutlich bestätigt, dass in der Schweiz (und in Deutschland) soziale und sprachliche Herkunft stärker auf eine ungleiche Verteilung von Bildung durchschlägt als in den erfolgreichsten Ländern.

Die Versuche mit QUIMS-Pilotschulen hatten eine Menge von Erfahrungen und Grundlagen erbracht, die Entscheidungen über eine Generalisierung von Qualität sichernden Maßnahmen zugrunde gelegt werden konnten. Zudem führten die Versuche dazu, dass eine große Zahl von Schlüsselpersonen – aus kommunalen Schulbehörden, aus Lehrer- und Elternorganisationen, aus politischen Parteien und aus den Medien – Einblick in eine offenbar überzeugende Praxis der QUIMS-Schulen erhielten. Damit war der Boden für die Arbeit des Ausschusses des kantonalen Parlamentes geschaffen, der eine Totalrevision des kantonalen Schulgesetzes vorbereitete. Der Ausschuss nahm zwei kleine Paragraphen in das neue Gesetz auf. Ein Paragraph legt fest, dass „Schulen mit hohem Anteil Fremdsprachiger" zusätzliche Angebote führen, die das Leistungsniveau, die Integration und die Zusammenarbeit mit den Eltern fördern. Ein zweiter Paragraph verpflichtet den Kanton dazu, den

---

3   Entspricht einem Minister eines deutschen Bundeslandes.

Schulen zu diesem Zwecke finanzielle Beiträge zu entrichten. Im Jahr 2005 stimmten das Parlament und danach in direktdemokratischer Abstimmung das Volk dem vollständig revidierten Schulgesetz, einschließlich der Paragraphen zu QUIMS, mit einer Zwei-Drittel-Mehrheit zu.

Für die Zustimmung zu den QUIMS-Paragraphen waren verschiedene Gründe mitentscheidend. Die Sorgen um die Qualität in städtischen Schulen und die Bereitschaft, Gegenmaßnahmen zu ergreifen, wurden von breiten Kreisen geteilt. QUIMS betont das gemeinsame Interesse aller an einer guten Qualität in städtischen Schulen – es steht nicht ein Spezialprogramm für Migrantenkinder im Zentrum. Die Versuchsergebnisse, vor allem die gute Akzeptanz in der Lehrerschaft, vermochten zu überzeugen, auch wenn sie „nur" mit qualitativen Studien belegt waren.

Unterstützte Implementation in 85 Schulen

Mit dem neuen Gesetz besteht nun der politische Auftrag, QUIMS-Maßnahmen in allen Schulen mit sehr hohen Fremdsprachigen- und Ausländeranteilen zu implementieren. Die Zürcher Regierung legte fest, dass dies alle Schulen sind, die einen „Mischindex"[4] von 40% überschreiten. Dies sind im Moment 85 Schuleinheiten im Kanton Zürich, die von rund 26.000 Schülerinnen und Schülern auf Kindergarten-, Primar- und Sekundarstufe I besucht werden; das sind 20% aller Schülerinnen und Schüler der obligatorischen Volksschule. Außerdem wurde bestimmt, dass die Implementierung von QUIMS von 2006 bis 2010 zu erfolgen habe.

Neben den Pilotschulen, die ihre QUIMS-Arbeiten weiterführen, wurden demnach rund 70 Schulen in einem zweijährigen Prozess neu ins Programm QUIMS eingeführt. Für die Schulen gelten die gesetzlichen Vorgaben sowie ein Handlungsrahmen (s. Abb. A und B) und Prozessvorgaben, die auf den Erfahrungen aus dem Schulversuch basieren (vgl. Bildungsdirektion, 2006). Verantwortlich für die Umsetzung von QUIMS sind die Schulleitungen und die Schulkonferenzen der einzelnen Schuleinheiten. Sie ergänzen ihre Arbeitsorganisation durch die Einsetzung einer QUIMS-Beauftragten, die die Rolle der fachlichen Begleitung und Koordination übernimmt, zusammen mit einer kleinen QUIMS-Steuergruppe. In einem ersten Jahr arbeiten sich die Schulkollegien an internen Weiterbildungstagungen in die QUIMS-Handlungsfelder – Förderung von Sprache, Schulerfolg und Integration – ein, und sie nehmen eine Standortbestimmung für die eigene Schule vor. Danach wählen sie selbst aus, wo sie Schwerpunkte setzen. Sie planen im Rahmen der vorgegebenen Ziele und Handlungsfelder eigene Entwicklungsprojekte, die sie ab dem zweiten Jahr realisieren. Weiterhin wird die Umsetzung mit schulinternen Weiter-

---

4   „Mischindex": Der prozentuale Anteil von Schüler/innen nicht-deutscher Muttersprache und der Anteil von Schüler/innen ausländischer Nationalität (ohne deutschsprachige Länder) einer Schuleinheit werden durch zwei geteilt.

bildungen, nun in den selbst gewählten Schwerpunkten, unterstützt. Die Weiterbildung umfasst im zweiten Jahr auch Veranstaltungen dazu, wie die Schulen – mit Beobachtungen, Lernkontrollen, Gruppengesprächen oder Befragungen – ihre QUIMS-Arbeiten regelmäßig intern evaluieren können. Die Schulen erhalten jedes Jahr (auf Dauer) den gesetzlich vorgesehenen finanziellen Beitrag in der Höhe zwischen 15.000 und 60.000 Euro (je nach Größe einer Schule), mit dem sie ihre QUIMS-Beauftragten, einzelne Aufträge an Lehrpersonen, die Weiterbildung und Beratung durch externe Fachleute und weitere Kosten ihrer eigenen QUIMS-Projekte bezahlen können. Gesamthaft wendet der Kanton damit ab 2010 2,7 Millionen Euro pro Jahr auf.

In der Phase der Implementierung von 2006 bis 2010 werden die Schulen von Seiten des Kantons mit Fachberatung und Weiterbildungen unterstützt. Es besteht ein ausgebautes Unterstützungssystem, das durch das kantonale QUIMS-Team gesteuert wird und folgende Teile umfasst:

- regelmäßige „Einführungstreffen" für QUIMS-Beauftragte – und teilweise für Schulleitungen –, an denen jeder Einführungsschritt besprochen wird und Erfahrungen ausgetauscht werden;
- Weiterbildungslehrgänge der Pädagogischen Hochschule Zürich (PHZH) für QUIMS-Beauftragte (Zertifikatslehrgang/CAS „Schulerfolg: kein Zufall" mit 450 Lernstunden), durch die die Teilnehmenden ein vertieftes Knowhow in den QUIMS-Handlungsfeldern und in der Begleitung von lokalen Schulentwicklungsprojekten erwerben;
- Unterstützung der schulinternen Weiterbildung durch Dozierende der PHZH und andere externe Fachleute, die beraten, moderieren und fachliche Inputs geben.

Wie schon in der Pilotphase legt das Programm QUIMS auch in der Phase der Implementation großen Wert darauf, den Wissensaustausch zwischen Praxis und Wissenschaft sowie zwischen den Schulen, insbesondere auch zwischen den erfahrenen und den neu einsteigenden Schulen, zu fördern. Die oben beschriebenen „Gefäße" dienen diesem Zweck. Zudem werden jährlich große Netzwerktagungen zu thematischen Schwerpunkten durchgeführt. In Broschüren, in Handbüchern und auf einer Website[5] ist das Wissen offen zugänglich – für die QUIMS-Schulen, aber auch für alle anderen interessierten Schulen sowie interessierte Dozierende und Studierende der Lehrerbildung.

---

5   Verfügbar unter: www.volksschulamt.zh.ch [15.10.2009]; dort unter „Schulbetrieb und Unterricht", „QUIMS".

Die Implementation von QUIMS ist unterdessen schon fortgeschritten. Ende 2007 und 2008 wurden Zwischenevaluationen durchgeführt (vgl. Roos, 2008; Roos, 2009), um den Implementationsprozess bei Bedarf zu optimieren; Zwischenergebnisse sind:

- Die Schulen, die die Einführung schon abgeschlossen haben, erreichen die Zwischenziele der Umsetzung. Sie haben verstärkende Maßnahmen zur Förderung von Sprache, Schulerfolg und Integration eingerichtet. Die Lehrpersonen konnten ihr Know-how in diesen Bereichen erweitern. Eltern wurden verstärkt einbezogen.
- Insgesamt ist eine Verstärkung der Schul- und Unterrichtsentwicklung sowie der Kooperation im Lehrerkollegium eindeutig festzustellen. Die neue Rolle der QUIMS-Beauftragten ist gut etabliert; sie sorgt für eine fachliche Ausrichtung und für eine kontinuierliche Entwicklung. In allen Schulen gibt es Teile des Kollegiums, die sich aktiv beteiligen; doch in einigen Schulen ist es auch weiterhin schwierig, die Gesamtheit des Kollegiums einzubeziehen.
- Der fachliche und finanzielle Support wird als gut und hilfreich beurteilt.

Die QUIMS-Schulen setzen einen deutlichen Schwerpunkt in Fragen der Sprachförderung. Die meisten Schulen haben insbesondere vielfältige Maßnahmen der Leseförderung aufgebaut. Entwicklungen im Bereich des Schreibens und Vortragens sind hingegen vergleichsweise in geringerem Maß anzutreffen. Ein weiterer Trend in vielen Schulen ist ein Ausbau der Wortschatzförderung. Auffällig ist, dass die Lehrpersonen des erstsprachlichen Unterrichts für Migrantenkinder deutlich weniger an den Maßnahmen der Sprachförderung beteiligt sind als die Lehrpersonen des Deutschen als Zweitsprache (DaZ). Auch wird das Handlungsfeld der Förderung des Schulerfolgs insgesamt gesehen etwas weniger bearbeitet. Zu beobachten sind einige Programme, die Kinder und Jugendliche in den Übergängen in die jeweils nächsten Schulstufen unterstützen. Jedoch machen die meisten Schulen (noch) einen Bogen um das Thema der individuellen Lernbeurteilung und Förderung, das für ein wirksames Unterrichten in heterogenen Schulklassen besonders wichtig wäre. Häufig zu finden sind Maßnahmen zur Förderung der sozialen Integration. Dazu gehören Aktivitäten mit dem Ziel eines respektvollen Schulklimas und das Einrichten von Schüler- und Elternräten, die die Mitwirkung von Schülerinnen, Schülern und Eltern bezwecken.

Insgesamt gesehen ist die Schulentwicklung mit QUIMS zwar erfreulich gut in Gang gekommen, es bedarf aber noch eines langen Atems. Wichtig ist es, dass die Schulen die eingeleiteten Maßnahmen, die die Lernförderung in einzelnen Aspekten erweitern, nach und nach zu einer tief greifenden Unterrichtsentwicklung führen. Dies empfiehlt dem Programm QUIMS auch Hans-Günter Rolff als externer Experte, und in der von ihm mit anderen durchgeführten Evaluation des Versuchs „Selbständige Schulen" in Nordrhein-Westfalen kommt er zum selben Schluss (Holtappels, Klemm & Rolff, 2009).

Perspektiven: Dranbleiben – ein Monitoring und den Support weiterführen

QUIMS-Schulen sind also auf dem Weg, die Herausforderungen der Vielfalt und der sozialen Benachteiligung auf eine konstruktive Art und Weise zu bearbeiten. Doch ist klar, dass der Handlungsbedarf groß bleibt. Die ungleiche Verteilung der Bildung nach sozialer und sprachlicher Herkunft und nach Schulstandorten ist nach wie vor groß. Es wird weiterhin enorme Anstrengungen brauchen, diese massiven Ungleichheiten mindestens zu vermindern. Die Einzelschulen können dazu einen Beitrag leisten – auch wenn es stimmt, dass große Verbesserungen nur im Zusammenspiel mit weiteren Reformen im Bildungswesen wie einer verstärkten frühen Förderung, Ganztagsschulen und genügend Ausbildungsplätzen auf Sekundarstufe II erreicht werden können. Das Motto im Programm QUIMS heißt deshalb für die nächsten Jahre: Dranbleiben! Es gilt für die Schulen wie auch für den kantonalen Support.

Zu Recht wird die Frage gestellt, ob, wann und in welchem Ausmaß ein Programm wie QUIMS Wirkungen auf die Fachleistungen und den Schulerfolg der Schülerinnen und Schüler zeigt. Wirkungen auf die Zusammenarbeit und die Professionalisierung der Lehrpersonen können zwar belegt werden. Dies ist eine unabdingbare Voraussetzung für Wirkungen auf Ebene der Schülerinnen und Schüler. Jedoch fehlen bisher wissenschaftliche Nachweise von Wirkungen auf die Fachleistungen und den Schulerfolg. Das Programm QUIMS hat daher ein regelmäßiges Monitoring eingeführt. Bezüglich des Schulerfolgs wird sowohl auf Ebene der einzelnen Schulen wie auch des Kantons jährlich ausgewiesen, wie sich die Daten der Übergänge der Schülerinnen und Schüler – auch aufgeteilt nach deutsch- und nichtdeutschsprachiger Herkunft – in nächst höhere Schulstufen entwickeln. Heute liegen die Übergänge aus QUIMS-Schulen in anspruchsvolle Bildungsgänge massiv unter den kantonalen Durchschnittswerten. Über die Beurteilung des Schulklimas durch die Schulkinder und ihre Eltern bekommen die Schulen alle vier Jahr Daten im Rahmen einer externen professionellen Beurteilung.[6] Erste Vergleiche weisen auf eine tendenziell höhere Schulzufriedenheit von Eltern in QUIMS-Schulen als in anderen Schulen hin. Ungelöst bleibt vorläufig die Frage, wie der Kanton und die

---

6   Die „Fachstelle für Schulbeurteilung" übt über alle Schulen des Kantons eine externe professionelle Aufsicht aus.

Schulen die Sprachkompetenzen der Schulkinder – als zentrale Fachleistungen der Grundbildung – regelmäßig messen können. Diese Aufgabe kann erst gelöst werden, wenn die Schweizer Kantone Leistungsstandards für die Schulsprache definiert[7] und anschließend entsprechende Evaluationsinstrumente entwickelt haben, die den Kantonen und den Schulen zur Verfügung stehen.

Auch wenn regelmäßig Daten zu Schulerfolg und zum Schulklima – und später zu Sprachkompetenzen – für ein Monitoring zur Verfügung stehen, wird es schwierig bleiben, einzelne Effekte von QUIMS-Interventionen zu isolieren, zumal diese in den Schulen sehr unterschiedlich angelegt sind. Dazu wäre eine größere Evaluationsstudie notwendig. Die Bildungsdirektion will Möglichkeiten für eine solche Studie prüfen. Vorläufig bleibt das Eingeständnis, dass die vorhandenen Daten eine beschränkte Erklärungskraft bezüglich Wirkungen von QUIMS haben. Wenn das Monitoring der vorhandenen Daten über mehrere Jahre hinweg eine positive – oder eine negative oder gar keine – Entwicklung aufzeigt, werden das immer Effekte eines kaum entwirrbaren Gemisches von interagierenden Einflüssen sein. Zum Gesamteffekt werden sowohl die Zusammensetzung der Schülerschaft, wie auch verschiedene Reforminterventionen und die Qualität in vielen verschiedenen Aspekten einer Schule beitragen. Der Ehrgeiz des kantonalen Bildungswesens besteht darin, in einem Monitoring nachweisen zu können, dass das gesamte Gemisch an Einflüssen – mit allen darin enthaltenen Anteilen, die durch das System und die Einzelschulen steuerbar sind – zu positiven Gesamteffekten führt, das heißt zu einem positiven Trend in Richtung weniger Ungleichheit.

Zukünftig wird im Programm QUIMS jedoch nicht nur das Monitoring wichtig sein, sondern auch das Weiterentwickeln. Aus den Befunden zum Zwischenstand geht hervor, dass in den nächsten Jahren eine tief greifende Entwicklung des Unterrichts im Fokus stehen muss. Damit sollen Schulleitungen und Lehrpersonen in QUIMS-Schulen gemeinsam ihr Verstehen des Lernens weiter vertiefen und nach weiteren Möglichkeiten forschen können, das Lernen ihrer Schülerinnen und Schüler mit all den unterschiedlichen Voraussetzungen noch besser zu unterstützen. Zu diesem Zweck sind auch nach der Implementationsphase der Fachsupport, die Weiterbildungsangebote und der Fachaustausch weiterhin nötig, um eine nachhaltige Entwicklung in den QUIMS-Schulen zu unterstützen. Ein kluges Verhältnis im Einsatz der Mittel besteht darin, dass zwar der Großteil der Gelder direkt in die Schulen fließt, dass aber auch weiter Geld in den Fachsupport und die Weiterbildung, in Evaluation und Weiterentwicklung investiert wird. Mittel für Evaluationen sollen dabei nicht auf Kosten von Fachsupport gehen – es braucht beides.

---

7   Leistungsstandards für Schulsprache, Fremdsprachen, Mathematik und Naturwissenschaften sind im gesamtschweizerischen Projekt „HarmoS" in Vorbereitung.

Was bewährt sich für eine nachhaltige Schulentwicklung: Fazit aus einem Vergleich der Programme FÖRMIG und QUIMS

Während sich in Zürich das QUIMS-Programm langsam entwickelte, hat Ingrid Gogolin mit ihrem Team an der Universität Hamburg von 2004 bis 2009 das um vieles größere Modellprogramm der Bund-Länder-Kommisison „Förderung von Kindern und Jugendlichen mit Migrationshintergrund – FÖRMIG" durchgeführt. Beide Programme haben aufeinander geschaut und voneinander gelernt. Was lässt sich in einem vergleichenden Fazit sagen? Was hat sich bewährt? Dazu folgen ein paar zusammenfassende Beobachtungen.

- Für FÖRMIG und QUIMS war (und ist) es entscheidend, dass ein Viereck von Politik, Verwaltung, Wissenschaft und Praxis möglichst stabil und ausgeglichen konstruiert ist. Ohne politischen Willen lässt sich nichts Entscheidendes verbessern. Wie sich auf der FÖRMIG-Abschlusstagung zeigte, lässt sich der politische Wille nach Abschluss des Modellprogramms in zehn beteiligten Bundesländern weniger einfach fortschreiben, als für QUIMS in *einem* überschaubaren Kanton. Erfahrungen aus beiden Programmen zeigen, dass die Lehrpersonen an der Basis mit viel Engagement und Kompetenz eine Entwicklungsarbeit mitzutragen bereit sind, wenn das Verhältnis der Programmträger zur Praxis dialogisch ist und die Praxis große Entscheidungsspielräume hat. In beiden Programme zeigt sich auch die Bedeutung eines zentralen ‚Motors', das heißt einer zentralen Stelle – an der Universität Hamburg oder in der Zürcher Bildungsverwaltung, die für Koordination, Entwicklung, Vernetzung, Auswertung – und auch ab und zu für das Feiern – sorgt.
- Beide Programme verfolgen einen weiten (sprach-)pädagogischen Ansatz. FÖRMIG hat eine durchgängige Sprachbildung in der Bildungssprache im Fokus. Der Ansatz von QUIMS ist noch weiter, indem neben Sprachförderung auch die Förderung von Schulerfolg und von sozialer Integration zu den Handlungsfeldern gehören. In beiden Programmen sind *alle* Kinder und Jugendlichen die Zielgruppe, wenn auch das besondere Augenmerk den bisher benachteiligten, den Kindern aus schulbildungsfernen und eingewanderten Familien gilt. Kritisch wird gefragt, ob diese Handlungsansätze nicht zu breit seien und ob nicht besser mit wenigen nachgewiesenermaßen erfolgreichen Maßnahmen gearbeitet werden sollte. Die Suche nach einem Königsweg führte bisher zu keinem Ergebnis. Es scheinen verschiedene unterschiedliche Konstellationen von Maßnahmen zu wirken. Wichtig für eine gute Wirkung ist vor allem, dass sie vor Ort eingepasst sind und von den Akteuren vor Ort mit Überzeugung umgesetzt werden.

- Beide Programme bauen auf Wissen, das aus der Wissenschaft und aus der Praxis kommt. Hier lassen sich Unterschiede feststellen. FÖRMIG, geleitet aus der Universität Hamburg heraus, erarbeitete auf der wissenschaftlichen Seite einiges mehr als das Programm QUIMS, dessen Leitung in der Bildungsverwaltung verortet ist. Der wissenschaftliche Ertrag aus fünf Jahren FÖRMIG ist eindrucksvoll. Erarbeitet und evaluiert wurden verschiedene Instrumente der Sprachstandserhebung für verschiedene Alterstufen. Die wissenschaftliche Evaluation von FÖRMIG gibt nicht nur ein klares Bild über Stand und Entwicklung der Sprachkompetenzen der Schülerinnen und Schüler, sondern dokumentiert auch Gelingensfaktoren der Länderprojekte und liefert Erkenntnisse, wie ein erfolgreicher Transfer funktionieren kann. QUIMS baut hingegen – mangels eines großen wissenschaftlichen Partners – mehr auf Erfahrungswissen[8].
  Dies hat zwar den Vorteil, dass es in Schulen anschlussfähig ist, jedoch den Nachteil, dass Wirkungen nicht empirisch belegt, sondern nur von den Akteuren beurteilt sind.

- Programme der Schulentwicklung brauchen einen langen Atem. FÖRMIG hatte als Modellversuch kurze fünf Jahre Zeit. Das Programm hat in dieser Zeit eine große Projektorganisation aufgebaut. Es hat wissenschaftliche Dynamik und Dynamik in den beteiligten Länderprojekten und Basiseinheiten entfaltet. FÖRMIG hat für die beteiligten Einheiten, für die Erziehungswissenschaft und für die Bildungspolitik Leistungen erbracht, die auf große Anerkennung stoßen. Das Modellprogramm wurde 2009 abgeschlossen. Folgearbeiten sind Sache der einzelnen Länder. Hamburg hat sich bereit erklärt, eine FÖRMIG-Transferstelle[9] an der Universität weiter zu führen, die auch anderen Beteiligten des abgeschlossenen Modellprogramms zur Verfügung stehen wird. Das wird für eine gewisse Kontinuität in der Weiterentwicklung sorgen. QUIMS hatte mehr Zeit – nun schon 13 Jahre –, in denen das Programm Phase um Phase aufgebaut und ausgeweitet werden konnte. QUIMS ist in den Schulen auf Dauer angelegt und wird auf zentraler Ebene eine weitere Entwicklung beobachten und begleiten können. Beide Programme zeigen, dass es langfristig angelegte Strategien braucht. Nur so können Entwicklungen hin zu einer Schule, die den Bedürfnissen aller Kinder und Jugendlichen gerecht wird, nachhaltig gesichert und auch weiter vorangetrieben werden. Dafür werden Fachleute aus FÖRMIG und aus QUIMS weiterarbeiten und auch weiter zusammenarbeiten.

---

8   Vgl. hierzu die RAA in NRW, dargestellt im Beitrag von Christiane Bianski im vorliegenden Band – Anm. d. Hrsg.

9   2010 als FÖRMIG-Kompetenzzentrum Hamburg gegründet – Anm. d. Hrsg.

Literatur

Bildungsdirektion Kanton Zürich (2006). *Umsetzung Volksschulgesetz: Qualität in multikulturellen Schulen (QUIMS), Handreichung*. Zürich: Volksschulamt (2., überarbeitete Auflage, 2008).

Bildungsdirektion Kanton Zürich (2007a). *Qualitätsmerkmale zum Handlungsfeld „Sprachförderung". Ein Arbeitsinstrument für die Schulentwicklung*. Zürich: Volksschulamt.

Bildungsdirektion Kanton Zürich (2007 b). *Qualitätsmerkmale zu den Handlungsfeldern „Förderung des Schulerfolgs" und „Förderung von Integration". Ein Arbeitsinstrument für die Schulentwicklung*. Zürich: Volksschulamt. Verfügbar unter: www.volksschulamt.zh.ch. [15.10.2009].]

Bildungsdirektion Kanton Zürich (2007 c). *Praxisbeispiele zur Sprachförderung. Ideen, Materialien und Partner für schulische Projekte*. Zürich: Volksschulamt.

Bildungsdirektion Kanton Zürich (2007 d). *Praxisbeispiele zu „Förderung von Schulerfolg" und „Förderung von Integration". Ideen, Materialien und Partner für schulische Projekte*. Zürich: Volksschulamt.

FÖRMIG. Verfügbar unter: http://www.blk-foermig.uni-hamburg.de [12.10.2009].

Gogolin, Ingrid (1994). *Der monolinguale Habitus der multilingualen Schule*. Münster, New York: Waxmann [2. unveränderte Auflage, 2008].

Gogolin, I. & Neumann, U. (1997). *Großstadt-Grundschule. Eine Fallstudie über sprachliche und kulturelle Pluralität als Bedingung der Grundschularbeit*. Münster, New York: Waxmann.

Gomolla, M. (2005). *Schulentwicklung in der Einwanderungsgesellschaft – Strategien gegen institutionelle Diskriminierung in England, Deutschland und der Schweiz*. Münster u.a.: Waxmann.

Holtappels, H.-G., Klemm, K. & Rolff, H. G. (2009). *Schulentwicklung durch Gestaltungsautonomie*. Münster u.a.: Waxmann.

Halfhide. T., et al. (2001). *Teamteaching – Wege zum guten Unterricht*. Zürich: Lehrmittelverlag des Kantons Zürich.

Häusler, M. (1999). *Innovation in multikulturellen Schulen. Fallstudien über fünf Schulen in der Deutschschweiz*. Zürich: Orell Füssli.

Institut für Politikstudien Interface Luzern (2002). *Qualität in multikulturellen Schulen, Schlussbericht der externen Evaluation*. Verfügbar unter: www.volksschulamt.zh.ch. [15.10.2009].]

Mächler, S., et al. (2000). *Schulerfolg: kein Zufall. Ein Ideenbuch zur Schulentwicklung im multikulturellen Umfeld*. Zürich: Lehrmittelverlag des Kantons Zürich.

Roos, M. (2009). *Qualität in multikulturellen Schulen (QUIMS), Stand der Umsetzung in den beteiligten Schulen (2008)*. Kurzbericht im Auftrag des Volksschulamts. Verfügbar unter: www.volksschulamt.zh.ch. [15.10.2009].

Roos, M. & Bossard, L. (2008). *Zwischenevaluation zur Einführung von „Qualität in multikulturellen Schulen – QUIMS" in der Stadt Zürich*. Im Auftrag des Volksschulamtes. Verfügbar unter: www.volksschulamt.zh.ch. [15.10.2009].

Rüesch, P. (1999). *Gute Schulen im multikulturellen Umfeld. Ergebnisse aus der Forschung zur Qualitätssicherung*. Zürich: Orell Füssli.

Sempert, W. & Maag Merki, K. (2005). *„QUIMS-Bausteine". Ein Arbeitsinstrument für Schulen im Rahmen des Projekts „Qualität in multikulturellen Schulen".* Schlussbericht. Externe Evaluation im Auftrag des Volksschulamtes. Verfügbar unter: www.volksschulamt.zh.ch. [15.10.2009].

Sträuli, B., et al. (2005*). Leseknick – Lesekick. Leseförderung in vielsprachigen Schulen.* Zürich: Lehrmittelverlag des Kantons Zürich.

Anne Gresser, Simone Schnurr und Heinz Reinders

Vom Halben zum Ganzen

Forschung zu Ganztagsschulen und Integration von Migranten

Die interkulturelle Bildungsforschung lässt sich laut Gogolin (2009) in einen begegnungsorientierten und einen reflexiven Ansatz unterscheiden. Hierbei rekurriert sie auf die Arbeiten von Hohmann (1997) und legt dar, welche Untersuchungsgegenstände diese beiden Ansätze in den Blick nehmen: Zum einen der normativ-kulturbezogene und zum anderen den der Bildungsforschung der Ungleichheit. Bereits 1994 hat Gogolin der faktischen Kultur- und damit Sprachenvielfalt der Schule den Spiegel ihres monolingualen Habitus vorgehalten und damit ein Kernelement einer bildungssystemkritischen Forschung aufgezeigt: Zwar gibt es einen wünschenswerten Zustand kokulturellen Zusammenlebens, der jedoch durch die pädagogische Praxis in Teilen konterkariert wird. Wenn, wie Gogolin zu unterstellen ist, die zweite Form interkultureller Bildungsforschung zum Gelingen ersterer beitragen will, dann ist unausweichlich, Bedingungen nicht-harmonischer Kokuluration aufzuzeigen und praxisnah zu beheben. (Bildungs-)Sprache ist dabei sowohl ihr Medium als auch der Forschungsgegenstand, der zum Ausgangspunkt gewählt wird, um aus der Identifikation von Gründen für sprachlich-kulturell bedingte Ungleichheit pädagogisch-praktische Konsequenzen zu ziehen. Die Evaluation des Modellprogramms „FÖRMiG – Förderung von Kindern und Jugendlichen mit Migrationshintergrund" ist somit logische Folge und begründet eigentlich eine dritte Richtung interkultureller Bildungsforschung: Interkulturelle Interventionsforschung.

Der wissenschaftsbiographische Werdegang ließe sich dann benennen als Abfolge von Ursachenidentifikation, Entwicklung von Konzepten für mehr Chancengleichheit bis hin zur Prüfung, ob die Konzepte die identifizierten Ursachen tendenziell beheben können. Dann wäre das Ziel, „die Lage zum Nutzen aller Mitglieder der Gesellschaft gerecht" zu gestalten (Gogolin, 2009, S. 300). Es muss als wesentliches Verdienst angesehen werden, der gutmeinenden interkulturellen pädagogischen Praxis das Instrument der Evaluation an die Hand gegeben zu haben, um die Wirksamkeit von Maßnahmen zur Erreichung der normativen Ziele prüfen zu können. Eine Auswahl der Fragestellungen, die Gogolin verfolgt, wäre:

- Gelingt es eigentlich, durch Sprachfördermaßnahmen akademische Benachteiligungen von Migrantenkindern zu verringern?

- Welche Möglichkeiten der Diagnostik bestehen im rein gar nicht einfachen Feld der Sprachkompetenzmessung bilingualer Kinder?
- Und kann Schule eigentlich durch eine veränderte Organisationsform besser zur Integration von Migranten beitragen?

Die letztgenannte Fragestellung wird derzeit im Projekt „GIM – Ganztagsschule und Integration von Migranten" bearbeitet und stellt ein weiteres Beispiel dafür dar, wie aus einem reflexiv orientierten Vorgehen heraus bestimmt werden soll, welche Möglichkeiten die (Schul-)Praxis besitzt, dem Ziel der Chancengerechtigkeit näher zu kommen. Den öffentlichen Bekundungen und Hoffnungen zum Trotz, die Ganztagsschule werde Bildungsbenachteiligungen verringern, untersucht Gogolin in ihrem Teilprojekt, ob und unter welchen Bedingungen die Ganztagsschule in der Lage ist, den Erwerb von Deutsch als Zweitsprache besser zu gestalten als die bislang gängige Halbtagsschule.

Der deutlichen Expansion von Ganztagsschulen (Holtappels et al., 2007) steht tatsächlich ein kaum vorhandener Wissensstand gegenüber, ob dieser Schulvariante überhaupt positive Effekte zuzuschreiben sind (Radisch & Klieme, 2004). Dies gilt insbesondere hinsichtlich des Nutzens für Schülerinnen und Schüler mit Migrationshintergrund. Das Projekt GIM wird im Folgenden näher dargestellt und ist ein Beispiel für die aktuelle wissenschaftsbiographische Position von Gogolin.

Fragestellungen des Projekts GIM

Das übergeordnete Ziel der Untersuchung ist die Identifikation von Bedingungen, unter denen Ganztagsschulen im Primar- und Sekundarbereich den Integrationsprozess von Kindern und Jugendlichen mit Migrationshintergrund in besonderem Maße fördern können. Hieraus ergeben sich die Fragestellungen des Projekts, die sowohl für den Primar- als auch den Sekundarbereich beantwortet werden sollen:

- Welchen Beitrag leisten Ganztagsschulen zur *Förderung interkultureller Beziehungen* zwischen Migranten und Nicht-Migranten?
- Welchen Beitrag leisten Ganztagsschulen zur *Förderung gesellschaftlich-politischer Kompetenzen*?
- Welchen Beitrag leisten Ganztagsschulen zur *Förderung des Spracherwerbs im Deutschen*?

Das spezifische, curriculare und institutionelle Profil der Einzelschule wird sodann anhand der folgenden, untersuchungsleitenden Fragestellungen betrachtet:

- Inwieweit gelingt es Ganztagsschulen besser als Halbtagsschulen, curriculare Ziele der Förderung des Integrationsprozesses von Migranten in konkrete pädagogische Maßnahmen umzusetzen?

- Welche Unterschiede bestehen auf der Ebene des realisierten Curriculums hinsichtlich der Förderung des Integrationsprozesses von Heranwachsenden mit Migrationshintergrund zwischen offenen und gebundenen Ganztagsschulen?

Die Fragestellungen umfassen insgesamt ein breites Themenspektrum und sind nur durch ein theoriegeleitetes, systematisiertes Vorgehen bearbeitbar, bei dem durch den direkten Vergleich verschiedener Schulvarianten Aussagen über den tatsächlichen Nutzen des Ganztagsschulbesuchs ermöglicht werden sollen.

Theoretisches Modell und Untersuchungsdesign

Untersuchungsleitendes Modell

Die theoretischen Ausführungen lassen sich in dem in Abbildung 1 dargestellten Modell bündeln. Dieses Modell in Anlehnung an Ditton (2000) und Scheerens (2001) ist untersuchungsleitend und benennt die für die Studie relevanten Konstrukte.

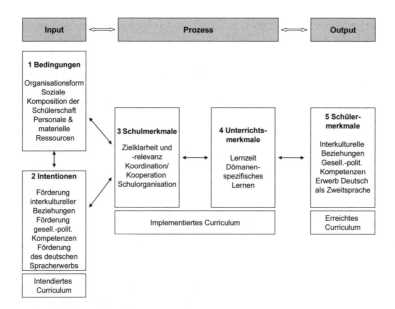

Abb. 1: Untersuchungsleitendes Modell

Beim Input werden die Bedingungen (1) im Zusammenspiel mit dem intendierten Curriculum (2) in den Blick genommen. Der Bildungsprozess wird auf der Schulebene hinsichtlich spezifischer Schul- (3) sowie Unterrichtsmerkmale (4) betrachtet. Die grundlegende Annahme ist, dass sich Variationen der Input- und Prozess-Variablen zwischen den einzelnen Schulen in Unterschieden beim Output auf Schülerseite (5) widerspiegeln. Die Schülerschaft der verschiedenen Schulen wird dabei hinsichtlich ihrer interkulturellen Beziehungen, gesellschaftlich-politischer Kompetenzen und dem Erwerb von Deutsch als Zweitsprache untersucht.

Untersuchungsdesign

Das Projekt beinhaltet die Durchführung eines Vorab-Screenings, in dem geeignete Ganztags- und Halbtagsschulen ermittelt wurden. Durch das Screening wurden in Bayern und Hamburg per Zufallsauswahl geeignete Schulen für die Stichprobe gezogen. Als Auswahlkriterien wurden die Organisationsform und der Migrantenanteil an der Schule zugrunde gelegt.

Das Projekt umfasst im nächsten Schritt eine qualitative Interviewstudie, in der vertiefende Informationen zu den Bereichen des intendierten und implementierten Curriculums erhoben werden (siehe Abb. 1). Darüber hinaus dient die längsschnittlich angelegte Fragebogenstudie im Primar- und Sekundarbereich der Ermittlung des realisierten Curriculums und wird durch eine quantitative Klassenleiterbefragung zu den Unterrichtsmerkmalen (implementiertes Curriculum) ergänzt (vgl. Abb. 2).

Screening	N Schulen	Interviewstudie	N Klassen	Fragebogenstudie/KL-Befragung	
P-Studie – Studie zur Integrationsförderung im Primarbereich					
				MZP I	MZP II
23 GTS	17	Schulleitung; 2 Lehrer	24	Mitte Klasse 1	Mitte Klasse 2
75 HTS	18	Schulleitung; 2 Lehrer	35	Mitte Klasse 1	Mitte Klasse 2
S-Studie – Studie zur Integrationsförderung im Sekundarbereich					
				MZP I	MZP II
108 GTS	20	Schulleitung; 2 Lehrer	36	Mitte Klasse 5	Mitte Klasse 6
74 HTS	16	Schulleitung; 2 Lehrer	32	Mitte Klasse 5	Mitte Klasse 6

Abbildung 2: Übersicht der geplanten Studien

Design der qualitativen Teilstudie

Das Ziel der qualitativen Studie besteht darin, zu den Bereichen des intendierten und implementierten Curriculums fundierte Hintergrundinformationen zu gewinnen, um im Weiteren ein Profil für jede Schule zu erstellen. Mittels der problemzentrierten Interviews werden auf der Ebene des intendierten Curriculums die Bereiche „Bedingungen des Schulbetriebs" und „inhaltliche Zielsetzungen der Schule" erfasst. Auf der Ebene des implementierten Curriculums wird als dritte Variablenklasse „die schulische Umsetzung der inhaltlichen Ziele" erhoben.

Bei allen Schulen werden die Schulleitung sowie zwei ausgewählte Klassenlehrer der jeweils erhobenen Jahrgangsstufen interviewt. In den Ganztagsschulen wird als dritte befragte Personengruppe eine Lehrkraft ausgewählt, die in besonderem Maße im Ganztagsbetrieb der Schule mit eingebunden ist. Insgesamt werden 72 Schulleiter und 144 LehrerInnen in einem etwa halbstündigen Interview befragt.

Im Anschluss an die qualitative Erhebung werden die Probanden gebeten, einen standardisierten Kurzfragebogen zum Bereich des intendierten Curriculums zu beantworten. Dieser Kurzfragebogen enthält Variablen zu Angebotsstruktur, schulischen Ressourcen und Kooperationen, welche der „Studie zur Entwicklung von Ganztagsschulen" (StEG) entnommen wurde (Klieme et al., 2007).

Die Auswertung der problemzentrierten Interviews erfolgt durch die qualitative Inhaltsanalyse nach Mayring (2008). Für die Auswertung des Interviewmaterials wird vorab deduktiv ein Kategoriensystem entwickelt und induktiv aus dem Interviewmaterial heraus angepasst. Dieses Kategoriensystem dient als Grundlage zur Kodierung der Interviews. Durch diese Vorgehensweise lassen sich anhand der Kategorien Schulprofile bilden, die in einem weiteren Schritt einer Quantifizierung offenstehen. Diese sollen, ebenso wie die Daten der standardisierten Kurzfragebögen, den Angaben aus der Schülererhebung als Aggregatinformation auf der Schulebene hinzugefügt werden.

Design der quantitativen Längsschnittstudie

Die Konzeption der Studie beruht auf einem quasi-experimentellen längsschnittlichen Design, bei dem sowohl eine Klassenlehrerbefragung als auch eine Schülererhebung zu zwei Messzeitpunkten durchgeführt werden.

Klassenleiterbefragung

Daten zum implementierten Curriculum werden, neben der qualitativen Befragung, zusätzlich in einer zweimaligen schriftlichen Klassenleiterbefragung mittels standardisiertem Fragebogen erhoben. Es werden in den ersten Klassen insgesamt 56 und in den fünften Klassen 68 Klassenlehrer parallel zu den Schülererhebungen befragt. Die Klassenleiterbefragung soll Informationen zum thematischen Bereich der „Unterrichtsmerkmale" liefern. Die Variablenklasse „Unterrichtsmerkmale" wird im theoretischen Modell herangezogen, um auf der Ebene der einzelnen Klassen zur Erklärung des realisierten Curriculums beizutragen.

Die Erhebungsmethode der schriftlichen Befragung wird der Beobachtung aus zwei Gründen vorgezogen. Zum einen sprechen forschungsökonomische Gründe für die Fragebogenvariante. Die hohe Anzahl der Klassen schließt eine Videographierung und ein anschließendes Rating der Unterrichtsmerkmale aus. Zum anderen wird erwartet, dass sich die verschiedenen schulischen Maßnahmen zur Förderung sprachlicher und gesellschaftlich-politischer Kompetenzen sowie interkultureller Beziehungen über verschiedene Unterrichts- und Projekt-/AG-Einheiten verteilen werden. Daraus resultiert, dass Lehrereinschätzungen als Datenquelle zur Beurteilung von Unterrichtsmerkmalen als heuristischer Zugang genutzt werden, um Konstrukte wie zum Beispiel das Sozialklima in der Klasse oder die effektive Lernzeit zu erfassen. Neben den von Clausen (2002) genannten Nachteilen dieser Datenquelle besteht ein wesentlicher Vorteil im längeren Erfahrungszeitraum der Lehrer im Vergleich zu punktuellen Beobachtungen. Bei Konstrukten, die für das Unterrichtsklima gerade in Bezug auf individuelle Lernförderung und soziale Integration relevant sind, z.b. individuelle Bezugsnormorientierung oder Sozialorientierung, ergeben sich im Vergleich keine markanten mittleren Verzerrungen der Lehrer- gegenüber der Schüler- oder der Beobachterperspektive.

Nach Radisch et al. (2007) wird davon ausgegangen, dass die erprobten Instrumente, die zur Erforschung der Qualität unterrichtlicher Prozesse zum Einsatz gelangen, auch als Ausgangspunkt dienen können, um die Qualität der außerunterrichtlichen (Lern-)Angebote zu erfassen. Bei beiden Angebotsformen – sowohl bei unterrichtlichen als auch bei außerunterrichtlichen Angeboten – handelt es sich um ein pädagogisch gestaltetes Lernen, das in der Verantwortung der Schule steht und mit spezifischen Lernzielen verbunden ist.

Im Klassenleiterfragebogen werden, neben soziodemographischen Angaben, Aspekte zum Verhältnis des Lehrers zu den Schülern und der Schüler untereinander erfragt. Weiterhin kommen Konstrukte zur Unterrichtsqualität zum Einsatz, die einen relevanten Einfluss auf das realisierte Curriculum in den drei Förderbereichen haben sollten. Als dritter Bereich werden Lehrereinstellungen erhoben, die in Bezug zu den Förderbereichen stehen, wie beispielsweise Erziehungs- und Bildungsziele, kulturelle Kontaktkompetenz, interkulturelle Kontakthäufigkeit oder Vorstellung von zivilgesellschaftlicher Verantwortung.

Schülerbefragung

Die Schülerstichprobe beinhaltet einen Primar- und eine Sekundarstichprobe, die sich jeweils in die Subgruppen der Ganztags- und Halbtagsschulen unterteilt. Das Hauptforschungsinteresse liegt hierbei auf den Ganztagsschulen, während die Halbtagsschulen als Kontrollgruppe konzipiert sind. Aus den Screening-Schulen, die sich für die Fragestellung aufgrund ihres Migrationshintergrunds und ihrer schulischen Organisationsform eignen, wurde eine Vorauswahl getroffen. Aus dieser Anzahl von Schulen wurde in einem weiteren Schritt eine Zufallsstichprobe gezogen.

Die Erhebung selbst erfolgt klassenbasiert, d.h. es wurden ganze Klassen aus den Schulen in die Stichprobe aufgenommen. Die Ganztagsstichprobe umfasst insgesamt 17 Primarschulen und 20 Sekundarschulen in Bayern und Hamburg. In einem weiteren Schritt wurde die Halbtagsstichprobe gezogen, welche sich aus 18 Schulen im Primarbereich und 16 Schulen im Sekundarbereich in Bayern und Hamburg zusammensetzt.

Die Schülererhebung liefert längsschnittliche Informationen zum Stand des realisierten Curriculums auf Individualebene in den Bereichen interethnischer Freundschaften, gesellschaftlich-politischer sowie sprachlicher Kompetenzen. Die erste Erhebungswelle fand in der Mitte des ersten und fünften Schuljahres statt, eine weitere Befragung der Schüler wird genau ein Jahr später durchgeführt werden. Die Erhebungen in den Klassen nahmen jeweils drei Schulstunden in Anspruch und wurden in mehrzügigen Jahrgangsstufen parallel erhoben.

Während nach Wahrnehmung der Schulleiter der Migrantenanteil in den Schulen bei mindestens einem Viertel aller Schüler liegt, variieren die Anteile in den Klassen wesentlich stärker. Insgesamt beinhaltet die Primarstichprobe 976 Kinder, von denen 388 Ganztagsschulen und 588 Halbtagsschulen besuchen. Die Sekundarstichprobe umfasst insgesamt 1320 Jugendliche mit 754 Ganztagsschülern und 566 Halbtagsschülern.

Die Schüler wurden zur ethnischen Komposition ihrer interkulturellen Netzwerke mittels Soziogrammen (Wassermann & Faust, 2004), ihrer kulturellen Offenheit (Reinders, 2003), ihrer interkulturelle Kontakte (Reinders, 2004) und interkulturellen Kompetenz (Reinders & Varadi, 2008) befragt. Im Rahmen des zweiten Förderbereichs kommen Instrumente des Mannheimer DLL-Projektes zu folgenden Themen zum Einsatz: gesellschaftlich-politisches Wissen, demokratische Werten und Normen sowie Gleichberechtigung (Berton & Schäfer, 2005; van Deth et al., 2007). Zudem wurden die Kinder und Jugendlichen in ihrem Spracherwerbsstand im Deutschen getestet. Hierbei wurden in der Primarstufe der Leseverständnistest Würzburger-Leise-Leseprobe WLLP als Gruppentest (Küspert & Schneider, 1998) und der Einzeltest HAVAS 5, der im Rahmen der Modellprogramm zur „Förderung von Kindern mit Migrationshintergrund – FÖRMIG" (Reich & Roth, 2004) entwickelt wurde, eingesetzt. In der Sekundarstufe wurde die Sprachkompetenz der Schüler mittels des Sprachproduktionstests Tulpenbeet untersucht (Gantefort & Roth, 2008).

Als weitere wichtige Kontrollvariablen wurden zum einen im Zuge der schriftlichen Schülerbefragung soziodemographische Merkmale erhoben und zum anderen in einem weiteren Test die kognitiven Fähigkeiten der Schüler untersucht (Cattell et al., 1997; Heller & Perleth, 2000). Zusätzlich wird in der Studie ein Elternfragebogen eingesetzt, um Informationen zum Migrationshintergrund, zum kulturellen und

ökonomischen Kapital, der Sprachpraxis in der Familie sowie zum Besuch vor-
schulischer Einrichtungen zu erhalten. Weiterhin werden elterliche Einstellungen
im gesellschaftlich-politischen Bereich und zu interethnischen Kontakten erfragt.
Der Elternfragebogen wurde den Schülern im Anschluss an die Erhebung mit nach
Hause gegeben. Kinder mit türkischer oder russischer Familiensprache erhielten
den Fragebogen zusätzlich in einer türkisch- oder russischsprachigen Version. Der
Rücklauf der Elternfragebögen in beiden Teilstichproben liegt deutlich über 50
Prozent.

Stand der Arbeiten

Zum jetzigen Zeitpunkt ist die erste Phase der Datenerhebung abgeschlossen. Aus
diesem Grund liegen noch keine Befunde vor, die Aussagen über den Integrationsprozess durch den Besuch von Ganztagsschulen ermöglichen. Deshalb kann die
Frage, welche Effekte des Ganztagsschulbesuchs auf die Integration von Kindern
mit Migrationshintergrund in den Bereichen interkulturelle Beziehungen, gesell-
schaftlich-politische sowie sprachliche Kompetenzen hat, noch nicht in Angriff genommen werden.

Ausblick

Das Projekt „GIM" ist nur eines von vielen Forschungsbeispielen, die eindrücklich
den schwierigen Weg zur Verbesserung pädagogischer Praxis aufzeigen. Der normative Anspruch einer Chancen- und Bildungsgleichheit in multikulturellen Gesellschaften ist zwar erst dann realisierbar, wenn Bedingungen der Produktion oder
Verstetigung herkunftsbedingter Ungleichheiten bekannt sind. Gleichzeitig handelt
es sich um einen komplexen Prozess, der die Identifikation von änderbaren oder zu
ändernden Bedingungen erheblich erschwert. Der zunächst einleuchtende Zugang,
Ganztags- mit Halbtagsschulen zu vergleichen, um die Wirksamkeit von Ganztagsschulen zu prüfen, erweist sich bei näherem Hinsehen als methodisch erhebliches
Wagnis. Unterschiede der sozialen und ethnischen Kompositionen zwischen einzelnen Ganztagsschulen und Schulklassen, Variationen der unterrichtenden Lehrkräften zwischen Klassen und Schultagen und Differenzen im Schulprofil sind nur
einige wenige Aspekte, die den einfachen Vergleich beider Schulvarianten verbie-
ten. Komplexe Modellierungen mit den damit verbundenen Restriktionen sollen
ermöglichen, dennoch gültige Aussagen darüber zu treffen, ob und unter welchen
Bedingungen die Ganztagsschule geeignet ist, dem Weg, den ein begegnungsorien-
tierter Ansatz verfolgt, zu beschreiten.

   Spätestens nach Lektüre des Untersuchungsdesigns des „GIM"-Projekts wird
deutlich, dass zwischen begegnungsorientiertem und reflexivem Ansatz ein dritter

Zugang erfolgen muss, der beide Konzepte miteinander in Verbindung setzt. „Interkulturelle Interventionsforschung" ist vermutlich eine passende Etikettierung dessen, was in Gogolins Projekten wie „FÖRMIG" oder „GIM" vonstatten geht. Es wird deutlich, dass hier trotz profunder und erkenntnisbringender Forschungsarbeit der Beginn dieses dritten Zugangs markiert wird.

In der Retrospektive werden vielleicht theoretische und/oder methodische Fehler sichtbar werden, unter Umständen werden zukünftige Forschergenerationen gar eine gewisse Naivität in diesem Anfang interkultureller Interventionsforschung erkennen. Das Wesentliche und dabei nicht zu unterschätzende Verdienst dieses Bindeglieds zwischen der Norm der Bildungsgleichheit einerseits sowie der Reflexion über gesellschaftliche Zustände andererseits ist es jedoch, hier überhaupt einen empirisch fundierten, theoriegeleiteten Zugang etabliert und in eigenen Projekten verfolgt zu haben. Und nicht zuletzt ist ‚Ingrids interkulturelle Interventionsforschung' eine schöne Alliteration von eigenem, prosaischem Wert…

Literatur

Berton, M. & Schäfer, J. (2005). *Politische Orientierungen von Grundschulkindern. Ergebnisse von Tiefeninterviews und Pretests mit 6- bis 7-jährigen Kindern.* Mannheim: MZES Arbeitspapier 86.

Cattell, R. B., Weiß, R. H. & Osterland, J. (1997). *Grundintelligenztest Skala 1 (CFT1)* (5. revidierte Auflage). Hogrefe: Göttingen.

Clausen, M. (2002). *Qualität von Unterricht – Eine Frage der Perspektive?* Münster u.a.: Waxmann.

Ditton, H. (2000). Qualitätskontrolle und Qualitätssicherung in Schule und Unterricht. Ein Überblick zum Stand der empirischen Forschung. *Zeitschrift für Pädagogik, 41*, Beiheft, 73–92.

Gogolin, I. (2009). Interkulturelle Bildungsforschung. In R. Tippelt, R & B. Schmidt (Hrsg.), *Handbuch Bildungsforschung* (S. 297-317). Wiesbaden: VS Verlag.

Heller, K. & Perleth, C. (2000). *Kognitiver Fähigkeitstest für die 4. bis 12. Klassen (Revision).* Beltz: Göttingen.

Klieme, E., Rauschenbach, T., Holtappels, H.-G., Stecher, L. & Fischer, N. (2008). *StEG Skalenhandbuch. Ausgewählt Hintergrundvariablen, Skalen und Indices der Studie zur Entwicklung von Ganztagsschulen.* Frankfurt a. M.: DIPF.

Küspert, P. & Schneider, W. (1998). *Würzburger Leise-Leseprobe.* Göttingen: Hogrefe.

Mayring, P. (2008). *Qualitative Inhaltsanalyse. Grundlagen und Techniken.* Weinheim: Beltz.

Radisch, F. & Klieme, E. (2004). Wirkungen ganztägiger Schulorganisation. Bilanz und Perspektiven der Forschung. *Die Deutsche Schule, 96* (2), 153–169.

Radisch, F., Klieme, E. & Bos, W. (2006). Gestaltungsmerkmale und Effekte ganztägiger Angebote im Grundschulbereich. *Zeitschrift für Erziehungswissenschaft, 9* (1), 30–50.

Reich, H. H. & Roth, H.-J. (2004). *HAVAS 5 – Hamburger Verfahren zur Sprachstandsanalyse bei 5-Jährigen.* Hamburg: Landesinstitut für Lehrerbildung und Schulentwicklung.

Reinders, H. (2003). *Interethnische Freundschaften Jugendlicher 2002. Ergebnisse einer Pilotstudie bei Hauptschülern.* Hamburg: Kovac.

Reinders, H. (2004). Entstehungskontexte interethnischer Freundschaften in der Adoleszenz. *Zeitschrift für Erziehungswissenschaft, 7* (1), 121–146.

Reinders, H. & Varadi, E. (2008). Individuationsprozesse und interethnische Freundschaften bei Jugendlichen türkischer Herkunft. *Zeitschrift für Erziehungswissenschaften, 11* (2), 312–326.

Scheerens, J. (2001). School effectiveness research. In N. J. Smelser & P. B. Baltes (Hrsg.). *International Encyclopedia of Social and Behavioral Sciences* (S. 13567–13572). Oxford: Elsevier Books.

Steinert, B. Ganztagsangebote und Schulqualität: Wahrnehmungen von Lehrkräften in Schulen mit und ohne Ganztagsbetreuung. In F. Radisch & E. Klieme (Hrsg.), *Ganztagsangebote in der Schule. Internationale Erfahrungen und empirische Forschungen* (S. 138–163). Bonn: Hrsg. vom Bundesministerium für Bildung und Forschung.

Van Deth, J. W., Abendschön, S., Rathke, J. & Vollmar, M. (2007). *Kinder und Politik. Politische Einstellungen von jungen Kindern im ersten Grundschuljahr.* Wiesbaden: Verlag für Sozialwissenschaften.

Wassermann, S. & Faust, K. (1994). *Social Network. Methods and Applications.* Cambridge: Cambridge University Press.

Christiane Bainski

Vom Modellprogramm zur Regeleinrichtung

Die Entwicklung der Regionalen Arbeitsstellen zur Förderung von Kindern und Jugendlichen aus Zuwandererfamilien (RAA) in NRW

Anfänge

Als im Jahr 1980 die ersten acht „Regionalen Arbeitsstellen zur Förderung von Kindern und Jugendlichen aus Ausländerfamilien" im Ruhrgebiet im Rahmen eines fünfjährigen Modellprogramms der Bund-Länder-Kommission gegründet wurden, gab es über deren Zukunft zwar gewisse Vorstellungen, aber keinerlei Gewissheit. Nach Abschluss des fünfjährigen Modellprogramms im Jahr 1985, bei dem übrigens Ursula Neumann für die wissenschaftliche Begleitung und Ingrid Gogolin für die internationale Evaluation zuständig waren, wurden die RAA in die Regelförderung des Landes Nordrhein-Westfalen übernommen. Ihre institutionelle Basis änderte sich dadurch in entscheidender Weise. Dies wurde zum Ausgangspunkt einer beträchtlichen Expansion. Nach der Gründung weiterer Arbeitsstellen wurde 1988 die Hauptstelle mit Sitz in Essen zur Koordinierung des Netzwerkes eingerichtet. Bis 1999 wurden insgesamt 27 RAA in NRW implementiert, deren Konzepte inzwischen im ganzen Land weitergegeben werden (vgl. Dokumentation 2005).

Ausgangspunkt bei der Planung und Implementierung der ersten RAA war die Erwartung, dass durch das Schaffen von Verbindungen der Schulen zum kommunalen Umfeld, durch ein System von Beratung der Familien und durch konzeptionelle Unterstützung von Bildungseinrichtungen eine insgesamt neue, umsichtige und darum erfolgreichere Herangehensweise an die Aufgaben geschaffen würde, vor die sich das Bildungssystem seit den Einwanderungen der 1970er Jahre gestellt sah. In Nordrhein-Westfalen gab es Anfang der 1980er Jahre bereits eine Vielzahl von Maßnahmen zur Förderung und Unterstützung von Kindern und Jugendlichen mit Migrationshintergrund. Es existierte ein Angebot Muttersprachlichen Unterrichts, damals zu einem erheblichen Teil noch aus der Perspektive einer möglichen Rückkehroption in die Herkunftsländer. Erste zusätzliche Ressourcen zur Förderung – sozusagen die Vorläufer der heutigen Integrationshilfen – wurden bereitgestellt. Vom damaligen Landesinstitut für Schule und Weiterbildung wurde ein großangelegtes Fortbildungsangebot für Deutsch als Zweitsprache als additive Maßnahme im schulischen Förderkonzept organisiert.

Die RAA haben ihre Arbeit nicht ‚auf freiem Feld' begonnen; sie haben Vorhandenes zusammengeführt und Neues hinzugefügt: kultursensible Elterninformationen, zielgruppenspezifische Konzepte zum Schulanfang mit Migrantenkindern (auf verschiedenen Bildungsstufen), Konzepte zum Übergang von Migrantenjugendlichen in berufliche Bildung, interkulturelle Informationen für Lehrer/innen und Pädagog/inn/en, Vorschläge zu interkulturellem Unterricht und vieles mehr. Von Beginn an waren sechs Orientierungen wichtig, die bis heute durchgehalten werden:

- multiprofessionelle Teams (Lehrer/innen und Sozialpädagog/inn/en)
- multikulturelle Teams (heute haben ein gutes Drittel aller Mitarbeiter/innen und ein Viertel der Mitarbeiter/innen in Leitungspositionen einen Migrationshintergrund)
- Zusammenarbeit mit der Fachwissenschaft
- ‚Blick über den Tellerrand' – z.b. Besuch interessanter Projekte in anderen Ländern (in der Anfangsphase insbesondere Initiativen und Einrichtungen der *Community Education* in England)
- Verbindung interkultureller Bildung mit sprachlicher Bildung
- Zusammenarbeit mit Eltern, Einbindung von Eltern in die Bildungsprozesse ihrer Kinder und Zusammenarbeit mit außerschulischen Partnern (z.B. Migrantenselbstorganisationen)

Umwandlung zu Regeleinrichtungen

Diese Orientierungen blieben gültig, als die Überführung in kommunale Regeleinrichtungen anstand. Die Kontinuität der Grundsätze, man könnte sagen die Wahrung einer erkennbaren institutionellen Identität, war – aus heutiger Sicht – eine wesentliche Bedingung der erfolgreichen Weiterarbeit. Statt der vielen kreativen Einzelprojekte der Pionierzeit wurden Aufgaben systematisch angegangen und längerfristige Projekte entwickelt:

So wurden die RAA in den Kommunen gezielt in die lokalen Verwaltungsstrukturen integriert und neben der zunächst noch starken Beratungsarbeit immer stärker mit der Koordinierung von Querschnittsaufgaben betraut. Darin enthalten waren z.B. Aufgaben wie die Koordinierung des Muttersprachlichen Unterrichts in der jeweiligen Kommune, Organisierung von Fortbildungen für die Fachkräfte in den Bildungseinrichtungen in Kooperation mit den zuständigen Jugendämtern und Schulämtern, Beratung und Begleitung einzelner Kindertageseinrichtungen und Schulen über einen längeren Zeitraum hinweg, Koordinierung vorschulischer Sprachförderung, Mitarbeit an interkulturellen kommunalen Konzepten, zum Teil auch in verantwortlichen Rollen. Die RAA wurden seit ihrer Gründung durch zwei

Landesministerien gefördert: Das Kultus-/Schulministerium stellte und stellt pro lokaler RAA und für die Hauptstelle mindestens zwei Lehrerstellen zur Verfügung; das Sozialressort der Landesregierungen, heute die Integrationsabteilung des Ministeriums für Generationen, Familie, Frauen und Integration (MGFFI), sicherten und sichern Sockelbeträge für die Beschäftigung mindestens zweier sozialpädagogischer Fachkräfte pro Einrichtung und die Sachmittel der Hauptstelle. Die Kommunen waren und sind für Räumlichkeiten, Verwaltungspersonal und Sachmittel im lokalen Raum zuständig. In den Kommunen sind die RAA meist entweder beim Schulverwaltungamt oder bei Kinder/Jugend/Soziales angesiedelt. In einigen Kommunen wurden in den letzten Jahren die Zuständigkeiten für Fragen der Integration bei den Oberbürgermeistern oder in eigenen Ressorts zusammengefasst. In diesen Fällen wurden die RAA dann Teil dieser neuen Linien in der kommunalen Verwaltung. Durch landesweite fachliche Arbeitskreise – orientiert an den bildungsbiografischen Entwicklungsstufen – und regelmäßigen Austausch im Kreis der Leitungen sowie gemeinsame Qualifizierungsmaßnahmen sichern die RAA miteinander den fachlichen Austausch und die überregionale Zusammenarbeit. Die Hauptstelle ist für die überregionale Koordination und die Gestaltung der Zusammenarbeit verantwortlich und sie repräsentiert den Verbund der RAA in NRW gegenüber der Landesregierung und überregionalen Kooperationspartnern.

Charakterisierung des Arbeitsfeldes

Eine solche Arbeit ist immer auch von den umgebenden Großstrukturen abhängig, im Falle der RAA sind dies vor allem die bildungspolitische Gesamtlage und das bildungspolitische Klima im Lande. Daher haben die Mitarbeiterinnen und Mitarbeiter der RAA immer wieder darauf hingewiesen, dass für erfolgreiche Bildungsverläufe von Kindern und Jugendlichen mit Migrationshintergrund folgende Faktoren wichtig sind:

- gezielte Veränderungen im Bildungssystem, sowohl im Bereich interkultureller Bildung und Erziehung, als auch im Hinblick auf umfassende und schlüssige, durchgängige Sprachbildungs- und Sprachförderkonzepte
- Orientierung der Unterrichts- und Schulentwicklung auf diese Veränderungen hin
- Qualifizierungsmaßnahmen für das Fachpersonal in den Bildungseinrichtungen
- Reform der Erzieher/innen- und Lehrerausbildung
- Zusammenarbeit der Bildungseinrichtungen mit Eltern
- Zusammenarbeit der Bildungseinrichtungen mit außerschulischen Partnern (z.B. Migrantenselbstorganisationen, Trägern der Jugendhilfe)

In den beiden vergangenen Jahrzehnten, vor allem seit der ersten PISA-Studie aus dem Jahr 2000 (Deutsches PISA-Konsortium 2001, 2002), sind Entwicklungen angestoßen worden, die diesen Faktoren Rechnung tragen, und die RAA haben nach ihren Möglichkeiten zu diesem Richtungswechsel beigetragen. Dennoch muss man sagen, dass es bis heute noch nicht zur allgemeinen Praxis gehört, dass die verschiedenen, an Bildungsprozessen Beteiligten (Institutionen wie Personen) selbstverständlich kooperieren, und die erforderlichen Veränderungen von Unterrichtspraxis und Schulentwicklung konnten noch nicht in der Breite verwirklicht werden. Zwar gibt es eine Reihe guter Praxisbeispiele und guter Erfahrungen, aber es mangelt in der Fläche an umfassenden und aufeinander abgestimmten Konzepten und an der Umsetzung ‚guter Praxis' im gesamten Bildungsbereich. Eine Vielzahl von Förderkonzepten und Integrationsmaßnahmen existieren nebeneinander. Oft wissen die Mitarbeiterinnen und Mitarbeiter in Schulen mit guten Konzepten nichts über die Erfahrungen und Erfolge in anderen Bildungseinrichtungen, oft noch nicht einmal von der Nachbarschule.

In Curricula sind die Anforderungen an Bildungs- und schulische Arbeit in einer Einwanderungsgesellschaft bisher nur unzureichend verankert. Interkulturelle Bildung und Erziehung sowie angemessene sprachliche Bildung und Sprachförderung werden häufig immer noch nicht als gemeinsame Aufgabe, sondern als Segment oder besonderer Förderstrang im Bildungsbereich behandelt. Bildung für Migrantenkinder wird immer noch unter dem Blickwinkel der Defizithypothese[1] gesehen. Insbesondere im Bereich der Sprachentwicklungsförderung fehlt es an einem umfassenden und abgestimmten Konzept, das in der Fläche wirksam umgesetzt werden kann. Erfolgreichere Konzepte anderer Länder (wie z.B. in Skandinavien oder England) werden weitgehend – auch von der Bildungspolitik – ignoriert oder nur unzureichend als mögliche Orientierung für eigenes Handeln angenommen.

Unsere Erklärung ist, dass wir es immer noch mit den Spätfolgen einer Einstellung zu tun haben, die aus der ursprünglichen Erwartung entsprang, dass das ‚Randproblem Migrantenkinder' sich in einigen Jahren lösen lassen würde, ohne dass das Bildungssystem selbst sich in größerem Umfang verändern müsste. Lange Zeit hat die Bildungspolitik so gehandelt, als ob sie sich darauf verließe, dass es – wie bei früheren Migrationsbewegungen – in der zweiten und dritten Generation zu einer Integration im Sinne von Assimilation kommen würde. Die historisch schiefe Vorstellung von der ‚Integration' der polnischen Bergleute zur Kaiserzeit im Ruhr-

---

1 Siehe hierzu im vorliegenden Band u.a. die Beiträge von Gita Steiner-Khamsi (mit Bezug auf die Schweizer Entwicklungen), von Franz Hamburger oder Lutz R. Reuter – Anm. d. Hrsg.

gebiet wurde oft genug als scheinbar treffender Beleg für die Richtigkeit dieser Haltung des Abwartens beschworen.[2] Obwohl der wachsende Anteil von Kindern und Jugendlichen im schulpflichtigen Alter mit einem Migrationshintergrund sich schon seit den 1980er Jahren abzeichnete und dann in den 1990er Jahren massiv erkennbar wurde, verharrten die bildungspolitischen Maßnahmen auf einer Position der Ausbesserung vorübergehender Defizite. Aktuell beträgt der Anteil von Kindern und Jugendlichen mit Migrationshintergrund im Landesdurchschnitt in NRW über 30 Prozent. Bei den Schulanfängern des Jahres 2008 lag der Anteil bei 38 Prozent, in Ballungszentren wie dem Ruhrgebiet oder in großen Städten wie z.b. Köln liegt dieser Anteil bei 50 Prozent und mehr.

Dass die zunehmende ethnische und sprachliche Heterogenität der Schülerschaft nicht rechtzeitig als positive Herausforderung wahrgenommen und angenommen wurde, und dass, verbunden damit, notwendige Weiterentwicklungen im Bildungssystem und in der Aus- und Fortbildung der Erzieher/innen und Lehrer/innen nicht rechtzeitig eingeleitet wurden, hat dazu geführt, dass Kinder und Jugendliche mit Migrationshintergrund im deutschen Bildungssystem auch heute noch besonders schlecht abschneiden und einen besonders geringen Bildungserfolg aufweisen. Im internationalen Vergleich gelingt in Deutschland ein erfolgreicher Bildungsverlauf von Kindern und Jugendlichen mit Migrationshintergrund – neben Belgien – am schlechtesten. Neben der sozialen Herkunft ist die ethnische Herkunft der zweite große Risikofaktor für schulischen und beruflichen Erfolg, wie sich den verschiedenen Publikationen des Deutschen PISA-Konsortiums seit 2001 entnehmen lässt. Die Arbeit der RAA versucht, die Einstellungen, die diesen Fehlentwicklungen zugrunde liegen, zu verändern und ihre Folgen zu überwinden.

Kooperation mit FÖRMIG

Veränderungen der Arbeitsweise in den Regeleinrichtungen
Im Laufe der Weiterentwicklung der RAA als Regeleinrichtungen sind vor allem folgende Veränderungen eingetreten:

- Die individuelle Beratungsarbeit (z.B. Schullaufbahnberatung, Seiteneinsteigerberatung) nahm und nimmt immer mehr ab zugunsten stärkerer Anteile von

---

2　　– schief, insofern die Integration dieser im übrigen preußischen Staatsbürger (!) von preußisch-politischer Seite nicht gefördert wurde, also von einer ,gelungenen Integration' nicht die Rede sein kann. Im Gegenteil: Sie galten als sprachlich-kulturell fremd und als politisch unzuverlässig, wenn nicht sogar als „Reichsfeinde"; siehe den Beitrag von Georg Hansen im vorliegenden Band – Anm. d. Hrsg.

Koordinierungs- und Unterstützungsaufgaben im kommunalen wie im überregionalen Bereich.

- Die Orientierung auf Konzepte in einzelnen Lernstufen (z.b. Elementarerziehung, Primarstufe, Sek. I) erweiterte sich hinsichtlich des Blicks nach ‚oben' und nach ‚unten' im Sinne einer Beachtung der Schnittstellen bzw. Übergänge im Bildungssystem und der Entwicklung von Zusammenarbeit zwischen abgebenden und aufnehmenden Bildungseinrichtungen.

- Die vielen einzelnen Konzepte und Produkte wurden und werden mehr und mehr zu Programmlinien zusammengeführt und im Sinne größerer Klarheit auf ihre Kompatibilität zur Durchgängigkeit hin überarbeitet.

- Die Zusammenarbeit mit der Fachwissenschaft wurde weiter ausgebaut – insbesondere in den fünf Jahren der Kooperation mit FÖRMIG hat diese Zusammenarbeit sehr zur Qualitätsentwicklung beigetragen.

- Die Beteiligung von Eltern im Bildungsprozess und die Zusammenarbeit mit außerschulischen Partnern ist inzwischen für alle Lernstufen konzeptionell voll entwickelt und wird erfolgreich umgesetzt.

- Die Fortbildungsangebote für den Bereich interkulturelle Bildung und sprachliche Bildung zielen auf Professionalisierung und nachhaltige Qualifizierung und sind jetzt sowohl intern als auch extern ein Muss.

Aktuelle Aktivitäten

Diese Entwicklungen führen hin zu den konkreten Aktivitäten der Gegenwart in den aktuellen Arbeitsfeldern der RAA in NRW. Bei der Fülle der im Folgenden aufgeführten Arbeitsfelder sei darauf verwiesen, dass nicht alle örtlichen RAA jedes dieser Arbeitsfelder besetzen. Dies würde die personellen Kapazitäten kommunaler RAA in der Regel überfordern. Es handelt sich um Arbeits- und Handlungsfelder, die bei unterschiedlichem Umfang von den einzelnen, RAA, insgesamt jedoch vom RAA-Verbund in NRW bearbeitet werden.

1. *Konzeptionelle Arbeit,* Projektentwicklung und -begleitung in den Bereichen:
   - *Frühe familiale Bildung und Elementarerziehung*: Hier seien als besondere ‚Produkte' die Projekte „Griffbereit" und „Rucksack KiTa" genannt, bei denen es um die Einbeziehung von Eltern – Müttern zumeist – in die frühe Bildung, insbesondere auch die frühe Sprachbildung ihrer Kinder geht. „Griffbereit" richtet sich an Eltern mit Kindern unter drei Jahren, „Rucksack KiTa" richtet sich an Kindertageseinrichtungen, die gezielt mit Eltern an der sprachlichen Entwicklung der Kinder sowohl in der deutschen Sprache, als auch in den Familiensprachen arbeiten wollen. Beide Konzepte beinhalten neben der sprachlichen Bildung auch Aspekte der allgemeinen Lernfähigkei-

ten, der Klärung von Erziehungsfragen und der interkulturellen Öffnung der Regeleinrichtungen.

• *Schulische Arbeit*: Hier haben wir – neben dem durchgängigen Thema interkultureller Bildung – als besonderen Schwerpunkt den Aspekt der Sprachbildung und -förderung unter Beachtung von Mehrsprachigkeit gewählt. Für die Grundschule haben wir den Ansatz von „Rucksack KiTa" weiterentwickelt und überarbeiten ihn derzeit im Sinne eines durchgängigen Konzeptes von der frühen familiären Bildung über die Elementarerziehung bis in die Klasse 4 hinein. Dazu integrieren wir Konzepte: die Koordinierte Alphabetisierung (KOALA), die Qualitätsentwicklung des Herkunftssprachlichen Unterrichts und seine Koordinierung mit dem Regelunterricht, sowie die Vermittlung von DaZ-Kompetenzen an Lehrkräfte aller Fächer. In der Sekundarstufe I setzen wir diesen Ansatz fort durch Beratung von Schulen und Durchführung von Fortbildungsmaßnahmen für DaZ in allen Fächern. Hier bemühen wir uns u.a. darum, einen Pool von Unterrichtseinheiten anzulegen, der Lehrkräfte verschiedener Fächer für die sprachlichen Aspekte ihrer unterrichtlichen Arbeit sensibilisiert und dazu praktische Arbeitshilfen gibt. Im Übergang Schule/Beruf liegt neben Beratung von Migrantenjugendlichen und deren Familien der Schwerpunkt vor allem auf Qualifizierungsangeboten für Jugendliche, dazu kommen aber auch Angebote für Ausbilderinnen und Ausbilder, sowie die Überzeugungs- und Informationsarbeit bei Ausbildungsbetrieben. Aus FÖRMIG heraus arbeiten wir aktuell daran, auch in der beruflichen Bildung die gezielte sprachliche Bildung und Förderung im schulischen Bereich, insbesondere in den Berufskollegs, zu integrieren.

2. *Fortbildungen* für Erzieherinnen und Erzieher, Lehrkräfte, sozialpädagogische Fachkräfte – kurz: für Akteure in allen Bereichen interkultureller Bildung und Erziehung. Einige der Fortbildungsformate konnten insbesondere durch die Arbeit in FÖRMIG entwickelt bzw. weiterentwickelt werden, so auch ein Fortbildungsangebot für Fachseminar- und Hauptseminarleitungen in der zweiten Phase der Lehrerausbildung, das bereits landesweit umgesetzt wird.

3. *Kommunale Integrationskonzepte*: Beratung und Organisation von Servicearbeit für die jeweiligen Kommunen, Unterstützung und Beratung einzelner Kindertageseinrichtungen, Schulen oder kommunaler Einrichtungen.

4. *Kooperation und Vernetzung* mit anderen Einrichtungen und Institutionen mit migrationspolitischem Bezug (z.B. verschiedene Migrantenselbstorganisationen, das Elternnetzwerk NRW, die Landesarbeitsgemeinschaft der kommunalen Migrantenvertretungen NRW oder die regionalen Bildungsbüros) und mit den die RAA fördernden Ministerien (Schulministerium und Integrationsministerium).

Voraussetzungen des Gelingens

Die Übernahme der RAA als Regeleinrichtungen in NRW und die damit gesicherte Kontinuität in der Arbeit, war die entscheidende Voraussetzung dafür, dass langfristig Konzepte entwickelt und erprobt werden konnten und die RAA somit auch in die Fläche wirken konnten. Entscheidend war und ist:

- eine geregelte Förderung durch das Land NRW, und zwar durch alle Landesregierungen der letzten 30 Jahre; aktuell: Lehrerstellen aus dem Ministerium für Schule und Weiterbildung und sozialpädagogische Fachkräfte sowie Sachmittel aus dem Ministerium für Generationen, Familien, Frauen und Integration (früher aus dem Sozialressort)
- FÖRMIG eine zuverlässige Ko-Förderung in den beteiligten 27 Kommunen bzw. Landkreisen und dort gezielte Einbindung in die kommunale Integrations-, Bildungs- und Jugendarbeit
- eine ergänzende Förderung durch Stiftungen – hier sei vor allem die Freudenbergstiftung hervorgehoben – zur Finanzierung spezifischer Entwicklungsarbeit und wissenschaftlicher Beratung
- eine Mitarbeit in Programmen von überregionaler Bedeutung in Zusammenarbeit mit der Fachwissenschaft – hier sei vor allem FÖRMIG hervorgehoben, erwähnt seien aber auch XENOS und verschiedene EU-Projekte
- ein überdurchschnittliches Engagement der RAA-Mitarbeiter/innen hinsichtlich der fachlichen Themen, des eigenen persönlichen Einsatzes und der eigenen Qualifizierungsbereitschaft
- eine hohe Frustrationstoleranz angesichts der Höhen und Tiefen der Entwicklung, angesichts der sich auch wiederholenden gesellschaftlichen Debatten und der nicht immer förderlichen bildungspolitischen Rahmenbedingungen und bildungspolitischen Entscheidungen.

Apropos

In der aktuellen gesellschaftlichen Debatte geht es wieder einmal um das Thema „deutsche Sprache". Niemand bestreitet, dass es für alle wichtig ist, die gemeinsame Verkehrssprache Deutsch zu beherrschen. Unsere Bemühungen um eine breitere Kompetenz der Erzieher/innen und Lehrer/innen in der Vermittlung des Deutschen auch als Bildungssprache, ist von diesem Gedanken getragen. Doch Deutsch sprechen und als Medium des Lernens nutzen zu können, ist nicht alles. Es gibt inzwischen eine große Zahl von jungen Migrant/inn/en, die trotz guter Qualifikation keinen Ausbildungs- oder Arbeitsplatz erhalten. Die Forderung nach Integrationsleistungen seitens der Eingewanderten macht nur einen Sinn, wenn auch die Integrationsbereitschaft der sogenannten deutschen Mehrheitsgesellschaft gegeben ist. Und eines sollte auch beachtet werden: Die Menschen, die in der Bundesrepublik Deutschland leben, kommen aus über 190 Staaten und sprechen über 100 verschiedene Sprachen. Mehrsprachigkeit bestimmt unseren Alltag und dabei ist nicht nur an die europäischen Nationalsprachen zu denken, auch die Herkunftssprachen der Einwanderinnen und Einwanderer sind Teil der europäischen Sprachensituation; sie zu übersehen (oder: zu überhören) würde heißen, die Augen (oder: die Ohren) vor der Wirklichkeit zu verschließen.

Aktuell scheint es so, als wären wir mit unseren Arbeitsansätzen und Zielen in der Gesellschaft schon deutlich weiter gekommen als in den letzten Jahrzehnten. Wir wissen aber, dass Integration kein kurzfristiges Projekt ist und auch durch eine Addition vieler Einzelprojekte nicht gut bewältigt werden kann. Die RAA stehen für Integration als Regelaufgabe und arbeiten für ein Bildungssystem, das *regulär* weniger Ungleichheit produziert als heute.

Literatur

Gogolin, I., Neumann, U. & Roth, H.-J. (2004). *Förderung von Kindern und Jugendlichen mit Migrationshintergrund. Gutachten* (Materialien zur Bildungsplanung und Forschungsförderung, H. 107). Bonn: Geschäftsstelle der Bund-Länder-Kommission für Bildungsplanung und Forschungsförderung.

Dokumentation (2005). *25 Jahre RAA in NRW: 25 Jahre interkulturelle Kompetenz – Konzepte, Praxis, Perspektiven*, Essen: RAA Hauptstelle. Verfügbar unter: http://www.raa.de [21.10.09].

FörMig: *Förderung von Kindern und Jugendlichen mit Migrationshintergrund.* Verfügbar unter: http://www.blk-foermig.uni-hamburg.de [21.10.09].

OECD (2006). *Wo haben Schüler mit Migrationshintergrund die größten Erfolgschancen: Eine vergleichende Analyse von Leistung und Engagement in PISA 2003.* Verfügbar unter: http://www.pisa.oecd.org/dataoecd/2/57/36665235.pdf [21.10.09].

Fritz Wittek-Kaïm

Warum ich's nicht hinkriege

In Anlehnung an eine Korrespondenz mit den Herausgeberinnen und dem Herausgeber, die in dieser Breite nicht stattgefunden hat[1]

> *„To be a well-favoured man is the gift of fortune;*
> *but to write and read comes by nature."*
> (Shakespeare, Much ado about nothing, III, 3)

Liebe Marianne, liebe Ulla, lieber Heinz,
natürlich habe ich mich gefreut, und natürlich würde ich gern, für Ingrid und Euch, für alle vier, wie denn sonst. Und – warum leugnen? – um mich unter die ausgesuchte Gesellschaft zu mischen, die zum festlichen Anlass und auf Eure Einladung zusammenströmen wird; wer ließe sich da nicht gern blicken? Genug: warum zögern, warum nicht fest versprechen? Teils weil ich aus der Übung bin; teils weil ich mir nicht sicher bin, dass ich ein Thema finde, für das Ihr in Eurem Band, in dessen sorgfältig gewebtem Konzept viel von Bildungsbezug und Systematik, nirgends aber von haltlosen Luftnummern die Rede ist, ein Plätzchen freimachen könntet.

Vorschlag: In Frankreich hat sich zur offiziellen Bezeichnung der *usual suspects* eine Wortballung durchgesetzt – *„personnes issues de la diversité"*–, die mir ein Rätsel aufgibt: Warum merkt oder sagt in Frankreich – einem Land, in dem man täglich lesen oder hören kann, dass hier mit den *Lumières* auch die Herrschaft der Rationalität ausgebrochen und das Genie der Sprache von unbezwingbarem Drang zur Klarheit durchdrungen sei – niemand, dass das Blödsinn ist, und zwar gewaltiger?

Vermutung: Das Klammern an ehrwürdige republikanische Ideale zeitigt Verleugnungen, die jene Ideale selbst in Einsturzgefahr bringen; zur Kenntnisnahme (und Bewältigung) neuer sozialer Realitäten wären ideologische Umbauten erforderlich, in deren Absenz sich Albernheit und Dreistigkeit zu staatstragenden Qualitäten mausern konnten, so dass *„issu de la diversité"*[2] zur politisch korrekten Formel werden konnte, die das *„délit de sale gueule"* ebenso verschämt wie unmiss-

---

1   Und in Fortsetzung von Diskussionen, die mit den Arbeiten der Forschergruppe ALFA und den Vorbereitungen des Forschungsschwerpunktprogramms FABER; siehe die „Einführung" in dem vorliegenden Band – Anm. d. Hrsg.

2   Es geht hier um Abstammung, Herkunft u. dgl. Mein Wörterbuch von 1993, das nicht wissen konnte, was noch kommen würde, nennt als Beispiele u.a.: „issu de sang royal, d'une grande famille", vom lat. exire (Le Nouveau Petit Robert, 1993, 1215).

verständlich beschreibt. Denn genau das tut sie; zu versuchen, das zu verstehen, wie und warum — könnte das sich lohnen?

„Issu de la diversité": der Ausdruck behauptet einen Unterschied zwischen Menschen, den es nicht gibt, und darüber hinaus einen zwischen Menschengruppen, die es zwar gibt, hierzulande aber nicht geben darf, jedenfalls nicht als Gruppen oder Minderheiten, und schon gar nicht als *„communautés"*, zu denen sich zusammenfinden zu wollen sie indes stets – einer ihnen unterstellten Natur wegen? – verdächtig sind.

Skizzieren wir kurz die Entwicklung der Bezeichnungen: Angefangen hat es mit den *„travailleurs immigrés"*, was nebenbei keinen Deut besser war als „Gastarbeiter", wie sich schnell zeigte, als der in der Folge des Anwerbestopps überraschend – für wen eigentlich, und warum? – einsetzende Familiennachzug und erst recht die bald folgenden Familiengründungen das Eingeständnis erzwangen, dass der Marsch in die *„immigration de peuplement"* begonnen hatte, so dass die *„travailleurs immigrés"* sich mitsamt ihren Familien in *„immigrés" tout court* verwandelten, deren Anwesenheitsrechte in Frankreich sich erstens nicht mehr ihren nackten Arbeitskräfteeigenschaften verdankten und deren Aufenthalt im *„pays d'acceuil"* zweitens nicht länger nach stattgehabtem Verbrauch ihrer Arbeitskraft automatisch seinem von der Gesellschaftsnatur gewollten Ende zustrebte. Dann setzten diese *„immigrés"* Kinder in die Welt, die sich so lange als *„immigrés de deuxième ou de troisième génération"* bezeichnen lassen mussten, wie ihnen das politische Selbstbewusstsein und die Organisationsfähigkeit fehlten, die sie brauchten, um ihren Status als in Frankreich geborene, daher nie eingewanderte (*„immigrés"*) und – *„Measure for measure!"* – vielfach mit Staatsbürgerrechten (*„Liberté, égalité, fraternité"*) ausgestattete Franzosen einzufordern. Als sie das zu Beginn der 1980er Jahre mit der *„marche pour l'égalité et contre le racisme"* taten, führte das zu einer merkwürdigen sprachlichen Innovation: In der offiziellen Sprache von Politik, Behörden, Medien etc. wurden sie zu Franzosen einer eigenen Sorte, *„Français issus de l'immigration"*: irgendwie gleich und frei, gewiss, und doch auch irgendwie anders, nämlich aus der *„immigration"* hervorgegangen.

Lange konnte das nicht gut gehen: erstens weil die „vierten" oder „fünften" Generationen nicht mehr alle Nase lang an ihre Ahnen erinnert werden, sondern unbehelligt ihren Geschäften nachgehen wollen, und zweitens weil inzwischen Historiker angefangen hatten zu zeigen, dass rund ein Drittel der französischen Wohnbevölkerung nahe Familienangehörige ‚ausländischer' Herkunft habe (Noiriel, 1988, S. 10), so dass sich mit dem *„être issu de l'immigration"* als Unterscheidungs- und Identitätsmerkmal nicht mehr gut Staat machen ließ. Und damit sind wir beim Thema: Nachdem die Möglichkeiten verbraucht waren, ‚das Problem' in einer Weise zu benennen, die als plausibel auf reale Sachverhalte bezogen durchgehen konnte, wurde in einer Nacht- und Nebelaktion[3] das *„issu de l'immigration"* ins *„issu de la diversité"* verhext, und zwar genau an der Stelle, wo der Hund begraben liegt, den wir jetzt ausbuddeln müssen.[4] Der Ausdruck behauptet einen Unterschied zwischen Menschen, den es nicht gibt und nicht geben kann: Seit jene Lucy sich mit ihren Genossinnen und Genossen im Great Rift Valley auf die Socken gemacht hat[5], haben sie und ihre Nachfahren das Diversifizieren nicht lassen können, so dass *„diversité"* ein konstitutives Merkmal der Menschheit geworden ist, auf dem ganzen Globus, auch in Frankreich. Für die Tschernobyl-Wolke mögen die Landesgrenzen ja unüberwindbar gewesen sein, aber für die *„diversité"*? Ah gehn's, erzähln's mir nix! Den Unterschied gibt es nicht; aber die Unterscheidung soll gelten? Wer wird da von wem unterschieden, und warum? Zunächst anscheinend nur ganz harmlos die Einen von den Anderen, d.h. – vielleicht doch nicht ganz so harmlos? – die Anderen von Uns. Indes: Wenn wir Augen hätten, um zu hören und Ohren, um zu sehen, dann könnten wir nicht ignorieren, dass hier die Markierten dieser Erde von denen unterschieden werden, die sich – weil die Herrschaftsverhältnisse erstens so sind und zweitens so prächtig funktionieren – unmarkiert glauben sollen und wollen. Die Markierten können sich auf den Kopf stellen (d.h. Franzosen werden), bis sie blau anlaufen: was sie kenntlich macht, ist *„le faciès"*, der Phänotyp.[6]

Was mich fassungslos macht, ist dies: Da steht ein riesiger rosa Elefant im Salon der *République* und kollert nach Elefantenart verträumt vor sich hin; niemand sieht ihn, niemand hört ihn, das Gebrabbel (*„brouhaha"*) geht weiter, durch ihn hindurch, um ihn herum, über ihn hinweg, an ihm vorbei, unter ihm durch; egal, Hauptsache ignorieren, und das, obwohl er nicht nur riesig und rosa ist und Geräu-

---

3   In Frankreich kann die Metamorphose sich nicht ohne vorherige Abschaltung des Lichts [„les Lumières!"] vollzogen haben.

4   Noch einmal: Hier ist nicht von den Spielarten des Französischen die Rede, die auf Straßen oder Schulhöfen, in Betrieben, Hörsälen oder Forschungsinstituten gesprochen werden, sondern allein von der Sprache der offiziellen Politik, Behörden, Medien etc., d.h. der Sprache jener gesellschaftlichen Instanzen, die sich mehr oder weniger ausdrücklich für die Pflege von „Liberté, égalité, fraternité", kurz für den ordnungsgemäßen Gang des republikanischen Betriebs zuständig fühlen.

5   Lucy ist einer der wichtigen Funde (in Ostafrika) zur Erschließung der Geschichte der Menschheit – Anm. d. Hrsg.

6   Der Assemblée nationale gehören drei in Wahlkreisen der France métropolitaine gewählte Abgeordnete an, die als „personnalités de la diversité" oder „issus des minorités visibles" bezeichnet werden, weil sie „in den überseeischen départments oder Gebieten Frankreichs geboren oder nicht-europäischer Herkunft" sind (Kesslasy, 2009, S. 19). Die in den überseeischen Départements und Territorien (DOM-TOM) geborenen und in dortigen Wahlbezirken gewählten schwarzen Abgeordneten zählt Kesslasy nicht mit. Weil in den ehemaligen Kolonien die weißen Menschen der diversité zuzurechnen wären?

sche macht, sondern auch riecht, ziemlich streng sogar! Unser Elefant riecht nach jener Scholle, der die bodenständigen „*Français de souche*" entwachsen sind, die ein gewisser Monsieur Le Pen so erfolgreich in den französischen Sprachgebrauch eingeführt hat, dass man die Bezeichnung heute – anders als noch vor zehn oder fünfzehn Jahren – auch aus dem Mund von Leuten hört, die sich über Zweifel an ihrer republikanischen Zuverlässigkeit erhaben wissen.[7] Eins der großen Prinzipien der republikanisch-universalistischen Tradition (d.h. auch eins der Prinzipien, die ihre Größe ausmachen), das zwar nicht ausdrücklich als „*principe républicain*" gilt, sich indes zwingend aus dem Zusammenhang ergibt, wird stillschweigend unter den Teppich gekehrt: „*Il n'y a qu'une seule race humaine.*"

Denn wenn den Anderen nachgesagt werden kann, sie seien „*issus de la diversité*", dann ist ebenso zwingend die Implikation, die Existenz der Einen, d.h. „unsere" Existenz sei einer mysteriösen Homogenität geschuldet: Unsere Zusammengehörigkeit und unser „*vouloir vivre ensemble*" werden stillschweigend vom Himmel der universalistischen Ideale heruntergeholt und in den Boden der natürlichen Tatsachen gepflanzt, wo sie dann freilich – wir werden das sehen – in die „Erde" wachsen statt ins Licht.[8] Zum republikanischen „*nationalisme civique*" gesellt sich ein „*nationalisme des origines*", der den Ursprung der Nation in ein ursprünglich-ewiges Dunkel projiziert. Am Rande war das immer schon da, schwächlich im Schatten der Republik; jetzt trumpft es auf.

Bei Teutatis, es geht zu wie in der Wirtschaft des alten Karl, wo die Ware sich als „ein sehr vertracktes Ding" entpuppt, „voll metaphysischer Spitzfindigkeit und theologischer Mucken", und wo der Holztisch, „sobald er als Ware auftritt, [...] sich in ein sinnlich übersinnliches Ding [verwandelt] [...] und [...] aus seinem Holzkopf Grillen [entwickelt], viel wunderlicher, als wenn er aus freien Stücken zu tanzen begänne" (Marx, 1968, S. 85). Sofern wir nicht annehmen wollen, unsere Welt sei prinzipiell unbegreifbar, müssen wir Gründe dafür suchen, dass die Präsenz unseres stark riechenden Elefanten von allen Beteiligten so donnernd beschwiegen wird. Treten wir noch einmal zurück, hören wir drei Zeugen an!

---

7   Selbst in den Jahresberichten der Commission nationale consultative des droits de l'homme ist gelegentlich von „Français de souche" zu lesen, manchmal mit distanzierenden Anführungszeichen, manchmal ohne sie; letztmalig im Bericht über das Jahr 2007, der notiert, dass die jugendlichen Aggressoren dreier junger Juden, die im 19. Arrondissement von Paris ihren Opfern nicht nur „Reichtum" vorwarfen, sondern auch, dass sie „hier nicht zu Hause seien", wahrscheinlich selbst keine „Français de souche" waren (CNCDH, 2008, S. 223).

8   Das in Deutschland eingeführte statistische Konstrukt der Personen „mit Migrationshintergrund" ist inzwischen in die Wissenschafts-, Politiker-, wie auch Alltagssprache eingegangen und erzeugt – unter dem Deckmantel der political correctness ähnliche Trennung von ‚wir' und ‚Sie'; vgl. auch den Beitrag von Franz Hamburger im vorliegenden Band – Anm. d. Hrsg.

Da ist zunächst Daniel Sabbagh, der sich mit schneckengleicher Bedachtsamkeit durch das Minenfeld seiner *„Élements de réflexion sur la mesure de la ‚diversité' et des discriminations"* bewegt und gleichwohl – um der Klarheit willen, die schaffen zu helfen er gebeten worden ist – nicht völlig umhin kann, für möglich zu halten, „dass der Ausdruck *„diversité"* nur als Codename fungiere, der sich ausschließlich auf die *„minorités visibles"* beziehe und dazu bestimmt sei, den stigmatisierenden Effekt abzuschwächen, den eine weniger schwer durchschaubare Benennung erzeugen würde" (Sabbagh, 2009, S. 3).[9] Genau: wenn es *„être issu des minorités visibles"* hieße, — ja, dann wüssten alle, was gemeint ist, und wer.

Wie viel unbeschwerter dagegen der schon erwähnte Keslassy (2009), der in seiner im Auftrag des arbeitgebernahen *Institut Montaigne* angefertigten Studie über den Mangel an *„diversité"* der *„classe politique française"* die Ausdrücke *„diversité"* und *„minorités visibles"* als gleichbedeutend und austauschbar verwendet, ohne auch nur eine Zeile auf Überlegungen zu verwenden, ob das so sein müsse, oder warum. Interessant dagegen, dass seine Definition der *„minorités visibles"* den Gepflogenheiten seiner des umschweifig-höfischen Sprechens bedürftigen Auftraggeber entgegenkommt („in den überseeischen ‚*départments*' oder Gebieten Frankreichs geboren oder nicht-europäischer Herkunft" – Keslassy, 2009, S. 19), die von denselben Auftraggebern bezahlte und an die für dergleichen Subtilitäten nicht unbedingt – für eine in höflichem Tonfall vorgebrachte Belehrung dagegen jederzeit – empfängliche französische Bevölkerung *„vulgaris"* gerichtete Umfrage dagegen eine Definition verwendet, von der man annehmen muss, sie sei gewählt worden, weil leicht verständlich, jeder Präzision bar und daher umfragetauglich: „Als *‚minorités visibles'* bezeichnet man in Frankreich Personen, die vor allem (*‚notamment'*) keine weiße Haut haben. Allgemein beschreibt man als *‚minorités visibles les Noirs, les Arabo-berbères, les Asiatiques, les Indo-Pakistanais'* sowie die *‚métis'* (Mischlinge)" (Keslassy, 2009, S. 9).

Wie Keslassy hat auch mein dritter Gewährsmann, der mich hier allein wegen seines *„nom à consonance arabe"* interessiert, mit Bedachtsamkeit nichts am Hut, sondern hetzt die Kuh zu wildem Galopp aufs Eis, wo sie prompt krachend zu Fall kommt. Er ist Präsident einer Universität, in der Unregelmäßigkeiten vorgekommen sein sollen, derentwegen man ihn vor ein Komitee zitieren will, was ihn veranlasst, den Spieß umzukehren und zum Angriff auf seine Verleumder zu blasen: „‚Es gibt ein regelrechtes Komplott gegen mich', klagt er an und macht geltend, dass er sowohl *‚un acteur universitaire issu de la diversité'* […] als auch ein *‚acteur*

---

9   Ich zitiere nach der veröffentlichten Zusammenfassung einer unveröffentlichten Arbeit, die Sabbagh auf Bitte des im März 2009 von Präsident Sarkozy eingerichteten „Comité pour la mesure et l'évaluation de la diversité et des discriminations" angefertigt hat.

politique de gauche' sei". Da, so scheint er zu denken, liegt es nahe, statt wie ein Universitätspräsident wie ein Polizist zu fragen: *„ A qui profite le crime?* '", natürlich nicht das, was vorgeworfen wird, sondern das, welches an ihm verübt werden soll (Liberation. Fr, 2009). Alle sollen wissen, was *„être issu de la diversité"* heißt und welche Folgen das haben kann. Als Verteidigungsstrategie nicht sonderlich klug, als Wasser auf meine Mühle dagegen starker Fall.

Aber wo entspringen die Wasser, die meine triste Mühle antreiben? Montesquieu fiel mir ein, und die Frage, die der von ihm in ganz anderer Absicht erfundene Rica sich seit 1721 anhören muss: *„Ah! ah! monsieur est Persan? C'est une chose bien extraordinaire! Comment peut-on être Persan?"* (Montesquieu, 1964, S. 78). Exzellente Frage, schwer zu beantworten, jedenfalls auf Französisch. Sind wir heute, bald dreihundert Jahre später, wirklich viel weiter? *„Comment peut-on être issu de la diversité?"*.

Nach Durchsicht meiner Notizen muss ich mir eingestehen, dass ich über plausible Intuitionen und vorwitzige Behauptungen nicht hinaus gekommen bin. Wohl habe ich noch einmal ein paar Papiersoldaten durch alte Schlachtordnungen gehetzt, das großartig-prinzipienfest Ausgedachte gegen das auf breit-empirischer Grundlage Beobachtete und Analysierte aufmarschieren lassen, Schnappers *Communauté des Citoyens* (1994) gegen Andersons *Imagined Communities* (1982), bin durch die Kellerräume des von Patrick Weil (2005) schön hell ausgeleuchteten Gebäudes der französischen Nationalidentität spaziert, kurz, habe mich mit Geschichte und Theorie aufgehalten, wo es auf geduldiges Durchforsten von Archiven und peinlich-genaues Auszählen und Nachprüfen angekommen wäre: Wann und wo tritt der Ausdruck *„issu de la diversité"* erstmals auf, wer erfindet ihn, wer plappert ihn nach, in welchen Organen findet sein Siegeszug statt, wann beschleunigend, wann stockend, welche Apparate (Parteien, Medien, Gewerkschaften, Administrationen) greifen ihn auf, wie oft und zu welchen Anlässen, wie sieht seine Links-Rechtsverteilung aus? Usw. Und: Erhebt da irgendwo irgendwer Einspruch?

Für einen Kandidaten könnte das was sein, in Bibliotheken und Archiven Staub fressen, Texte durch Suchmaschinen laufen lassen, historische Kenntnisse anhäufen und sortieren, ideologiegeschichtliche Voraussetzungen aufarbeiten, Widersprüche sezieren; ein paar Jahre Arbeit, an die 250 Seiten, ein ganzes langes Berufsleben vor Augen; möglich, gewiss *„but not for me"*. Und für Eure Zwecke viel zu lang und viel zu spät.

Und was, wenn der Kandidat sich an den Physiker Ziffel erinnerte, dessen Kollege die Kosten einer halbwegs kompletten Kenntnis „auf zwanzigtausend bis fünfundzwanzigtausend Goldmark" schätzte, „und das ist dann ohne die Schikanen", und der darüber hinaus befürchtete, dass nach derlei Studien „die Leistungen in bürgerlichen Berufen bedenklich sinken" und man „in bestimmten Fächern [...] nie wieder wirklich gut" werde (Brecht, 1967, S. 1440)? Doch lieber die Emeritierung abwarten? Ein gut abgehangenes professorales Stück, termingerecht und im vorgesehenen Umfang, nach lebenslangem Verkehr mit den Dingen, in unbestreitbarer Kenntnis dessen, was darüber zu wissen ist, mit Ohr für das, was darüber nicht gesagt wird? Auf so was muss man hinleben; war auch nix für mich. Wer nicht Kandidat war, wird auch nicht emeritiert.[10]

Also was? Hinschmeißen oder neu anlaufen?

> *And the Queen is bravely shouting*
> *'What the hell is going on?'*
> (Jagger/Richard, Jigsaw Puzzle)

Zu den großen Geheimnissen der *„République"* gehört, wie sie es hinkriegt, ihre Anhänger trotz aller Dementis durch die Tatsachen davon zu überzeugen, ihre Ideale seien nicht nur großartig-schöne (oder schön großartige?) verpflichtende Prinzipien des Strebens nach Universalisierung (was nicht erst seit heute heißen müsste: Öffnung), sondern bereits Wirklichkeit gewordene Universalität. In ihrem politiktheoretisch-philosophisch angelegten Versuch, anhand der Kontroverse um das Verbot des *„hijab"* in französischen Schulen[11] den universalistischen republikanischen Prinzipien neuen Atem einzublasen, um sie im 21. Jahrhundert (wieder) wirklichkeitsfähig zu machen, schreibt Laborde:

> „Official republicans identify an attractive ideal, that of inclusive trans-ethnic solidarity. Yet by assuming that this ideal is already embodied in existing institutions, they end up tolerating, and sometimes aggravating, the implicit ethno-nationalism which in practice permeates them, and the ethnicization of minority groups which accompanies it." (2008, S. 233f.).

Ihr Lösungsvorschlag besteht im Kern darin,

> „...that only a radical strategy of de-ethnicization of the Republic can fairly integrate members of minorities as equal citizens. [...] De-ethinicization refers to the elimination of institutional, cultural, and social obstacles to the fair incorporation of minorities: the onus is on mainstream institutions radically to transform themselves in ways that promote the political and social participation of all" (ebd., S. 230).

---

10 Ich habe keine Ahnung, warum Sayad nie Professor geworden ist, vielleicht hatte er keine Lust. Aber dass er nicht seinesgleichen hatte, wenn es darum ging, sich in die verborgensten Winkel komplexer Widerspruchssysteme hineinzuarbeiten und sie von innen umzukrempeln – davon kann sich jedermann und jede Frau – sofern sie oder er sich von seinen endlos mäandrierenden Schachtelsätzen nicht entmutigen lässt – selbst überzeugen, etwa hier: Sayad, 1991.

11 Offiziell geht es um das Verbot des Tragens von Symbolen oder Bekleidungsstücken, mit denen Schüler oder Schülerinnen ostentativ eine Religionszugehörigkeit ausdrücken. Dass es um den „hijab" ging, ignoriert niemand; aber fast alle tun so.

Anders gesagt: die Gesellschaft in die Lage versetzen, Platz für die neuen Minderheiten zu schaffen. „Vaste programme"![12] Nicht das kleinste – von Laborde erstaunlicherweise kaum diskutierte – Hindernis dürfte darin bestehen, dass die *République* sich weigert, Minderheiten (erst recht *„communautés"*) anzuerkennen, außer den Gewerkschaften keine *„corps intermédiaires"* zwischen Staat und *„citoyen"* zulassen will, jedenfalls nicht offiziell. Das liefert indes einen Hinweis, wie es zu den *„personnes issues de la diversité"* kommt: Die diesem Stadium des Unfugs vorausgegangene Stufe hatte *„personnes issues de l'immigration"* geheißen, die damit identifiziert und insofern auch ausgegrenzt waren. Heute aber, wo die Filipetti, Vandewalle, Poniatowski, Gonzalez, Soares und Kerkorian ‚längst integriert', d.h. ihnen ihre Herkunft aus der Immigration nicht mehr vorgeworfen wird (Ob sie damit auch als *„de souche"* zugelassen sind, wüsste ich nicht zu sagen; dass sie von der *„diversité"* freigesprochen sind, steht dagegen fest, denn mit den *„minorités visibles"* haben sie nichts zu tun.), stellt sich das Problem neu. *„On ne sait pas les désigner"* (Fassin, 2006, S. 24), ganz plötzlich. Wer ‚sie' sind, weiß man, aber warum kann man nicht benennen, was man sieht; warum redet man so verbissen um den rosa Elefanten herum?

Weil man es nicht fertig kriegt, im Ernst von Minderheiten zu reden, erst recht nicht von ethnischen Minderheiten; weil es einfacher ist, auf jenes zum ‚Problem' erklärte Segment der Gesellschaft zu starren, ihm Integrationsschwäche nachzusagen und ihm alle möglichen Namen anzuhängen statt zu fragen *„What the hell is going on"*, und zwar in der *République*, nicht in den *„banlieues"*. Weil die *République* es nicht mehr schafft, die Kommunikation der einst zur – widersprüchlichen, gewiss, aber doch belastbaren und vernunftmäßigem Handeln nicht systematisch abträglichen – Einheit verschweißten Dimensionen Universalismus und *„nationalisme civique"* zu gewährleisten, so dass heute im Rücken der contrafaktischen Behauptung, die universalistischen Postulate seien realisiert, die dem Ursprungsnationalismus innewohnenden Ressentiments in Richtung Rassismus driften. Weil Platz machen teilen heißt, und weil die *„égalité"* bei den Idealen gut aufgehoben ist und dort auch bleiben soll. Und weil die Karten gezinkt sind.

Laborde, die eine unbegreifliche Schwäche für zu Ende gedachte Gedanken hat, macht vier Einzelvorschläge für eine *„appropriate strategy to respond to the ethnonationalist exclusion problem"* (Laborde 2008, S. 247), darunter diesen: *„Third [...], the narratives of the nation must be told in a way that does not alienate or exclude minorities"* (Laborde, 2008, S. 250). *„Must!"* Von mir aus gern, wird aber wohl nicht, denn die Obrigkeit wacht: Am 25. Oktober 2009 erklärte Eric Besson,

---

12 Eine de Gaulle zugeschriebene Antwort auf einen Zwischenrufer, der ihn mit „Mort aux cons!" unterbrochen hatte.

Ministre de l'Immigration, de l'Intégration, de l'Identité nationale et du Développement solidaire im Radio: „Ich habe Lust, eine große Debatte über die Werte der nationalen Identität auszulösen, über das, was ‚*être Français*‘ heute heißt" (Le Monde, 26.10.2008). So geht's in der *République*: Ein Minister hat Lust, und was passiert? Der Staat setzt sich in Bewegung! Denn der Minister wird die „*préfets*" und „*sous-préfets*" darum bitten, Versammlungen mit den „*forces vives de la nation*" zu dem Thema zu organisieren, was „*être Français*" heißt, welche Werte uns verbinden, worin die Natur des Bandes besteht, das dafür ursächlich ist, dass wir Franzosen sind und dass wir stolz sein müssen" (ebd.). Müssen, schon wieder! Und debattiert wird mit den „*forces vives de la nation*", die schwer zu übersetzen, aber gut bekannt sind: „*les gagneurs*", die Antreiber, die Geld-, Projekte- und Dunstmacher, die Mitredner, Kopflanger und Schlangenbeschwörer. „*Ah, ah, monsieur est issu de la diversité? Ça n'a rien de bien extraordinaire, veuillez prendre place, et surtout ne rougissez pas, nous devons tous être fiers*"! Die neue Website hat schon über 100.000 Besucher zu verzeichnen, und über 14.000 von ihnen haben einen Beitrag abgeliefert.[13] Da kann der Minister stolz durchatmen: Er hat einen Nerv getroffen, und im Gegensatz zu unserem Universitätspräsidenten braucht er nicht klug zu sein, denn hier geht es nicht um Beflügeln, Bewässern, Jäten, Lüften oder wie immer geartetes dem Denken förderliches Treiben, sondern um Plattbügeln und Zubetonieren, um Ausübung der Definitionsmacht über das als legitim denkbar Zugelassene. Das wird er schon hinkriegen: die „*préfets et sous-préfets*" sind im Verfassen von „*rapports de synthèse*" nicht zu schlagen, und der Staatspräsident, der gern sagt, was er hören will, hat zwei Tage nach dem Minister in einer Rede vor Landwirten Klarheit geschaffen:

> „*La France*" ist physisch an ihre Landwirtschaft gebunden, ich scheue das Wort nicht: an ihre „*terre*". Das Wort „*terre*" hat eine spezifisch-französische Bedeutung, und ich bin gewählt worden, um die „*identité nationale française*" zu verteidigen. Diese Worte machen mir keine Angst, ich bekenne mich zu ihnen. „*La France*" hat ihre eigene Identität, die nicht über anderen steht, aber die ihr zu eigen ist, und ich verstehe nicht, wie man zögern kann, die Worte „*identité nationale française*" auszusprechen. Sie beinhalten keinerlei Aggressivität gegenüber anderen. Sie sind nichts weiter als der Ausdruck unserer Verpflichtung gegenüber den Generationen, die uns vorausgegangen sind und die um den Preis ihres Lebens und ihres Blutes „*la France*" zu dem gemacht haben, was sie geworden ist. „*Eh bien, la terre fait partie de cette identité nationale française*" (Sarkozy. 2009, S. 8).

Und das Blut? Nein? Lieber nicht? Ganz sicher nicht? „*Très bien, vous êtes admis au grand débat sur l'identité nationale!*" Da werden Laborde (2008), Offenstadt (2009), Noiriel (2007), das „*Comité de vigilance face aux usages publics de*

---

13   Verfügbar unter: http://www.debatidentitenationale.fr/ [5.11.2009].

l'histoire"[14] und mit ihnen noch etliche andere einpacken können. Ich auch. Es wird weiterhin Franzosen geben, die „ *issus de la diversité* " sind; manche von ihnen werden ins Licht gestellt werden; die Anderen wird man nicht sehen, und der Elefant bleibt, wo er ist, hübsch rosa mitten im Salon der *République.*

Literatur

Anderson, B. (1982). *Imagined communities. Reflections on the origin and spread of nationalism.* London: Verso.

Brecht, B. (1967). Flüchtlingsgespräche. In B. Brecht, *Gesammelte Werke 14.* Frankfurt a. M.: Suhrkamp.

CNCDH (2008). *Rapport de la Commission nationale consultative des droits de l'homme.* Paris: La Documentation Française.

Fassin, D. (2006). Nommer, interpréter. Le sens commun de la question raciale. In D. & E. Fassin (Hrsg.), *De la question sociale à la question raciale? Représenter la société française.* Paris: La Découverte.

Kesslassy, E. (2009). *Ouvrir la politique à la diversité.* Paris: Institut Montaigne.

Laborde, C. (2008). *Critical Republicanism. The Hijab Controversy and Political Philosophy.* Oxford: Oxford University Press.

Libération (2009). *Trafic de diplômes: Le président de l'université de Toulon dans le viseur.* Verfügbar unter: http://www.liberation.fr/societe/0101597795-trafic-de-diplomes-le-president-de-l-universite-de-toulon-dans-le-viseur [19.10.2009].

Noiriel, G. (1988). *Le Creuset français. Histoire de l'immigration (XIXe – XXe siècle).*Paris: Seuil.

Noiriel, G. (2007). *À quoi sert l'identité nationale?* Marseille: Agone.

Marx, K. (1968). *Das Kapital. Kritik der politischen Ökonomie.* Erster Band. MEW 23. Berlin: Dietz.

Montesquieu, C.(1964). 30ᵉ lettre. In *Lettres persanes.* Paris: Garnier-Flammarion.

Offenstadt, N. (2009). *L'Histoire bling-bling. Le retour du roman national.* Paris: Stock.

Le Nouveau Petit Robert (1993). *Dictionnaire alphabétique et analogique de la langue française.* Paris: Dictionnaires le Robert.

Sabbagh, D. (2009): *Éléments de réflexion sur la mesure de la « diversité » et des discriminations.* Verfügbar unter: http://www.laviedesidees.fr/Elements-de-reflexion-sur-la.html [15.10.2009].

Sayad, A. (1991): L'ordre de l'immigration entre l'ordre des nations. In A. Sayad: *L'immigration ou les paradoxes de l'altérité.* Bruxelles: De Boeck/Ed. Universitaires.

Schnapper, D. (1994): *La Communauté des Citoyens. Sur l'idée moderne de nation.* Paris: Gallimard.

Weil, P. (2005): *Qu'est-ce qu'un Français? Histoire de la nationalité française depuis la Révolution.* Paris: Gallimard.

---

14   Verfügbar unter: http://www.cvuh.free.fr/ [05.11.2009].

Hans-Joachim Roth

Vom Suchhorizont zur Querschnittsaufgabe

Überlegungen zur Positionierung Interkultureller Bildung im Übergang zur *Diversity Education*[1]

Der Titel dieses Beitrags verheißt eine Erfolgsmeldung, nämlich dass die interkulturelle Imprägnierung pädagogischen Denkens und Handelns gelungen und abgeschlossen sei. Diese Verheißung muss aber, wenn nicht widerrufen, so doch eingeschränkt werden. Zwar ist der interkulturelle Anspruch auf Differenzoffenheit und Anerkennung des Anderen inzwischen breit akzeptiert und muss sich nicht mehr legitimieren, die praktische Umsetzung und weitere theoretische Durchdringung sind aber – wie auch in anderen Feldern postmoderner pädagogischer Herausforderungen, mit Gilles Deleuze und nicht etwa eschatologisch gesprochen – noch immer ‚im Werden'.

Zur lebendigen Vorgeschichte

In die Vorgeschichte der Interkulturellen Bildung fällt die sog. ‚Ausländerpädagogik', die als erste disziplinäre Kontur des Feldes in den 1960–70er Jahren gelten kann. Über diese Phase, die Bezeichnung ‚Ausländerpädagogik' und den damit verbundenen Habitus einer paternalistischen Behandlung unterstellter und wirklicher sprachlicher, kultureller und anderer Defizite ist viel geschrieben und diskutiert worden. Bis heute kommt kaum eine systematische Darstellung zum Feld der interkulturellen Bildung ohne Referenz auf diese Phase aus (vgl. zsf. Krüger-Potratz, 2005, S. 62ff.; Roth, 2002, S. 20ff.).

Man kann das als Wiederholungszwang eines auf diskursive Nabelschau ausgerichteten Fachgebiets deuten, tatsächlich handelt es sich aber eher um die stets notwendige Auseinandersetzung mit der unausweichlichen Wiederkehr unerledigter Fragen. In der kurzen Geschichte der interkulturellen Bildung ist die Figur des ‚Ausländers' tatsächlich der Stachel im Fleisch jeder Suche nach glatten Lösungen. Die immer wieder neu rekapitulierende, stets kritische Auseinandersetzung mit der ‚Ausländerpädagogik' ist eben nicht nur ein Versuch der Vergewisserung der eigenen Geschichte, sondern auch die stets neue Auseinandersetzung

---

1   Siehe auch den Beitrag von Wolfgang Nieke im vorliegenden Band. Die unterschiedliche Schreibweise von Diversity Education (Roth) / diversity education (Nieke) ist beibehalten worden, da sie sozusagen auch ein Signal für die unterschiedliche Einschätzung der Entwicklung ist – Anm. d. Hrsg.

mit der systematischen Frage nach der Zielgruppe, dem Modus ihres Ansprechens und dem pädagogischen Habitus, der sich in diesem Feld professionalisierenden Bildner, Erzieher/innen, Lehrer/innen, Forscher/innen usw. Von daher kann man die Geschichte der interkulturellen Bildung auch am Umgang mit dem ‚Ausländer‘ rekonstruieren. Die wechselnden begrifflichen Fassungen der angenommenen Differenzsetzungen – ‚Ausländer‘, ‚Migranten‘, Menschen, mit Migrationshintergrund‘, Menschen, mit Zuwanderungsgeschichte‘ – stellen ebenso viele Versuche dar, dem Allgemeinen näherzukommen, ohne die Wirkungen der Differenzsetzungen zu negieren. Solange sich diese bemerkbar machen, wird interkulturelle Bildung als Querschnittsaufgabe das Bestehen einer erziehungswissenschaftlichen Teildisziplin wie der Interkulturellen Pädagogik nicht erübrigen. Der erste Wendepunkt in dieser Geschichte war die gedankliche Lösung von der alleinigen Fixierung auf die spezifische Zielgruppe der Zugewanderten, die Konzipierung der interkulturellen Bildung als Teil der Allgemeinbildung. „Die Adressierung an alle“, schreibt Hans H. Reich (1994, S. 16) in Absetzung von Entwicklungen im Vereinigten Königreich und den USA, „war der wesentliche Schritt, sozusagen der Gründungsakt der interkulturellen Pädagogik auf dem [europäischen] Kontinent“.

Bereits vor 15 Jahren glaubten einige Autoren, der Interkulturellen Pädagogik eine „Krise“ zuschreiben zu können (vgl. z.B. Jungmann, 1995, S. 15). Es war die Zeit, in der sich ihre Konsolidierung als erziehungswissenschaftliche Teildisziplin deutlich abzeichnete, und interkulturelles Denken in einer Reihe von Wissenschaften – von der Rechtwissenschaft bis zur Kommunikationstheorie – sowie in anderen Teildisziplinen der Erziehungswissenschaft Eingang fand. In dieser Konstellation hat die Interkulturelle Pädagogik selber die Wege eingeschlagen und ausgekundschaftet, die zu ihrer Weiterentwicklung geführt haben: die Auseinandersetzung mit dem Spannungsverhältnis zwischen normativer und deskriptiver Orientierung, die Ausarbeitung des Selbstverständnisses als Querschnittsaufgabe und die Verallgemeinerung des Differenzgedankens.

Interkulturelle Bildung als Zielbegriff und Querschnittsaufgabe

In den Forschungsarbeiten zur interkulturellen Bildung ist ein Wandel festzustellen, der von einer eher advokatorischen Orientierung mit Blick auf die Unterstützung der Unterprivilegierten hin zu einer empirischen Bildungsforschung verläuft. Letztlich geht es der Interkulturellen Pädagogik in dieser Hinsicht nicht anders als anderen ursprünglich kritisch-emanzipatorisch angelegten Pädagogiken, die sich vom Kritischen Rationalismus als wissenschaftlichem Paradigma überholt sehen. Auch sie rückt ab von dem inzwischen doch etwas verstaubten Flair „permanenter Gesellschaftskritik“ (Klafki, 1971) – ein später und bis vor 15 Jahren kaum erwarteter

Sieg Wolfgang Brezinkas? Sicherlich nicht, denn wie zuvor schon formuliert, ist Wiederkehr unausweichlich: Es ist nur eine Frage der Zeit, wann die Ernüchterung über eine Bildungsforschung einsetzen wird, die immer nur betont, dass sie nur beschreiben, aber keine bildungspolitischen Entscheidungen vorbereiten könne, wenn es um zentrale Fragen wie zum Beispiel die Struktur des Bildungssystems geht.

Von daher ist die Interkulturelle Pädagogik gut beraten, neben ihrer Professionalisierung in Sachen Empirie auch weiterhin ihre advokatorische Funktion im Feld von Erziehung und Bildung wahrzunehmen, das heißt sprachliche, kulturelle und soziale Differenzsetzungen zwar nicht zu kulturalisieren oder zu ethnisieren, aber auch beharrlich auf deren Wirkungsmacht hinzuweisen.

Die Stärke emanzipatorischen Denkens in der Interkulturellen Pädagogik verdankt sich ihrer (Selbst-)Kritik hinsichtlich Kulturalisierung und Ethnisierung, die sich der Essentialisierung von Differenzen widersetzt. Ein gelungenes Beispiel dafür bietet Paul Mecherils „Einführung in die Migrationspädagogik" (2004). Mit bemerkenswerter Geradlinigkeit scheidet er das hegemonial verfasste Denken in Kategorien wie Einheit, Homogenität, Kontinuität von einem minoritären Denken der Diversität, der Hybridität, der Diskontinuität. Mecherils „Einführung" ist wohl diejenige, die den dekonstruktiven Zweig der Interkulturellen Pädagogik am ri gorosesten vertritt. Eine weniger schroffe Position nimmt Georg Auernheimers, seit 1990 mehrfach überarbeitete, „Einführung in die Interkulturelle Pädagogik" (2007) ein, die – bei unmissverständlicher Warnung vor Kulturalisierung – doch mehr Raum für ein konstruktives Verständnis kultureller Differenz(en) und ihrer Bedeutung für die Identitätsbildung lässt.

Die Legitimität einer institutionalisierten Teildisziplin „Interkulturelle Pädagogik" war längere Zeit umstritten[2], doch war genau genommen von Anfang an klar, dass interkulturelle Bildung nur dann Aussicht auf Erfolg haben könnte, wenn sie nicht von einer ausgegliederten Teildisziplin allein bewirtschaftet, sondern von der Allgemeinen Pädagogik, der Allgemeinen Didaktik, der Schulpädagogik als Bildungsziel anerkannt würde. Dies zeichnet sich schon in den frühen programmatischen Texten ab: Sie habe kein eigenes und fest umrissenes Arbeitsfeld, sondern richte sich auf alle erzieherischen Bereiche, sie stelle keine Institution, sondern „ein Prinzip, einen Suchhorizont" dar (Auernheimer, 1990, S. 174). Louis Porcher nannte das die „interkulturelle Option" (Porcher, 1989, S. 34ff.). Helmut Essinger sprach von einem „Arbeitsprinzip" (Essinger, 1987). Insbesondere Marianne Krüger-Potratz (2005) betonte immer wieder den Charakter der interkulturellen Bildung als einer Querschnittsaufgabe nicht nur in der Schule, sondern für die Pädagogik insgesamt. Schließlich hat Georg Auernheimer mit seiner Konzep-

---

2   Siehe den Beitrag von Norbert Wenning im vorliegenden Band – Anm. d. Hrsg.

tion einer „multiperspektivischen Allgemeinbildung" schon 1990 eine Orientierung bereitgestellt, die der Suche, der Option, der übergreifenden Arbeit einen bestimmbaren Inhalt gab (vgl. Auernheimer, 1990, S. 184). *Was bedeutet nun eigentlich Querschnittsaufgabe?* Es ist leicht gesagt, dass ein pädagogisches Prinzip auf allen Ebenen organisatorischer und curricularer Planungen, Entscheidungen und Maßnahmen aufgrund seiner allgemeinen Bedeutung verankert sein müsse. Doch kann dies ebenso leicht in die Bedeutungslosigkeit führen, wenn das Prinzip dabei als eigenständiges Element nicht mehr in Erscheinung tritt. Zu fragen ist also nach der Durchsetzung von Ordnungsstrukturen, die ihm eine gewisse Machtimprägnierung verleihen.

Auf der Ebene der *offiziellen Dokumente* ist das Prinzip der interkulturellen Bildung durchaus erfolgreich gewesen. 1996 hat die Empfehlung der Kultusministerkonferenz zur interkulturellen Bildung und Erziehung in der Schule das Dach errichtet, unter dem sich weitere Entwicklungen vollziehen konnten. Die Analyse aller verfügbaren Lehr- und Bildungspläne durch Ingrid Gogolin, Ursula Neumann und Lutz Reuter (2001) hat dann die durchgängige Rezeption des interkulturellen Gedankens auf Länderebene eindrucksvoll dokumentiert. Seither haben sich auch die Hochschulen stark bewegt. Ingrid Gogolin und Marianne Krüger-Potratz (2006, S. 200ff.) haben – ausgehend vom Kerncurriculum der Deutschen Gesellschaft für Erziehungswissenschaft – an Beispielen gezeigt, wie stark sich die Wahrnehmung von Interkulturalität als Merkmal von Erziehungs- und Bildungsprozessen, ihren Bedingungen, Ausgangslagen und Verläufen, inzwischen im „nationalen Hochschulraum" niedergeschlagen hat. Selbst flüchtige Blicke in neuere erziehungswissenschaftliche Bachelor- und Masterstudiengänge zeigen, dass sowohl die Aufnahme in den allgemeinen Rahmen von Erziehungswissenschaft wie auch die Entwicklung spezifischer Studienangebote stattgefunden hat und weiter stattfindet.

Auf der Ebene der *Schulprogramme*, der „Schulphilosophie", wie Auernheimer sagt (Auernheimer et al., 1996), kann von einer flächendeckenden Umsetzung des Gedankens der interkulturellen Bildung gewiss noch nicht gesprochen werden, doch gibt es zahlreiche einzelne Schulen, die weit gekommen sind. Idealerweise findet diese Ausrichtung ihren konkreten Niederschlag in der offenen Wahrnehmbarkeit kultureller Vielfalt in der jeweiligen Institution. Das sollte sich auch nicht in mehrsprachigen Beschriftungen und Hinweisen erschöpfen, sondern in Alltagspraxen eingelagert sein. Ein Beispiel dafür ist eine Hamburger bilinguale Schule, in der Lehrkräfte wie Schüler untereinander sowie miteinander zum Beispiel auch in kurzen Gesprächen im Treppenhaus oder auf dem Schulhof die Sprachen Deutsch, Portugiesisch und Türkisch nach dem Prinzip der situativen Angemessenheit verwenden. Ein differenzoffener Umgang mit Andersheit kann als

Element einer spezifischen ‚Schulkultur' auch als Regelwerk kodifiziert sein: zum Beispiel hinsichtlich des Umgangs mit rassistischen und diskriminierenden Äußerungen und Handlungen (vergleiche das Programm „Schule ohne Rassismus"). Oder in der Personalentwicklung: Es gibt Schulen, die sich ausdrücklich um Lehrkräfte bemühen, die über interkulturelle Kompetenzen verfügen: Dabei handelt es sich nicht allein um mehrsprachige Kompetenzen, sondern auch um konkrete methodische Kompetenzen in den Bereichen des sozialen und des sprachlichen Lernens (z.b. *cultural and language awareness, interkulturelle Mediation*) sowie des fächerübergreifenden didaktischen Handelns (Epochenunterricht, Projektarbeit u.a.m.).

Solche Kolleginnen oder Kollegen können bei der Profilentwicklung koordinierende Funktionen übernehmen (vgl. z.b. das Konzept der „Sprachlernkoordinatoren" an Hamburger Schulen). Sie können Interkulturalität als Thema schulinterner Fortbildungen bearbeiten. Sie können Kontakte nach draußen knüpfen und interkulturelle Begegnungen auf der personalen Ebene herbeiführen: sowohl außerhalb der Schule über den Kontakt zu Migrantenorganisationen, zu Betrieben, die von Migranten geleitet werden, zu Institutionen, die Integrationsarbeit leisten, als auch innerhalb der Schule über die Einbeziehung von Eltern und anderen Personen mit unterschiedlichen kulturellen Erfahrungen. So ist es z.b. in Kindertagesstätten, aber auch in Schulen, ein häufig praktiziertes Angebot, dass Lesezeiten vorgesehen werden, in denen z.b. auch in den Herkunftssprachen von Migranten vorgelesen wird. Interkulturell erfolgreich arbeitende Bildungsinstitutionen greifen das Aufwachsen in heterogenen Lebenszusammenhängen und die damit verbundene Sprachen- und Kulturenvielfalt offensiv auf und begreifen diese als Ressourcen, nicht als Defizit. Zusammenfassend kann man sagen, dass solche Schulen ihre Arbeit tendenziell netzwerkartig organisieren und nicht mehr nur im Rahmen einer institutionell (ab)geschlossenen Struktur.

Auf der Ebene des *Unterrichts* steht die interkulturelle Bildung immer noch vor dem Problem, dass sie *de facto* nicht selten auf die spezielle Behandlung von Schülerinnen und Schülern mit Migrationsgeschichte reduziert wird. Und nach wie vor ist eben auch die gezielte Förderung auch von Schülerinnen und Schülern mit speziellen Lernbedürfnissen eine nicht zu bezweifelnde Notwendigkeit. Doch hat sich wenigstens hier die Einsicht in der Breite durchgesetzt, dass Förderung als eine Form inklusiven Lernens zu verstehen ist, dessen Angebote auf der Grundlage einer spezifischen Sprach- oder Fachdiagnostik erfolgen, nicht auf der Basis der Zuschreibung eines Status als ‚Migranten' oder ‚Behinderte'.

Für eine erfolgreiche Umsetzung interkultureller Bildung als *Unterrichtsprinzip* aber bedarf es einer Durchdringung aller Unterrichtsfächer ‚im Regelbetrieb'. Auch dies kann nicht als flächendeckend realisiert betrachtet werden. Doch gibt es inzwischen eine große Menge an Veröffentlichungen zu didaktischen Konzepten, Materialien, Handreichungen u.a.m., die für eine interkulturelle Ausrichtung des Unterrichts gedacht sind. Sie lassen erkennen, dass seit den ersten Versuchen eines Überblicks und einer Zusammenfassung (Reich, Holzbrecher & Roth, 2001) Weiterentwicklungen stattgefunden haben, die über die ersten, z.t. noch recht traditionellen Ansätze hinausgehen. Weitergehend ist die interkulturelle Didaktik auch für die Entwicklung von Unterrichtsangeboten zuständig, die auf die spezifischen Fähigkeiten und Ressourcen einer multikulturellen Schülerschaft zugeschnitten sind. An dieser Stelle hat interkulturelle Bildung im Sinne einer Querschnittsaufgabe noch einen Weg vor sich: Bilinguale Unterrichtsprogramme in der Grundschule sind bislang nur als Modelle vorhanden; das Konzept des Content and Language Integrated Learning im bilingualen Sachfach-Unterricht der weiterführenden Schulen hat zwar eine weite Verbreitung gefunden, ist aber noch lange nicht in allen Schulen angekommen. Die bereits 1988 von Ingrid Gogolin vorgeschlagene Neukonzipierung der schulischen Angebote sprachlicher Bildung im Rahmen eines Gesamtsprachenkonzepts ist bislang Idee geblieben.

Von der Interkulturellen Pädagogik zur Diversity Education

Mit ihrem Buch „Pädagogik der Vielfalt" (1993) hat Annedore Prengel einen Weg in die Richtung einer breiteren Fassung des Diversity-Begriffs gewiesen: „Differenz ist nicht einfach da, sondern die nicht zur dominierenden Kultur gehörenden Lebensformen sind zum Schweigen gebracht, verdrängt, ausgegrenzt, entwertet, ausgebeutet. Indifferente Lebensweisen sind darum immer neu zu entdecken, zur ihnen eigenen Sprache zu bringen und in ihrem Wert anzuerkennen. Die Option für Differenz ist eine Option gegen Hegemonie" (Prengel, 1993, S. 182f.). Sie bahnt damit als erste den Weg zum Intersektionalitätsansatz, in dem „Differenzen in ihrer räumlichen und zeitlichen Diskontinuität und Differenzen in den Differenzen durch Überschneidungen und Überlagerungen oder aber als gegenseitige Verstärkungen erkennbar bleiben" (so Krüger-Potratz, 2005, S. 152). Marianne Krüger-Potratz spricht darum in ihrer Darstellung der Interkulturellen Pädagogik (a.a.O., S. 62ff.) nicht mehr von Differenzen, sondern von diskursiv erzeugten „Differenzlinien". Im Sinne des Intersektionalitätsansatzes, der in Deutschland insbesondere mit dem Namen von Helma Lutz verbunden ist (vgl. u.a. Lutz & Davis, 2005), modifiziert Annedore Prengel dann 13 Jahre später ihr älteres normatives Programm zu einer postmodernen Pädagogik (vgl. Prengel, 2006, S. 181ff.; 2007, S. 51ff.).

> „Das Vorhaben, verschiedenen Lebens- und Lernweisen Raum zu geben, ist begründet im Wunsch nach Freiheit. Die Denkfigur der egalitären Differenz beruht auf dem demokratietheoretisch begründeten Zusammenhang von Gleichheit und Freiheit. [...] Das Wertschätzen von Vielfalt fixiert die Menschen nicht etwa auf essentialistisch ge-

dachte Identitäten, sondern beabsichtigt die Eröffnung eines Freiraums des Respekts
für ein selbst gewähltes Leben, das auch aus dem Reichtum kollektiver kultureller
Traditionen schöpfen kann" (Prengel, 2006, S. 53).

Das Spannungsverhältnis von Differenzen wird hier nicht mehr als das Auftreten
diskreter Gegensätze (entweder – oder, ja – nein, Mann – Frau usw.), sondern als
kontinuierliches Phänomen gesehen, das zwar von Differenzlinien durchzogen ist,
die aber die Verbindung zwischen den Gegensätzen nicht völlig zerschneiden. Differenzen werden nicht als statische Entitäten aufgefasst, sondern als dynamische
Wirkungen sozialer Produktionen und gleichzeitig als Motor neuer Entwicklungen.
Sie werden sozial konstruiert, im gesellschaftlichen Diskurs immer wieder ver-
schoben und neu positioniert – und verschieben und positionieren damit den Diskurs selbst. In diesem Denken gibt es dann auch Querschnittsaufgaben nicht mehr
in einem gleichbleibenden, geschweige denn in einem institutionellen Sinne; auch
sie sind gehalten, sich immer wieder neu zu positionieren, um den Platz zu finden,
von dem aus sie sich wirkungsvoll entfalten können.

Macht und Subjekt – theoretische Perspektiven der Interkulturellen Pädagogik im Kontext des Mainstreaming

Die „Wiederkehr des Anderen" als „Stachel im Fleisch der interkulturellen Päda-
gogik" fragt nach dem Subjekt auf der einen und der Macht als Mechanismus der
Wiederkehr auf der anderen Seite. „Die Spezifik der meisten interkulturellen
Kommunikationssituationen sehe ich in der Verschränkung von Machtgefälle und
Kulturdifferenz" (Auernheimer, 2005, S. 3). Georg Auernheimer hat vom ersten
Erscheinen seiner „Einführung in die Interkulturelle Pädagogik" an auf die Bedeutung der Machtasymmetrien für die Pädagogik hingewiesen. Interkulturelle Bildung
ist darauf angewiesen, Machtverhältnisse zu thematisieren, wenn sie nicht ihrer
praktischen und politischen Relevanz verlustig gehen will. Die interkulturelle
pädagogische Praxis steht – wie andere pädagogische Aufgaben auch – vor dem
Problem, eine Balance halten zu müssen: eine Balance zwischen den Herausforderungen von Unterprivilegierung und Diskriminierungen von Menschen mit Migrationsgeschichte einerseits sowie einem Ankommen im Mainstream des Bildungswesens andererseits – nichts anderes verlangt die Durchsetzung einer Querschnittsaufgabe. Dieses aber muss sich in die jeweilige Machtdynamik der Zeit,
sprich in die aktuellen Diskurse einfinden. Ein solches Machtdispositiv umfasst
stets mehrere Konstituenten: Neben den Institutionen sind ökonomische und gesellschaftliche Prozesse zu berücksichtigen, die konkrete Praxen sowie Verhaltensfor-
men mit eigenen Ordnungen in Form von Klassifikationen hervorbringen. Diese

bedingen spezifische Disziplinen und Techniken. Und stets ist zu berücksichtigen, wer wie und von welchem Platz aus spricht (Foucault, 2003).

Damit lässt sich auch eine Referenz auf das Denken Paulo Freires verbinden, für den die Einheit von Denken und Handeln Programm einer (politischen) Pädagogik war (vgl. Roth, 2002, S. 410ff.). Neben der Frage der Macht als einer Kraft im Feld des politischen Handelns ist dann jedoch die *Frage nach dem Subjekt* dieses Handelns zu stellen. Denkt man freilich auch diese Frage wieder von Foucault her, so lässt sich der Freire'sche Rückgriff auf das klassische Subjekt der Aufklärung kaum mehr durchhalten. Von Foucault aus gesehen ist das Subjekt zunächst nicht mehr der individuelle Mensch, sondern der (Staats-)Bürger, der also bereits von einer politischen Ordnung als solcher definierte Mensch. Aus diesem Grund ist das Subjekt der unterworfene Menschen (subjicere), der lediglich in seinen Bewegungen der Subjektivierung so etwas wie Autonomie gewinnt. Foucault (2008, S. 332ff.) hat sich in seinen vorletzten Vorlesungen diesem Thema von einer Seite her zugewandt, die in seiner älteren Diskurstheorie keine Berücksichtigung gefunden hatte: der Frage nach dem Sprechen der Wahrheit (*parrêsía*): Die politische *parrêsía* als Recht (*droit*) entwickelt sich vom schuldgeständnishaften Reden des Christentums als Verpflichtung (*obligation*) und als Reden über sich selbst. Eine solche Psychagogik als wichtige Funktion der *parrêsía* war also zunächst politisch gedacht – im Sinne einer politischen Moral, nicht als individuelle. Die Anforderungen an den Einzelnen sind Wissen, Wohlwollen und Orientierung an der Wahrheit (*véridiction*), im Sinne der *parrêsía* als Mut zur Wahrheit. Den *parrèsiaste* zeichnen also diese drei Eigenschaften aus. Nicht die individuelle Nabelschau im Sinne der Introspektion, sondern der Aufbau dieser drei ‚Eigenschaften' erzeugt das politische Subjekt; es ist über Partizipation, nicht über Introspektion definiert.

Diese Position einer Subjekttheorie lässt sich u.a. mit sprechakttheoretischen Grundlegungen interkultureller Kommunikation in Verbindung bringen (vgl. Auernheimer, 2005; Heringer, 2007; Roth, 2003). Die Performativität eines jeden Sprechaktes besteht nicht einfach nur in der Reproduktion und Verschiebung von Machtverhältnissen durch Iteration (vgl. z.B. Butler, 1991), sondern ebenso in der Positionierung des Sprechenden gegenüber der ‚Wahrheit' des Gesprochenen – nicht im essentialistischen Sinne einer universell gültigen Wahrheit, sondern im pragmatischen Sinne einer Orientierung am für wahr Gehaltenen. Dieses Verhältnis von Macht und Subjektivierung wäre im Kontext der theoretischen Ausarbeitung der Interkulturellen Pädagogik als Diversity Education stärker auszuleuchten – das sollte hier nur angemerkt werden. Verbunden wäre damit durchaus eine Alternative zum bislang dominanten Theorem des Habitus nach Pierre Bourdieu, der – sobald man versucht, ihn zu konkretisieren – doch eher als Blackbox-Phänomen der

Schnittmenge von innen und außen, Individualität und Sozialität, Subjektivität und Objektivität erscheint. Damit ist also ein kritisch-konstruktives Angebot an das theoretische Denken Ingrid Gogolins verbunden, die maßgeblich die Rezeption von Bourdieus Theoremen des kulturellen Kapitals und des Habitus durch die Interkulturellen Bildungsforschung und ihre Etablierung als leitende theoretische Achse in der Interkulturellen Bildungsforschung geleistet hat (vgl. Gogolin, 1994).

Literatur

Auernheimer, G. (2005). *Interkulturelle Kommunikation und Kompetenz*. Verfügbar unter: http://www.georg-auernheimer.de/downloads/Interkult.%20Kompetenz.pdf [25.11.2009].

Auernheimer, G. (2007). *Einführung in die Interkulturelle Pädagogik*. (5., erg. Aufl.) Darmstadt: Wiss. Buchgesellschaft.

Auernheimer, G., v. Blumenthal, V., Stübig, H., & Willmann, B. (1996). *Interkulturelle Erziehung im Schulalltag. Fallstudien zum Umgang von Schulen mit der multikulturellen Situation*. Münster u.a.: Waxmann.

Butler, J. (1991). *Das Unbehagen der Geschlechter. Gender Studies*. Frankfurt a.M.: Suhrkamp.

Essinger, H. (1987). Interkulturelle Erziehung – ein Arbeitsprinzip. Warum eine enge Verschränkung von Theorie und Praxis gefordert wird. *Pädagogik heute*, 7/8, 40–44.

Foucault, M. (2003). *Archäologie des Wissens*. Frankfurt a. M.: Suhrkamp.

Foucault, M. (2008). *Le Gouvernement de Soi et des Autres*. Cours au Collège de France. 1982–1983. Edition établie sous la direction de F. Ewald et A. Fontana, par F. Gros. Gallimard/Seuil.

Gogolin, I. & Krüger-Potratz, M. (2006). *Einführung in die Interkulturelle Pädagogik*. Opladen: Barbara Budrich, UTB.

Gogolin, I. (1994). *Der monolinguale Habitus der multilingualen Schule*. Münster u.a.: Waxmann.

Gogolin, I., Neumann, U. & Reuter, L. (2001). *Schulbildung für Kinder aus Minderheiten in Deutschland 1989–1999. Schulrecht, Schulorganisation, curriculare Fragen, sprachliche Bildung*. (= Interkulturelle Bildungsforschung, Bd. 8.) Opladen: Leske & Budrich.

Heringer, H.-J. (2007). *Interkulturelle Kommunikation. Grundlagen und Konzepte*. (2., durchgeseh. Aufl.). Tübingen & Basel: Francke, UTB.

Jungmann, W. (1995). *Kulturbegegnung als Herausforderung der Pädagogik. Studie zur Bestimmung der problemstrukturierenden Prämissen und des kategorialen Bezugsrahmens einer Interkulturellen Pädagogik*. (= Internationale Hochschulschriften 169.) Münster u.a.: Waxmann.

Klafki, W. (1971). Erziehungswissenschaft als kritisch-konstruktive Theorie: Hermeneutik – Empirie – Ideologiekritik. Heinrich Roth zum 65. Geburtstag gewidmet. *Zeitschrift für Pädagogik, 17*, 351–385.

Krüger-Potratz, M. (2005). *Interkulturelle Bildung: Eine Einführung.* Münster u.a.: Waxmann.

Lutz, H. & Davis, K. (2005): Geschlechterforschung und Biographieforschung: Intersektionalität als biographische Ressource am Beispiel einer außergewöhnlichen Frau. In B. Völter, B. Dausien, H. Lutz & G. Rosenthal (Hrsg.). *Biographieforschung im Diskurs* (S. 228–247). Wiesbaden: VS Verlag für Sozialwissenschaften.

Lutz, H. & Wenning, N. (Hrsg.). (2001). *Unterschiedlich verschieden. Differenz in der Erziehungswissenschaft.* Opladen: Leske & Budrich.

Mecheril, P. (2004). *Einführung in die Migrationspädagogik.* Weinheim: Beltz.

Porcher, L. (1989). Glanz und Elend des Interkulturellen. In M. Hohmann & H. H. Reich, (Hrsg.). *Ein Europa für Mehrheiten und Minderheiten. Diskussionen um interkulturelle Erziehung* (S. 33–46). Münster u.a.: Waxmann.

Prengel, A. (1993/2006). *Pädagogik der Vielfalt. Verschiedenheit und Gleichberechtigung in Interkultureller, Feministischer und Integrativer Pädagogik.* (3. Aufl.). Wiesbaden: VS Verlag für Sozialwissenschaften.

Prengel, A. (2007) Diversity Education. In G. Krell, B. Riedmüller, B. Sieben, & D. Vinz (Hrsg.) *Diversity Studies. Grundlagen und disziplinäre Ansätze* (S. 49‒67). Frankfurt a.M.: Campus.

Reich, H. H. (1994). Interkulturelle Pädagogik – eine Zwischenbilanz. In C. Allemann-Ghionda, (Hrsg.). *Multikultur und Bildung in Europa* (S. 55–81). (= Explorationen – Studien zur Erziehungswissenschaft, 8.) Bern u.a.: P. Lang.

Reich, H. H., Holzbrecher, A. & Roth, H.-J. (Hrsg.). (2001). *Fachdidaktik interkulturell. Ein Handbuch.* Opladen: Leske & Budrich.

Roth, H.-J. (2002): *Kultur und Kommunikation. Systematische und theoriegeschichtliche Umrisse interkultureller Pädagogik.* (= Interkulturelle Studien 10.). Opladen: Leske & Budrich.

Meinert A. Meyer

Allgemeinbildung und interkulturelle Bildung

Allgemeinbildung ist ein sehr komplexes Konzept. Es ist sinnvoll, für seine Beschreibung drei Ebenen zu unterscheiden:

- Auf einer ersten Ebene geht es um ein *Bildungsminimum*, wie es Heinz-Elmar Tenorth (1994) in die Diskussion eingebracht hat. Ich würde als dieses Minimum Lesen, Schreiben, Rechnen, Englisch, Umgang mit den neuen Informations- und Kommunikationstechnologien und elementares Sozialverhalten ausweisen.
- Auf einer mittleren Ebene lässt sich das Modell einer *Grundbildung* festmachen, also das Wissen und Können, wie es zum Teil, aber keineswegs erschöpfend, in den schulischen Unterrichtsfächern vermittelt wird. Angestrebt wird dabei möglichst breites Grundlagenwissen.
- Allgemeinbildung als *höhere Bildung* ist dann auf einer dritten Ebene die Befreiung des Subjekts zu Urteil und Kritik in einer zunehmend komplexen, durch Widersprüche bestimmten Welt (Blankertz, 1973).

Ich meine, dass interkulturelle Bildung in dieses Allgemeinbildungskonzept integriert werden kann und auch integriert werden muss[1]. Aus meiner Sicht ist dieses „Muss" eine Konsequenz aus der deutschen Geschichte und der heutigen gesellschaftlichen Lage:

- Wir sind immer noch Erben des Holocaust; eine nicht-nationalistische Allgemeinbildung zu entwickeln, ist deshalb besonders wichtig.
- Wir leben im Zeitalter der Globalisierung, ohne auch nur über die Globalisierung der Allgemeinbildung nachgedacht zu haben.

Meine erste Frage bezüglich der Integration allgemeiner und interkultureller Bildung ist nun, wie man die Heterogenität der Schülerschaft und die Pluralität ihrer Lebensentwürfe mit der Verpflichtung auf das Allgemeine verbinden kann.

Allgemeinbildung und kulturelle Vielfalt

Die Allgemeinbildungskonzeption Wolfgang Klafkis ist ein repräsentatives Beispiel für die Tendenz, das national konzipierte Allgemeine zu betonen, das, was *allen* Schülern deutscher Schulen *gemeinsam* vermittelt werden soll (Klafki,

---

1   Vgl. den Beitrag von Paul Mecheril im vorliegenden Band – Anm. d. Hrsg.

1985/1991). Besonders deutlich wird dies an einem Beitrag Klafkis zu einem von Ingrid Gogolin, Marianne Krüger-Potratz und mir herausgegebenen Band aus dem Jahre 1998 zum Thema Pluralität und Bildung. Klafki schlägt hier vor, die interkulturelle/internationale Bildung in sein Schlüsselproblem-Modell zu integrieren, ohne dabei den Status der anderen Schlüsselprobleme zu verändern (Klafki 1998). Erst seit einiger Zeit wird darüber nachgedacht, ob eine solche Bildung im Medium des Allgemeinen eine Fiktion ist.

Anders formuliert: Es steht zur Diskussion, ob man angesichts der kulturellen Vielfalt, wie sie sich heute in Deutschland entwickelt, und mit Bezug auf den Status Deutschlands als Einwanderungsland die Idee der *einen* Bildung *für alle* weiter vertreten darf. Die Bearbeitung dieser aus den gesellschaftlichen Transformationen der Bundesrepublik Deutschland entstandenen Problemstellung ist für die weitere Entwicklung des allgemeinbildenden Schulwesens von besonders großer Bedeutung, zumal sie in konfliktreicher Spannung zur Verpflichtung auf Bildungsstandards steht. Ihre Bearbeitung steht aber noch aus. Für die Neubestimmung einer Allgemeinbildung im Zeitalter der Globalisierung und der Interkulturalisierung der deutschen Gesellschaft formuliere ich deshalb fünf Thesen, vor denen ich nachfolgend mein Programm der Verbindung von allgemeiner und interkultureller Bildung entfalte:

- Erziehung ist die Summe der Reaktionen einer Gesellschaft auf die Tatsache des menschlichen Lernens. Bildung ist mehr. Sie basiert auf Freiheit und Selbstbestimmung. Die Förderung von Bildung bedarf deshalb einer Kultur, die nicht nur die *Reproduktion* der Gesellschaft sichert, sondern zugleich gesellschaftliche *Transformation* ermöglicht.
- Eine kritisch-kommunikative, Differenzen, Heterogenität und Pluralität akzeptierende Theorie der Allgemeinbildung muss für ihre schulpädagogische Umsetzung immer auch die Herrschaftsverhältnisse berücksichtigen.
- Allgemeinbildung braucht nicht so konstruiert zu werden, dass alle Heranwachsenden das Gleiche lernen. Entscheidend ist vielmehr, dass sie eine elementare Kooperations- und Kommunikationsfähigkeit auch für diejenigen Bereiche erwerben, in denen sie nicht im engeren Sinne sachkundig sind. Allgemein gebildet ist der, der zugleich kompetenter Laie und kommunikativer Experte ist.
- Angesagt ist damit zugleich eine Auseinandersetzung mit der Frage, wie man sich trotz kultureller und anderer Differenzen *verständigen* kann.

Kompetenz und Identität

Wir neigen dazu, Allgemeinbildung auf Wissen und Können und damit auf kognitive Zielsetzungen zu beschränken. Dies ist nicht zulässig. Allgemeinbildung ist ein ganzheitliches Konzept mit affektiven, auf Gefühl, Empathie und Emotionen bezogenen Qualitäten. Es ist deshalb sinnvoll darüber nachzudenken, wie sich Kinder und Jugendliche heute ihre Identität aufbauen, für eine Welt, die nicht mehr einfach ist und die deshalb auch keine einfache Identitätsbildung zulässt. Das traditionelle Modell der Identitätsbildung ist das von Erik H. Erikson und seinen Nachfolgern. Es wird von Marcelo M. Suárez-Orozco (2001, pp. 357f.) wie folgt kritisiert:

"I claim that globalization simultaneously manufactures homogeneity and difference. [...] The idea that there is a single, coherent, and continuous 'identity' that is the product of a series of crises unfolding in a unilinear, stage-specific process of change can no longer explain the lived experiences of many, if not most, children".

Ich konstruiere ein Beispiel, um das Zitat zu veranschaulichen: Ich denke an einen sozialen Brennpunkt in Hamburg und an das Gymnasium im Stadtteil. Deutsche Schüler sind auch an dieser Schule in der Minderheit. In der Klasse, an die ich denke, gibt es elf verschiedene Nationalitäten. Den kulturellen und kognitiven Differenzen zum Trotz beschäftigen sich alle Schüler mit dem Gleichen, mit dem Satz des Pythagoras, mit Goethe und der parlamentarischen Demokratie, mit all dem, was wir uns als ‚allgemein bildend' ausgedacht haben. Zuhause sind die meisten Schülerinnen und Schüler dieser Schule ‚türkisch' oder ‚russisch', und dies sehr oft ziemlich unreflektiert. Auf dem Weg zur Schule sind sie Fremde, sie gehören zu denen, die es nach Auffassung mancher Alt-Hamburger eigentlich gar nicht in der Stadt geben sollte. Außerhalb der Schule bewegen sich die Schüler zusammen mit anderen jugendlichen Ausländern und mit deutschen Jugendlichen in einer Jugendkultur, die die Erwachsenen in der Regel nicht verstehen.

Marcelo M. Suárez-Orozco hat recht: Die gelebte Erfahrung dieser Schülerinnen und Schüler lässt sich nicht auf *eine* Identität reduzieren, weder auf eine nicht-deutsche noch auf eine deutsche. Wir müssen deshalb, wenn wir interkulturell sensibel sein wollen, differenzierter damit umgehen, dass Andere anders sind, als es das Klischeebild der interkulturellen Bildung nahelegt. Wir müssen akzeptieren, dass es „unsagbare Identitäten" gibt (Schäfer, 1999). Ich definiere deshalb, mit allen Vorbehalten bezüglich multipler Identitäten, interkulturelle Kompetenz wie folgt:

Interkulturelle Kompetenz ist die Fähigkeit, sich adäquat und flexibel gegenüber den Erwartungen der Kommunikationspartner aus anderen Kulturen zu verhalten, sich der kulturellen Differenzen zwischen eigener und fremder Kultur und Lebensform bewusst zu werden und in der Vermittlung zwischen den Kulturen mit sich und seiner kulturellen Herkunft identisch zu bleiben.

Im nun folgenden Abschnitt versuche ich, den Zusammenhang von Allgemeinbildung, Identität und interkultureller Bildung weiter zu erhellen, indem ich eine extreme Position bezüglich des Umgangs mit den Fremden vorstelle und diese dann im übernächsten Abschnitt mit einer eher akzeptablen Position vergleiche.

Reise in die deutsche Vergangenheit der Auseinandersetzung mit Fremdem

Alfred Baeumler, Herausgeber der Schriften Friedrich Nietzsches, ist im Frühjahr 1933 als Pädagoge an die Berliner Universität berufen worden. Er war ‚der' Chef-Ideologe der nationalsozialistischen Pädagogik. In seiner Antrittsvorlesung, die er am 10. Mai 1933 an der heutigen Humboldt-Universität gehalten hat, entwickelt er einen „arischen" Humanismus: Adolf Hitler sei das *Symbol* für das deutsche Volk. Er sei wirklich und revolutionär und deshalb dem „bildlosen Idealismus" der Philosophie des Geistes (Hegel, Fichte, Schleiermacher) überlegen. Der Idealismus werde mit der nationalsozialistischen Machtergreifung in einer konkret fassbaren Idee überhöht:[2]

> „Das Symbol gehört niemals einem Einzelnen zu, es gehört einer Gemeinschaft, einem *Wir*. Dieses *Wir* ist nicht ein Wir des gesinnungsmäßigen Zusammenschlusses von Persönlichkeiten, ist nicht ein nachträgliches Wir, sondern ein ursprüngliches. Im Symbol fallen Einzelner und Gemeinschaft zusammen. Das reale Wir, das in einem gemeinsamen Rhythmus schwingt, ist es, das in den Symbolen sich wiederfindet. Und dieses Wir ist wie das Symbol selber als eine Wirklichkeit auch eine *Macht*. Das echte Wort, das Wort, das noch Macht hat, trägt diese Macht vom Symbol zu Lehen. Zwischen der *wortlosen Macht des reinen ursprünglichen Symbols* und dem machtlosen Wort des Zivilisationszustandes bewegt sich die Kultur. Das Symbol ist stumm, aber stumm nur verglichen mit dem Wort, so wie es ‚formlos' ist, verglichen mit der geistigen Form. Aber diese Stummheit und diese Formlosigkeit sind nicht die Finsternis der nackten Gewalt, sondern die feierliche Stummheit des Ursprungs. Wer die Gemeinsamkeit in Fahne und Gruß nicht versteht, der versteht das Ganze nicht. Dann wirft man uns vor, daß wir eine ‚Sonderanschauung' verpflichtend machen wollten für alle, dann legt man uns den Willen zur Tyrannis unter und wirft uns die Verleugnung der Humanität vor. Aber wenn man uns vorwirft, daß wir nicht zur Mannigfaltigkeit kommen, dann fragen wir sie, wie sie zur Einigkeit kommen wollen? Wer unter *Humanität* eine politische und geistige Organisation alles dessen, was Menschenantlitz trägt, versteht, dem erwidern wir: wir sind nicht human. Denn wir wissen, daß es ein Zusammenleben von Menschen auf höherer als nur ökonomischer Basis nicht geben kann ohne die Konzentration dieser Menschen um das ihnen angemessene Symbol. Dieses Symbol vollbringt eine *Scheidung*, es setzt, was recht und unrecht, was wahr und unwahr ist. Das Symbol begrenzt, es schließt aus, es ist ein Symbol nur für diejenigen, die es aus dem Herzen verstehen und die es mit Begeisterung erfüllt. Das ist unser Begriff von Humanität: *Humanität ist da, wo Menschen an ein Symbol glau-*

---

2   Ich zitiere eine hektographierte Schriftfassung der Antrittsvorlesung. Das Manuskript befand sich im Nachlass meines 1944 gefallenen Onkels und ist später mit Änderungen in Baeumler (1934) publiziert worden; Sperrungen im Original sind durch Kursivsetzungen ersetzt worden.

ben und sich einsetzen, Humanität ist uns ein Begriff nicht der Ausdehnung, sondern ein Begriff, der auf eine bestimmte *Höhenlage* hinweist. ‚Menschlich' ist ein Volk nicht dann, wenn es alle Rassen duldet, wenn es Fremden die politische und geistige Herrschaft über sich zugesteht, sondern menschlich ist es dann, wenn es sich mit aller seiner Kraft bemüht, sich selber in große Form zu bringen. Jedes Volk hat den Auftrag, die Welt in seinem Kreise von sich aus neu zu organisieren. Kein Volk kann sich diesen Auftrag von einem anderen abnehmen lassen. Und kraft dieses Auftrages schließt es die von sich aus, die an seinen Symbolen nicht von Herzen teil haben können" (Baeumler, 1933, Manuskript, S. 8f.).

Wie bewerten wir dieses Programm einer „humanistischen Bildung"? Was in der Allgemeinbildungskonzeption des Johann Amos Comenius (1592–1679) ausdrücklich für das ganze Menschengeschlecht gelten sollte, soll hier nur für die rassistisch definierten Deutschen gelten. Das ist für uns heute natürlich inakzeptabel; wir sind immer noch durch das völkische Denken der Nationalsozialisten und ihre inhumane Definition von Humanität betroffen und bestürzt, womit sich die Frage stellt, wie wir uns Baeumler gegenüber verhalten müssten, wenn wir auf ihn als pädagogischen Repräsentanten des Nationalsozialismus träfen.

Ich gehe davon aus, dass ich mich nicht mit ihm verständigen könnte. Sein Begriff von Bildung entzieht sich dem Konzept der Allgemeinbildung als Entrohung („eruditio"), wie es von Comenius entwickelt worden ist. Zugleich wird aber meine oben gegebene Definition interkultureller Kompetenz zum Problem. Was hätte es bedeutet, wenn ich mich gegenüber Baeumler ‚adäquat und flexibel' hätte verhalten wollen? Die Definition ist zu wenig selbstbestimmt.

Demokratie in Nigeria, ein Streitgespräch mit Iwa Sowuhane

Ich vertiefe den Versuch, meine Definition interkultureller Kompetenz verständlich zu machen und zugleich zu problematisieren, mit einem zweiten Beispiel. Das Streitgespräch, aus dem ich jetzt zitiere, hat tatsächlich stattgefunden, in Münster im Jahre 1991 (vgl. Meyer, 1992). Es geht – in einer Inszenierung für Unterrichtszwecke – um einen Artikel in einer Schülerzeitung, in dem ein Nigerianer, Iwa Sowuhane,[3] die These vertreten will, dass die Christen die Versklavung der Afrikaner vorbereitet haben und dass Demokratie nicht die für Nigeria passende Staatsform darstellt. Der Schulleiter, Dr. Müller, ist gegen den Abdruck des Artikels. Das Folgende ist ein Auszug aus dem Streitgespräch:

> **Anja:** [...] Just to get this clear: your point of view for the sake of the argument, now, what exactly is it?

---

3   Iwa Sowuhane ist ein ‚echter' nigerianischer Austauschprofessor, aber natürlich ist sein Name ein Pseudonym. Nigeria hatte damals und hat auch heute diktaturähnliche Verhältnisse.

Prof. Sowuhane: I think we want to discuss the role of colonialism, or the white man's role in Africa, or in Nigeria as a whole. And my point of view is that the white man has colonized Africa, Africans. And it is often assumed that Africans are undeveloped because of the environment. And I say no, it is the other way round. Africans, and Nigerians are undeveloped because of the role and the part played by the Wests.

Anja: And that, for the sake of the argument, is what the headmaster of our school is opposed to. [...]

Helena: [...] Herr Müller says that your opinion that still today for example the people in Nigeria are slaves – he can't accept this position and he does not want that this position ah [...] comes in our newspaper, in the paper of this school and perhaps he wants to know your arguments for your position.

Prof. Sowuhane: All right. The arguments are economic, political, and in education. If we tend to politics, in some parts of Nigeria for example, and other parts of Africa, there doesn't tend to be ... democracy ... any kind of system of government. There is a system of conference with a leader at top. But then the White man comes and says: democracy is the best. And then when you look at the democracy, democracy is control of a large group of people by few. [...] I mean in essence, we now use compulsory system of politics which is valiantly, by which a few people are able to control the masses which were not there before. So that is one example, one political reason, why the political system remains enslaved. – Economically... [...] Well, if you take one sole ethnic group in Nigeria, you have the chief who is responsible, who rules with the cabinets, right, and then consult the people and do know what the people want and they carry it out. You don't now set on people and say and vote for you in democratic system. You don't vote them. Because in a democratic system anybody can be voted into power if you have money. And if you haven't, it ruins, no progress. Anybody who can seize power can come out and rule. But in the traditional system, only well-tested, respected people can rule, and therefore, when you introduce democracy, in terms, in matter of who has the largest vote, and for the largest vote you need the largest amount of money and resources. All that is false. That is why I say the West is responsible for the political situation, in all of Nigeria, or Africa as a whole.[...] Well, okay, the only commentary he has backed on his counterposition (is) that he says that what works for Europe in a different cultural setting will work for Africa in a different cultural setting. But it is not true. If democracy is okay in this system that is fine. You don't have a system of chiefs. You don't have a system of extended families where everybody knows everybody else. In Nigeria in the communities you can point out at the rudes, you can point out at the thieves, you can point out at people who were not respected. But here (in Europe) you cannot do all this and bring them to courts. You can't dismiss 'em. So democracy will work here, but it doesn't work in our whole part of the country. And it is not as the result of misuse, it is as the result of basic cultural differences between the Wests and our races. And it don't work."

Man könnte die Auffassung vertreten, dass das, was an interkultureller Problematik in diesem Interview zur Sprache kommt, die üblichen Klischee-Vorstellungen der Deutschen über afrikanische Verhältnisse und der Afrikaner über Deutschland und den Westen insgesamt nicht überschreitet. Für meine Zwecke, die Definition interkultureller Kompetenz, erscheint mir das Streitgespräch aber gut geeignet, weil Iwo Sowuhane uns auffordert, aus afrikanischer Perspektive zu denken. Er hält uns vor, dass wir zu einfach argumentieren. Während wir ganz selbstverständlich unter De-

mokratie – trotz aller Bedenken, die es im einzelnen geben mag – die ‚Herrschaft
des Volkes'verstehen und deshalb diese Staatsform verteidigen, hält uns Sowuhane
vor, dass – zumindest bei ihm in Nigeria – umgekehrt Demokratie die Beherrschung des Volkes durch wenige bedeutet. Damit stellt sich die Frage, wer denn
nun eigentlich Recht hat, der deutsche Schulleiter, der die demokratische (und die
christliche) Tradition verteidigt, oder der Nigerianer, der Demokratie in Nigeria als
Herrschaft der Wenigen über die Vielen brandmarkt und sein Häuptlingsmodell
vorzieht, das zwar eine Beratungspflicht vorsieht, dem Häuptling dann aber volle
Entscheidungskompetenz zubilligt. Eine einfache Antwort auf meine Frage gibt es
nicht. Eben dies ist also, wie ich meine, der Lerngewinn aus dem Interview.

   Dies aber heißt, dass auch die Formel der Verständigung in meiner oben gegebenen Definition interkultureller Kompetenz relativiert wird. Ich mag vielleicht
Iwo Sowuhane verstehen, aber ich will mich nicht mit ihm verständigen. Ich kann
deshalb jetzt mein Problem noch präziser präsentieren: Mit welchem Recht lehne ich
Alfred Baeumlers rassistische Weltsicht, aber auch die demokratiekritische, national-
kulturelle Argumentation Iwo Sowuhanes ab? Ich weiß es nicht! Ein entscheidendes
Defizit meiner oben gegebenen Definition interkultureller Kompetenz sehe ich jetzt
dennoch in dem Anspruch, dass Interkulturelle Kompetenz gleichsam zwangsläufig
zu einem flexiblen Verhalten gegenüber den Erwartungen der Kommunikationspartner und damit zur Vermittlung zwischen den Kulturen führen muss. Ich will gegenüber Alfred Baeumler gar nicht flexibel sein und ich will auch keine Vermittlung der
Demokratiealternative Iwo Sowuhanes mit meinem eigenen, durch die Katastrophe
der NS-Diktatur gefestigten Demokratiekonzept.

Ethnozentrismus, interkulturelle Bildung und Transkulturalität

Offensichtlich brauchen wir für die Bestimmung interkultureller Kompetenz einen
ethischen Rahmen, der es erlaubt, Werturteile zu fällen, die durch interkulturelle
Vermittlung nicht aufgehoben werden dürfen. Während ich oben zunächst unser
Bild der Allgemeinbildung aus interkultureller Perspektive relativiert habe, geht es
jetzt also um die Relativierung der interkulturellen Bildung aus allgemeinbildender
Sicht. Eine solche Relativierung ist notwendig, sobald es um die Klärung der Frage
geht, ob und wie ich als Lehrer Schüler bezüglich ihrer Allgemeinbildung und bezüglich der Entwicklung ihrer interkulturellen Kompetenz fördern kann. Ich ver-
bessere also mein oben gegebenes Ebenenmodell:

• Das Bildungsminimum ist vermutlich problemlos in ein Modell zu übernehmen,
   in dem Allgemeinbildung und Vermittlung interkultureller Bildung verbunden
   werden. Soziale Kompetenz zeigt sich in der Befähigung zur Kommunikation
   mit den Anderen. Wer in interkulturellen Situationen ethnozentrisch denkt, kann

sich offensichtlich nicht in die Situation hineindenken, wie sie sein Kommunikationspartner sicht. Das das *erste Niveau* wird so zum *ethnozentrischen,* nicht akzeptablen Ausgangsniveau. Ich habe das mit Bezug auf Alfred Baeumler veranschaulicht.

- Das *zweite Niveau* der Allgemeinbildung ist das im engeren Sinne *interkulturelle,* das um Verständigung zwischen den Kulturen bemühte. Zielsetzung ist interkulturelle Sensibilität angesichts des breiten Grundlagenwissens dieser Ebene. Es müsste globalisiert und interkulturell gestärkt werden. Dabei müsste die eingrenzende nationale Bildung überwunden werden. Heißt das aber, dass es zur massiven, Lehrer wie Schüler überfordernden Ausweitung zulässiger Themen für die Allgemeinbildung kommen muss? Ich weiß es nicht. Die curriculare Konstruktion einer globalisierten Allgemeinbildung steckt noch in den Kinderschuhen.

- Eigentlich interessant ist die Frage, was auf der *dritten Ebene* mit der Befreiung zu Urteil und Kritik passiert. Es sieht so aus, als ob interkulturelle Bildung jetzt gegenüber einem globalen Vernunftanspruch zum Problem wird. Ich kann als Deutscher, der 1941 geboren ist, nicht Alfred Baeumlers nationalen Humanismus akzeptieren, und aus mir wird auf diesem dritten Niveau auch nicht einfach so ein begeisterter, Verständnis zeigender Pseudo-Nigerianer. Vielmehr versuche ich, jenseits kultureller Positionen, also *transkulturell,* ich selbst zu bleiben.

Noch komplizierter wird die Sache im didaktischen Kontext. Was für mich als Deutschen gegenüber den Fremden gilt, mit denen ich zu tun habe, gilt auch für das Generationenverhältnis in der Lehrer-Schüler-Kommunikation. Die Schülerinnen und Schüler sind mir gegenüber wie die Angehörigen fremder Kulturen, und trotzdem will ich sie erziehen und bilden. Helmut Peukert schreibt dazu, im Anschluss an Hannah Arendt:

> „Gerade wo Erwachsene als Repräsentanten einer historisch ausgearbeiteten Sprache und Kultur auftreten, müssen sie ein nicht eliminierbares subjektives Moment an Handlungsfähigkeit, an Fähigkeit zu kreativer Rekonstruktion und Neukonstruktion beim Kind voraussetzen. Eine transzendentale Analyse jeweils vorauszusetzender möglicher Freiheit gewinnt hier ihren Sinn: Die Bildsamkeit des Heranwachsenden bedeutet nicht Plastizität unter den Händen der Erziehenden, sondern bezeichnet diese Möglichkeitsstruktur von Freiheit. [...] Pädagogisches Handeln muss gerade unter Bedingungen der Asymmetrie eine freie Gegenseitigkeit voraussetzen, die nicht davon entlastet, sondern dazu verpflichtet, dem Heranwachsenden erst die Möglichkeitsräume für die Konstruktion einer eigenen Welt und eines eigenen Selbst innovativ zu erschließen" (Peukert, 2000, S. 520).

Peukert identifiziert hier die Sollbruchstelle zwischen den Generationen und definiert Bildung mit dem Schlüsselbegriff der Transformation, der Konstruktion eines eigenen Selbst und einer eigenen Welt, wie ich ihn oben schon für die Definition der Allgemeinbildung herangezogen habe. Ich sollte als Lehrer versuchen, den Schülerinnen und Schülern als den Anderen zu helfen, sie selbst zu werden, ohne mich selbst aufzugeben. Aber – wie geht das eigentlich? Müsste ich Alfred Baeumler und gegebenenfalls heutige jugendliche Neo-Nazis auch noch dabei unterstützen, dass sie sie selbst werden? Irgendetwas in der Argumentation stimmt hier nicht! Peukerts Definition von Bildung kommt also in didaktischer Sicht an ihre Grenzen. Ich kann und will nicht beliebige ethische Konstruktionen der Welt und des Selbst akzeptieren, und dies gilt für die international-interkulturelle Kommunikation mit Iwo Sowuhane ebenso wie für die intergenerationelle Kommunikation mit meinen Schülerinnen und Schülern. Ihre Andersartigkeit zu unterstützen und zugleich zu begrenzen, ist deshalb die größte Herausforderung für eine interkulturelle Didaktik. Man bräuchte eine *Als-ob-Didaktik:* Ich müsste mich so verhalten, als ob ich auf der Basis meiner didaktischen Ethik wüsste, was für die nächste Generation gut ist, obwohl ich weiß, dass ich dies nicht wissen kann.

Mit Bezug auf das Konzept der interkulturellen Sensibilität und auf Helmut Peukerts Forderung, für den Bildungsprozess der Heranwachsenden ihre Andersartigkeit anzuerkennen, lässt sich meine oben gegebene Definition interkultureller Kompetenz verbessern: Interkulturelle Kompetenz ist die Fähigkeit, sich der Differenzen zwischen eigener und fremder Kultur und Lebensform bewusst zu werden, die Erwartungen der Kommunikationspartner aus anderen Kulturen kritisch bewerten und ihnen gegebenenfalls entsprechen oder sie ablehnen zu können und in der Vermittlung zwischen den Kulturen auf der Basis eines transkulturellen Wertesystems mit sich und seiner kulturellen Herkunft identisch zu bleiben.

Abschlussbemerkung

Bin ich jetzt weiter, als ich im ersten Abschnitt dieses Beitrags war, in dem ich Allgemeinbildung zu definieren versucht habe? Ich meine ja, weil ich nachgewiesen habe, dass interkulturelle Bildung ein notwendiger Bestandteil eines in heutiger Zeit tragfähigen Allgemeinbildungskonzepts ist. Zugleich habe ich aber verständlich gemacht, dass die Befähigung zu Urteil und Kritik als höchstes Niveau der Allgemeinbildung im wörtlichen Sinne transkulturell sein muss, jenseits der kulturellen Dimension aller denkbaren Lernprozesse. Meine radikale Kritik an Alfred Baeumler und die gemäßigte Kritik an Iwo Sowuhane sollte dies nachvollziehbar gemacht haben.

Literatur

Baeumler, A. (1934). Antrittsvorlesung. Hektographiertes Manuskript. Mit Änderungen wiederabgedruckt als: „Antrittsvorlesung in Berlin. Gehalten am 10. Mai 1933". In A. Baeumler: *Männerbund und Wissenschaft* (S. 123–138). Berlin: Junker & Dünnhaupt Verlag.

Blankertz, H. (1973). *Die demokratische Bildungsreform und ihre bildungstheoretische Legitimation.* Grünwald: Institut für Film und Bild in Wissenschaft und Unterricht.

Gogolin, I., Krüger-Potratz, M., Meyer, M. A. (Hrsg). (1998). *Pluralität und Bildung.* Opladen: Leske & Budrich.

Koller, H. C. (1999). *Bildung und Widerstreit. Zur Struktur biographischer Bildungsprozesse in der (Post-)Moderne.* München: Wilhelm Fink Verlag.

Klafki, W. (1985/1991). Konturen eines neuen Allgemeinbildungskonzepts. In *Neue Studien zur Bildungstheorie und Didaktik. Zeitgemäße Allgemeinbildung und kritisch-konstruktive Didaktik* (S. 43–81). 1. Aufl. 1985 Verbesserter Wiederabdruck als: Grundzüge eines neuen Allgemeinbildungskonzepts. Im Zentrum: Epochaltypische Schlüsselprobleme. Weinheim: Verlag Beltz.

Klafki, W. (1998). Schlüsselprobleme der modernen Welt und die Aufgabe der Schule – Grundlagen einer neuen Allgemeinbildungskonzeption in internationaler / interkultureller Perspektive. In I. Gogolin, M. Krüger-Potratz, M. A. Meyer (Hrsg). *Pluralität und Bildung* (S. 235–250). Opladen: Leske & Budrich.

Meyer, M. A. (1992). Negotiation of Meaning: Der Versuch einer handlungsorientierten Verknüpfung von Landeskunde und Politik im Englischunterricht (Sekundarstufe II). *Der fremdsprachliche Unterricht – Englisch, 26*(7), 16–33.

Meyer, M. A. & Meyer, H. (2007). *Wolfgang Klafki. Eine Didaktik für das 21. Jahrhundert?* Weinheim und Basel: Beltz Verlag.

Peukert, H. (2000). Reflexionen über die Zukunft von Bildung. *Zeitschrift für Pädagogik, 46*(4), 507–524.

Schäfer, A. (1999). *Unsagbare Identität. Das Andere als Grenze in der Selbstthematisierung der Batemi (Sonjo).* Berlin: Dietrich Reimer Verlag.

Suárez-Orozco, M. M. (2001). Globalization, Immigration, and Education: The Research Agenda. *Harvard Educational Review, 71*(3), 345–365.

Tenorth, H. E. (1994). *Alle alles zu lehren. Möglichkeiten und Perspektiven allgemeiner Bildung.* Darmstadt: Wissenschaftliche Buchgesellschaft.

Paul Mecheril

Systematisch, praktisch, normativ

Zum Allgemeinheitsanspruch Interkultureller Pädagogik

Die allgemeine Relevanz der Unterschiede – interkulturell pädagogische Argumente
Interkulturelle Pädagogik ist „spezialisiert auf Fragen des Umgangs mit sprachlicher, kultureller, ethnischer und nationaler Heterogenität in allen Bereichen von Erziehung und Bildung" (Gogolin & Krüger-Potratz, 2006, S. 107) sowie beschäftigt mit der Reflexion über die Herstellung von Fremdheit und schließlich mit der Analyse von Ungleichheit und ihrer Beseitigung (ebd. 2006, S. 134). Der Anspruch der Interkulturellen Pädagogik ist hierbei, dass es sich bei ihrem Gegenstandsbereich und ihrer den Bereich konstituierenden Perspektive um einen erziehungswissenschaftlich und pädagogisch allgemein relevanten Zusammenhang handelt.

Wenn wir die Debatten in der Interkulturellen Pädagogik und die Beiträge zu diesen Debatten, die Ingrid Gogolin geleistet hat, betrachten, können drei zentrale argumentative Typen analytisch unterschieden werden, in denen die allgemeine Relevanz jener Unterschiede behauptet wird, mit denen Interkulturelle Pädagogik befasst ist: praktisch-empirische Argumente, systematische Argumente sowie normative Argumente.

Praktisch-empirisch

Die mit Migration, Postkolonialität und Globalisierung verknüpften kulturellen Differenzverhältnisse betreffen alle gesellschaftlichen und auch alle pädagogischen Bereiche und Handlungsfelder wie Elementarpädagogik, Schule, Erwachsenenbildung und alle pädagogischen Handlungsebenen, also Organisationsformen, Methoden, Inhalte und Kompetenzen der pädagogischen Professionellen. Interkulturelle Bildung – dies kann als Konsens im Diskurs der Interkulturellen Pädagogik gelten – ist weder zielgruppenspezifisch eingeschränkt noch exklusiv verortet, sie betrifft vielmehr alle Personen und alle Handlungsbereiche. Damit wird die Auseinandersetzung mit migrationsbedingten Differenzverhältnissen zu gleichermaßen einer Querschnitts- wie einer Schlüsselaufgabe, die zwar spezifisches Wissen und eine spezifische Auseinandersetzung erfordert, aber eine „alle Pädagoginnen und Pädagogen angehende Sache ist, nicht nur etwas für Spezialisten" (Gogolin, 2004, S. 281).

Die Vorstellung, dass Interkulturelle Bildung dem bereits bestehenden Erziehungs- und Bildungswesen hinzuzufügen sei, wird in der Interkulturellen Pädagogik kritisiert. Interkulturelle Bildung ist gewissermaßen mehr als nur ein Supplement des Bestehenden und darin radikal und beunruhigend: Sie problematisiert und kritisiert das Bestehende, weil es um eine Neugestaltung der Bildungsinstitutionen, ihrer Strukturen und Aufgaben insgesamt geht. Die insbesondere durch Phänomene der Migration und Globalisierung angestoßenen gesellschaftlichen Wandlungsprozesse berühren Strukturen und Prozesse der Gesellschaft im Ganzen. Kulturelle Differenz und Vielfalt sind einerseits direkt und indirekt für alle Personen und Gruppen gegenwärtiger gesellschaftlicher Kontexte bedeutsam, und ein angemessener Umgang mit kultureller Differenz und Vielfalt ist Teil eines zeitgenössischen Bildungskonzeptes. Kulturelle Differenz und Vielfalt betreffen aber selbstverständlich auch alle gesellschaftlichen Institutionen und öffentlichen Organisationsformen wie etwa das Bildungssystem; erst die Umgestaltung nationaler und monokultureller Selbstverständlichkeiten der Bildungsinstitutionen wird dieser Vielfalt gerecht.

Systematisch

Bei diesem in der Interkulturellen Bildung zum Ausdruck kommenden Bezug auf Differenz und Alterität handelt es sich nicht um einen, zum praktisch und theoretisch Allgemeinpädagogischen additiv hinzukommenden Bezug, sondern um eine Version, also um eine Wendung des Allgemeinen. Damit ist angesprochen, dass Interkulturelle Pädagogik unabhängig von empirischen Gegebenheiten mit allgemeinpädagogischen Fragen befasst ist. Dieses Allgemeine ist nun aber kein von Differenz bereinigtes Allgemeines – ein Verständnis, das in der traditionellen erziehungswissenschaftlichen Auffassung vom Allgemeinen der Pädagogik nicht selten anzutreffen ist. Die Differenz steht dem Allgemeinen nicht gegenüber, sondern muss vielmehr als das Allgemeine verstanden werden. Interkulturelle Pädagogik macht dies besonders deutlich.[1]

Die Differenz zwischen Eindeutigkeit und Uneindeutigkeit/Mehrdeutigkeit als Resultat und Voraussetzung von Bildung, die Differenz zwischen Wissen und Nicht-Wissen, die Differenz zwischen Geltungsansprüchen und Wahrheitsansprüchen, die Unvermeidlichkeit und Gewaltförmigkeit des Verstehens, die Skepsis gegen den selbstverständlich behaupteten Vorrang einer Position, die auf das einzelne, sich selbst (durch Bildung) ermächtigende Individuum fokussiert ist, die Aufwertung des Unscharfen, der Ränder und Peripherien – dies alles sind zentrale Topoi interkultureller Bildung, in denen, wie unter einer Lupe, nichts anderes als allgemeinpädagogische Fragen zu erkennen sind. Die Fragen Interkultureller Pädagogik bündeln also allgemeinpädagogische Probleme, wenn wir sie nicht auf den ausländerpädagogischen Paternalismus, es besser mit „den Ausländern" zu meinen,

---

1   Vgl. den Beitrag von Meinert Meyer im vorliegenden Band – Anm. d. Hrsg.

reduzieren. (Freilich ist zuweilen, auch der Forschungsgelder und anderer gesell-schaftlicher Anrufungen wegen, eine ausländerpädagogische Selbstreduktion in der Interkulturellen Pädagogik zu beobachten).

Normativ

Der Vorschlag einer Neugestaltung der allgemeinen sprachlichen Bildung als Bil-dung zur Mehrsprachigkeit ist von Ingrid Gogolin (1994) wirkungsvoll in den De-batten der letzten knapp 20 Jahre formuliert worden. Für interkulturelle Bildung, die ja nicht auf inter- und multilinguale Bildung beschränkt werden kann, bedeutet dies, dass dieser Vorschlag normativ verallgemeinert werden kann in Richtung einer Anerkennung von multiplen nationalen, lingualen, kulturellen und ethnischen Zugehörigkeiten.

Was spricht für diese Anerkennung? Neben dem empirischen Umstand, dass aufgrund von Migration, Postkolonialität und Globalisierung diese lebensweltli-chen Mehrfachzugehörigkeiten eine immer bedeutender werdende gesellschaftliche Realität darstellen, sei hier auf einen Punkt hingewiesen, der gerade für eine Inter-kulturelle Pädagogik, die sich dem Gedanken einer Erziehung zur Anerkennung Anderer verpflichtet weiß, von großer Bedeutung ist, nämlich das dekonstruktive Potenzial der Mehrfachzugehörigkeit: So sich die Anerkennung von Mehrfachzu-gehörigkeit auf ‚störende' Elemente bezieht, die sich weigern eindeutig zu werden (‚deutsch' oder ‚türkisch' / ‚russisch' . . .), ist sie mit Bezug auf binär strukturierte Zugehörigkeitsordnungen (‚wir' oder ‚nicht-wir') dekonstruktiv. Die Anerkennung von Mehrfachzugehörigkeiten ist dekonstruktiv, weil sie letztlich nicht einfach die Zugehörigkeit der Unzugehörigen, den Inländerstatus der „AusländerInnen" for-dert, sondern, das Deplazierte, den Ort der Ortlosigkeit bejaht und dadurch eine neue Ordnung einfordert. Das heißt in anderen Worten auch: Je mehr Mehrfachzu-gehörigkeiten wir anerkennen und symbolisch und praktisch ermöglichen, desto unwahrscheinlicher werden materielle und symbolische Kriege, die im Zeichen der Identität (des Volkes, der Nation) geführt werden – einer Identität, an deren Zu-standekommen Pädagogik nicht unmaßgeblich beteiligt war: „daß das Verständnis von Kultur als Nationalkultur überhaupt zum gesellschaftlichen Allgemeinver-ständnis wurde, ist nicht zuletzt der Pädagogik als historische Leistung zuzurech-nen, deren Institutionalisierung sich im Kontext der Nationbildung vollzog; man erinnere sich, daß die Anfänge begrifflicher Fundierung ihres Gegenstandsfeldes in der Konturierung und Legitimation einer ‚Nationalerziehung' lagen" (Gogolin, 1998, S. 137).

Mit der Anerkennung des Mehrfachen, als dem einen zentralen Moment des Bildungsziels, das die Interkulturelle Pädagogik anzubieten hat und bedenkt, ist ein weiteres zentrales Moment verknüpft: die Anerkennung des Anderen als unbestimmtem Anderen. Anerkennung des Mehrfachen und Anerkennung der Unbestimmtheit stellen Leitlinien interkultureller Bildung dar, mindestens jener, die einen allgemeinen Anspruch unter Bedingungen migrationsgesellschaftlicher Differenz formuliert. Die Unbestimmtheit und Unbestimmbarkeit des Anderen ist hierbei nichts, was für eine Pädagogik der kulturellen und nationalen Differenz spezifisch wäre. Vielmehr zeigt sich hier – vielleicht in besonderer Deutlichkeit – das, was in den letzten Jahren in der Allgemeinpädagogik aus recht unterschiedlichen theoretischen Perspektiven – bildungstheoretischen wie handlungstheoretischen, systemtheoretischen wie sprachtheoretischen, poststrukturalistischen – als Strukturmerkmal pädagogischen Handelns diskutiert wird: nämlich seine Ungewissheit und allgemein seine Unbestimmtheit. Vieles spricht dafür, einen pädagogischen Umgang mit Unbestimmtheit zu pflegen, der nicht schlicht bestrebt ist, Unbestimmtheit zu vermeiden und allein die Fraglosigkeit des Verstehens und die Gewissheit des Wissens zuzulassen. Unbestimmtheit ist kein Defizit im pädagogischen Handeln, sondern seine Konstitutionsbedingung.

Am Topos des pädagogischen Wissens kann dies angedeutet werden. Da keine allgemeinen Regeln für die Übersetzung abstrakten Wissens auf alltagsweltliche Situationen zur Verfügung stehen, bleibt im Handlungszusammenhang stets, schreibt Wimmer, ein Rest, „der nicht Wissen ist und werden kann und dessen Verhältnis zum Wissen unklar ist" (Wimmer, 1996, S. 425). Diesen „Rest" kann man als konstitutive Unsicherheit und Ungewissheit professionellen Handelns verstehen. Der Bezug auf dieses Nicht-Wissen-Können, was nicht ein Noch-Nicht-Wissen, sondern ein prinzipiell Nicht-Wissen-Können ist, ist wichtig. „Das bedeutet keineswegs, Wissen Wissen und Theorie Theorie sein zu lassen. Ganz im Gegenteil zur Theoriefeindlichkeit oder der Geringschätzung des Denkens setzt das wissende Nichtwissen die Einsicht und Erkenntnis voraus, dass es sich beim Wissen um Wissen handelt und nicht um die Dinge selbst. [...] Um das Wissen *als* Wissen zu wissen und damit dessen Grenze wissen zu können, muss man nicht etwa nichts, sondern im Gegenteil sehr viel wissen. Man muss durch das Wissen mit seinen Illusionen und durch das Verstehen mit seinem subtilen Imperialismus hindurchgegangen sein, um den Anderen in seiner Singularität und absoluten Andersheit entdecken zu können" (Wimmer, 1996, S. 431). Der subtile Imperialismus des Verstehens, den Wimmer hier anspricht, also, dass das Verstehen und auch das Erkennen des Anderen der Vereinnahmung und Beherrschung des Anderen dienlich sein kann, ist vielleicht nirgends so klar zu beobachten wie in als „interkulturell" bezeichneten Zusammenhängen in der von Migrationsphänomenen geprägten Welt.

Der (lästige) Dienst der Interkulturellen Pädagogik

Verstehen wir das Wort „Ausländerpädagogik" als Hinweis auf eine pädagogische Praxis der erstens zielgruppenpädagogischen Einhegung von Differenz und zweitens ihrer assimilativen Reduzierung, dann korrespondiert dieser Praxis eine negative disziplinäre Entwicklung. In der Bewegung gegen das ausländerpädagogische Verständnis von und gegen diesen Umgang mit Differenz hat sich die Interkulturelle Pädagogik als disziplinärer Ort konstituiert, der paradoxer Weise speziell und allgemein zugleich sein will und muss. Interkulturelle Pädagogik ist der besondere disziplinäre Ort, an dem die konstitutive Vermitteltheit der Bildungsprozesse und Bildungsräume von migrationsgesellschaftlichen Differenzverhältnissen, die in der Interkulturellen Pädagogik zwar nicht allein als kulturelle Verhältnisse verstanden, missverständlicher Weise aber so bezeichnet werden, theoretisch-begrifflich, methodologisch-methodisch sowie handlungskonzeptuell-praktisch zum Thema werden. Die erziehungswissenschaftliche Ausdifferenzierung des speziellen Lehr- und Forschungszusammenhangs der Interkulturellen Pädagogik ist unter der Voraussetzung nachvollziehbar, dass die disziplinäre, auch innerdisziplinäre Ausdifferenzierung Zwecke verfolgt wie: „die Steigerung wissenschaftlicher Kompetenz und Effektivität, die Gewährleistung wissenschaftlicher Kontinuität und Intensität der wahrheitsmotivierten Entfaltung einer ‚Forschungstradition' und nicht zuletzt eine ‚besondere' wissenschaftliche Zuständigkeit oder Verantwortlichkeit für bestimmte, relativ verselbständigte Bereiche gesellschaftlichen Handelns" (Heid, 1998, S. 785). Die Entwicklung erziehungswissenschaftlicher Kompetenz und Zuständigkeit für die Thematisierung des Zusammenhangs von Migration und Bildung macht disziplinäre Spezialisierung notwendig, auch um disziplinäre Zuständigkeit institutionell zu definieren[2] und sie gerade in der Konkurrenz mit anderen disziplinären Zugängen zum Gegenstandsfeld zu verteidigen sowie in der Kooperation mit diesen „anderen" disziplinären Ansätzen zu schärfen.

Neben, wenn man so will, ‚sachlogischen Gründen' der Spezialisierung wirkt somit auch die Dimension disziplinärer Konkurrenz und Macht auf die innerdisziplinäre Ausdifferenzierung. Die Gefahr ist nicht gering, dass im Fall des Komplexes Migration – (kulturelle) Differenz – Bildung disziplinäre und diskursive Hegemonie außerhalb der Erziehungswissenschaft angesiedelt wird. Zur Kultivierung erziehungswissenschaftlicher Kompetenz und Zuständigkeit im Modell der Spezialisierung gibt es daher kaum eine Alternative. Freilich hat sie mit sachlogischen Argumenten und Überzeugungen auf die Sache bezogen zu bleiben. Zugleich liegt in der Abkehr vom ausländerpädagogischen Ansatz ein Anspruch begründet, der sich gegen die Beschränkung Interkultureller Pädagogik auf einen disziplinären Ort

---

2   Vgl. den Beitrag von Norbert Wenning im vorliegenden Band – Anm. d. Hrsg.

wenden muss. Denn anders als die Ausländerpädagogik, die als imaginäre Praxis verstanden werden kann, die massenhafte Ausbreitung der Unterschiede (Ausländer) im gesellschaftlichen Raum durch Assimilation und Rückkehrangebote zu verhindern, wendet sich die Interkulturelle Pädagogik als Wahrerin eines in mehrfacher Hinsicht allgemeinen Gutes – ,kulturelle' Differenz – gegen alle Allgemeinheitsbehauptungen, die Differenzverhältnisse dethematisieren.

Genau in dieser Kritik formuliert Interkulturelle Pädagogik einen generellen Geltungsanspruch. Lassen wir noch einmal Ingrid Gogolin zu Wort kommen:

> „Aus interkultureller Perspektive ist die Gültigkeit ,allgemeiner' Grundannahmen der Pädagogik nicht fraglos gegeben. Vielmehr interessieren die historischen Stationen und Prozeduren sowie die gegenwärtigen Mechanismen der Herstellung und Aufrechterhaltung ihrer unangezweifelten Legitimität. Vielleicht besteht der Dienst, den die interkulturelle Pädagogik leistet, nicht zuletzt darin, auf die raumzeitliche Gebundenheit der ,historisch sehr stabilen Elemente' (LENZEN) der allgemeinen Pädagogik aufmerksam zu machen" (Gogolin, 1998, S. 146).

Mit der Kritik an der zuweilen selbstgefälligen Fraglosigkeit pädagogischen Wissens, das seiner (kulturellen) Kontingenz nicht gewahr werden kann, beansprucht die Interkulturelle Pädagogik eine allgemeine Position, die in gewisser Weise die universelle Geltung des Allgemeinen universell negiert: Dass es immer auch noch einmal anders gesehen werden könnte, kann nicht anders gesehen werden. Dies ist der zuweilen unbequeme und lästige Dienst, den die Interkulturelle Pädagogik pädagogischen Allgemeinheitsbehauptungen leistet.

Das Verhältnis zwischen Allgemeiner und Interkultureller Pädagogik hat Ingrid Gogolin durch Publikationen, Tagungen, Forschungsprojekte und nicht zuletzt auch Wissenschaftspolitik im deutschsprachigen Raum mit gestaltet. Geleitet ist dieser Gestaltungsversuch vom Insistieren auf der Differenz und Vielfalt der Lesarten, Lebensformen und Handlungspraxen in Wissenschaft wie in den Lebenswelten, sowie andererseits vom Nachweis der Unangemessenheit von Ansätzen, die gegenüber dieser Pluralität der Formen und Inhalte, der Geltungsansprüche und Ausdrucksweisen durch Routinen exkludierender Selbstverständnisse (beispielsweise im Zeichen des Nationalen) Gewalt ausüben.

Um die normierende und Andere ausschließende Gewalt solcher Allgemeinheitsbehauptungen zu erkennen und disziplinär folgenreich zu kommunizieren, empfiehlt sich ein Außenstandpunkt, von dem aus die kritische Bewegung auf den disziplinären Ort des Allgemeinen möglich ist. Der Ort der Interkulturellen Pädagogik ist ein allgemein bedeutsamer Ort außerhalb des Allgemeinen. In dieser Differenz, die Bewegungen und Auseinandersetzungen, eine intellektuelle Unruhe, ermöglicht, so eine Ahnung, zeigt sich das Allgemeine, indem es sich nicht zeigt. Dabei wird nicht nur der letztlich radikale Anspruch kultureller Differenz an den

diskursiven Ort des Allgemeinen geführt, vielmehr wird auch Interkulturelle Pädagogik in einer Bewegung des disziplinären Oszillierens zum Gegenstand allge-
meinpädagogischer Kritik und Erwägung. Hier allerdings ist meiner Ansicht nach
noch einiges mehr möglich, und gäbe es für eine nach wie vor ausstehende Theorie
interkultureller Bildung etliche Anregungen: die Dekonstruktion der Differenz, die
Produktivität (z.b.) pädagogischer Macht, die Singularität des Wissens, ...

Literatur

Gogolin, I. (1994): *Der monolinguale Habitus der multilingualen Schule.* Münster u.a.:
    Waxmann.
Gogolin, I. (1998). Kultur als Thema der Pädagogik der 1990er Jahre. In A. M. Stroß & F.
    Thiel: *Erziehungswissenschaft, Nachbardisziplinen und Öffentlichkeit: Themenfelder
    und Themenrezeption der allgemeinen Pädagogik in den achtziger und neunziger Jah-
    ren.* Weinheim: Deutscher Studien Verlag.
Gogolin, I. (2004). Interkulturelle Pädagogik in der Lehrerbildung. Ein Beispiel für einen Re-
    formansatz. In Y. Karakaşoğlu & J. Lüddecke (Hrsg.). *Migrationsforschung und
    Interkulturelle Pädagogik. Aktuelle Entwicklungen in Theorie, Empirie und Praxis*
    (S. 279–293). Münster u.a.: Waxmann.
Gogolin, I. & Krüger Potratz, M. (2006): *Einführung in die Interkulturelle Pädagogik.* Opla-
    den: Budrich/UTB.
Heid, H. (1998). Interdisziplinarität. In D. Lenzen (Hrsg.) *Pädagogische Grundbegriffe.*
    Reinbek b. Hamburg: Rowohlt.
Wimmer, M.: (1996). Zerfall des Allgemeinen – Wiederkehr des Singulären. Pädagogische Pro-
    fessionalität und der Wert des Wissens. In A. Combe & W. Helsper (Hrsg.): *Pädago-
    gische Professionalität. Untersuchungen zum Typus sozialpädagogischen Handelns.*
    Frankfurt a. M.: Suhrkamp,

Wolfgang Nieke

Von der Interkulturellen Pädagogik zu einer *Diversity Education*?

Abschied von der Interkulturellen Pädagogik?

Die fachinterne Kritik an der Verwendung des problematischen Begriffs ‚Kultur‘

Franz Hamburger hat in seinem Rückblick auf die Geschichte der Interkulturellen Pädagogik die Frage gestellt, ob es nun an der Zeit sei, von diesem Konzept Abschied zu nehmen (2009). Diese Frage stellt sich aktuell tatsächlich in neuer Weise, obwohl es im deutschen[1] Diskurs schon frühzeitig Skepsis gegen diesen Ansatz gegeben hat.

Interkulturelle Pädagogik antwortet in der pädagogischen Praxis und in der Erziehungswissenschaft auf die Tatsache einer stetigen Zuwanderung mit einem spezifischen Konzept, das die Kulturdifferenz zwischen Zuwanderern und Einheimischen zum Thema macht. Kritisiert wird die Verwendung der Kategorie Kultur in diesem Zusammenhang, weil damit der Blick auf die sozial-ökonomische Diskriminierung verstellt werden kann. Die Rede von den Kulturdifferenzen erfülle damit die Kriterien einer Ideologie, mit der wahre Interessenkonflikte und Machtausübungen verschleiert werden sollen.

An dieser Stelle soll nicht untersucht werden, ob es seinerzeit Akteure in den öffentlichen Diskursen gegeben hat, welche in diesem Sinne mit der Kategorie Kultur Herrschaft haben verschleiern wollen. Es soll nur festgehalten werden, dass der Verzicht auf die Verwendung dieser Kategorie zur Dekonstruktion von semantischen Rahmungen für Interaktionen und Diskurse das Problem nicht lösen würde: Die alltägliche und die strukturell-systemische Diskriminierung verwenden die Kategorie Kultur explizit und implizit, oft an Stelle von Rasse / *race*, die in den Niederlanden, Großbritannien oder Nordamerika mehrheitlich für die Differenzmarkierung verwendet wird. Dies kann nur dekonstruiert werden, wenn Kultur auch als Analysekategorie für solche Interaktionen und Diskurse verwendet werden kann, auch wenn dabei die Gefahr besteht, dass durch die wissenschaftliche Verwendung

---

[1] Das Konzept der Interkulturellen Erziehung ist um 1975 über die Niederlande nach Deutschland und Frankreich vermittelt worden und formulierte dabei das Konzept der multikulturellen Erziehung um, das aus Kanada übernommen wurde. Die Diskurse haben sich seitdem in diesen vier Ländern unterschiedlich entwickelt. In Deutschland ist es bei der Interkulturellen Pädagogik geblieben. – Zu *diversity education* siehe auch den Beitrag von Hans-Joachim Roth im vorliegenden Band – Anm. d. Hrsg.

im öffentlichen Diskurs eine Affirmationswirkung für ihre Verwendung bei realer Diskriminierung ausgehen kann (vgl. etwa Krüger-Potratz & Lutz, 2002).

Neo-Assimilationismus als Reaktion auf den islamistischen Terroranschlag in New York

Seit dem islamistischen Terroranschlag in New York 2001 wird das Toleranzgebot, das auch den Konzepten der Interkulturellen Pädagogik zu Grunde liegt, grundlegend in Frage gestellt. Die Vorstellung von Toleranz gegenüber Andersdenkenden und Anderslebenden, eine Konsequenz aus den christlichen Religionskriegen im Gefolge der Reformation, hatte bis dahin auch die Einsicht in den Eurozentrismus aller normativer Universalien, auch der Menschenrechte, eingeschlossen und zur Vorsicht bei einfacher Anwendung auf außereuropäische Wert- und Denksysteme, also nicht-europäische Kulturen, gemahnt. Dies wird seit jenem die westliche Welt verstörenden Anschlag grundsätzlich in Frage gestellt. Eine Folge davon ist, dass in politischen und anderen öffentlichen Diskursen nicht zwischen dem Islam als einer in sich pluralen Hochreligion und der wahhabitischen Richtung unterschieden wird, aus welcher die Terroristen die religiöse Legitimation ihrer Selbstopferung bezogen (s. Esposito, 2003), so dass nun der Islam insgesamt unter ein unangemessenes Verdikt fällt.

In Auseinandersetzung mit dem Umstand einer quantitativ erheblichen Einwanderung von Muslimen in Europa wird hier, wie auch in der Außenbeobachtung durch US-amerikanische Intellektuelle, die Frage gestellt, ob diese Einwanderung zu einer Muslimisierung Europas führen werde und ob dies akzeptabel sei. Jürgen Habermas hat diese Frage (in dem Nachwort zur deutschen Übersetzung von Charles Taylors *Multikulturalismus,* 1993) staatstheoretisch begründet bejaht, weil die Grundüberzeugungen eines Staatsvolkes konstitutiv für den Verfassungsstaat sein müssten und nicht umgekehrt. Im Mainstream der öffentlichen Diskurse wird dagegen, in Deutschland wie in Frankreich, auf die Annahme einer schon gegebenen kollektiven Identität (deutsche Leitkultur, französische Identität) zurückgegriffen, um von dieser Basis aus eine Assimilation der Einwanderer und Einwanderinnen zu erzwingen (Nieke, 2006).

Das hat Folgen für die praktische Interkulturelle Pädagogik und ihre theoretischen Konzeptualisierungen: Folgt man diesem Neo-Assimilationismus[2], muss das Anliegen einer interkulturellen Weiterentwicklung aufgegeben und zu früheren Konzepten einer einfachen Integrations- und Assimilationshilfe zurückgekehrt

---

2   Das Programm einer Assimilationszumutung ist nicht neu; es wurde um 1970 schon
     einmal vertreten und erst ab 1980 durch die Konzepte von multikultureller Gesell-
     schaft und Interkultureller Pädagogik abgelöst.

werden. In dieser Situation könnte es geboten sein, nach neuen theoretischen Orientierungen für das bisherige Programm einer Interkulturellen Pädagogik zu suchen.

Anerkennung von individueller und kollektiver Vielfalt als neue pädagogische Aufgabe

Diversity education und diversity management

Aus Kanada wird gegenwärtig in der europäisch-amerikanischen Welt ein Programm der Anerkennung von Vielfalt importiert, das auf zwei normativen Säulen ruht:

(1) der unbedingten Anerkennung der als universal angesehenen Menschenrechte: alle Menschen haben eine unveräußerliche Würde und sind deshalb grundsätzlich gleich wertvoll;

und

(2) der Anerkennung von individueller und kollektiver Verschiedenheit der Menschen untereinander, die als per se wertvoll angenommen wird.

Ursprünglich ging es dabei in Kanada um die Anerkennung indigener Minderheiten und ihrer Lebensweisen, die aus der Perspektive der aus Europa eingewanderten Teilgruppe (keine quantitative Mehrheit!) als vormodern abqualifiziert worden war. Dieses Programm der Anerkennung wurde dann auf die Zuwanderer aus anderen Kulturkreisen übertragen. Kanada verstand sich von da an als multikulturelle Gesellschaft mit gleichen Rechten und gleicher Anerkennung für alle Kulturen der Einwohner. Darauf sollte die Erziehung vorbereiten: zunächst mit Konzepten einer multikulturellen Erziehung (Banks, 2004b).

Eine weitere Ausweitung erfahren nun diese Konzepte durch die Zusammenführung mit anderen Ansätzen, die formal ähnliche Anliegen verfolgen. Es geht dann allgemein darum, dass Individuen, die als Mitglieder bestimmter Gruppen abgewertet oder marginalisiert werden, ein Recht auf anerkennende Wahrnehmung im Bildungswesen zugesprochen wird. Annedore Prengel hat schon früh (1993) in Deutschland eine solche Zusammenführung gewagt, indem sie interkulturelle Pädagogik mit feministischer Pädagogik und Pädagogik der Behinderten verband. Im angelsächsischen Sprachraum werden solche umfassenden Ansätze unter der Kategorie *diversity* subsumiert, womit Vielfalt, Heterogenität, Verschiedenheit in unterschiedlichen Merkmalsdimensionen gefasst wird.

Also wird die bisherige multikulturelle Erziehung nun als Teilbereich einer umfassenderen *diversity education* gesehen. Die Literaturlage zeigt Schwerpunkte im Bereich der inklusiven Pädagogik, also der Einbeziehung der Bildung Behinderter in die regulären Bildungsstrukturen (Hick & Thomas, 2009), im Bereich der Sprachbildung mit Betonung des Eigenwertes der Vielsprachigkeit (Healy, 2008) und im Umgang mit religiösem Pluralismus (Keast, 2008). Die Rezeption dieser Diskurse ist in der deutschen Erziehungswissenschaft in Gang gekommen (Wulf, 2007; Dietz, 2007; Leiprecht, 2008), aber noch nicht in der Breite durchgedrungen. In Deutschland gibt es enge Verbindungen zum Gender Mainstreaming, während die anderen Diskriminierungskategorien bisher weniger Beachtung finden. Die Relevanz dieser Kategorien variiert im internationalen Vergleich erheblich.

Die *diversity*-Programmatik bleibt nicht auf den Bereich von Bildung und Erziehung beschränkt. Weltweit spielt die Anerkennung von *diversity* auch in den öffentlichen Institutionen und in der Wirtschaftssphäre eine bedeutende Rolle. Für die letztgenannten Bestrebungen hat sich der Begriff *diversity management* (Koall, Bruchhagen & Höher, 2007) eingebürgert. In der Wirtschaftssphäre ist dies durchaus naheliegend, weil hier die interaktive und strukturelle Diskriminierung von Minderheiten und Einzelnen, die nicht der ‚weißen‘ Norm entsprechen, unmittelbare finanzielle Folgen für die Betroffenen, aber nicht nur für die Betroffenen, hat. Wenn sich Unternehmen und einzelne Betriebe um die Gleichachtung aller bemühen, so ist dies keineswegs rein altruistisch motiviert oder gesetzlich erzwungen, sondern bedeutet im globalen Wettbewerb um Kunden und Kundinnen sowie Mitarbeiter und Mitarbeiterinnen aus den verschiedenen Kulturen und Minderheitsgruppierungen durchaus auch einen betriebswirtschaftlichen Vorteil.[3]

Zusammenführung der Diskurse über Behinderung, Frauen, Klasse, Rasse, sexuelle Orientierung und Kultur

Es geht bei *diversity education* und *diversity management* nicht um eine unendliche Vielfalt und Verschiedenheit der Lebensstile und Persönlichkeitsmerkmale, sondern um einige wenige, die Anlass für massive bis unterschwellige Diskriminierung sind, bei denen auch selbstverstärkende Effekte zu beobachten sind. Um eine solche Kumulation von Diskriminierungen zu bezeichnen, wird auch der Terminus Intersektionalität (intersectionality) verwendet (theoretisch einordnend McCall, 2005); dieser kann aber missverstanden werden, weil er eher auf ein Dazwischen verweist als auf den hier angesprochenen Verstärkungseffekt. Benachteiligungen dieses Typus werden nicht durch explizites Handeln einzelner Akteure hervorgebracht, sondern unbemerkt und unbewusst auch durch die Ausrichtung von Institutionen, wobei die darin Handelnden sogar noch von guten Absichten gelenkt sein können. Für die deutsche Schule haben das Radtke und Gomolla in ihrer Studie (2002) aufgezeigt.

---

3 Das wird besonders deutlich in der Selbstdarstellung der Deutschen Gesellschaft für Diversity Management. Verfügbar unter: www.diversity-gesellschaft.de [20.03.2010].

In den bisherigen Diskursen werden zumeist entweder drei Diskriminierungskategorien – Klasse, Geschlecht und Ethnizität (Knapp, Klinger & Sauer 2007) – oder sechs ausdifferenziert: Klasse, Geschlecht, Rasse, Behinderung, sexuelle Orientierung, Kultur (einschließlich Ethnizität und Religion). Manchmal wird noch das Lebensalter hinzugenommen. Im Blick auf das Verfahren der Diskriminierung – die Wahrnehmung von etwas Sichtbarem und die Zuordnung einer Person zu einer Gruppe, die abgewertet wird – soll im Folgenden kurz eine Auflistung derjenigen Kategorien vorgestellt werden, die für diesen Zugang empirisch ermittelt und überprüfbar sind.

Diskriminiert werden:

- *Behinderte* und *chronisch Kranke* (einschließlich alter Menschen[4], die zugleich chronisch krank sind) auf Grund ihrer eingeschränkten Kompetenz in Wahrnehmung, Mobilität und eigenständiger Lebensbewältigung sowie ihrer eingeschränkten Fähigkeit, durch Arbeit für ihren eigenen Lebensunterhalt sorgen zu können; bemerkenswerter Weise wird ihnen zumeist kein Mitleid in einer ja nahe liegenden reziproken Perspektive entgegengebracht, es könne dem Nichtbehinderten ja unversehens ebenso ergehen, sondern sie werden affektiv als bedrohlich abgelehnt; die Basis für diese Zurückweisung liegt in unbewusst wirkenden Menschenbildern (Werner, 2006);
- *Frauen,* und zwar nicht durchweg und in allen Aspekten ihres Frauseins, sondern vor allem als vermeintlich Schutzbedürftige vor männlichen Übergriffen (Frauenexklusion im öffentlichen Raum, Bekleidungs- und Verhüllungsgebote), dann als Mütter, deren Arbeitsleistung diskontinuierlicher sei als die von Nichtmüttern und Männern, schließlich als Trägerinnen ‚typischer' Charaktereigenschaften – kommunikationsorientiert statt sach- und konkurrenzorientiert – mit Ungleichheitseffekten im Schulerfolg und bei der Entlohnung im Erwerbsleben;
- *sozial Benachteiligte,* Menschen also, die sich auf Grund einer Allokation in einer Lebenslage befinden, die sich signifikant und nicht leicht änderbar von der anderer Menschengruppen unterscheidet; in der Soziologie wird dieser Sachver-

---

4   Menschen werden von Anfang bis Ende ihres Lebensganges nicht gleich mit anderen behandelt, und dies auf der Basis zugeschriebener Kompetenzdifferenzen und – defizite: eingeschränkte Geschäfts- und Zeugenfähigkeit von Kindern, Beschränkung des passiven Wahlrechts, Höchstalter für eine Verbeamtung etc. Dies wird jedoch bisher weitgehend noch nicht in den Diskriminierungsdiskurs aufgenommen, mit Ausnahme der Altersdiskriminierung, die auf der Basis einer kollektiv eingeschätzten durchschnittlichen Kompetenzerosion (die einer chronischen Erkrankung oder Behinderung gleichgesetzt wird) beruht, sich aber im Einzelfall natürlich höchst ungerecht auswirken kann.

halt – durchaus in Erinnerung und Anlehnung an die entsprechende Begriffsfassung bei Karl Marx – als *Klassenlage* beschrieben. Die faktische oder strukturelle Diskriminierung einer Klasse drückt sich in einer sozialstatistischen Gruppenmerkmalen aus, aber die direkten Diskriminierungen in Interaktionen geschehen nicht auf Grund von Informationen über die Klassenlage, sondern auf der Basis von vermittelten Signalen, wie es Pierre Bourdieu in seiner Theorie und Empirie der „Feinen Unterschiede" (1982) herausgearbeitet hat. Die Klassenlage ist danach immer kulturell codiert und daran – an den Kulturzuschreibungen – machen sich die Diskriminierungsprozesse in der direkten Interaktion, etwa durch Verachtung oder Benachteiligung im Zugang zu knappen Gütern, z.b. Mietwohnungen, fest;

- *Menschen mit körperlich unveränderlichen Merkmalen gegenüber der Eigen- oder Referenzgruppe*: Rassenzugehörigkeit wird in Deutschland auf Grund der Auseinandersetzung mit der nationalsozialistischen Geschichte selten und nur sehr vorsichtig thematisiert, in anderen Ländern steht diese Art der Diskriminierung mehr im Vordergrund der Analysen als die anderen Diskriminierungsformen;
- Menschen mit einer *sexuellen Orientierung*, die von der jeweiligen Mehrheit als krankhaft abgelehnt wird, vor allem homosexuelle Orientierungen beider Geschlechter. Dazu entwickelt sich in Anlehnung an einen Vorschlag von Teresa de Lauretis (1991) ein Fachdiskurs zu *Queer*, eines affirmativen Stigmamanagements mit einer ursprünglich pejorativen Bedeutung (Czollek, Perko & Weinbach, 2009).
- *Menschen mit einer abweichenden Kulturzugehörigkeit*, die äußerlich oft über die Nutzung einer Nichtmehrheitssprache markiert ist (Gogolin, 2002; Gogolin & Krüger-Potratz, 2006). Dazu zählt auch die Zugehörigkeit zu differenten Lebenswelten und Milieus, die in angelsächsischen Diskursen oft mit der Rassenzugehörigkeit zusammengesehen und dann als *ethnicity* bezeichnet wird.

Kategorial sind alle diese Diskurse gleich ausgerichtet: Es geht um die gesellschaftlich wirksame Diskriminierung von Einzelnen und von Gruppen, die sich durch den Hinweis auf wahrgenommene oder zugeschriebene Merkmale rechtfertigt, die als minderwertig ausgegeben werden können. Das betrifft Behinderte und chronisch Kranke gegenüber Gesunden, Frauen gegenüber Männern, Angehöriger unterer Klassen gegenüber oberen, Angehörige nichtweißer Rassen gegenüber Weißen, sexuelle Minderheiten gegenüber der Mehrheit und Angehörige ‚vormoderner Kulturen' gegenüber der ‚angloeuropäischen Weltkultur'.

Diese kategoriale Gleichheit legt es nahe, auch die pädagogischen Strategien angesichts dieser Diskurse zusammenzuführen und unter einer übergreifenden

Norm zu subsumieren: Akzeptanz[5] von individueller und kollektiver Verschiedenheit, Vielfalt. *Akzeptanz* ist mehr und verpflichtender als *Toleranz*, die auch gleichgültig zulassend und ignorierend sein kann. Akzeptanz basiert auf der Überzeugung der Gleichwertigkeit des Verschiedenen und verpflichtet das Handeln zu entsprechend achtungsvollen Konsequenzen bis hin zu Anstrengungen zur Aufhebung bemerkter struktureller Diskriminierungen. Das ist mit den Programmen von *diversity management* und *diversity education* gemeint.

Interkulturelle Pädagogik als Bestandteil einer neu zu konzipierenden diversity education

Im Blick auf die Strukturhomologie dieser Diskurse liegt es nahe, die bisherige Interkulturelle Pädagogik als Teilbereich einer entsprechend zu gestaltenden bildenden und erziehenden Vorbereitung auf die Akzeptanz von Vielfalt neu zu konzipieren. Der Erfolg eines solchen Ansatzes wird nicht unwesentlich davon abhängen, ob und wie es gelingt, dem Vorhaben einen semantisch gehaltvollen deutschen Terminus zu geben, da die bisherigen Erfahrungen mit aus dem Englischen übernommenen Bezeichnungen (*gender main-streaming; sustainability*) zeigen, dass die Bedeutung dann ungenau bleibt, das Programm allein wegen des Fremdwortes affektiv abgelehnt wird. *Diversity* ist nicht ohne weiteres mit *Diversität* wiederzugeben; denn das Adjektiv *divers* hat im Deutschen die negativen Konnotationen einer unübersichtlichen, unwichtigen Ansammlung nicht zusammenpassender Dinge sowie von abweichender Verschiedenheit. Ein brauchbarer Übertragungsvorschlag liegt seit längerem vor: *Pädagogik der Vielfalt* – als Buchtitel von Annedore Prengel, systematisch ausgelotet von Eppenstein (2003). Die Bezeichnung wird aufgenommen von Uwe Sielert und MitautorInnen in ihrem Kompetenztraining „Pädagogik der Vielfalt" (2009), in dem die Felder der Vielfalt etwas anders geordnet werden als hier vorgenommen. Einige Fragen sind noch offen im Blick auf dieses Projekt:

(1) *Diversity Education* als Individualisierung:
Pädagogisch naheliegend ist das vollständige Ignorieren von Gruppenmerkmalen (Stereotypen in der Wahrnehmung und Eigen- und Fremdzuordnung) und die Konzentration auf die Individualität jeder einzelnen Lernerin. Das Scheitern des Programms der *color blindness* (Cochran-Smith, 1995) in den USA als Reaktion auf den dortigen Alltagsrassismus vor allem gegen Afro-Amerikaner zeigt jedoch, dass

---

5   Paul Mecheril (2003; 2004) hat stattdessen die Kategorie der Zugehörigkeit eingeführt, die mehr umfasst und verpflichtender wirkt als das bisher mit Akzeptanz Gemeinte. Dieser Begriff hat jedoch weitere sozialtheoretische Implikationen, worauf hier nur hingewiesen werden soll, aber nicht näher eingegangen werden kann.

dies nicht leicht zu realisieren ist, weil Stereotype großenteils unbewusst wirken und deshalb nicht einfach außer Kraft gesetzt werden können. Aussichtsreicher erscheint deshalb statt einer Strategie des forcierten Verschwindenlassens, d.h. eine reflexive Thematisierung von Stereotypen, ihrer Orientierungsfunktion und ihrer Verfälschungswirkung durch Übergeneralisierung (vgl. dazu Nieke, 2008). Einzuräumen ist, dass ein solches Bildungsprogramm kognitiv anspruchsvoll ist, so dass es möglicherweise einen Teil der damit konfrontierten Schüler und Schülerinnen überfordern könnte.

Individualisierung war immer schon das edle Prinzip der Pädagogik: Hauslehrer, Einzelunterricht in Musik und Leistungssport, Einzelunterricht in der Nachhilfe zeigen, dass die Idealkonstellation zwischen Lehrer und Schüler Eins zu Eins ist. Jeder Gruppenunterricht geschieht grundsätzlich unter dem Zwang zu knapper Mittel[6], und in diesem Rahmen entsteht das Prinzip der leistungshomogenen Lerngruppen, um den Lerneffekt auch unter ungünstigeren Bedingungen noch zu maximieren. Individualisierung des Unterrichts, d.h. der Anregung, Begleitung und Steuerung von angestrebtem Lernen, unter der Bedingung einer Lerngruppe erfordert also unvermeidlich einen höheren Aufwand als eine Parallelunterweisung der Schüler, die sich an einer als leistungshomogen gedachten Lernergruppe orientiert, und dies nicht nur didaktisch, sondern grundsätzlich auch finanziell. Wenn diese Aufgabe für die praktizierenden Lehrer und Lehrerinnen zufriedenstellend gelöst sein wird – etwa durch die Installation von *Team teaching* oder schulinternen Förderzentren nach dem Modell der inklusiven Bildung – dann wird denkbar, dass im Rahmen einer vollständigen Individualisierung des Bildungsganges auch die oben beschriebenen Besonderheiten in einer nicht diskriminierenden Weise berücksichtigt werden können. Das könnte grundsätzlich die bisherigen strukturellen Diskriminierungen im Bildungssystem aufheben.

Unbearbeitet bleiben dabei allerdings die alltägliche Diskriminierung zwischen Schülern und die Diskriminierungsneigungen und -absichten der Mehrheitsangehörigen gegenüber den jewels identifizierten Minderheiten.[7] Eben dies zu bearbeiten, war Anliegen der bisherigen Interkulturellen Pädagogik, und dafür wurden und werden andere Konzepte eingesetzt und benötigt als die Individualisierung des Bildungsganges.

(2) Die Abstraktion der Kategorie *Diversität* kann die Betroffenen überfordern: In einer Diskussion über dieses Konzept von *diversity education* äußerte eine junge

---

6   Zwar hat Gruppenunterricht auch das eigenständige Ziel der Förderung Sozialen Lernens, aber das steht bei den meisten Überlegungen zur Didaktik ziemlich im Hintergrund.

7   Mehrheit und Minderheit sind hier nicht quantitativ gemeint, sondern machttheoretisch gefasst.

engagierte Feministin empört, dass sie nicht mit Behinderten zusammengedacht werden möchte: Frausein sei doch keine Behinderung! Dies zeigt, dass die hohe Abstraktion der Kategorie Diversität nicht ohne Weiteres verständlich ist und leicht zu Missverständnissen führen kann.

(3) Aufklärung und spezielle Unterstützung als pädagogische Aufgaben sind domänenspezifisch:

Zur reflexiven Bearbeitung der sechs Diskriminierungsfelder ist ein jeweils spezifisches und umfangreiches Spezialwissen erforderlich, das nicht in das Allgemeinwissen eingelagert ist. Deshalb könnte eine direkte Orientierung an der Kategorie Diversität inhaltsleer bleiben und keine Handlungsorientierung vermitteln.

Meine Vermutung ist deshalb, dass der Diskurs über *diversity* wertvolle Anregungen für die notwendige Weiterentwicklung der Interkulturellen Pädagogik geben wird, dass aber die Interkulturelle Pädagogik nicht ganz in einer neuen *diversity education* aufgehen kann und will.

Literatur

Banks, J. (Ed.) (2004a). *Diversity and Citizenship education. Global Perspectives.* San Francisco: Jossey-Bass.

Banks, J. et al. (Eds.) (2004b). *Handbook of Research on Multicultural Education.* San Francisco: Jossey-Bass, 2. Edition.

Bourdieu, P. (1982). *Die feinen Unterschiede. Kritik der gesellschaftlichen Urteilskraft.* Frankfurt: Suhrkamp.

Cochran-Smith, M. (1995). Color blindness and basket making are not the answers. Confronting the dilemmas of race, culture, and language diversity in teacher education. *American educational research journal, 32* (3), 493–522.

Czollek, L. Carola; Perko, G. & Weinbach, H. (2009). *Lehrbuch Gender und Queer.* Weinheim: Juventa.

Dietz, G. (2007). Keyword: Cultural Diversity. A guide through the debate. *Zeitschrift für Erziehungswissenschaft, 1,* 7–30.

Eppenstein, T. (2003). *Einheit der Vielfalt? Interkulturelle pädagogische Kompetenz in der Migrationsgesellschaft.* Frankfurt: Cooperative.

Esposito, J. (Ed.) (2003). *The Oxford Dictionary of Islam.* Oxford: University Press.

Gogolin, I. (2002): Linguistic and Cultural Diversity in Europe: a challenge for educational research and practice. *European Educational Research Journal, 1*(1), 123–138.

Gogolin, I. & Krüger-Potratz, M. (2006). *Einführung in die Interkulturelle Pädagogik.* Opladen: Budrich / UTB.

Gomolla, M. & Radtke, F. (2002). *Institutionelle Diskriminierung. Die Herstellung ethnischer Differenz in der Schule.* Opladen: Leske & Budrich.

Habermas, J. (1993). Nachwort. In C. Taylor (Hrsg.), *Multikulturalismus und die Politik der Anerkennung.* Frankfurt: S. Fischer.

126 Wolfgang Nieke

Healy, A. (Ed.) (2008). *Multiliteracies and diversity in education.* Oxford: University Press.

Hamburger, F. (2009): *Abschied von der Interkulturellen Pädagogik. Plädoyer für einen Wandel sozialpädagogischer Konzepte.* Weinheim: Juventa.

Hick, P. & Thomas, G. (Hrsg.) (2009). *Inclusion and diversity in education.* Los Angeles: SAGE.

Keast, J. (Ed.) (2008). *Diversité religieuse et éducation interculturelle. Manuel à l'usage des écoles.* Strasbourg: Ed. du Conseil de l'Europe.

Knapp, G., Klinger, C. & Sauer, B. (Hrsg.) (2007). *Achsen der Ungleichheit. Zum Verhältnis von Klasse, Geschlecht und Ethnizität.* Frankfurt: Campus.

Koall, I. , Bruchhagen, V. & Höher, F. (Hrsg.) (2007). *Diversity outlooks – Managing Diversity zwischen Ethik, Politik und Antidiskriminierung.* Münster: LIT.

Krüger-Potratz, M. & Lutz, H. (2002): Sitting at a crossroads – rekonstruktive und systematische Überlegungen zum wissenschaftlichen Umgang mit Differenzen, *Tertium Comparationis. Journal für international und interkulturell vergleichende Erziehungswissenschaft,* 8 (2), 81–92.

Leiprecht, R. (2008). Diversity Education und Interkulturalität in der Sozialen Arbeit. *Sozial extra* 11/12, 15–19.

Lauretis, T. de (1991). Queer Theory. Lesbian and gay sexualities. *Differences: a journal of feminist cultural studies, 2.* iii–xviii.

McCall, L. (2005). Managing the complexity of intersectionality. *Signs,* 3, 1771–1800.

Mecheril, P. (2003). *Prekäre Verhältnisse. Über natio-ethno-kulturelle (Mehrfach-)Zugehörigkeit.* Münster u.a.: Waxmann.

Mecheril, P. (2004). *Zugehörigkeit in die Migrationspädagogik.* Weinheim: Beltz.

Nieke, W. (2006). Anerkennung von Diversität als Alternative zwischen Multikulturalismus und Neo-Assimilationismus? In H.-U. Otto & M. Schrödter (Hrsg.). *Soziale Arbeit in der Migrationsgesellschaft: Multikulturalismus – Neo-Assimilation – Transnationalität* (S. 40–48). Lahnstein: Verlag Neue Praxis. Sonderheft 8 der neuen praxis – Zeitschrift für Sozialarbeit, Sozialpädagogik und Sozialpolitik.

Nieke, W. (2008). *Interkulturelle Erziehung und Bildung. Wertorientierungen im Alltag.* 3. veränd. Auflage. Wiesbaden: VS Verlag.

Prengel, A. (1993). *Pädagogik der Vielfalt. Verschiedenheit und Gleichberechtigung in Interkultureller, Feministischer und Integrativer Pädagogik.* Opladen: Leske & Budrich.

Sielert, U., Jaeneke, K., Lamp, F. & Selle, U. (2009). *Kompetenztraining „Pädagogik der Vielfalt". Grundlagen und Praxismaterialien zu Differenzverhältnissen, Selbstreflexion und Anerkennung.* Weinheim: Juventa (Manual und Kopiervorlagen).

Taylor, C.(1993). *Multikulturalismus und die Politik der Anerkennung.* Frankfurt: S. Fischer.

Werner, G. (2006). *Von Verflechtungen zwischen Ästhetik und Ethik – verlängert auf die Sterbeproblematik von „Schwerstbehinderten".* Rostock: Universität, unveröffentlichte Dissertation.

Wulf, C. (2007). Zukunftsfähige Bildung. Frieden, kulturelle Vielfalt und Nachhaltigkeit. *Zeitschrift für internationale Bildungsforschung und Entwicklungspädagogik, 2,* 2–6.

Gunther Dietz

Ethnographic Methodology in Intercultural Education

An Appraisal of Ingrid Gogolin's Contributions[1]

Intercultural education still suffers from a striking gap between the normative-prescriptive and the descriptive-empirical area. Even in those countries in which different strategies destined to 'interculturalize' educational praxis have been debated and experimented with for decades, the imbalance between the discourse about "what is intercultural" in education and the evaluation of intercultural practices persists. I hold that ethnography is contributing to overcoming this gap by empirically analyzing the interwoven and often dialectic relationship between the discourses of the pedagogical-intellectual sphere and daily educational praxis. In the following pages, I will analyze, from a methodological point of view, ethnography's actual place in intercultural educational research with particular regard to the contributions made by Ingrid Gogolin to this still incipient field. In order to do this, I will proceed to present and discuss the elements required to develop a conceptual-methodological model that can integrate *syntactic*, *semantic*, and *pragmatic* dimensions that will articulate this dialectic relationship between ethnic discourses and cultural practices.

Towards a Comparative Ethnographic Methodology

The so-called 'intercultural education', the claim of 'interculturalizing' both the school curriculum and the educational praxis in Western societies, does not mean that school and educational systems merely adapt to the '*de facto* multiculturalization' of these societies in reaction to migratory movements. Instead, multiculturalism is part of a broader and deeper process of re-defining and re-imagining the nation-state of European origin as well as the relations which articulate the state with contemporary society (Gogolin, 2008). Multicultural discourse, which had originally emerged in societies self-defined as "countries of immigration" located mostly in North America and Oceania, has since then become the principal ideological basis of intercultural education, conceived as a differential approach towards the education of allochthonous, immigrated minorities. As the long-standing tradition of *indigenism* illustrates, however, in the Latin American context and un-

---

1   This contribution summarizes partial aspects of a broader conceptual and methodological project on comparative intercultural education; cf. for details Dietz (2009a, 2009b)

der nationalist, not multiculturalist ideological premises, very similar policies of differential education have been targeting autochthonous, indigenous minorities, not allochthonous ones (Dietz, 2009a).

This paradoxical similarity between mutually opposing approaches reveals the necessity of analyzing intercultural, multicultural, bilingual and/or *indigenist* educational responses from a larger perspective than the disciplinary pedagogical one. The closely-knit network of normative, conceptual and empirical inter-relations which are perceivable between 'interculturality' and 'education' is therefore not reducible to the educational sciences, but requires a contrastive and interdisciplinary analysis. It is this perspective from which we propose to study "intercultural education" – not as a mere subfield of an anthropology or sociology of education, of migrations or of multicultural society, but as an anthropological and pedagogical analysis of inter-group and intercultural structures and processes which constitute, differentiate and integrate contemporary society.

In recent years, above all in the Anglo-Saxon debate on intercultural education a pressing need for 'multiculturalizing' the educational systems has been claimed through mechanisms of 'affirmative action' and 'positive discrimination' which would allow for an 'empowerment' of certain ethnic minorities, both autochthonous and allochthonous, in the course of their process of self-identification, ethnogenesis and 'emancipation'. In the continental European arena of the debate, on the contrary, the need for interculturality in education is not claimed on the ground of the minorities' identity necessities; the struggle for intercultural education is here justified by the apparent inability of majority society of meeting the new challenges created by the increasing heterogeneity of the pupils, by the growing socio-cultural complexity of majority-minority relations and, in general, by diversity as a key feature of the future European societies (Gogolin & Neumann, 1997; Gogolin & Krüger-Potratz, 2006). In this sense, whereas in the United States, in the United Kingdom and lately also in Latin America a minority empowerment education is being developed, continental Europe is shifting towards an education which mainstreams the promotion of intercultural competences inside both the marginalized minorities and the marginalizing majorities.

Bearing in mind this emerging conceptual and programmatic divide, the choice of the *topos* of 'interculturality and education' directly targets the core of contemporary processes of collective identification in Western societies. In order to holistically analyze the range and significance of these processes, anthropology can contribute both its conceptual tools – mainly its still particular notion of culture and the relationship between this concept and those of identity and ethnicity – and its empirical chassis, ethnography. The combination of both will enable us to critically study the discourses on multiculturality and interculturality as well as their relation to their respective praxis, as reflected in supposedly intercultural education.

In previous contributions (Dietz, 2009a), we have tried to prove that the differential treatment – be it assimilationist, integrationist or segregationist – provided by official educational systems to certain minority groups is an integrated part of the respective nation state's own 'identity politics' and as thus has to be analyzed and compared. The perception of alterity is simultaneously a product and a producer of identity. This intimate relation between 'us' and 'them' is not only evident in the already classical nineteenth century pedagogy of 'nationalizing nationalism' (Brubaker, 1996). Even the current pedagogy of multiculturalism, both in their orthodox mainstream and heterodox critical versions, have to be analyzed not as mere 'responses' to the internal diversification of the classroom, but as contemporary expressions of the West's identity project (Gogolin, 2002; Gogolin & Krüger-Potratz, 2006).

In order to analyze and visibilize the often complex interrelations between habitualized cultural practices, hegemonic as well as counter-hegemonic identity discourses and the role of the state and pedagogical institutions in the structuring of intercultural educational responses, a comparative approach is necessary. The comparative dimension resulting from primary and secondary data collection is essential to ground the international and national debates on intercultural education, debates in which all too often prescriptive and abstract proposals, taken from different national and regional contexts, proliferate, that lack any previous empirical and critical assessment of the transferability of educational models from one country or region to another. Therefore, on the basis of Gogolin's groundbreaking contributions to the empirical study of "monolingual habitus" in multicultural lifeworlds and their often conflictive intercultural 'arrangements' with school institutions (Gogolin 1994, Gogolin & Neumann 1997), I am developing a methodological model of how to analyze from a social sciences perspective, in general, and from an ethnographic approach, in particular, multicultural and intercultural phenomena in educational domains.

For this purpose, ethnography, in its characteristic oscillating between *emic* – inward looking, actor-centred – and *etic* – externally comparative and structure-oriented – visions of educational, social and cultural realities, is conceived as a reflexive endeavour which retrieves from within the social actors' own discourses while contrasting it externally with their respective habitualized cultural praxis. In the case of intercultural education, this concatenation of discourse and praxis evolves in highly institutionalized and hierarchical contexts. Thus, an ethnography of education in intercultural constellations will necessarily have to widen the analytic scope of these discursive and praxis dimensions towards a third axis of analysis: the particular institutional structurations (Giddens, 1984) which result from the role played by the 'pedagogies of otherness' in the corresponding nation-state's identity politics.

The Syntactic Dimension

In order to avoid the usual instrumentalization of ethnography as a technique for specific applications which are anecdotally used for a certain kind of 'school evaluation', the proposed analysis should transcend the strict school context and include the political and meta-pedagogical dimensions from which the educational 'problem' is detected, formulated, and institutionalized. The ethnographic study of so-called intercultural education should start out not from the school or classroom in particular, but from the nation-state that generates and articulates these educational institutions.

This 'syntactic' dimension, which works in an underlying way to structure – by broadening or restricting – both the meanings expressed discursively by the actors themselves and the actors' intercultural praxis requires an ethnographic-institutional approach that is explicitly focused on the public powers and their capacity to generate "educational problems" (Gogolin, Krüger-Potratz & Meyer, 1998). A critical analysis of the pedagogical uses of intra-cultural and inter-cultural phenomena must, therefore, cover – again a critical analysis of the school institution itself and its dependence on powers located outside of the school.

By definition, and as a result of their own policies of 'nationalizing nationalism', all nation-states perceive cultural diversity as a challenge to their sovereignty, legitimacy, and persistence. In each particular case, the institutional responses to this challenge depend on the specific combination of supra-national, sub-national, and trans-national processes that have already been analyzed, and of their particular intra-institutional perception. Thus, one of the few comparative studies of intercultural educational policies carried out in different European and American countries reveals the existence of a limited, recurring set of institutional 'challenges'. The institutional responses to such intercultural 'problems' or 'challenges' offer a privileged field for the empirical study of *la pensée d'État* (Sayad, 2004) – of the 'otherness' projected from the nation-state towards "its" citizenry.

Because of this, in order to analyze and compare the specific 'pedagogies of otherness' developed by the respective national educational institutions, the starting point will not be the 'objective' ethnic-cultural composition of the societies in question, but the collective *imaginaries* of 'otherness', as they are politically institutionalized and instrumentalized by the state (Favell 2001, Sayad 2004). The comparative study of educational policies illustrates first of all the constructed, relative,

and contextual character of the underlying nationalizing identity discourses (Schiffauer et al., 2004). From the infinite number of possible criteria of institutional 'discrimination' for categorizing and "problematizing" the pupils – such as, for example, age, gender, geographic origin, current residence, mother tongue, religion practiced, 'culture', 'ethnic' identification, citizenship and/or nationality, behavior
patterns, school performance, parents' socio-economic level, etc. (Gomolla & Radtke, 2002) – institutions define particular "educational knowledge codes" (Bernstein, 1975, p. 90) and generate a specific combination of criteria for detecting or
denying the existence of "diversity in the classroom".

In order to carry out an ethnography of interculturality that transcends the level
of mere discourse, it is necessary to inquire into the collective structurations that, as
'syntax of otherness', underlie the institutional reactions that the nation-states lead
when faced with the heterogeneous challenges of cultural diversity. With this syntactic level as a point of departure, it will be possible to elucidate the range and
structuring impact that the discourses of interculturality achieve.

The Semantic Dimension

The analysis of the discursive strategies used by the different pedagogical-
institutional actors requires a combination of three levels: in the first place, the
level of approaches and models of 'intercultural education', as developed and pro-
moted by the academic, political, and school discourses, which contribute to the
semantization of 'the other' and which end up conforming the underlying syntax of
pedagogical 'otherness'; secondly, the level of teaching and curricular designs spe-
cifically created to respond to the 'school problem' of cultural diversity, which en-
dow these models with semantic concreteness; and, finally, the level of individual
discourses generated by the social and institutional actors that converge in school
practice. A great part of the institutional pedagogical discourse detects the decisive
'touchstone' for a *de facto* interculturalization of school teaching in teacher training. The crucial importance of the teaching staff is recognized for the first time
within the bilingual and bicultural pedagogical approaches: in order to biculturalize
the education of the regional minorities, the tendency is to 'recruit' teachers from
the minority group itself, providing them with a specific training, which is often not
integrated into, but parallellized to the established teacher training systems, in order
to then send them in their regions of origin and use them as strategic 'intermediar-
ies' in the process of curricular biculturalization (Dietz, 2009a). Teaching thus ful-
fills a central role as a 'hinge' between the 'student's culture' and the 'school culture'.

The tendency to overload the teaching staff with functions and competences that are complementary to their canonized monocultural training once again generates 'cognitivist' solutions: reified information about 'the' culture of the pupils with whom they will be working daily is transferred through an endless list of courses. This generates openly defensive attitudes with respect to cultural 'otherness' that, instead of questioning the teacher's monolithic hegemonic identity as representative of the 'national culture', reinforces it even more. As happens in all externally induced processes of ethnogenesis in contexts of power asymmetry, I hold that, in school practice, the officialized reduction of cultural diversity to 'items' that indicate 'otherness' as well as the reifying thematization of intercultural phenomena end up ethnifying the discourses of the different actors who interact within school and outside of it. Due to the mentioned power asymmetry, in practice these ethnified discourses may easily evolve towards an 'institutional racism' directed against stigmatized and 'minoritized' others.

The Pragmatic Dimension

An ethnography of intercultural education, therefore, will have to broaden the narrow margin of the traditional 'school ethnography' in order to include the impact that both the underlying structuring syntax and the institutional discourses that semanticize intercultural praxis *ab initio* have on 'school culture'. Only an ethnographic approach that will need to oscillate permanently between the *emic* perspective, centered on the discourses of the different actors who interact in the school context, and the *etic* perspective, that observes and registers the praxis of the interaction established among these actors, will be able to adequately reflect the reciprocally articulated relations among the structuring structures and the processes of intercultural inter-relation and hybridization.

The pragmatic dimension (Verlot & Sierens, 1997) and its study in school interculturality have been introduced and conceptualized, above all, from the point of view of a praxeological approach. Within this approach, Gogolin (1994) analyzes school praxis as a place of interaction and confrontation among diverse rutinized and habitualized 'life worlds' and 'lifestyles'. School conflicts and misunderstandings are analyzed as results of the growing gap that separates the pluralization and multilingualization of the pupils' 'life worlds', on the one hand, and the persistence of a monocultural and "monolingual habitus" on the part of the teaching staff and the school institution as a whole, on the other hand (Gogolin, 1994). This "monolingual habitus" transcends the merely linguistic sphere in order to become the sign and refuge of the teaching staff's identity under conditions of increasing professional complexity (Gogolin & Neumann, 1997; Gogolin, 2002). This approach is attractive because of its capacity to 'naturalize' and 'normalize' the exceptionality of – nationalizing and nationalized – monolingualism.

In their longitudinal ethnographic study of a primary school in an urban-migratory context, Gogolin & Neumann (1997) show how this monolingual and monocultural habitus practiced by the teaching staff and institutionally backed by the educational system coexists with the obvious multiculturalization of the school, family, and residential environments. Above all in immigration and/or transmigration contexts of urban agglomerations, daily life worlds are increasingly bilingual or even multilingual, a process which affects both native and migrant populations. This "life world bilingualism/multilingualism" (Gogolin, 1998) is often becoming a "cultural resource" and a future source of cultural capital (Fürstenau, 2004), a trend which is growing from the "bottom up", but which is not being recognized until now by monoculturally and monolingually socialized educational actors.

Institutional monoculturalism and life world multiculturalism thus coexist. This contradictory coexistence is, in the majority of cases, accepted by the affected pupils, their families and neighbourhoods. This acceptance would be, then, a "common sense" matter that is hegemonically imposed by the institutions of majority society and that is internalized as a kind of compromise or *arrangement* by the minority groups (Gogolin & Neumann, 1997).

One way of overcoming the teachers' and the school's diagnosed monocultural habitus would consist in explicitly integrating the "subordinate" modes of family and community interaction that are omnipresent in the out-of-school life world of the youngsters into school life itself (Soenen, 1998). The corresponding ethnographic study of these modes of interaction, therefore, could not be limited either to the school sphere or to the family and community sphere. The "youth cultures – those cultural practices by which young people articulate their passage through biological and social time" (Hewitt, 1998, S. 13) offer the chance to study *in situ* the processes of ethnogenesis and cultural hybridization.

The "creolized uses" (Hewitt, 1986) that frequently characterize these youth cultures that emerge from close, although not always harmonic, intercultural coexistence out of school, show that cultural hybridization in asymmetric contexts of ethnogenesis can generate "cultural modalities" (Hewitt, 1998) that can be exclusive or inclusive. If, apart from the omnipresent "modalities of what is ethnocentric" (product of intragroup ethnogenesis) and the "modalities of syncretism" and "cultural hybridity" (generated by intercultural hybridization) new "modalities of what is supra-cultural" (Hewitt, 1998, S. 14) arise, youth cultures may emerge as new "imagined communities", which are different from the conventional, enclosed identity ghettos.

Conclusions

Seeking to deliberately and consciously include these syncretic and/or supra-cultural modalities that come from contemporary youth cultures, in the modes of interaction acknowledged in the school sphere, however, would evidently mean to 'revolutionize' not only the current conceptions of intercultural education, but the school institution itself. Thus, finally, the true problem posed by the binomial of 'interculturality and education' becomes evident. The problem is not 'the immigrant' or 'the youngster'. The main obstacle that any strategy directed towards interculturalizing education will have to face is the school institution and how deeply rooted it is not only in nationalizing pedagogy, but in the nation-state itself (Gogolin & Krüger-Potratz, 2006). By illustrating the empirical operationality and potential of this methodological approach, the aim of this chapter has been to pinpoint Ingrid Gogolin's major contributions to the current development and discussion of a conceptual-methodological grid for an ethnography of intercultural education. In order to take advantage of this potential, it is indispensable, in the first place, to re-think and reiterate the close relationship that must exist between theoretical conceptualization and empirical realization.

• Therefore, as detailed above, my proposal is to conceive ethnography and its systematic oscillation between an *emic* – internal, actor-oriented and an *etic* – external, interaction-oriented vision of social reality as a reflexive task that recovers, from within, the discourse of the social actor being studied, while simultaneously contrasting this discourse, from outside, with the actor's respective habitualized praxis. This oscillation and contrast between an *emic*, semantic and discursive axis and an *etic*, praxis and interaction driven axis has to be finally integrated into an ethnographic study of the institutional structurations in which intercultural education develops. Thus, a "doubly reflexive ethnography" emerges, which dialectically shifts between the reflexivity inherent in academic research, on the one hand, and the reflexivity of the participating educational actors, on the other hand, whose voices, practices and institutional constraints are integrated into a three-dimensional model emerges, which combines (Dietz & Mateos Cortés, 2008; Dietz, 2009b):

• a 'semantic' dimension, centred on the actor, whose identity discourse is studied – basically through ethnographic interviews – from an emic perspective and is analyzed in relation to his/her strategies of ethnicity;

• a 'pragmatic' dimension, focussed on the cultural praxis as particular modes of interaction, which are studied – above all through participant observations from an etic perspective and are analyzed in relation to their functions both as intracultural habitus and as intercultural competences;

- and a 'syntactic' dimension, centred on the institutions inside of which these identity discourses and interaction practices are developed; these institutional settings are analyzed and "condensed" starting from the classical "epistemological windows" (Werner & Schoepfle, 1987) of fieldwork, i.e. the systematic contradictions that emerge when contrasting emic versus etic types of ethnographic data and that have to be interpreted not as mere data incongruities, but as those "coherent inconsistencies" (Verlot, 2001) which reveal the underlying particular logic of the analyzed institutions and its respective nation-state in question.

This dual emphasis on a theorization about interculturality and an ethnography of the intercultural and intracultural phenomena generates an integral vision, both *emic* and *etic*, of the object-subject of study. This allows us, on the one hand, to deconstruct and decipher the discursive and practical fluctuations of a broad range of nationalisms, ethnicisms and religious discourses. On the other hand, its semantic and pragmatic analyses complement each other and complete an ethnographic vision of the institutions that, like an omnipresent but underlying syntax, structure the identity discourses of each of the actors studied as well as their respective cultural practices. By doing this, turning our eyes from the problem to the problemizer, from the individual – whether a migrant or an indigenous actor – to the sedentary institutions, from the subordinate minority or the "beneficiary" client to the hegemonic 'benefactor' nation-state, the ethnographic endeavor at least turns disturbing.

References

Bernstein, B. (1975). *Class, Codes and Control. Vol. 3: Towards a Theory of Educational Transmissions*. London: Routledge & Kegan Paul.

Brubaker, R. (1996). *Nationalism Reframed: nationhood and the national question in the New Europe.*Cambridge: Cambridge University Press.

Dietz, G. (2009a). *Multiculturalism, Interculturality and Diversity in Education: an anthropological approach*. Münster u.a.: Waxmann.

Dietz, G. (2009b). Towards an Ethnographic Methodology in Intercultural Education. In I. ter Avest et al. (Eds.), *Dialogue and Conflict on Religion. Studies of Classroom interaction in Europeans Countries* (pp. 276–308). Münster u.a.: Waxmann.

Dietz, G. & Mateos Cortés, L.S. (2008). El discurso intercultural ante el paradigma de la diversidad: estructuraciones subyacentes y migraciones discursivas del multiculturalismo contemporáneo. In S. Bastos (Ed.), *Multiculturalismo y futuro en Guatemala* (pp. 23–54). Guatemala: FLACSO–OXFAM.

Favell, A. (2001). Immigration Policy and Integration Research in Europe: a review and critique. In T.A. Aleinikoff & D. Klusmeyer (Eds.), *Citizenship Today: global perspective and practice* (pp. 349–399). Washington, DC: Carnegie Endowment for International Peace.

Fürstenau, S. (2004). *Mehrsprachigkeit als Kapital im transnationalen Raum: Perspektiven portugiesischsprachiger Jugendlicher beim Übergang von der Schule in die Arbeitswelt.* Münster u.a.: Waxmann.

Giddens, A. (1984). *The Constitution of Society: outline of the theory of structuration.* Cambridge: Polity.

Gogolin, I. (1994). *Der monolinguale Habitus der multilingualen Schule.* Münster, New York: Waxmann.

Gogolin, I. & Neumann U. (1997). *Großstadt-Grundschule: eine Fallstudie über sprachliche und kulturelle Pluralität als Bedingung der Grundschularbeit.* Münster, New York: Waxmann.

Gogolin, I. (1998). "Kultur" als Thema der Pädagogik: das Beispiel interkulturelle Pädagogik. In A. M. Stross & F. Thiel (Eds.), *Erziehungswissenschaft, Nachbardisziplinen und Öffentlichkeit* (pp. 125–150). Weinheim: Deutscher Studienverlag.

Gogolin, I. (2002). Linguistic and Cultural Diversity in Europe: a challenge for educational research and practice. *European Educational Research Journal, 1*(1), 123–138.

Gogolin, I. (2008). Interkulturelle Bildungsforschung. In R. Tippelt & B. Schmidt (Eds.), *Handbuch Bildungsforschung* (pp. 297–315). Wiesbaden: VS-Verlag.

Gogolin, I. & Krüger-Potratz, M. (2006). *Einführung in die Interkulturelle Pädagogik.* Opladen: Barbara Budrich/ UTB.

Gogolin, I., Krüger-Potratz, M. & Meyer, M.A. (1998) Nachwörtliche Bemerkungen zu Pluralität und Bildung. In I. Gogolin, M. Krüger-Potratz & M.A. Meyer (Eds.), *Pluralität und Bildung* (pp. 251–276). Opladen: Leske & Budrich.

Gomolla, M. & Radtke, F.-O. (2002). *Institutionelle Diskriminierung: die Herstellung ethnischer Differenz in der Schule.* Opladen: Leske & Budrich.

Hewitt, R. (1986). *White Talk, Black Talk: inter-racial friendship and communication among adolescents.* Cambridge: Cambridge University Press.

Hewitt, R. (1998). Ethnizität in der Jugendkultur. In I. Gogolin, M. Krüger-Potratz & M.A. Meyer (Eds.), *Pluralität und Bildung* (pp. 13–23). Opladen: Leske & Budrich.

Radtke, F.-O. (1995). Interkulturelle Erziehung: über die Gefahren eines pädagogisch halbierten Anti-Rassismus. *Zeitschrift für Pädagogik, 41*(6), 853–864.

Sayad, A. (2004). *The Suffering of the Immigrant.* Cambridge: Polity.

Schiffauer, W., Bauman, G., Kastoryano R. & Vertovec, S. (2004) (Eds.). *Civil Enculturation: nation-state, school and ethnic difference in the Netherlands, Britain, Germany and France.* New York: Berghahn.

Soenen, R. (1998). Creatieve en dynamische processen in het alledaagse leven: een inspiratiebron voor intercultureel onderwij. In R. Pinxten & G. Verstraete (Eds.), *Cultuur en macht: over identiteit en conflict in een multiculturele wereld* (pp. 273–302). Antwerpen: Houtekiet.

Verlot, M. (2001). *Werken aan integratie: het minderheden – en het onderwijsbeleid in de Franse en Vlaamse Gemeenschap van België (1988–1998).* Leuwen: Acco.

Verlot, M. & Sierens, S. (1997). Intercultureel onderwijs vanuit een pragmatisch perspectief. *Cultuurstudie, 3,* 130–178.

Werner, O. & Schoepfle, M. (1987). *Systematic Fieldwork. Vol.1: Foundations of Ethnography and Interviewing. Vol. 2: Ethnographic Analysis and Data Management.* Newbury Park, CA: SAGE.

Günther List

Die Bildungssprache des Interkulturellen Projekts

Begriffshistorische Annäherung an ihre Handlungsgrammatik

Einer Autorin, die mit der interkulturellen Formel vom „monolingualen Habitus" (Gogolin, 1994) Begriffsgeschichte gemacht hat, und die mit dem Terminus „Bildungssprache" ausdrücklich Streit anregen will (Gogolin, 2009, S. 264), einer solchen Autorin ist *begriffshistorisches* Interesse gewiss zu unterstellen. Sie wird die „terminologische Auseinandersetzung" nicht ernsthaft von der Sachdiskussion abtrennen wollen und ausgerechnet sie dann einstweilen ausklammern (ebd., S. 263, Anm. 1), wenn der paradigmatische Kern des Interkulturellen Projekts der Gegenwart berührt wird: beim „Streitfall Zweisprachigkeit", wo es nicht nur um unterschiedliche Bewertungen von Bilingualität geht, sondern auch um die Tragfähigkeit und Reichweite des Bilingualismusbegriffs überhaupt (List, 2009).

Wenn die folgenden Überlegungen in einem ersten Schritt an diesem gegenwärtig dysfunktional gewordenen Schlüsselwort ansetzen, dann gerade um über die Ebene bloßer Wortgeschichte hinauszukommen und begriffshistorische Aufklärung anzusiedeln im Medium gesellschaftlicher *Bildungssprache* (deren wissenschaftliche Seite eingeschlossen). Interkulturalität, so der Grundgedanke, ist für die Moderne als ein *Projekt* zu rekonstruieren, dessen semantische Entwicklung mit dem Ausbau einer bestimmten *Handlungsgrammatik* einhergeht. Dabei wird perspektivisch zu fragen sein, wie weit sich in der bisherigen Geschichte des Interkulturellen Projekts nicht strukturelle Asymmetrie und damit *Ergänzungsbedürftigkeit* abbildet.

„Zweisprachigkeit" – im Inneren der Begriffsgeschichte

Aus dem 19. Jahrhundert stammend und inzwischen weltweit kursierend, imponiert der Begriff ‚Zweisprachigkeit' an seiner semantischen Oberfläche nach wie vor mit schwer zu überbietender Eindeutigkeit: mit dem Versprechen nämlich, die Lern- und Lebensverhältnisse zwischen unterschiedlichen, potenziell im Konflikt zueinander stehenden Sprachen dichotomisch reduzieren zu helfen und dadurch handhabbar zu machen (List, 2003). Für das Sprachenlernproblem der Einwanderungsgesellschaft findet man die Programmformel „Erziehung zur Zweisprachigkeit" (Gogolin, 1988) daher passgenau eingesetzt, und dem folgt ebenso geradlinig die Frage nach Realisierbarkeit und Effizienz bilingualer Programme. Dabei könnte es denn auch sein Bewenden haben, wäre die professionelle, interkulturelle Rede nicht präzis an dieser Stelle zugleich auf einer semantischen Flucht nach vorn. Die aber führt mitten hinein in ein widersprüchliches Begriffsbildungsgeschehen.

Wie lässt sich etwa damit umgehen, dass „Erziehung zur Zweisprachigkeit" inzwischen geradezu ersetzbar geworden ist durch die in gleicher Bedeutung ausgegebene Formel „Erziehung zur Mehrsprachigkeit" (Gogolin, 2005)? Nimmt man die Prämisse ernst, dass „Mehrsprachigkeit" gegenüber dem Phänomen individueller „Zweisprachigkeit" die kollektive Dimension bezeichnet (ebd., S. 13), wie soll dann „Erziehung" zu ihr vorstellbar sein? Treibt zu dieser expansiven Verundeutlichung der Wunsch, dem Einzelnen eine pluralistische Perspektive aufzuweisen, wie sie der Begriff „Zweisprachigkeit", beim Wort genommen, gerade ausschließt? Aber womöglich gehen terminologische Beckmessereien tatsächlich an der Sache vorbei, und wir haben einfach das Stadium erreicht, in dem die einschlägigen, interkulturellen Begriffe das Recht erwerben, als *Metaphern* aufzutreten.

Dann liefe der Entschluss, im Rahmen erziehungswissenschaftlicher ‚Arbeitsbegrifflichkeit' am suggestiven Programmtitel „Zweisprachigkeit" festzuhalten (Gogolin, 2009, S. 263), schlicht auf eine Konventionalisierung von Unbestimmtheit hinaus, wie sie im angelsächsischen Sprachgebrauch längst Usus ist (Mackey, 1962). Einem „lebensweltlichen" Definitionsversuch, der den Begriff direkt im Alltag von „Kindern und Jugendlichen mit Migrationshintergrund" abholt, muss das nicht entgegen stehen, auch wenn dabei die Logik konkreter Wahrnehmung ein Stück weit interferiert: Sieht man genauer hin, verwendet die Klientel ja „zwei *oder mehr*" Sprachen zur Verständigung (Gogolin, 2009, S. 263, Anm. 1; Hervorh. G.L.). Wir sind an dem Punkt, wo der Gebrauchswert der Vokabel „Zweisprachigkeit" abtrennbar wird von seiner ursprünglichen – im Deutschen strikter als im Englischen – wortgetreuen Bedeutung. Während sich das abstrakte Substantiv verselbständigt und gegen allzu genaue Auslegung hermetisiert, muss ein modifizierter Begriffseinsatz („zwei oder mehr") nachgeschoben werden, der den Part übernimmt, Fakten zu verbuchen.

Pluralistische Konkretisierungen sind von dieser semantischen Konstellation kaum zu erwarten, vielmehr steht sie mit der inzwischen eingebürgerten Formel „Zwei- oder Mehrsprachigkeit" für ein Spektrum, in dem alles offen bleibt. Das reicht von einer „Zweisprachigkeit", die ihre wörtliche Bedeutung neben der metaphorischen durchaus beibehält, bis zu einer „Mehrsprachigkeit", die ohnehin nicht quantifizierbar ist und ihre metaphorischen Züge noch ausbaut. Diese ausgreifendungreifbare Formel muss die Aufmerksamkeit vor allem auf die Frage hinlenken, was implizit hinter ihr stecken könnte: Womöglich die Erwartung, der mit ihr ausgestellte Wechsel auf die Zukunft werde sich schon noch einlösen lassen? Aktuell jedenfalls entspricht sie wohl einem Bildungssystem, das weder in der Lage ist, reale Mehrsprachigkeit von Migrantenkindern unterrichtlich aufzunehmen noch auch buchstäblich zu verstehende Zweisprachigkeit umfassend für sie herzustellen.

Aus welcher Perspektive können solche Signale der semantischen Verunsicherung wahrgenommen und diskutiert werden? Zunächst einmal bewegen wir uns wohl alle auf irgendeine Weise im *Inneren* des Interkulturellen Projekts und folgen einer semantischen Anpassungslogik: Sie produziert in einem gegebenen Moment mehr oder minder kreative begriffliche Reaktionen auf die unbehagliche Lage, dass entscheidende Deutungsmuster auf die von ihnen verwalteten Problemlagen nicht (mehr) passen. Für die Frage, wie man in diese Situation hineingeraten ist und wieder aus ihr heraus kommt, liegt der Verweis auf *begriffshistorische* Klärung nahe. Nur, dass gerade diese Form methodischer Selbstreflexivität aus dem Stand kaum in Gang kommen wird, und zwar umso weniger, je professioneller man am Projekt beteiligt und gewohnt ist, den eigenen Sprachgebrauch an ein unmittelbares Handlungsinteresse zu binden. Hier bietet der Begriff *„Bildungssprache"*[1] an, die nötige Distanz zu vermitteln.

„Bildungssprache" – das Medium ist die Botschaft

Der Begriff spricht die gesellschaftlichen, für die Moderne kennzeichnenden Transmissionsleistungen an, die sich zwischen Wissenschafts- und Umgangssprache vermittelnd etablieren – seit den 1970er Jahren ablesbar am Eindringen sozialwissenschaftlicher Termini in den Alltag, einem grundsätzlich als Aufklärungsfortschritt deutbaren Geschehen (Habermas, 1978). In dieser Sicht wird neben der Rolle der Medien vor allem die der Schule für die Vermittlung von „Orientierungswissen" wichtig, d.h. für die Kompetenz, einzelwissenschaftlich erzeugte Erkenntnisse in „einheitsstiftenden Alltagsdeutungen" zu verarbeiten (ebd., S. 330).

„Bildungssprache" deshalb auf ein „Vorläuferregister" zur Wissenschaftssprache einzuschränken (Gogolin, 2009, S. 270), erscheint mir zu strikt: Der Begriff sollte expansiv bezogen bleiben auf den *umfassenden* medialen Zusammenhang der wissenschaftlichen Theorien mit den Alltagspraxen, aus deren Sprachsubstanz sie letztlich leben (Ehlich, 1999), und auf die sie mit ihren Geltungsansprüchen begriffsprägend zurückwirken. Besonders sozial- und kulturwissenschaftliche Disziplinen, die in ihrer Alltagsevidenz von „technischen Erfolgskontrollen" (Habermas, 1978, S. 338) entfernt bleiben, sind ja konstitutiv in „Bildungssprache" eingeschlossen. Eben daraus, das ist hier der Punkt, ergibt sich für Disziplinen wie die Pädagogik mit ihrem längst erfolgreich eingespielten Werben um bildungssprachliche Breitenwirkung die propädeutisch stringente Aufgabe einer Sprachnutzungs-

---

1   Siehe auch die Beiträge von Gudula List und Herbert Christ sowie von Britta Hawighorst und Gabriele Kaiser im vorliegenden Band – Anm. d. Hrsg.

diskussion: einer Aufklärung über die gesellschaftlichen Wirkungen wissenschaftlich produzierter Begriffe, die das bereits kursierende Vokabular mit einbegreift.

Für das laufende Interkulturelle Projekt ist das jüngst noch ganz ex negativo, aber methodologisch aufschlussreich, manifest geworden durch den Versuch, divergente Urteile über „Zweisprachigkeit" unter dem Titel „Streitfall" einem interdisziplinären Forum auszusetzen (Gogolin & Neumann, 2009). Denn die Erwartung, im Nebeneinander konkurrierender Deutungssysteme der *Sache* selbst auf den Grund zu kommen, musste vorhersehbar enttäuscht werden, wo über die Rollen und Regeln der Teilnahme am gemeinsam genutzten Sprachspiel (List, 2009) gar nicht erst gesprochen wurde. Soll das Interkulturelle Projekt wissenschaftlich auf der Höhe und öffentlich nachvollziehbar sein, ist es auf metasprachliche Zugänge zu seiner – Forschung, Bildung und Alltag umgreifenden – *sprachlichen* Konstitution angewiesen. Auf Zugänge also, wie sie neben der Philosophie des konstruktivistischen Kulturalismus (Janich, 1996) die im Wissenschaftssystem abrufbare Spezialisierung „Begriffsgeschichte" bietet – sofern sie weder als antiquarische noch als logische Übung missverstanden wird.

Wenn das „interkulturelle" Großprojekt der Gegenwart in begriffshistorischer Sicht Anlass gibt semantische Dysfunktionalitäten festzustellen, dann nicht um sie aus dem Stand zurechtzurücken, sondern weil sie zur Rekonstruktion ihrer *durch Sprache* vermittelten *Verursachungen* herausfordern. Das führt letztlich auf die Frage nach der spezifischen Formatierung interkultureller Sprachspiele durch die Moderne. Und so könnte sich, was am „Fall Zweisprachigkeit" als widersprüchlich protokollierbar wird, auf den ersten Blick aus der paradoxen Natur wissenschaftlichen Fortschritts erklären lassen: aus jenen *strukturellen* Spannungen zwischen alltagspraktischem Orientierungsbedarf und „theoretischen Ungewissheiten", die bewirken, dass die Semantik wissenschaftlichen Wissens *ständig* „einem *sichtbaren* Prozeß des *Veraltens* ausgesetzt ist" (Habermas, 1977, S. 338; Hervorh. G.L.). Aber ist es wirklich so, dass die sichtbare Dysfunktionalisierung des Begriffs „Zweisprachigkeit" aus seinem *wissenschaftssprachlichen* Veralten resultiert, aus dem bildungssprachlichen Festhalten an gleichsam abgesunkenem Wortmaterial?

Dieses Sprachspiel scheint, im Gegenteil, blockiert eher durch seine von langer Hand erworbene, *bildungssprachliche* Bedeutsamkeit: Suggestiv strahlt sie bis in seine aktuellen disziplinären Verwendungen aus, jedoch ohne dass ein Aufstieg auf die Legitimationsebene theoretischer Schlüssigkeit gelingt. Gerade entschlossen *enthistorisierende* Definitionen bilden das ab, wenn sie, etwa in Richtung einer „Psychologie der Zweisprachigkeit" (Reich, 2005, S. 131ff.), dem Sprachspiel endlich handlungsleitende Eindeutigkeit verschaffen wollen, tatsächlich aber lediglich die Serie der immer wieder, unter den verschiedensten Umständen erneuerten Rezeptionen des Begriffs verlängern. Für die heuristisch ansetzende Erforschung gesellschaftlich leitender Themen entlang ihrer Begrifflichkeit sind es denn auch gerade diese nicht apriori durchschaubaren *Gemengelagen* von Wissenschafts- und Bildungssprache, die den Stoff liefern. In die Zeitachse gedreht, wird das Medium zur Botschaft.

Das „Interkulturelle Projekt" – die Grenzen der Moderne

Soweit begriffshistorische Recherche mehr sein will als diachronische Bestandsaufnahme einzelner Wörter, wird sie sich – mit realgeschichtlicher Bodenhaftung – notwendig in einem hermeneutischen Zirkel bewegen. Heuristisch ausgehend von der Evidenz des für ein bestimmtes Thema zur Geltung gekommenen Sprachgebrauchs, vorrangig bildungssprachlicher Schlüsselbegriffe, wird sie dieses Thema in den Umrissen eines konkreten *Projekts* rekonstruieren – in unserem Fall eines Projekts, das in die Zukunft hinein noch offen ist, für das aber prognostische Erwägungen sich aus Vergangenheit und Gegenwart ergeben: im Blick auf die Entwicklung eines *Handlungskerns* und die *Zusammengehörigkeit* der ihm zuzuordnenden Semantik.

„Interkulturell" kann das Projekt genannt werden, weil diese relationale Vokabel – anders als „multikulturell" – für die Konstruktion des geschichtlichen Rahmens einen abstrakten Ausgangspunkt bietet. Denn ohne dass vorab definiert werden müsste, was ‚Kulturen' sind, verweist „interkulturell" letztlich auf eine ebenso spezifische wie zeitlose Konstellation der *Intersubjektivität*: Wo Subjekte füreinander Produzenten ‚kultureller' Alterität sind, kann zwischen ihnen auf der Basis vorgängiger *Gemeinsamkeit* sprachliche Klärung in Gang kommen (Wittgenstein, PU 664). Diese Konstellation lässt sich einerseits als anthropologische Grundfigur *wechselseitiger* Neugier und Nachfrage verstehen und liefert damit so etwas wie einen Maßstab für die geschichtlichen Realisierungen von Interkulturalität. Andererseits wird die begriffshistorische Aufmerksamkeit auf jenes *Organisationsprinzip* interkultureller Kommunikation gelenkt, das *hinter* der Emergenz von Wörtern und Begriffen steht, aber erst *in* der Versprachlichung Gestalt gewinnt: Es kann hier „Handlungsgrammatik" heißen.[2]

Gerade unter diesem Vorzeichen ist das „Interkulturelle Projekt" methodisch auf den – von der Gegenwart her lesbaren – Zeitrahmen der *Moderne* einschränkbar: auf jenes Entwicklungsstadium interkultureller Sprachspiele, in dem handlungs-

---

2   Wittgenstein unterscheidet im Wortgebrauch die auf den Satzbau bezogene Grammatik von der „Tiefengrammatik" (PU 664), was sich – vermittelt über die Frage nach dem „Wesen" von Gegenständen (PU 371, 373) – beziehen lässt auf die „gemeinsame menschliche Handlungsweise" als das „Bezugssystem, mittels dessen wir uns eine fremde Sprache deuten" (PU 206).

grammatische Struktur und semantische Erscheinungsebene sich *synchron* zu einem bildungssprachlich *spezialisierten* System ausgebildet haben. Das ist ersichtlich noch *nicht* der Fall im Zeichen einer Handlungsgrammatik älteren, stammesgeschichtlichen Typs, wo Kollektivsubjekte verbale Zeigegestik einsetzen, um Differenz und Asymmetrie zu markieren – wo also interkulturelle Semantik sich darin erschöpft, dass mit charakterologisch aufgeladenen *Völkernamen* aufeinander gedeutet wird. Demgegenüber bezeugen die interkulturelle Neuprägung „Zweisprachigkeit" um 1830 und der interkulturelle Bedeutungszuwachs von „Minorität" um 1900 (List, 2003, 2007) eine *kategoriale* Wahrnehmung, die das gesellschaftliche Aushandeln von Fremdheit theoriefähig macht. Grundsätzlich dichotomisch angelegt, kann dieses Vokabular für die Deutung und Organisation von Status- und Rollenverteilung in den ‚kulturell' *unterschiedlichsten* Konstellationen eintreten, sowohl kollektive wie – abhängig davon – individuelle Zugehörigkeiten hierarchisch gewichten.

Darin zeigt sich eine neue Systemrationalität[3], ohne die das Interkulturelle Projekt nicht definierbar ist. In der kontinuierlichen Nutzungstradition der genannten Schlüsselbegriffe tritt eine geradezu ins Wortmaterial einprogrammierte Fähigkeit zu Tage, Veränderungen der Umwelt über längere Zeitstrecken elastisch zu verarbeiten. Das ist, summarisch gesagt, einerseits durch *Anpassung* der Handlungsgrammatik(en) über alle Perspektivenwechsel und Umwertungen hinweg geschehen – andererseits unter dem Schirm einer terminologisch *konstanten*, mit immer weiter reichenden theoretischen und programmatischen Versprechungen ausgestatteten Semantik. Aufschlussreich beleuchtet wird diese Disposition durch die Krisenanalyse des „monolingualen Habitus in der multilingualen Schule" (Gogolin, 1994), die auf dem Höhepunkt einer neuerlichen, jedoch aufhaltsamen Durchsetzung des Sprachspiels „Zweisprachigkeit" in dessen geschichtlich entfaltete Widersprüchlichkeit hineinsah.

Mitten im pädagogischen Betrieb war ja eine ausgesprochen handlungsblockierende Doppelbödigkeit zu beobachten: Während positiv akzentuierte „Zweisprachigkeit" in der professionellen Rede bereits Fuß gefasst hatte, lebte auf der Verhaltensebene noch ein latenter Monolingualismus fort, der triftig dem Nationalstaat des 19. Jahrhunderts zugeschrieben werden konnte. Die damalige Erwartung, dem quasi vorausgeeilten Signifikanten „Zweisprachigkeit" werde seine Realität schon noch nachkommen, gehört mit ins Bild: Sie ließ als bloßen Phasenverzug erscheinen, was inzwischen eher als äußere Erfolgsgeschichte eines „bilingualen Habitus"

---

3 Nie auf die Füße gekommen, aber aufschlussreich ist die Verarbeitung vormoderner Deutungen in der „Völkerpsychologie" des 19. und 20. Jahrhunderts (vgl. List, 1999).

deutbar ist, vielleicht auch als endgültige Dysfunktionalisierung des Sprachspiels in seinem semantisch-handlungsgrammatischen Zusammenhalt.

Diesseits der „Zeitmauer" – Sprachspiele durch sie hindurch

Dass vom habituellen Monolingualismus zur echten „Zweisprachigkeit" ein notwendiger Übergang stattfinde – diese fortschrittsgeschichtliche Engführung lädt dazu ein, den Rahmen des „Interkulturellen Projekts" weiter zu ziehen. Relativ unverbraucht und zugleich griffig könnten z.b. die prozessualen Systembegriffe „Migration" und „Integration" erscheinen, zumal wenn sie durch ein gemeinsames Sprachspiel bildungssprachlich miteinander verschränkt werden. Sie wären dann als *Tätigkeitswörter* einer geradezu universellen Handlungsgrammatik zu lesen – in einem Szenario mit *verteilten*, geschichtlich aufeinander zulaufenden Rollen: einem Lernprogramm für die Gesellschaft *insgesamt*, das aufgibt, die Alltagsrealität der Globalisierung zu verarbeiten.

Und doch zeigt sich dieser Neubeginn, sobald es zu seiner professionellen Umsetzung kommt, auf vertrackte Weise blockiert. Er endet augenfällig im Medium unsäglich bürokratischer Wortungetüme wie „Migrationsarbeit" (vgl. Wenner, 2009) und lässt so in die gleiche technizistisch deklinierte Aufklärung hineinsehen, wie sie schon den Altbestand der interkulturellen Semantik prägt. Tatsächlich ist die bisherige Geschichte des Projekts nicht anders zu denken als in den zwiespältigen Fortschritt moderner Systemrationalität eingelassen. Die Erfindung der „Zweisprachigkeit" aus dem Geist der Dichotomie gehört – als ergänzender Notbehelf – zur identitären Konstitution von Einsprachigkeit im modernen Nationalstaat. Rechnet man dieses System nicht pauschal einer atavistisch-völkischen Vormoderne zu, sondern behält seine Anschlussfähigkeit an die Projekte des Pluralismus und der Demokratie im Auge, dann wird die *andere* Seite der Moderne eher in einer spezifischen Verarbeitungsschwäche sichtbar: Das funktionalistische Vokabular der Interkulturalisierung hat sich auch deshalb als elastisch nutzbar erwiesen, weil sein kategorialer Deutungsanspruch von vornherein nicht weit genug in die Realität hinunter reicht, um mit vormodernen *Restbeständen* tatsächlich Schluss zu machen.

Entsprechend fand die Rezeption interkultureller Kategorien in der Erziehungswissenschaft unter der Bedingung statt, dass sie brauchbar waren, wenn die geschichtliche Ambivalenz ihrer Herkunft ausgeblendet wurde. Dieses für gewöhnlich implizite Selbstverständnis wurde von der Analyse des „monolingualen Habitus" aufschlussreich nach außen gekehrt, indem sie das historische Modell einer *Zeitmauer* anbot, um die bisherige Geschichte von der gegenwärtigen prinzipiell abzugrenzen. Einerseits, auf ideologiekritischer Linie, konnte so in exemplarischen Bildungstheorien des Kaiserreichs (Gogolin, 1994, S. 69ff.) jenes nationalistisch monolinguale Sprachhandeln, das nach 1945 in die habitualisierte Tiefenstruktur abgewandert war, als *Gegenwelt* fassbar werden. Andererseits, auf begriffshistorischer Linie, war entlang von bildungssprachlich-pädagogischen Definitionen der „Zweisprachigkeit" zwischen Kaiserreich und Gegenwart, ein später, aber signifikanter Übergang von *negativen* zu *positiven* Bewertungen zu erkennen (ebd., S. 145ff.).

Das Bild regt dazu an, die beiden von einander getrennten Linien in ihrer dialektischen Verknüpfung zu verfolgen, zumal der „Streitfall Zweisprachigkeit" mittlerweile begriffliche Legitimität aus *Vorzeichenwechsel* fragwürdig macht. Vor dieser Schwelle schien es, als brauchte in die handlungsgrammatische Dimension der Semantik gar nicht erst hinein gefragt zu werden, denn das Bewusstsein, mit dem Interkulturellen Projekt von vornherein auf der richtigen Seite der Geschichte zu stehen, setzte die entsprechenden Begriffe für ihren *instrumentellen* Gebrauch frei. Mit großer Unbefangenheit konnte daher „Mehrsprachigkeit" als eine auf der ganzen Welt selbstverständliche Realität beschworen werden – und den Hintergrund bieten für das Herunterbuchstabieren real existierender Sprachenvielfalt auf unterrichtliche „Zweisprachigkeit" (Nehr, 1999).

Die Formel „Bilingualität für das jeweils einzelne Migrantenkind" (Hohmann & Reich, 1989, S 20) markiert den paradigmatischen Höhepunkt dieses Rezeptionsgeschehens. Sie verspricht im pluralistischen Zeichen der Einwanderungsgesellschaft etwas, woran im 19. Jahrhundert, unter einfacher strukturierten Verhältnissen, bereits die „Zweisprachige Volksschule" für die polnischsprachigen Einwohnern Preußens (Krüger-Potratz, 1994) gescheitert war, nämlich: den pädagogischen Gestus individueller Zuwendung mit der schulpolitischen Logik flächendeckender Komplexitätsreduktion zu verbinden. Weil das Interkulturelle Projekt im Maß seiner Professionalisierung aber gelernt hat, Widersprüchlichkeit als fremde Umwelt, nicht aber als eigene Geschichte wahrzunehmen, ist die paternalistische Asymmetrie der scheinbar zeitlosen Konstruktion „Bilingualität *für*" kein Thema geworden. Mehr noch, im politischen Ausgreifen auf ein Europa *„für* Mehrheiten und Minderheiten" (Hohmann & Reich, 1989; Hervorh. G. L.) erfährt diese Konstruktion ihre handlungsgrammatische Schließung.

Schluss

Anders als der Begriff „Zweisprachigkeit", der universelle Anwendbarkeit suggeriert und in der Serie seiner Rezeptionen deshalb scheinbar immer derselbe bleibt, hält das Begriffspaar ‚Mehrheit' – ‚Minderheit' die heterogenen Bedeutungsschichten präsent, die ihm aus parlamentarischer Demokratie und Völkerrecht, Soziologie und Interkulturalisierung sukzessiv zugewachsen sind: In den Spektren zwischen

Mehrheits- und Minderheitsprinzip, zwischen „*in* der Minderheit sein" und „Minderheit *sein*" bilden sich Projekte der Moderne nachvollziehbar ab.

In der Bildungssprache des Bildungssystems bezeichnet der Gegensatz „Minderheiten" und „Mehrheitsgesellschaft" den handlungsgrammatischen *Kern* des Interkulturellen Projekts – das Szenario der gesellschaftlichen Umsetzung von „Zweisprachigkeit" durch Kollektivgrößen von *ungleichem* Status. Dieses Sprachspiel verschränkt hierarchisch zwei Subjekt-Prädikat-Beziehungen: In der Rolle konkreter Teilnehmer gewinnen dabei lediglich „*die* Minderheiten" Profil, und zwar weil sie jede für sich auf die Ausübung von „Zweisprachigkeit" festgeschrieben werden. Hingegen markiert „Mehrheitsgesellschaft" diejenige Instanz, die das Programm so verstandener „interkultureller Bildung" *für andere* zu schreiben hat, während ihr *selber* wenig mehr bleibt als die Pflicht zur Übung in Toleranz ...

Es ließe sich – was hier nicht geschehen kann – mit Blick auf weitere, kombinatorisch angelagerte Sprachspiele wie ‚Ethnizität' oder ‚Identität' in dieser Rekonstruktion fortfahren. Man blickt dann auf eine Entwicklung zurück, in der die Wissenschaftssprache auf die Bildungssprache zunehmenden Einfluss im Interkulturellen Projekt gewonnen hat – in nicht durchweg produktiver Arbeitsteiligkeit: Einerseits differenziert sich ja der interdisziplinäre Forschungssektor immer weiter aus, andererseits lebt er von der inzwischen geradezu globalen Geltung seiner Semantik. Das befördert im Ganzen eher die Tendenzen zur Hermetik als zur begriffshistorischen Selbstaufklärung. Dennoch hält der Alltag inzwischen so viele Erfahrungen über die Verarbeitungsschwäche interkultureller Kategorien bereit, dass die Bruchstellen dieses Systems sichtbarer werden.

Literatur

Ehlich, K. (1999). Alltägliche Wissenschaftssprache. *Informationen Deutsch als Fremdsprache, 26* (1), 3–24.

Gogolin, I. (1988). *Erziehungsziel Zweisprachigkeit. Konturen eines sprachpädagogischen Konzepts für die multikulturelle Schule.* Hamburg: Bergmann & Helbig.

Gogolin, I. (1994). *Der monolinguale Habitus der multilingualen Schule.* Münster, New York: Waxmann.

Gogolin, I. (2005) Erziehungsziel Mehrsprachigkeit. In C. Röhner (Hrsg.), *Erziehungsziel Mehrsprachigkeit. Diagnose von Sprachentwicklung und Förderung von Deutsch als Zweitsprache* (S. 15–24). Weinheim, München: Beltz.

Gogolin, I. (2009). Zweisprachigkeit und die Entwicklung bildungssprachlicher Fähigkeiten. In I. Gogolin & U. Neumann (Hrsg.), *Streitfall Zweisprachigkeit – The bilingualism controversy* (S. 263–280). Wiesbaden: VS Verlag für Sozialwissenschaften.

Habermas, J. (1978). Umgangssprache, Wissenschaftssprache, Bildungssprache [Vortrag Bielefeld 1977]. *Merkur 32,* 327–342.

Hohmann, M. & Reich, H. H. (1989). *Ein Europa für Mehrheiten und Minderheiten. Diskussionen um interkulturelle Erziehung.* Münster, New York: Waxmann

Janich, P. (1996). *Konstruktivismus und Naturerkenntnis. Auf dem Weg zum Kulturalismus.* Frankfurt a. M.: Suhrkamp.

Krüger-Potratz, M. (1994). „Dem Volk eine andere Muttersprache geben". Zur Diskussion über Zweisprachigkeit und Erziehung in der Geschichte der Volksschule. *Zeitschrift für Pädagogik 40*, 81–96.

Nehr, M. (1999). *Mehrsprachigkeit in Bildungseinrichtungen.* Vortragsmanuskript 18.03.1999 Pestalozzi-Fröbel-Verein.

List, G. (1999). Les quatre époques de la Völkerpsychologie en Allemagne: esquisse d'une carrière. In M. Kail & G. Vermès (Hrsg.), *La psychologie des peuples et ses dérives* (S. 23–32). Paris: Centre national de la documentation pédagogique.

List, G. (2003). „Zweisprachigkeit" als interkulturelles Konstrukt. Zur Geschichte einer zwiespältigen Komplexitätsreduktion. In I. Gogolin, J. Helmchen, H. Lutz & G. Schmidt (Hrsg.), *Pluralismus unausweichlich? Blickwechsel zwischen Vergleichender und Interkultureller Pädagogik* (S. 33–57). Münster u.a.: Waxmann.

List, G. (2007). Minderheit und Minorisierung. Zur begriffshistorischen Entwicklungslogik zweier Termini, bezogen auf die Geschichte der Gehörlosen. *Das Zeichen 21*, 75, 6–22.

List, G. (2009). Ein Phantom namens „Zweisprachigkeit". Die Jagd nach ihm als Sprachspiel. In I. Gogolin & U. Neumann (Hrsg.), *Streitfall Zweisprachigkeit – The bilingualism controversy* (S. 249–260). Wiesbaden: VS Verlag für Sozialwissenschaften.

Mackey, W. (1962). The description of bilingualism. *Canadian Journal of Linguistics 7*, 51–85; abgedr. (1968) In J. A. Fishman (Hrsg.), *Readings in the sociology of language* (S. 554–584). Den Haag: Mouton.

Reich, H.-H. (2005). Forschungsstand und Desideratenaufweis zu Migrationslinguistik und Migrationspädagogik für die Zwecke des „Anforderungsrahmens". In K. Ehlich et al. (Hrsg.), *Anforderungen an Verfahren der regelmäßigen Sprachstandsfeststellung als Grundlage für die frühe und individuelle Förderung von Kindern mit und ohne Migrationshintergrund* (= Bildungsreform 11 hg. BMBF) (S. 121–169). Bonn & Berlin.

Wittgenstein, L. (1984). Philosophische Untersuchungen (= PU) In *Werkausgabe* Bd 1. Frankfurt a. M.: Suhrkamp.

Norbert Wenning

Die Institutionalisierung der Interkulturellen Bildung

Prozesse der organisatorischen Verfestigung überindividueller Interessen sind ein-gebunden in soziale, institutionelle und gesellschaftliche Veränderungen. Für Or-ganisationen mit einem Anspruch auf Allgemeinvertretung gilt dies in besonderer Weise, so auch für die Deutsche Gesellschaft für Erziehungswissenschaft (DGfE). Sie reklamiert für sich, seit 1964 *die Fachorganisation* der Erziehungswissenschaft in Deutschland zu sein (vgl. Homepage der DGfE[1]). Zwar ist ein zentrales Kenn-zeichen von Organisationen, dass ihre Strukturen, ihre Ziele und ihr Regelwerk weitgehend losgelöst von individuellen Eigenheiten existieren, doch gleichzeitig sind die Handelnden in Organisationen immer Individuen mit persönlichen Interes-sen, Vorlieben, Erfahrungen, Gewohnheiten usw.

Interkulturelle Bildung ist heute eine der etablierten und mitgliederstarken Kommissionen der derzeit 21 Kommissionen der DGfE (vgl. ebd.). Dies ist ein Ausweis der entsprechenden fachlichen Besonderung innerhalb der deutschen bzw. deutschsprachigen Erziehungswissenschaft, die in den 1990er Jahren erfolgte. Wie verlief der Prozess der Institutionalisierung der Interkulturellen Bildung in der DGfE? Wer waren die Beteiligten? Ist diese Entwicklung eine Erfolgsgeschichte, wie der erste Blick auf die aktuelle Situation nahelegt?

Der Weg in die Deutsche Gesellschaft für Erziehungswissenschaft

Eine detaillierte Vorgeschichte der heutigen Kommission Interkulturelle Bildung als Teil der DGfE kann an dieser Stelle nicht geschrieben werden; diese Aufgabe bleibt anderen vorbehalten. Festzuhalten ist jedoch, dass das, was wir heute als Interkulturelle Bildung (und Erziehung) bezeichnen, in einem längeren Prozess *au-ßerhalb* der Fachorganisation entstand. Weitgehende Einigkeit besteht, dass ver-schiedene Stränge dieser Entstehung zu verfolgen sind. Dazu gehört das Verständ-nis von Interkultureller Bildung:

- als Reaktion auf die wachsende gesellschaftliche und politische *Anerkennung* von Minderheiten, die als „kulturell anders" definiert werden oder sich selbst so abgrenzen. Ab den 1970er Jahren sind daher in verschiedenen Staaten neue Bil-dungskonzepte, die als *Multicultural education* oder *Antirassist education* bzw. als Interkulturelle Erziehung oder Pädagogik, als Interkulturelles Lernen oder Interkulturelle Bildung bezeichnet werden, entstanden (Nieke, 2008, S. 11f.).

---

1   Vgl. den Beitrag von Rudolf Tippelt im vorliegenden Band – Anm. d. Hrsg.

- als Abgrenzung zur noch älteren *Ausländerpädagogik* in ihren verschiedenen Schattierungen von einer „Nothilfe" (ebd., S. 14f.) über eine „Sonderpädagogik für Ausländerkinder" (z.b. Friesenhahn, 1988, S. 113ff.) bis hin zur auch aktuell anzutreffenden Verkürzung auf die nur kompensatorische Funktion für Schüler und Schülerinnen, die den Voraussetzungen schulischen Unterrichts, vor allem sprachlich, unzureichend genügen.
- als jüngere Reaktion auf alte Fragen des Umgangs mit *Fremdheit*, vor allem im Rahmen der Durchsetzung des Nationalstaates (vgl. Wenning, 1996), der Wahrnehmung des „Anderen" etwa im Rahmen der Vergleichenden Erziehungswissenschaft ab dem Ende des 18. Jahrhunderts, des Versuchs, das Eigene in der fremden Umgebung zu erhalten durch Kolonialpädagogik und Pädagogik des Auslandsdeutschtums oder der Reaktion auf einen zunehmenden Kontakt mit dem Fremden durch Jugend- und Schüleraustausch sowie durch ökonomisch induzierte Kontakte (Gogolin & Krüger-Potratz, 2006, S. 69–107.).
- als Teil eines *internationalen* und *interdisziplinären* Diskursraumes (Krüger-Potratz, 2005, S. 168–177ff.), in den unterschiedliche Diskussionen über Gleichheit und Differenz, (kulturelle) Hegemonie und (kulturelle) Pluralität, über (Definitions-)Macht und Diskriminierung hineinwirken.

Die Unterschiedlichkeit der Stränge lässt erahnen, dass schon die Bezeichnung „Interkulturelle Bildung" eine Setzung in einem vielgestaltigen Umfeld war und damit eine umstrittene Entscheidung.

Wenn hier von *Institutionalisierung* die Rede ist, es tatsächlich aber um den Prozess der Entstehung einer *Organisation* geht, ist dies erklärungsbedürftig. In einem soziologischen Sinne sind Institutionen Systeme von Regeln mit Strategien der Legitimierung und mit Sanktionsmechanismen. Sie zielen darauf ab, das individuelle Verhalten im jeweiligen gesellschaftlichen Kontext zu beeinflussen. Dadurch wird ein Handlungsrahmen definiert, der u.a. für die Individuen entlastend wirkt und der den Erhalt von Gesellschaften stützt. Vom Wortsinn her bezeichnet eine Institution eine Einrichtung, etwas, das gesetzt ist und das durch diese Setzung anleitet. Die Alltagssprache versteht unter einer Institution aber auch eine Organisation. Diese ist ein in der Regel fassbares Gebilde mit definierten Mitgliedern, das normalerweise an einem räumlich fixierten Ort aufzufinden, vielfach rechtlich gestaltet ist bzw. eine bestimmte Rechtsform hat. Das Wort Organisation bedeutet im engeren Sinne ‚Werkzeug' und in einem weiteren Sinne die Vorbereitung und die Verwirklichung eines Plans, einer Unternehmung. Dass alltagssprachlich nur begrenzt zwischen Institution und Organisation unterschieden wird, ist insofern richtig, als Organisationen auch einen institutionellen Charakter haben können. So sind Bildungseinrichtungen einerseits Organisationen mit einem eigenen Ort, mit definierten Mitgliedern sowie kodifizierten Verhaltensregeln und andererseits Teil der Institution ‚Bildungswesen'. Eine solche hat in allen modernen Gesellschaften u.a. die Aufgabe, der nachwachsenden Generation die als wichtig angesehenen Wissensbestände und Kompetenzen zu vermitteln. In diesem, an das alltagssprachliche Verständnis angelehnten Sinne wird hier der Begriff Institutionalisierung verwendet: Es geht um den Prozess der Herausbildung der heutigen Organisation „Interkulturelle Bildung" als Kommission der DGfE.

Der formale Weg dieser Kommission ist in den Grundzügen recht überschaubar. Mit Schreiben vom 30. Januar 1994 stellen Ingrid Gogolin und Marianne Krüger-Potratz einen Antrag an den Vorstand der DGfE auf Einrichtung einer Arbeitsgemeinschaft auf Zeit, für die sie den Titel „Interkulturelle Bildung" vorschlagen. Der Vorstand genehmigt die Arbeitsgemeinschaft für vier Jahre.[2] Die Antragstellerinnen laden die Teilnehmer und Teilnehmerinnen des 14. Kongresses der DGfE in Dortmund im Rahmen des Kongresses zu einer konstituierenden Sitzung am 14. März 1994 ein. Dort wird außerdem eine erste Arbeitstagung für den 14. und 15. Oktober 1994 in Hamburg/Haus Rissen verabredet. Anschließend finden regelmäßig Arbeitstagungen und Mitgliederversammlungen der so geschaffenen „Interkulturellen Bildung" statt.

Die Frage der Beendigung der für eine Laufzeit von vier Jahren genehmigten Arbeitsgemeinschaft wird schon ab 1996 überlagert von Diskussionen über eine neue Binnenstruktur der DGfE. So diskutiert die 5. Mitgliederversammlung der „Arbeitsgemeinschaft auf Zeit" am 11. Oktober 1996 in Hamburg über einen Strukturvorschlag des Vorstands der DGfE zur Neugliederung der Fachgesellschaft. Am 20. November 1996 findet, ebenfalls in Hamburg, ein Treffen von Vorstandsmitgliedern der Kommissionen Bildungsforschung mit der Dritten Welt, Frauenforschung, Vergleichende Pädagogik und der Arbeitsgemeinschaft auf Zeit Interkulturelle Bildung statt, auf dem Fragen einer neuen Struktur der beteiligten Organisationen im Rahmen der DGfE diskutiert und Abstimmungen für weitere gemeinsame Aktivitäten (Tagungs- und Kongressplanung für die folgenden Jahre) vorgenommen werden. Im Laufe des Jahres 1997 entschließt sich die Kommission Frauenforschung, die Gründung einer eigenen Sektion voranzutreiben. Die Mitgliederversammlung der DGfE genehmigt 1998 auf dem Kongress in Hamburg eine Neustrukturierung der Fachgesellschaft. Der Vorstand der DGfE beschließt am 09. Januar 1999 eine geänderte Struktur, die seither in der Form von Sektionen ge-

---

2   Die vorliegende Darstellung beruht auf persönlichen Unterlagen. Weitere Details dieses Prozesses sowie der vorher zurückgelegte Weg bis zu diesem Antrag sind den Akten der Arbeitsgemeinschaft auf Zeit/Kommission Interkulturelle Bildung zu entnehmen. Diese wurden der Bibliothek für Bildungsgeschichtliche Forschung des Deutschen Instituts für Internationale Pädagogische Forschung (BBF) in Berlin übergeben.

gliedert ist. Im Rahmen einer gemeinsamen Tagung der Kommissionen Bildungsforschung mit der Dritten Welt und Vergleichende Erziehungswissenschaft sowie
der Arbeitsgemeinschaft auf Zeit Interkulturelle Bildung gründen diese die im
Strukturplan vorgesehene neue Sektion 3 „International und Interkulturell Vergleichende Erziehungswissenschaft" am 12. Februar 1999 in Münster. Die von der
Mitgliederversammlung der Sektion am 20. Februar 2000 im Rahmen der Jahrestagung in Münster beschlossene Geschäftsordnung der Sektion sieht als Binnenstruktur drei Kommissionen vor: die Kommissionen „Vergleichende Erziehungswissenschaft", „Bildungsforschung mit der Dritten Welt" und „Interkulturelle Bildung".

Die Gesichter der institutionalisierten Interkulturellen Bildung

Mit ‚Gesichter' sind hier die Personen gemeint, die den Prozess der skizzierten Institutionalisierung der Interkulturellen Bildung in der DGfE offiziell initiieren und
voranbringen. Ein kurzer Hinweis auf Studienangebote zu dieser Thematik ersetzt
nicht die noch weitgehend ausstehende Analyse der historischen, räumlichen und
organisatorischen Entwicklungen dieses Bereichs in den letzten Jahrzehnten.

Nachdem 1978 der in der Bundesrepublik Deutschland erste Zusatzstudiengang
„Lehrer für Kinder mit fremder Muttersprache" an der damaligen Erziehungswissenschaftlichen Hochschule Rheinland-Pfalz (heute Universität Koblenz-Landau,
Campus Landau) eingerichtet wird, ziehen Anfang der 1980er Jahre andere Standorte mit entsprechenden (Zusatz-)Studiengängen an Pädagogischen Hochschulen
und Universitäten nach (u.a. Essen, Hamburg, Münster). Zehn Jahre nach dem ersten Angebot existieren unterschiedliche ausländerpädagogische Zusatzstudiengänge
an 29 Hochschulen in allen Bundesländern, außer dem Saarland. Daneben gibt es
auch einige grundständige Diplomstudiengänge zur „Ausländerpädagogik" sowie
zu „Deutsch als Fremdsprache". In der nachfolgenden Zeit werden viele dieser Angebote verändert bzw. teilweise eingestellt. Zu Beginn des 21. Jahrhunderts bieten
allein im Bereich der Lehramtsausbildung 26 Hochschulen Zusatzstudiengänge an.
Viele haben allerdings einen Schwerpunkt in Deutsch als Zweit-/Fremdsprache.
Eine flächendeckende Ausweitung erfolgt, vor allem im Bereich der Lehramtsausbildung, zu keinem Zeitpunkt (Krüger-Potratz, 2001, S. 13ff; Gogolin, Neumann &
Reuter, 2001). Eine aktuelle Überprüfung (Wintersemester 2009/10) der Angebote
zu Interkultureller Pädagogik[3] als Teil der Lehramtsausbildung, wie Krüger-Potratz
(2001, S. 29ff.) sie in Tabellenform auflistet, ergibt eine Reduzierung der Zahl der
ausgewiesenen Zusatz- und Ergänzungsstudiengänge. Inwiefern entsprechende In-

---

3   Ermittelt durch Abfragen mit entsprechenden Stichworten der beim Hochschulkompass der Hochschulrektorenkonferenz gelisteten Studienangebote.

halte inzwischen in die ‚normale' Lehramtsausbildung einbezogen sind, wäre zu überprüfen (vgl. etwa Allemann-Ghionda, 2008).

Lange bevor die Interkulturelle Bildung einen institutionellen Ort in der wissenschaftlichen Fachgesellschaft DGfE bekommt, gibt es also eine relativ breit gestreute Herausbildung von Studiengängen und Hochschulstandorten, in bzw. an denen entsprechende Fragen thematisiert werden. Weiter zu analysieren wäre noch die Abgrenzung zu ‚ausländerpädagogischen' Angeboten und zum Bereich Deutsch als Zweit-/Fremdsprache.

Die Beantragung der Arbeitsgemeinschaft auf Zeit Interkulturelle Bildung an den Vorstand der DGfE erfolgt nur durch einen Teil der in diese Entwicklungen involvierten Personen. Eine besondere Bedeutung in diesem Prozess hat das Forschungsprogamm FABER als erster größerer organisatorischer Zusammenschluss von Forschenden im Bereich der Interkulturellen Pädagogik bzw. Bildung:

- Die Begründung zum Antrag auf Einrichtung der Arbeitsgemeinschaft auf Zeit Interkulturelle Bildung an den Vorstand der DGfE erfolgt auf einem Briefkopf des FABER-Programms der DFG[4].
- Die Antragstellerinnen für die Arbeitsgemeinschaft, Ingrid Gogolin und Marianne Krüger-Potratz, gehören zu den Antragstellenden des FABER-Programms.
- Die Liste der Unterstützerinnen und Unterstützer des Antrags auf Einrichtung einer Arbeitsgemeinschaft auf Zeit unterscheidet sich dennoch von der Gruppe der im FABER-Projekt aktiven Personen und geht über diese hinaus.
- Die Einladung an die Teilnehmer und Teilnehmerinnen des Kongresses der DGfE zur konstituierenden Sitzung der Interkulturellen Bildung 1994 in Dortmund bezieht sich inhaltlich explizit auf Forschungsprojekte, die im Rahmen von FABER durchgeführt werden.

Dieser ausdrückliche Bezug auf bestimmte Fragestellungen, auf forschungsmethodische und gesellschaftstheoretische Sichtweisen im Kontext der gesellschaftlichen und erziehungsbezogenen Reaktion auf eine gesellschaftliche Pluralisierung ist u.a. eine Abgrenzung zu manchen etablierten Herangehensweisen, die sich z.B. in vielen schon seit längerer Zeit vorhandenen Studienangeboten manifestieren. Diese Abgrenzung dürfte eine wichtige Ursache dafür sein, dass die Personen, die seit der

---

4   FABER ist das Akronym für das von der Deutschen Forschungsgemeinschaft (DFG) 1991 bis 1997 geförderte Schwerpunktprogramm „Folgen der Arbeitsmigration für Bildung und Erziehung" (vgl. zum Antragstext: Neumann, Gogolin, Krüger-Potratz & Reich, 1990, zu den Einzelprojekten: Reich & Bender-Szymanski, 1997, sowie den Band zur Abschlusstagung von FABER: Gogolin & Nauck, 2000. Ingrid Gogolin war zum Zeitpunkt der Antragstellung an die DGfE Sprecherin des Schwerpunktprogramms FABER.

Gründung der Arbeitsgemeinschaft auf Zeit Interkulturelle Bildung bzw. der Kommission Interkulturelle Bildung in dieser Organisation Vorstandsfunktionen übernehmen und damit offiziell präsent sind, zu einem größeren Teil nicht zu den vor der Beantragung schon fachlich entsprechend Etablierten gehören. Tabelle 1 listet die Vorstandsmitglieder bzw. Mitglieder des Sprechergremiums nach dem zeitlichen Beginn ihrer Tätigkeit auf.

Tabelle 1: Mitglieder des Vorstands (Sprechergremiums) der Arbeitsgemeinschaft auf Zeit/Kommission Interkulturelle Bildung in der DGfE

Zeitraum	Name, Ort
2009 bis dato	Martina Weber (Flensburg)
2007 bis dato	Mechtild Gomolla (Münster, Hamburg)
2007 bis 2009	Krassimir Stojanov (München)
2005 bis 2007	İnci Dirim (Hannover)
2005 bis 2007	Paul Mecheril (Bielefeld)
2002 bis 2005	Adelheid Hu (Hamburg)
2000 bis 2005	Hans-Joachim Roth (Hamburg, Köln)
1994 bis 2002	Norbert Wenning (Hagen)
1994 bis 2000	Marianne Krüger-Potratz (Münster)
1994 bis 1998	Ingrid Gogolin (Hamburg)

Erfolgreich gescheitert? Anspruch und Wirklichkeit der Interkulturellen Bildung in der DGfE

Die Anlage zum Antrag auf Einrichtung einer Arbeitsgemeinschaft auf Zeit Interkulturelle Bildung vom 30. Januar 1994 sowie die Einladung zur konstituierenden Sitzung auf dem Kongress der DGfE in Dortmund, die einige Wochen später erfolgt, beziehen ihre Begründung für die Einrichtung auch auf ein ausformuliertes Arbeitsprogramm. Ziel dieses selbst gestellten Auftrags ist die Beendigung der Arbeitsgemeinschaft auf Zeit durch die Formulierung kritischer Anfragen an die gesamte Disziplin Erziehungswissenschaft. Dies verdeutlicht ein besonderes Selbstverständnis der Arbeitsgemeinschaft auf Zeit:

• als organisatorischer Ort der Bündelung von allgemeinen, *quer* zur üblichen disziplinären Strukturierung der Erziehungswissenschaft liegenden Ansätzen und Fragen (Querschnittsfunktion) und damit die Ablehnung eines vielfach vorherrschenden Verständnisses einer ‚Zielgruppenpädagogik‘,

- als Fokus und organisatorischer Anlaufpunkt für Wissenschaftlicher und Wissenschaftlerinnen, die in diesem Feld arbeiten, die bisher aber keinen solchen fachsystematischen *Ort* haben,
- als *Arbeitsgremium*, das bestimmte, inhaltlich durch das FABER-Programm zugespitzte Thesen und Ergebnisse diskutieren und fachöffentlich verbreiten will,
- als *zeitlich begrenzte* Organisation, die an ihrer Selbstaufhebung, möglichst mit Ablauf der beantragten Zeit, arbeitet.

Interkulturelle Bildung existiert als Organisation der DGfE heute, mehr als 15 Jahre nach der Gründung, immer noch. Und es gibt keine Anzeichen, dass ein baldiges Ende bevorsteht. Das Ziel der zeitlich begrenzten Existenz der Arbeitsgemeinschaft auf Zeit ließe sich, aus heutiger Sicht, auch als taktischer ‚Trick' interpretieren, um auf diesem vorläufigen Weg einen Fuß in die Fachorganisation zu bekommen und sich nach und nach dort weiter zu verstetigen. Tatsächlich war die Selbstaufhebung zum Zeitpunkt der Gründung 1994 und in den nachfolgenden Jahren ernst gemeint und fester Bestandteil des skizzierten Selbstverständnisses. Was ist in diesem Punkt ‚schief' gelaufen? Warum gibt es immer noch eine Organisation Interkulturelle Bildung? Zentrale Erklärungsansätze dafür können sein:

- *Organisationssoziologisch* und *-psychologisch* ist es eher unwahrscheinlich, dass Organisationen ihre Selbstauflösung betreiben. Dies war den daran Beteiligten in der Arbeitsgemeinschaft aber von Anfang an klar. Darum darf keine Naivität unterstellt werden, wenn dieses Ziel dennoch verfolgt wird. Dahinter steckte vielmehr ein bestimmtes Verständnis über die Grundfragen, die zu dieser Interkulturellen Bildung geführt haben: dass es sich um für Erziehung und Bildung in einer modernen Gesellschaft insgesamt konstitutive Grundfragen handelt.
- Diese *Beharrungstendenz* gilt zugleich für andere Organisationen der DGfE. Sie reagieren in ihrem Selbstverständnis und ihrer Sichtweise auf die in der Interkulturellen Bildung ausformulierten Grundfragen zurückhaltender als gehofft bzw. erwartet. Alle Untergliederungen sind inzwischen prinzipiell offen für die aufgeworfenen Fragen. Dass diese dort hinreichend und dauerhaft verankert wären, muss dennoch gegenwärtig (immer noch) bezweifelt werden.
- *Hochschulpolitisch* ist die Sicherung der Vertretung bestimmter Fragestellungen durch den Erhalt von Ressourcen einfacher, wenn entsprechende disziplinäre Strukturen vorhanden sind. Fakultäts-, Fachbereichs- und Hochschulleitungen unterliegen in ihren Entscheidungsdispositionen einer anderen Logik als fachinterne oder gar gesellschaftspolitische Interessen. Hier kann – z.B. bei der

Denomination von Stellen – der Verweis auf eine einschlägige Kommission bzw. Sektion argumentativ stützend wirken.

- *Bildungspolitisch* gibt es z.b. durch die KMK-Empfehlung von 1996 (Sekretariat der Kultusministerkonferenz, 1996) in der fraglichen Zeit ‚Rückenwind' für Interkulturelle Bildung und Erziehung. In diesem Kontext kann die Auflösung einer fachlich einschlägigen Organisation gleichgesetzt werden mit der ‚Lösung' des bildungspolitisch wahrgenommenen Problems. Ähnlich wirken in den 2000er Jahren die, u.a. in diesem Bereich, regelmäßig wenig positiven Ergebnisse der internationalen Schulleistungsstudien PISA und IGLU.

Ein weiterer Beleg für die Ernsthaftigkeit der Absicht der zeitlichen Begrenzung ist, dass auch innerhalb der neu entstandenen Sektion mehrfach diskutiert wird, die Binnenstruktur der Sektion aufzuheben. So beschließen auf der Jahrestagung der Sektion „International und Interkulturell Vergleichende Erziehungswissenschaft" am 03. März 2005 in Münster die beiden Kommissionen Bildungsforschung mit der Dritten Welt und Vergleichende Erziehungswissenschaft, sich zu einer Kommission mit dem Namen „Vergleichende und Internationale Erziehungswissenschaft" zu vereinen. Die gleichfalls diskutierte Option, alle Kommissionen der Sektion 3 aufzulösen und nur die Sektion strukturell zu erhalten, wird im Vorfeld von einer Mehrheit der Vertreterinnen und Vertreter der Interkulturellen Bildung abgelehnt. Dahinter stehen weniger unterschiedliche Gruppierungen innerhalb der Sektion, vielmehr ist ein erheblicher Teil der Mitglieder gleichzeitig in zwei der bis dahin drei vorhandenen Kommissionen der Sektion Mitglied. Deshalb dürften die zuvor genannten Erklärungsansätze für den Erhalt eine beachtliche Bedeutung haben. So bleibt bis heute, dass die Absicht bei der Gründung der Arbeitsgemeinschaft auf Zeit Interkulturelle Bildung, sich nach Abarbeitung des Arbeitsprogramms wieder aufzulösen, ‚grandios gescheitert' ist, oder mit anderen Worten: Es scheint einen anhaltenden Bedarf am disziplinären Erhalt dieser Organisation, an der auch organisationsbezogenen Sichtbarkeit Interkultureller Bildung als eigenständiger fachlicher Spezialisierung zu geben. Ein Vergleich mit der Geschlechterforschung, die sogar eine eigene Sektion bildet, liegt nahe.

Was bleibt? Was wird?

Auch jüngere Auseinandersetzungen mit Interkultureller Bildung als erziehungswissenschaftlichem Phänomen beschäftigen sich nahezu ausschließlich mit verschiedenen Ansätzen, die unter Etiketten wie Interkulturelle Pädagogik, Interkulturelle Erziehung oder ähnlichen zusammengefasst werden (vgl. z.B. die sehr kritische Studie von Yıldız, 2009). Ein Blick auf die Institutionen fehlt bisher weitgehend. Gleichzeitig sind Organisationen und Prozesse der Institutionalisierung keine Automatismen; ihre Existenz und ihre Dynamik korrespondieren mit unterschiedlichen Rahmenbedingungen. Gesellschaftliche Vorgänge, sozialer Wandel, aber auch individuelles Engagement beeinflussen die Entstehung, Entwicklung und Veränderung überindividueller Strukturen. Nur selten lassen sich dabei eindeutige Einflussfaktoren herauskristallisieren. Die Entstehung der Interkulturellen Bildung als Suborganisation der DGfE verdeutlicht dies in besonderer Weise. Ihre Entwicklung verläuft anders als geplant, ihr organisatorisches Beharrungsvermögen hat andere Quellen als nur nahe liegende Motive, etwa der Erhaltung der Existenz dieser Organisation.

Die weitere Entwicklung der Interkulturellen Bildung erklärt möglicherweise das Scheitern der ursprünglichen Intention, die Fragen und Anliegen, die zur Gründung dieser Interkulturellen Bildung geführt haben, in andere erziehungswissenschaftliche Disziplinen hinein zu tragen und dort dauerhaft zu verankern. Dafür spricht, dass die Vertretung von Fragen Interkultureller Bildung an Hochschulen in Form der Einrichtung und (Wieder-)Besetzung entsprechender Professuren seit kurzer Zeit einen regelrechten Boom erlebt. Zum einen finden sich entsprechende Stellen inzwischen auch an einer Reihe von Hochschulen, die dieses Profil bisher nicht aufweisen. Zum anderen kommt es im Zuge der Pensionierung der ersten Vertreter und Vertreterinnen von Professuren, auf denen entsprechend „interkulturell gelehrt und geforscht" wurde, zu praktisch keiner grundlegenden Umwidmung. Auf diese Weise bekommt der Bereich eine (Personal-)Basis in den Hochschulen, wie sie 1994 nicht absehbar war – möglicherweise ist das ein weiterer Grund für die „Langlebigkeit" der DGfE-Organisation „Interkulturelle Bildung", oder sollte es gar eine Folge sein?

Die Bewertung dieses Prozesses bleibt ebenfalls ein Desiderat: Handelt es sich um die Verbreitung von Fragestellungen, die aus Sicht der Interkulturellen Bildung relevant sind, oder ist er eine Niederlage in dem Sinne, dass sich letztlich doch eine, vornehmlich an Migration als gesellschaftsverändernden Prozess und dementsprechend an Migrantinnen und Migranten als vorrangige Zielgruppe gebundene Teildisziplin mit entsprechenden Vertretern und Vertreterinnen bzw. mit für diese Gruppe Verantwortlichen durchsetzt? Selbst im zweiten Fall ist ein deutlicher Unterschied zur ‚ausländerpädagogischen' Zielgruppenorientierung der 1970er Jahre festzuhalten. Die neue sprachliche Ikone ‚Migrationshintergrund'[5] eröffnet – bei aller Kritikwürdigkeit – z.B. gesellschaftspolitisch eine ganz andere Perspektive als die Doppelstrategie der Rückkehrvorbereitung und der zeitlich begrenzten ‚Integration' früherer Zeiten.

---

5   Siehe den Beitrag von Franz Hamburger im vorliegenden Band – Anm. d. Hrsg.

Ob sich die Interkulturelle Bildung in dieser organisatorischen Form und inhaltlichen Ausrichtung halten und entwickeln wird oder ob sie quasi aufgehoben wird in einer anderen Entwicklung, die fast gleichzeitig zwar auf der Ebene der wissenschaftlichen Auseinandersetzung – zunächst um eine „Pädagogik der Vielfalt" –, nicht aber auf der Ebene der Institutionalisierung beginnt (vgl. Prengel, 2006, 1993; Hinz, 1993; Preuss-Lausitz, 1993), werden die nächsten Jahre zeigen. Nachdem das Verständnis des Stichworts „Inklusion" in der deutschsprachigen Diskussion, trotz anderer Intention, weitgehend auf den gleichberechtigten Einbezug von Menschen mit ‚Behinderung' in Bildungs- und andere Lebensinstitutionen begrenzt wird, stellt sich die Frage, wie das bezeichnet werden kann, was verschiedenen Differenzlinien gemeinsam ist und was über die jeweilige einzelne Kategorie der Unterscheidung hinausweist. Die Erfahrung von Diskriminierung und das Recht auf Teilhabe gelten darüber hinaus genauso für Personen mit anderer kulturell-sprachlicher ‚Ausstattung' wie für Menschen unterschiedlicher sexueller bzw. geschlechtlicher Identität oder mit verschiedenen sozialen Erfahrungen usw. Die Diskurse unter den Stichworten Heterogenität, Vielfalt, Verschiedenheit und Differenz schicken sich an, einen solchen übergreifenden Rahmen aufzuspannen (vgl. z.B. Lutz & Wenning, 2001; Wenning, 1999, 2004).

Literatur

Allemann-Ghionda, C. (2008). *Interkulturelle Bildung in der Schule. Studie. Generaldirektion Interne Politikbereiche der Union. Fachabteilung B: Struktur- und Kohäsionspolitik. Kultur und Bildung. Brüssel: Europäisches Parlament, Juni 2008.* Verfügbar unter: http://www.europarl.europa.eu/activities/committees/studies.do?language=DE [16.10.2009].

DGfE. *Offizielle Homepage der DGfE.* Verfügbar unter: http://dgfe.pleurone.de/. [12.10.09].

Friesenhahn, G. (1988). *Zur Entwicklung Interkultureller Pädagogik.* Berlin: EXpress.

Gogolin, I. & Krüger-Potratz, M. (Hrsg.). (2006). *Einführung in die Interkulturelle Pädagogik.* Opladen & Farmington Hills: Barbara Budrich.

Gogolin, I. & Nauck. B. (Hrsg.). (2000). *Migration, gesellschaftliche Differenzierung und Bildung.* Opladen: Leske & Budrich.

Gogolin, I., Neumann, U. & Reuter, L. (Hrsg.). (2001). *Schulbildung für Kinder aus Minderheiten in Deutschland 1989–1999. Schulrecht, Schulorganisation, curriculare Fragen, sprachliche Bildung.* Münster u.a.: Waxmann.

HRK. *Hochschulkompass. Studieren an deutschen Hochschulen. Der Wegweiser in die Studienangebote deutscher Hochschulen.* Verfügbar unter: http://www.hochschulkompass.de/studium.html [15.10.2009].

Hinz, A. (1993). *Heterogenität in der Schule. Integration – Interkulturelle Erziehung – Koedukation.* Hamburg: Curio.

Krüger-Potratz, M. (2001). Lehrerbildung im Zeichen von Pluralität und Differenz. In M. Krüger-Potratz (Hrsg.), *Lehrerbildung interkulturell. Texte, Materialien, Dokumente* (S. 1–33). Münster: Arbeitsstelle Interkulturelle Pädagogik.

Krüger-Potratz, M. (2005). *Interkulturelle Bildung. Eine Einführung.* Münster u.a.: Waxmann.

Lutz, H. & Wenning, N. (2001): Differenzen über Differenz. Einführung in die Debatten. In H. Lutz & N. Wenning (Hrsg.), *Unterschiedlich verschieden. Differenz in der Erziehungswissenschaft* (S. 11–24). Opladen: Leske & Budrich.

Neumann, U., Gogolin, I., Krüger-Potratz, M. & Reich, H. H. (1990). FABER. Ein Schwerpunktprogramm zur Erforschung der Folgen von Arbeitsmigration für Bildung und Erziehung (Originalfassung des Antragstextes an die DFG). *Deutsch lernen,* 1, 70–88.

Nieke, W. (2008). *Interkulturelle Erziehung und Bildung. Wertorientierungen im Alltag.* 3., aktual. Aufl., Wiesbaden: VS.

Prengel, A. (2006). *Pädagogik der Vielfalt. Verschiedenheit und Gleichberechtigung in Integrativer, Feministischer und Interkultureller Erziehung.* 3. Aufl. (1993). Wiesbaden: VS.

Preuss-Lausitz, U. (1993). *Die Kinder des Jahrhunderts. Zur Pädagogik der Vielfalt im Jahr 2000.* Weinheim, Basel: Beltz.

Reich, H. H. & Bender-Syzmanski, D. (Hrsg.). (1997). *Folgen der Arbeitsmigration für Bildung und Erziehung. Ein Schwerpunktprogramm der Deutschen Forschungsgemeinschaft. Kommentierte bibliographische Informationen.* 3., veränd. Aufl. Frankfurt a. M.: DIPF.

Sekretariat der Ständigen Konferenz der Kultusminister der Länder in der Bundesrepublik Deutschland (1996). *Empfehlung „Interkulturelle Bildung und Erziehung in der Schule."* Beschluss der Kultusministerkonferenz vom 25.10.1996. o.O., 14 S. XY. Verfügbar unter: http://www.globaleslernen.de/coremedia/generator/ewik/de/Downloads/ Dokumente/ Interkulturelles_20Lernen_20in_20der_20Schule_2C_201996.pdf, [16.10.2009].

Wenning, N. (1996). *Die nationale Schule. Öffentliche Erziehung im Nationalstaat.* Münster, New York: Waxmann.

Wenning, N. (1999). *Vereinheitlichung und Differenzierung. Zu den „wirklichen" gesellschaftlichen Funktionen des Bildungswesens im Umgang mit Gleichheit und Verschiedenheit.* Opladen: Leske & Budrich.

Wenning, N. (2004). Heterogenität als neue Leitidee der Erziehungswissenschaft? Zur Berücksichtigung von Gleichheit und Verschiedenheit. *Zeitschrift für Pädagogik, 50* (4), 565–582.

Yıldız, S. (2009). *Interkulturelle Erziehung und Pädagogik. Subjektivierung und Macht in den Ordnungen des nationalen Diskurses.* Wiesbaden: VS.

Rudolf Tippelt

Erziehungswissenschaft als Disziplin – professionspolitisch betrachtet

Individuelle Reflexion und internationale Kooperation

Die Pädagogik bzw. Erziehungswissenschaft – Begriffe die mittlerweile häufig synonym verwendet werden – hat seit dem intensiven Institutionalisierungsschub in den 1970er Jahren die äußeren Merkmale einer stabilen, ausdifferenzierten und international agierenden Wissenschaftsdisziplin aufzuweisen: Sie verfügt über spezialisierte Teildisziplinen, nationale und internationale Wissenschaftsorganisationen und Fachkommissionen, zahlreiche und immer häufiger streng reviewte Fachzeitschriften und führt regelmäßig nationale und internationale wissenschaftliche Kongresse und Tagungen durch. Auch den heute vom Hochschulsystem abverlangten Funktionen, also den Forschungs-, den Lehr- und den kooperativen Verwaltungsfunktionen stellt sich das Fach ebenso erfolgreich wie andere Fächer.

Erziehungswissenschaft – (Re-)Etablierung einer Disziplin

Vertreter des Faches werden in bildungspolitischen und gesellschaftlichen Praxisbereichen als Experten herangezogen und kommen oft aus Zeitgründen und chronischer Überlastung nur mühsam – wie Vertreter anderer Disziplinen auch – ihren kulturellen Aufgaben sowie ihrem gesetzlich auferlegten Engagement in der wissenschaftlichen Weiterbildung und Berufsfortbildung nach. Erziehungswissenschaft ist insofern eine ganz normale Wissenschaft! Schelsky (1971) hatte in seinem hochschulpolitischen Werk zu „Einsamkeit und Freiheit" noch auf eine Geselligkeitsfunktion hingewiesen, die aber nicht fach-, sondern eher personen- und institutsspezifisch beträchtlich variiert und darüber hinaus – wiederum aus dem erwähnten Zeitmangel – vorwiegend in die interaktiven Kongresse und Tagungen der Disziplin eingebettet ist.

Dieser groben Diagnose zur Situation in der Erziehungswissenschaft – formuliert beim Dortmunder Professionskongress der DGfE Mitte der 1990er Jahre – ist aus heutiger Sicht einiges hinzuzufügen. Wie hat sich die Disziplin in den letzten 15 Jahren verändert? Basis für die folgenden Einschätzungen sind einerseits subjektive Beobachtungen, andererseits aber auch Dokumente zur weiteren Institutionalisierung und internationalen Vernetzung der Erziehungswissenschaft in Deutschland sowie die kontinuierlichen Datenreports der DGfE, die die Entwicklungen im Fach sorgfältig nachvollziehen und transparent darstellen.

Die datengestützte Selbstbeobachtung der Erziehungswissenschaft war u.a. erforderlich, um bei Evaluationen und Akkreditierungen sowie in den Gremien der Hochschulen, aber auch im politischen Raum solide und verlässlich argumentieren zu können (vgl. Böllert & Tippelt, 2004). Die empirische Selbstevaluation der Erziehungswissenschaft begann bereits in den 1990er Jahren (z.b. Baumert & Roeder, 1994; Keiner, 1999). Mittlerweile liegen Analysen aus den Jahren 2008, 2004 und 2000 vor, so dass beispielsweise Zeitreihen zu Studiengängen und Studierendenzahlen, zur Personalentwicklung, zur Forschungsentwicklung, zur Nachwuchsförderung und zu den Arbeitsmarktchancen der Graduierten seit 1992 existieren (vgl. Otto et al., 2000; Tippelt et.al., 2004; Tillmann et al., 2008).

Von den 1950er zu den 1990er Jahren

Die Besonderheiten der Erziehungswissenschaft ergaben sich von Anfang an aus ihren Aufgaben, d.h. dass sich das Fach in den 1950er Jahren einerseits als akademische Universitätspädagogik mit philosophischer Fundierung und andererseits als Professionstheorie für Lehrer mit deutlich praktischer Ambition entwickelte. Ende der 1960er Jahre wurde die Erziehungswissenschaft im Zuge von zahlreichen Hochschulreformen der primären Herkunft aus der Lehrerbildung entsprechend unter der Leitvorstellung einer Berufswissenschaft für Lehrer als akademische Disziplin auf Dauer gestellt. Zu gleicher Zeit wurde mit der Einrichtung des Diplomstudiengangs und der wesentlich kleineren Magisterstudiengänge begonnen, so dass seither beispielsweise auch Sozialpädagogen, Erwachsenen- und Weiterbildner, Jugend-, Kultur- und Medienpädagogen erziehungswissenschaftlich und mit dem Anspruch auf pädagogische Fachkompetenz qualifiziert werden (Horn & Lüders, 1997). Die Erziehungswissenschaft hat sich neben schon etablierten Disziplinen im Hochschulsystem vor allem ab den 1970er/80er Jahren zu stabilisieren begonnen; sie erhielt starken Rückenwind durch die damals beabsichtigten, aber nur teilweise eingeleiteten Bildungsreformen einschließlich der forcierten Bildungsexpansion.

Sicher ging die Entwicklung der Wissenschafts- und Forschungspraxis in der Erziehungswissenschaft eigene Wege und lässt sich mit gängigen wissenschaftstheoretischen Periodisierungen keinesfalls abbilden. Ohne es hier vertiefen zu können, lässt sich die Nachkriegsgeschichte der Erziehungswissenschaft (vgl. Tenorth, 1997, S. 130f.) grob in vier Phasen einteilen:

- In einer ersten Phase der Restauration in den 1950er Jahren dominieren die historisch-geisteswissenschaftlichen Strömungen, die während der Zeit des Nationalsozialismus unterdrückt wurden, weil sie selbstbestimmtes wissenschaftliches Denken und Arbeiten forderten, und es wurde die praktische Reflexion im Anschluss an pädagogische Handlungsfelder betont.

- In der zweiten Phase, der sogenannten „realistischen Wende" in den 1960er/70er Jahren, gewinnen die theoretischen und methodischen Anregungen der Sozialwissenschaften insbesondere aus dem angelsächsischen Raum erheblich an Bedeutung. Gleichzeitig erlangt aber ab Ende der 1960er Jahre die Erziehungswissenschaft aufgrund der angestrebten Bildungsreformen große öffentliche und politische Aufmerksamkeit. Die pädagogische Disziplinforschung zeigt, dass es zu einem starken und irreversiblen Aufschwung der empirischen Forschung kommt und dass sich die Forschungsmethoden, -techniken und □standards zunehmend an der international dominierenden Form der Bildungs- und Sozialforschung orientieren. Die Rezeption qualitativer Forschungsmethodologic folgt in einem gewissen Abstand der Adaptation von quantitativen Forschungsmethodologien, allerdings nicht überall konsequent und mit erheblichen regionalen Unterschieden je nach Hochschulstandort. In führenden Fachzeitschriften erreicht der Anteil empirischer Forschungsarbeiten 20% und ein Viertel der Graduierungsarbeiten, beispielsweise Dissertationen, sind seit den 1950er Jahren dem empirischen Methodentypus – bei steigender Tendenz in den 1970er und leicht abnehmender Tendenz in den 1980er Jahren – zuzuordnen (vgl. Macke, 1990). Begriffsanalytische, rein theoretische und historische Arbeiten haben quantitativ an Gewicht verloren, die vergleichenden Untersuchungen blieben dagegen konstant stark – eine Entwicklungsrichtung, die auch in anderen europäischen Ländern erkennbar ist.

- In einer dritten Phase in den 1980er und 1990er Jahren setzen sich die theoretischen Pluralisierungstendenzen weiter fort, die methodische Vielfalt der Forschung über Erziehungsfragen nimmt zu und in den Diplom- und Magisterstudiengängen kommt es neben den etablierten Teildisziplinen wie z.B. Sozialpädagogik, Sonderpädagogik, Erwachsenenbildung, Berufspädagogik und interdisziplinären Neuentwicklungen wie Medienpädagogik oder Bildungsinformatik zu immer neuen Spezialisierungen und einer Inflation von „Binde-strich-Pädagogiken". Diese Un-übersichtlichkeit und die vielfältigen erziehungswissenschaftlichen Integrationsprobleme haben die Frage nach einem inneren „Zusammenhang einer auch pädagogisch verantwortlichen Kommunikation über öffentliche Erziehung" (Tenorth, 1997, S. 133) aufgeworfen. Die Forderung nach einem „Kanon der Disziplin" und nach einem Kerncurriculum, das nicht nur auf Persönlichkeitsbildung setzt, sondern darüber hinaus eine gründliche erziehungswissenschaftliche inklusive forschungsmethodische Ausbildung sichert, wurde in den Evaluationen des Fachs zunehmend hervorgehoben.

- In einer vierten Phase seit Mitte der 1990er Jahre, insbesondere zu Beginn des Umstellungsprozesses im Kontext der im Bologna-Prozess geforderten Bachelor- und Masterstudiengänge wurden in der DGfE Kerncurricula entwickelt und vom Vorstand der Deutschen Gesellschaft für Erziehungswissenschaft verbindlich empfohlen (vgl. DGfE, 2008). Um die Situation der Erziehungswissenschaft in Deutschland genauer zu beschreiben kann im Folgenden auf Ergebnisse des Datenreports der Deutschen Gesellschaft für Erziehungswissenschaft zurückgegriffen werden.

Zum Wandel seit Mitte der 1990er Jahre

Die Datenreports der DGfE zeigen empirisch kontrolliert Trends zu Studierenden, Personal, Forschung, wissenschaftlichem Nachwuchs und Zukunftsperspektiven der Disziplin auf und sind auf der Basis von klaren Indikatoren entwickelt – wie dies generell in der Bildungsberichterstattung (vgl. Konsortium, 2006; Autorengruppe Bildungsberichterstattung, 2008; Tippelt, 2009) notwendig ist. Die DGfE ist daran interessiert, die Erziehungswissenschaft im Wissenschaftssystem auf der Basis verlässlicher Daten – auch komparativ zur Psychologie, Politik-wissenschaft und Soziologie – unter Berücksichtigung verschiedener Dimensionen darzustellen.

Die Daten der vorgelegten Datenreports basieren auf öffentlich zugänglichen Daten der amtlichen Statistik, beinhalten Sonderauswertungen, die beim statistischen Bundesamt in Auftrag gegeben wurden und integrieren Daten der HIS-Sozialerhebung, insbesondere zur Sozialstruktur der Studierenden. Es werden auch Trends der Publikationsintensität durch die Auswertung der Datenbank FIS-Bildung beim Deutschen Institut für Internationale Pädagogische Forschung (DIPF) erkennbar (vgl. Tillmann et al., 2008). Immer wieder sind eigene Berechnungen (vgl. Kraul et al., 2004) und Analysen von Stellenausschreibungen für erziehungswissenschaftliche Professuren notwendig (vgl. Krüger et al., 2002), um empirisch gestützte Aussagen hierzu formulieren zu können. Hauptdatenquelle ist die amtliche Statistik und es wird auch versucht, den eindeutig heterogenen Entwicklungen in 16 Bundesländern gerecht zu werden. Exemplarisch sollen einige der zentralen Trends der letzten 15 Jahre zur Entwicklung von Studiengängen, Studierendenzahlen, Personal und wissenschaftlicher Nachwuchs an dieser Stelle thesenartig hervorgehoben werden (vgl. insbesondere Tillmann et al., 2008; Kraul et al., 2006; Tippelt et al., 2004).

Erziehungswissenschaft – zur aktuellen Lage

Studiengänge und Studierende

Die Erziehungswissenschaft ist heute im Fächervergleich ein großes und beliebtes Fach (ca. 43000 Studierende in Erziehungswissenschaft *im Hauptfach*, davon knapp 9000 Studienanfänger) und auch bei den Absolventinnen und Absolventen hat sich die Erziehungswissenschaft – auch im Vergleich mit den Nachbarwissenschaften Psychologie, Sozialwissenschaft und Politikwissenschaft – behaupten können. So haben im Jahr 2006 knapp 5000 Studierende ihr Studium in Erziehungswissenschaft (Diplom, Magister, Bachelor) abgeschlossen. Erziehungswissenschaft bietet nach wie vor in den meisten Bundesländern den stärksten Anteil in den pädagogischen Teilbereichen der Lehrerbildung an, so dass nicht nur eine starke Auslastung, sondern eine erhebliche Überlast in Lehre und Forschung der Erziehungswissenschaft gegeben ist.

Da das Studium zunehmend auf die neuen Bachelor- und Masterstudiengänge umgestellt wird (vgl. Horn et al., 2004) und nach aktuellen Recherchen bereits über 50 Standorte Bachelor- und Masterstudiengänge in der Erziehungswissenschaft akkreditieren lassen, hat die DGfE (2008) rechtzeitig versucht, durch ein Kerncurriculum das Fach in den theoretischen und methodischen Grundlagen für Studierende und Lehrende transparent zu gestalten. Ziel ist es, die Identität der Disziplin zu festigen und gleichzeitig hochschulspezifische Strukturen, Schwerpunktsetzungen und Traditionen zu ermöglichen. Auch wenn im Kerncurriculum nur ca. 20 bis 30% des jeweiligen inhaltlichen Studienangebots an einer Hochschule festgelegt werden, so ist dies doch der Versuch, die Identität des Faches in einer Zeit turbulenten Wandels zu behaupten und weiterzuentwickeln.

Es sind dringende Empfehlungen, wenn die DGfE für die anstehenden Akkreditierungsverfahren, Grundlagen und Grundbegriffe als obligatorische Veranstaltungen benennt, quantitative und qualitative methodische Forschungsqualifikationen und -kompetenzen einfordert, ein Überblick zu den bildungspolitischen und bildungshistorischen Kontexten der Erziehungswissenschaft sowie ein Überblick über die pädagogisch-professionellen Felder erziehungswissenschaftlichen Handelns erwartet werden (vgl. DGfE, 2008). Zuletzt gab es an 63 Universitäten erziehungswissenschaftliche Studiengänge (vgl. Tillmann et al., 2008) und damit mehr Standorte als in den Sozialwissenschaften (58), in der Politikwissenschaft (53) oder in der Psychologie (46). Aber die Relationen werden sich in den nächsten Jahren durch die Ablösung der Diplom- und der Magisterstudiengänge und die Einführung der neuen Studienabschlüsse im Bachelor- und Masterbereich verändern, was zu einer genauen Beobachtung Anlass gibt. Sicher ist es interessant anzumerken, dass der Anteil der Studentinnen in der Erziehungswissenschaft und der Psychologie (75%) besonders hoch ist, eine positiv zu wertende Entwicklung, die sich bereits seit den 1980er Jahren abzeichnet und nicht zu stigmatisierenden Bewertungen (sogenannte „feminisierte Studiengänge") führen darf.

Personal

Widersprüchlich und gegenläufig zur expansiven Entwicklung der Studierendenzahlen und der offensichtlichen, hohen Nachfrage in der Lehre hat die Erziehungswissenschaft einen gravierenden personellen Rückgang zu verzeichnen, denn im Zehnjahrestrend (1998–2008) wurden in der Erziehungswissenschaft ca. 25% der Professorenstellen nicht mehr besetzt. In den Nachbardisziplinen mussten die Sozialwissenschaften ebenfalls Stellen abgeben (12%), in der Psychologie und der Politikwissenschaft kam es zu einem sehr leichten Zuwachs bzw. zu stagnierenden Tendenzen. Dennoch ist die Erziehungswissenschaft mit 830 Professuren auch heute noch ein relativ großes Fach und verfügt über mehr Professorenstellen als die Psychologie (ca. 570), die Sozialwissenschaft (ca. 450) und die Politikwissenschaft (ca. 280). Inhaltlich lässt sich konstatieren, dass die Anzahl der Professuren in der empirischen Bildungsforschung in den letzten Jahren gewachsen sind, während historische Spezialisierungen bei Ausschreibungen rückläufig sind. Die allgemeine Erziehungswissenschaft und auch die ausdifferenzierten Bereiche der Schulpädagogik, Erwachsenenbildung, Sozialpädagogik und Sonderpädagogik sind auf einem relativ hohen Niveau in den letzten Jahren stabil geblieben.

Allerdings ist es dysfunktional, dass die Erziehungswissenschaft einen eklatanten Mangel an Qualifikationsstellen gegenüber anderen Fächern hat. Daraus ergibt sich nicht nur eine ungünstige Relation der Professuren und Dozentenzahlen gegenüber den hohen und derzeit noch steigenden Studierendenzahlen, sondern Erziehungswissenschaftler haben gegenüber den anderen Fächern auch die deutlich höchste Prüfungsbelastung – insbesondere aufgrund der doppelten Belastung an vielen Standorten in der Lehrerbildung und im Haupt- und Nebenfach. Man muss dies realistisch einschätzen, denn paradoxerweise führt diese Belastung im Wissenschaftssystem nicht zu Anerkennung, sondern eher zu einer Schmälerung der Reputation, weil Lehre und Prüfung bislang auch im Hochschulsystem nicht hinreichend gewichtet und wert geschätzt werden. Es ist nicht nur die Aufgabe der Erziehungswissenschaft, diese problematischen Gewichtungen zu verändern.

Forschung

Alle Daten weisen darauf hin, dass in der Erziehungswissenschaft in den letzten Jahren zunehmend mehr Drittmittel eingeworben werden konnten; eine starke Steigerung seit 1995 ist unverkennbar. Um dies zu konkretisieren, ist darauf hinzuweisen, dass in der Erziehungswissenschaft die höchste Steigerungsrate im Bereich der Drittmittel gegenüber den Nachbardisziplinen vorliegt (ähnlich der Wirtschaftswissenschaft) – von ehemals jährlich 40 000 auf heute 60 000 Euro pro Professur. Auch wenn es nach wie vor einen Nachholbedarf gibt, insbesondere im Bereich der DFG-finanzierten Forschung, aber auch generell unter dem Gesichtspunkt der Aktivierung *aller* Professuren, sich an der Mitteleinwerbung zu beteiligen, so sind doch Erfolge unverkennbar. Dazu trägt die DGfE seit vielen Jahren u.a. durch kontinuierliche Methodenschulungen in *Summer Schools* und durch eine jährlich angebotene *peer*-Beratung von potenziellen DFG-Projekten bei. Hinzu kommt eine in den letzten Jahren starke Nachfrage nach empirischer Forschung in Erziehung und Bildung, wie sich dies auch in dem Förderschwerpunkt „Bildungsforschung" des BMBF ausdrückt. Allerdings bedarf die „empirische Wende in der Bildungspolitik" (vgl. Buchhaas-Birkholz, 2009) und die Haltung bei bildungspolitischen Entscheidungen erziehungswissenschaftliche Forschung und Expertise als Quelle von Orientierung und Information heranzuziehen, der kontinuierlichen Nachwuchsförderung einerseits und der nachhaltigen Bereitschaft der Politik auch unbequeme kritische Befunde zur Kenntnis zu nehmen andererseits.

Wissenschaftlicher Nachwuchs

Die Nachwuchsförderung ist eine große Herausforderung, aber auch hier ist ein erfreulicher Trend zu erkennen: Beispielsweise hat sich die Promotionsintensität gegenüber 1995 verdoppelt. Nach wie vor fehlen jedoch Promotionsstellen für Lehrerinnen und Lehrer, insbesondere in der Schulpädagogik und Fachdidaktik, und zusammenfassend ist auch festzuhalten, dass das Hauptfach wissenschaftlichen Nachwuchs heranbilden muss, um gerade die in den nächsten Jahren frei werdenden Stellen adäquat auf hohem Qualifikationsniveau besetzen zu können. Die Habilitationsquote in der Erziehungswissenschaft ist – im Vergleich zu anderen Fächern– deutlich zu niedrig, so dass hinsichtlich der Selbstrekrutierung im Fach erneut mit Engpässen gerechnet werden muss. Dies trifft auf mehrere Bereiche der Erziehungswissenschaft zu, insbesondere aber auf die empirische Bildungsforschung, die Erwachsenen- und Weiterbildung sowie die Sozialpädagogik. Intensiviertes forschungsbasiertes und forschungsnahes Lernen, aber auch die Bereitstellung von mehr Promotionsstipendien, die Einwerbungen von Graduiertenkollegs sind aktuelle Herausforderungen an das Fach für die nächsten Jahre.

Um dem wissenschaftlichen Nachwuchs auch vor der Promotion Zugang zu und eine optimale Partizipation in der *scientific community* zu ermöglichen, hat die DGfE u.a. die assoziierte Mitgliedschaft geschaffen, mit der Folge, dass die Mitgliederzahl seit 2008 auf derzeit ca. 2500 Mitglieder gestiegen ist.

Arbeitsmarktchancen

Die beruflichen Chancen (vgl. Rauschenbach & Züchner, 2004) waren im Lehramt selten so gut wie in den letzten Jahren, und auch für Hauptfachabsolventinnen und -absolventen haben sich seit 2004 die beruflichen Chancen deutlich verbessert. Es sind jedoch spezielle empirische Analysen notwendig, um der Differenzierung der pädagogischen Erwerbsarbeit gerecht zu werden. Angesichts der aktuellen Entwicklungen der Finanz- und Wirtschaftskrise und in der Folge der damit einhergehenden deutlichen Schwächung der öffentlichen Haushalte muss allerdings – wie in anderen akademischen Dienstleistungsbereichen auch – mit erneuten Einschnitten gerechnet werden.

Legitimation und Reputation

Auch wenn sich der Erziehungswissenschaft in Deutschland in den nächsten Jahren wichtige hochschul- und wissenschaftspolitische Herausforderungen stellen, denn der personelle Fehlbestand ist zu reduzieren, die Qualität von Lehre und Forschung ist zu sichern und die Anstrengungen bei der Einwerbung von Drittmitteln sind fortzusetzen, wird dem Fach wissenschaftliche und soziale Bedeutung beigemessen. Dies liegt auch daran, dass die Nachfrage nach erziehungswissenschaftlicher Expertise in Politik und Praxis in den letzten Jahren keinesfalls kleiner geworden ist, „im Gegenteil ist diese aufgrund des Orientierungs- und Lenkungsinteresses eher noch gewachsen. Besorgniserregend allerdings ist, dass auf der einen Seite die Attraktivität der Erziehungswissenschaft bei Studierenden und in der planenden und handelnden Bildungspraxis zunimmt, auf der anderen Seite jedoch der Stellenabbau an den Universitäten voranschreitet. Dies ist kontraproduktiv" (Tillmann et al., 2008, S. 161).

Die Legitimation des Faches speist sich fortwährend aus den realen Bildungs-, Qualifizierungs- und Integrationsproblemen in der Gesellschaft: Die Dringlichkeit von Expertisen zur Schulpädagogik, zur Sozialpädagogik, zur Erwachsenen- und Weiterbildung, zur frühkindlichen Pädagogik, zur Medienpädagogik und zur Interkulturell und International Vergleichenden Pädagogik sind evident und diese werden von der Bildungspolitik und Bildungspraxis stark nachgefragt (vgl. Buchhaas-Birkholz, 2009). Nicht immer steht allerdings die Bedeutung eines Faches im Einklang mit dessen Reputation. Dabei ist es fast selbstverständlich hervorzuheben, dass Reputation keinesfalls ein Selbstzweck ist, sondern einem Fach zuwächst, wenn es zu sozialen, kulturellen und ökonomischen Problemlösungen einen wichtigen Beitrag leistet. Gleichzeitig ist Reputation notwendig, um wissenschaftliche Expertise zur Wirkung zu bringen, also um ‚gehört' zu werden. Hierzu ist – in Fortführung von Thesen, die vor ca. 15 Jahren (1994) in Dortmund vorgetragen wurden (vgl. Tippelt, 2000) – Folgendes anzumerken:

• Die Reputation der Erziehungswissenschaft kann nur auf der Basis ihres Repertoires an Theorien, Methoden und Ergebnissen, also einer kontinuierlichen und kumulativen Fortführung ihres jeweiligen Entwicklungsstands und ihrer Expertise stabilisiert werden. Die Absicherung des Wissens in Hand- und Lehrbüchern ist daher dringend notwendig. Ungeeignet sind allerdings die sich rasch wandelnden theoretischen oder pädagogisch-praktischen Modelle und Moden, manchmal entliehen aus einer Summe anderer Fächer, um sich Anerkennung zu verschaffen.

- Die Erziehungswissenschaft muss auch künftig wissenschaftliche Ausbildung in allen ihren Spezialisierungen leisten, wobei auch neue Praxisfelder früh zu erkennen und für die Disziplin innovativ zu erschließen sind, wie beispielsweise derzeit in Bereichen der Lehrerbildung, in der Medienpädagogik, der Beratung und Prävention, der internationalen Bildungsentwicklung oder in einigen Feldern der Fort- und Weiterbildung. Ohne einem utilitaristischen Fehlschluss aufzusitzen, der ausschließlich das unmittelbar praktisch nützliche Wissen gelten lassen würde, ist auch heute bei der gegebenen Konkurrenz um knappe Ressourcen Legitimationsbeschaffung für ein Fach durch realistische Hinweise auf den gesellschaftlichen Bedarf notwendig. Von großer Bedeutung für die Anerkennung der Erziehungswissenschaft oder jedes anderen Faches sind daher die Trends des Übergangs der Absolventen in das Beschäftigungssystem. Die Einmündung pädagogischer Absolventen/-innen in den Arbeitsmarkt verdient hohe Aufmerksamkeit.

- Wie in anderen Wissenschaften mit praktischem oder klinischem Fokus lässt sich eine Differenzierung zwischen eher forschend-reflexiv und stärker pragmatisch-konstruktiv arbeitenden Teilen der Disziplin erkennen. In einigen Diagnosen wird sogar von einerseits forschenden und andererseits lehrenden Hochschullehrern gesprochen. Sollte aber dieses Modell nicht nur die durchaus problematische, aber angesichts der Lehrverpflichtungen manchmal realistische personelle Arbeitsteilung in gegebenen Instituten ansprechen, sondern die organisatorische Segmentierung von ganzen Departments und Teilbereichen festschreiben, ist es im Hochschulsystem sicherlich reputationsschädigend, und es wäre nach einer neuen Balance zu suchen. Mehr denn je basiert die Anerkennung eines Faches auf den Forschungsleistungen seiner Mitglieder. Sicher können Grundlagenforschung, angewandte Grundlagenforschung, explizite Maßnahmen- und Evaluationsforschung sowie auch pädagogische Entwicklungs- und Praxisforschung unterschieden werden. In der Erziehungswissenschaft kommt es darauf an – hier hat sich in den letzten 15 Jahren nichts verändert, allen diesen Forschungstypen Geltung zu verschaffen und zu erkennen, dass der erwünschte Praxisbezug von Ergebnissen der Erziehungswissenschaft keineswegs ausschließlich auf die gezielte und unmittelbare Anwendung oder Umsetzung der Forschungsergebnisse gerichtet sein muss (vgl. Tippelt, 2009). Die Berücksichtigung indirekter und langfristig wirksamer Vermittlungs- und Implementierungsprozesse ermöglichen der Forschung größere Freiheitsgrade und verringern zugleich das strukturell angelegte Täuschungsrisiko, dass erziehungswissenschaftliche Ergebnisse jederzeit und sofort praktisch relevant sein müssen.

- Forschung wird erst durch die Publikation ihrer Ergebnisse zu einem öffentlichen und sozialen Gut. Insofern ist es einsichtig, dass bibliometrische Analysen versuchen, die Qualität der Publikationen zu verifizieren. Allerdings gebietet es die Fairness und die wissenschaftliche Besonderheit von Disziplinen, dass man den jeweiligen Fachkulturen gerecht wird und nicht etwa schlicht das naturwissenschaftliche Paradigma auf die Sozial- und Geisteswissenschaften überträgt (vgl. kritisch Humboldt-Stiftung, 2008). In der Erziehungswissenschaft sind beispielsweise nach wie vor Buchpublikationen neben internationalen Journals hochrelevant: Regionale Bezüge der Forschung gebieten es auch, deutschsprachig zu publizieren und – dies sei betont – Publikationen außerhalb des deutsch- und englischsprachigen Raums können ebenfalls von hoher Qualität sein. Bibliometrische Analysen im Bereich der Erziehungswissenschaft sind notwendig, sie sind möglich, sie sind aber auch äußerst komplex, wenn sie aussagekräftig sein sollen. Hier setzt beispielsweise das Projekt von Ingrid Gogolin zu European Educational Research Quality Indicators (EERQI) an.[1]

- Um dem Fach in der gegenwärtig sich stark verdichtenden Evaluierungsdiskussion an den Universitäten und Hochschulen Anerkennung, also Reputation zu verschaffen, sind einerseits strenge vergleichbare und überfachliche Kriterien zu berücksichtigen, andererseits müssen die Kriterien in einer eigenständigen disziplinären Evaluation zur Gesamteinschätzung der Leistung der Erziehungswissenschaft vor Ort zur Geltung gebracht werden. Die erziehungswissenschaftliche Diskussion in der DGfE hat mittlerweile Indikatoren aufgezeigt, die nicht nur die Offenheit gegenüber genauen Lehr- und Studiengangsevaluationen signalisieren, sondern darüber hinaus geeignet sind, die Spezifika des Faches Erziehungswissenschaft zu berücksichtigen. Eine bewusste disziplinäre Selbstreflexion am Hochschulstandort, aber auch die disziplinäre Dauerbeobachtung grundlegender Entwicklungstrends (also Disziplinforschung) sind Grundlagen der Verortung der Erziehungswissenschaft und damit Basis für die begründete vorurteilslose Kontrolle der Fremdzuweisung von Reputation.

- Die Wissensbasis von Studierenden und Lehrenden sollte unabhängig von den individuellen Lernbiographien und unabhängig von Studienschwerpunkten bundesweit und international transparent und einschätzbar sein. Bei allen wissenschaftstheoretisch begründeten Schwierigkeiten einen Konsens zur Wissensbasis festzulegen, sind – abseits jeder Verschulung – inhaltliche Vorgaben der Reputation eines Faches dienlich. Diese Frage nach einem Kerncurriculum wurde

---

1   Siehe den Beitrag von Stefan Gradmann im vorliegenden Band – Anm. d. Hrsg.

im Umstellungsprozess auf die neuen Bachelor- und Masterstudiengänge noch vordringlicher. Die beschlossenen Kerncurricula der DGfE erfüllen diese Aufgabe. Eher stellt sich die Frage, wie die Implementierung verbindlicher und überschaubarer geleistet werden kann (vgl. Liesner & Lohmann, 2009) – eine Frage allerdings, die alle in Umstellung befindlichen Fächer an Hochschulen zu beantworten haben.

- Angesichts der erwähnten personell engen Ressourcen und der doppelten Aufgabe, Lehrerbildung und Haupt- und Nebenfachausbildung in Erziehungswissenschaft anzubieten, ist es eine schwierige, aber notwendige Aufgabe, die Studienangebote zumindest zum Teil zu entflechten und so das notwendige Maß der Situiertheit und Spezialisierung anzubieten. Parallel hierzu gilt es beispielsweise, durch qualitativ geprüfte Praxiskontakte und Qualitätsstandards für Praktika träges Wissen zu vermeiden und den Lerntransfer zu berücksichtigen. Die Reputation der Erziehungswissenschaft ließe sich dadurch bei den Studierenden und letztlich auch den Praxiseinrichtungen weiter verbessern.
- Die Hochschule und das wissenschaftliche Studium haben eine Bildungsaufgabe. Nicht die elitäre Idee, dass wissenschaftlich Gebildete die funktionale Führungsschicht einer Gesellschaft stellen sollen, sondern die zugleich bescheidene wie anspruchsvolle Idee einer gemeinsamen professionellen Ethik in pädagogischen Berufen ist damit gemeint. Die heute kompetenztheoretisch vorgetragenen Forderungen, dass das Studium (nicht nur das erziehungswissenschaftliche) neben der Fachkompetenz auch Methoden-, Sozial-, Mitwirkungs- und Handlungskompetenzen von Studierenden fördern könne, sind hierbei nur ein Ansatz, wichtiger noch ist die Herausforderung, eine universalistische Ethik und der Aufklärung zu verdankende pädagogische Ziele zu erörtern: Bildung für alle, Verantwortung und Selbstbestimmung, Würde des Menschen, Empathie gegenüber anderen und Gerechtigkeit, Selbstsorge und bürgerschaftliche Verpflichtungen gegenüber nachwachsenden Generationen sind nur einige der hiermit angesprochenen Zielvorstellungen, die pädagogische Professionalität begründen. Welche Relevanz kommt einer so verstandenen professionellen Ethik heute zu?
- An einigen Hochschulstandorten gewann das Fach Erziehungswissenschaft durch Service- und Support-Leistungen für die jeweilige Hochschule deutlich Anerkennung. Ein Beispiel sind die hochschuldidaktischen Initiativen, die sich mit ihren Angeboten an Personen wenden, die im Rahmen ihrer beruflichen Tätigkeiten auch lehren müssen, ohne für diese Aufgabe speziell ausgebildet zu sein: Aktives Lernen, Kommunizieren in Seminaren, Lehrstrategien und methodisches Strukturieren, lösungsorientierte Beratung, Lehrevaluation, Integration von Tutoraten in die Lehre sind einige Themenbereiche für hochschuldidakti-

sche Weiterbildungen, die an Hochschulen stark nachgefragt werden – ungeachtet aller Ambivalenz von Wissenschaftlern aus anderen Fächern gegenüber „Didaktik". Auch die berufsbezogene und allgemeine wissenschaftliche Weiterbildung, die inhaltlich, didaktisch und curricular auf die Interessen berufstätiger Hochschulabgänger abgestimmt ist, kann aktuelle Erkenntnisse und Entwicklungen den Fach- und Führungskräften näher bringen. Die Hochschulen profitieren von den Kompetenzen erziehungswissenschaftlicher Fachkolleginnen und -kollegen beim Aufbau entsprechender Angebote und Akademien erheblich. Die Bedeutung von Service- und Supportleistungen der Erziehungswissenschaft sind prinzipiell eine zusätzliche Chance für die soziale Anerkennung der Disziplin an den Hochschulen.

- Bedeutsam sind die Vernetzung erziehungswissenschaftlicher Forschung in einem interdisziplinären universitätsübergreifenden Zusammenhang und die Kooperation mit anderen Disziplinen innerhalb einer Hochschule, so dass sich Synergieeffekte ergeben und sich interdisziplinäre Forschungsschwerpunkte unter Beteiligung der Erziehungswissenschaft aufbauen lassen. Ebenfalls sind die Kooperationen mit außeruniversitären Forschungseinrichtungen sinnvoll: beispielsweise mit etatisierten Forschungseinrichtungen (z.B. die wissenschaftlichen Einrichtungen der Leibnizgemeinschaft oder der Max Planck Gesellschaft), ressortgebundene Forschungseinrichtungen (wie z.B. das BIBB, IAB, DJI), aber auch mit landeseigenen Einrichtungen (z.B. Landesinstituten) sowie mit wissenschaftlichen Serviceeinrichtungen. Der traditionelle Anspruch der Einheit von Forschung und Lehre lässt sich gerade über solche Kooperationen einlösen. Die Pädagogik wird nicht zur „Magd einer jeweils gedankenbeherrschenden Disziplin" (Schelsky in Tenorth, 1997, S. 127), sie leidet nicht an Eklektizismus oder Diffusität – um die teilweise noch vorhandenen Selbstzweifel nur anzudeuten – sondern sie erweist sich als eine wichtige Bezugsdisziplin für die in solchen Einrichtungen reüssierende Bildungs-, Schul-, Weiterbildungs-, Frauen-, Familien- oder Kindheits- und Jugendforschung.

Erziehungswissenschaft – Internationalität

Das Ansehen einer Disziplin, das ihr auch Einfluss sichert, steigt mit der Qualität der internationalen Zusammenarbeit. Seit der beim DGfE-Kongress in Dortmund 1994 initiierten Intensivierung der internationalen Kontakte ist viel geschehen. Viele pädagogische Institute in Deutschland kooperieren mit europäischen und außereuropäischen Kolleginnen und Kollegen. Typisch für unser Fach dürfte sein, dass Kooperationen nicht nur mit Hochschulen in hochmodernen Industrie- und Dienstleistungsgesellschaften eingegangen werden, sondern dass in erheblichem Maße in enger Kooperation mit internationalen Einrichtungen auch ein wissenschaftlicher und bildungspraktischer Austausch mit sogenannten Schwellen- und mit Entwicklungsländern besteht – wenngleich hier aufgrund der Streichung von internationalen und vergleichenden Arbeitseinheiten auch Rückschritte zu beklagen sind. Internationalität ist in der Erziehungswissenschaft mit interkulturellen Lernprozessen verbunden und dadurch eine Möglichkeit, die Prinzipien der Zivilgesellschaft zu verankern. Das Erkennen und Akzeptieren der Pluralität von Kulturen und Lebensformen und die Verständigung über kultur- und gesellschaftsspezifisch auszulegende, gleichwohl aber auch universell wirksame Grundnormen, Rechte und Pflichten sind ein wesentlicher und anerkannter Beitrag der Erziehungswissenschaft zum internationalen wissenschaftlichen Austausch (vgl. Gogolin, 2009) – und findet auch in einer dichter und stärker werdenden internationalen Organisationsstruktur und -kultur Ausdruck.

Internationale Kooperation verstetigen

Die DGfE hat seit Ende der 1990er Jahre eine stärkere institutionelle internationale Kooperation zu einem wichtigen Entwicklungsziel erklärt und unter anderem die Kontakte zur *European Education Research Association* (EERA) in den letzten Jahren stark intensiviert. Ingrid Gogolin ist eine entscheidende ‚Verbindungsfigur': als Vorstandsmitglied und dann Vorsitzende der DGfE bis 2002 und als Präsidentin der EERA von 2002 bis 2009 sowie aktuell auch als Mitbegründerin und Interimspräsidentin der *World Educational Research Association* (WERA), über die Erziehungswissenschaftlerinnen und -wissenschaftler nun nicht nur europaweit sondern weltweit vernetzt sind.

Die Zusammenarbeit mit der EERA hat sich weiter konkretisiert. Die beiden Geschäftsstellen sind in Berlin Tür an Tür angesiedelt und arbeiten in verschiedenen Bereichen, wie z.B. Kongresssoftware, Durchführung von *Summer Schools* eng zusammen. Die EERA wurde etwa gleichzeitig mit der Intensivierung des Integrationsprozesses der EU gegründet, obwohl die Entwicklungen der Wissensgesellschaft, die Bologna- and Lissabon-Prozesse nicht unbedingt eine solche Gründung nahelegen. In den späten 1990er Jahren wurde die für EERA typische Netzwerkstruktur ausgebaut, es wurden die jährlichen ECER-Konferenzen (*European Conference on Educational Research*) eingerichtet und die wissenschaftliche online-Zeitschrift, das *European Educational Research Journal* (EERJ) erscheint seit 2002 und hat die ECER-Konferenzen und die Arbeit des *EERA council* seither begleitet. ECER, zunächst als wissenschaftstouristische Veranstaltung angefeindet, hat sich zu einem wichtigen europäischen und internationalen wissenschaftlichen Kongressforum weiterentwickelt und bringt jährlich über 2000 Fachleute zum wissenschaftlichen Diskurs zusammen. „EERA had begun to develop a consciousness about itself and its identity even though it was unclear exactly what ‚space' it was in. Since that time, a few short years ago, enormous changes to research and its organizations have occurred in Europe: for example, the rise of the European University Association, the Framework and EuroCores programmes, the European Doctorate, the European Research Council and Research Mobility. Simultaneously, research data based on pan European performance in education, the inclusion of new states in the EU, and the products of a large number of networks and programmes have widened the number of collaborating academics and their subjects of study" (Lawn, 2009, S. 23f.).

Auf der EERJ-Website ist über EERA zu lesen: „ It is a forum for constructive dialogue that recognizes particularity and difference in educational research and its issues in Europe, that acknowledges and seeks to address the relative weakness of links between social science and education research in Europe, and that seeks to develop methodologies for studying the new ‚European space' of educational research" (European Education Research Journal, 2010).

Die *EERA networks* sind für die wissenschaftliche Kultur dieser Organisation vital, denn es geht darum, die europäische Perspektive einer inklusiven Erziehung zu stärken, eine europäische Forschungskultur zu fördern, die verschiedenen nationalen theoretischen und methodologischen Diskurse und den inhaltlichen Gliederungen der *networks* auszutauschen, aber auch beispielsweise eine europäische Perspektive der Lehrerbildung in der internationalen Diskussion und eine, nationale Begrenzungen überwindende Forschungskultur zu behaupten und weiter zu entwickeln.

Man wird sagen können, dass es heute zunehmend schwieriger ist, die Inhalte und die Grenzen europäischer Forschung exakt zu benennen. So geben die EERA und die *networks*, an denen sich zunehmend auch Erziehungswissenschaftler aus Deutschland beteiligen, keine orthodoxen oder fundamentalen Definitionen vor, vielmehr geht es um den freien, qualitativ hochwertigen Austausch von Positionen und Forschungsergebnissen, die über die nationalen Bezüge hinaus von Interesse sind, daher werden wissenschaftliche *papers*, die sich ausschließlich mit nationalen Bildungsfragen beschäftigen, für die Konferenzen nicht angenommen.

Die Symposien der ECER-Konferenzen stellen in gewisser Hinsicht komparative und noch stärker kumulative Prozesse der Wissensgenerierung in zahlreichen Bereichen dar: z.B. *Emergence and Development of Educational Research in Europe, Changing Forms of Educational Governance in Europe, Theoretical and Methodological Significance of Information and Communication, Technology in Educational Practice* oder mit großer Nachfrage *Didactics: learning and teaching in Europe*. Typische Projekte und *networks* mit europäischer Bedeutung signalisieren Themen wie *European Educational Research Space: vocational and lifelong education research, Civic Education, Ethnography of Education in a European Edu-cational Research Perspective, Public Education in Democracy and Supra-and Transnational Agencies in Europe, Local Autonomy or State Control? Exploring the Effects of New Forms of Regulation in Education and the Multicultural Question of Education in Europe.* Die hier exemplarisch zitierten Titel zeigen, dass EERA eine spezifische internationale Problemstellung bei erziehungswissenschaftlichen Themenstellungen fokussiert und dadurch auch ein eigenes wissenschaftliches Profil generiert, das dann auch in der Online-Zeitschrift EERJ zum Ausdruck kommt.

Das Council von EERA besteht aus den Präsidenten und Vorsitzenden der verschiedenen nationalen, erziehungswissenschaftlichen Gesellschaften in Europa, insofern war die DGfE von Anfang an bei den wissenschaftlichen Diskursen in diesen Gremien präsent.

Darüber hinaus ist die DGfE (international GERA) eine der Gründungsmitglieder der *World Education Research Association* (WERA), die nach zweijähriger Anlaufphase 2009 beim EERA-Kongress in Wien auch formal gegründet wurde und als deren Gründungspräsidentin Ingrid Gogolin gewählt wurde; zusammen mit Felice Levine (AAERA) und Yin Cheong Cheng (Hong Kong) wird sie zumindest bis 2011 die Geschäfte der WERA führen. Nach anfangs eher skeptischen Treffen von jeweils ca. 20 nationalen und internationalen, erziehungswissenschaftlichen Fachgesellschaften – bei denen m.E. die AERA und die EERA als Katalysatoren wirkten – in Chicago, London, New York, Singapur und San Diego hat der DGfE-Vorstand beschlossen, sich weiter an den Planungen aktiv zu beteiligen und Gründungsmitglied zu werden. Daraus folgt – nach der formalen Gründung im Jahr 2009 – das Recht im Council der WERA aktiv mitzuwirken.

In der *Constitution of WERA* (November 2008) werden die wichtigsten Ziele und Aufgaben genannt:

„Fundamental to WERA is a commitment as a community of non-profit, education research associations to share skills, strength, and sensitivities and build upon the diversity of traditions, languages, and critiques to transcend what any one association can accomplish in its own country, region, or area of specialization. WERA operates with this criterion in setting priorities and taking on projects, programs, or other activities. WERA is situated to promote and stimulate such a world-wide perspective and is committed to doing so to promote excellence and inclusiveness in education research and serve thereby the public good around the world". (http://www.weraonline.org.governance.htm).

	Representatives
AARE	Australian Association for Research in Education
ABPN	Associação Brasileira de Pesquisadores Negros (Brazilian Black Researchers Association)
AIAER	All India Association for Educational Research
AERA	American Educational Research Association
ANPED	Associação Nacional de Pesquisa e Pós-Graduação em Educação (National Association of Research and Graduate Studies on Education)
BERA	British Educational Research Association
CSSE	Canadian Society for the Study of Education
COMIE	Consejo Mexicano de Investigacion Educativa
EARLI	European Association for Research in Learning and Instruction
EERA	European Educational Research Association
ESERA	European Science Education Research Association
EASA	Education Association of South Africa
ERAS	Educational Research Association of Singapore
ESAI	Educational Studies Association of Ireland
GERA	German Educational Research Association
HKERA	Hong Kong Education Research Association
JERA	Japanese Educational Research Association
KERA	Korean Educational Research Association
NERA	Nordic Educational Research Association
VOR	Netherlands Educational Research Association (Vereniging voor Onderwijs Research)
MERA	Malaysian Educational Research Association
PARE	Pakistan Association for Research in Education
SEP	Sociedad Española de Pedagogía
SERA	Scottish Educational Research Association
SIEP	Sociedad de Investigación Educativa Peruana (Peruvian Educational Research Association)
TERA-Taiwan	Taiwan Education Research Association
TERA	Turkish Educational Research Association
VOR	Netherlands Educational Research Association (Vereniging voor Onderwijs Research) (VOR)

Die anspruchsvollen komparativen und internationalen Zielsetzungen, die sich hieraus ableiten lassen, bedürfen einer vertrauensvollen Netzwerkarbeit der aktiven Assoziationen, Offenheit gegenüber den noch hinzukommenden Ländern, einer hervorragenden, auch auf professionspolitische Kompetenz Wert legende Nachwuchsarbeit und vor allem auch *„good governance and leadership"* – aktuell und in der nahen Zukunft.

Literatur

Autorengruppe Bildungsberichterstattung (2008). *Bildung in Deutschland. Ein indikatorengestützter Bericht zur Analyse von Übergängen im Anschluss an die Sekundarstufe 1*, Bielefeld: W. Bertelsmann Verlag.

Baumert, J. & Roeder, P. M. (1994). „Stille Revolution". Zur empirischen Lage der Erziehungswissenschaft. In H.-H. Krüger & T. Rauschenbach (Hrsg.), *Erziehungswissenschaft* (S. 26–48). Weinheim: Juventa.

Böllert, K. & Tippelt, R. (2004). Evaluationsverfahren in der Erziehungswissenschaft. In R. Tippelt, T. Rauschenbach & H. Weishaupt (Hrsg.), *Datenreport Erziehungswissenschaft 2004* (S. 139–152). Wiesbaden: VS Verlag für Sozialwissenschaften.

Buchhaas-Birkholz, D. (2009). Die „empirische Wende" in der Bildungspolitik und in der Bildungsforschung: Zum Paradigmenwechsel des BMBF im Bereich der Forschungsförderung. *Erziehungswissenschaft, 39*, 27–34.

Deutsche Gesellschaft für Erziehungswissenschaft (DGfE) (2008). *Kerncurriculum Erziehungswissenschaft. Empfehlungen der DGfE. Sonderband, 19. Jahrgang.* Opladen & Farmington Hills: Verlag Barbara Budrich.

European Education Research Jounal (2010). *Editorial.* Verfügbar unter: http://www.wwwords.co.uk/eerj/content/pdfs/1/issue1_1_g.asp [22.02.2010].

Gogolin, I. (2009). Interkulturelle Bildungsforschung. In R. Tippelt & B. Schmidt (Hrsg.), *Handbuch Bildungsforschung* (S. 297–315). 2., überarb. u. erw. Aufl. Wiesbaden: VS Verlag für Sozialwissenschaften.

Horn, K.-P., Wigger, L. & Züchner, I. (2004). Neue Studiengänge – Strukturen und Inhalte. In R. Tippelt, T. Rauschenbach & H.Weishaupt (Hrsg.), *Datenreport Erziehungswissenschaft 2004* (S. 15–38). Wiesbaden: VS Verlag für Sozialwissenschaften.

Horn, K.-P. & Lüders, C. (1997). Erziehungswissenschaftliche Ausbildung zwischen Disziplin und Profession. Zur Einleitung in den Themenschwerpunkt. *Zeitschrift für Pädagogik, 43*, 759–769.

Keiner, E. (1999). *Erziehungswissenschaft 1947–1990. Eine empirische Untersuchung zur kommunikativen Praxis einer Disziplin.* Weinheim: Deutscher Studien Verlag.

Koch, S., Krüger, H.-H. & Leutner, S. (2009). Aktuelles aus den Förderaktivitäten der DFG in der Erziehungswissenschaft. *Erziehungswissenschaft, 39*, 17–20.

Konsortium Bildungsberichterstattung (2006). *Bildung in Deutschland. Ein indikatorengestützter Bericht mit einer Analyse zu Bildung und Migration.* Bielefeld: W. Bertelsmann Verlag.

Kraul, M., Merkens, H. & Tippelt, R. (Hrsg.) (2006). *Datenreport Erziehungswissenschaft 2006.* Wiesbaden: VS Verlag für Sozialwissenschaften.

Kraul, M., Schulzeck, U. & Weishaupt, H. (2004): Forschung und wissenschaftlicher Nachwuchs. In R. Tippelt, T. Rauschenbach, & H. Weishaupt (Hrsg.), *Datenreport Erziehungswissenschaft 2004* (S. 91–120). Wiesbaden: VS Verlag für Sozialwissenschaften.

Krüger, H.-H., Grunert, C., Rostampour, P., Seeling, C., Rauschenbach, T., Huber, A., Züchner, I., Kleifgen, B., Fuchs, K. & Lembert, A. (2002). Wege in die Wissenschaft. Ergebnisse einer bundesweiten Diplom- und Magister-Pädagogen-Befragung. *Zeitschrift für Erziehungswissenschaft, 5*, 436–453.

Lawn, M. (2009). Development of a European Research Space and EERJ-Call for Papers. *Erziehungswissenschaft, 39*, 23–26.

Liesner, A. & Lohmann, I. (Hrsg.) (2009). *Bachelor bolognese. Erfahrungen mit der neuen Studienstruktur.* Opladen: Verlag Barbara Budrich.

Macke, G. (1990). Disziplinformierung als Differenzierung und Spezialisierung. Entwicklung der Erziehungswissenschaft unter dem Aspekt der Ausbildung und Differenzierung von Teildisziplinen. *Zeitschrift für Pädagogik, 36,* 51–72.

Otto, H.-U. et.al. (Hrsg.). (2000). *Datenreport Erziehungswissenschaft. Befunde und Materialien zur Lage und Entwicklung des Faches in der Bundesrepublik.* Opladen: Leske & Budrich.

Rauschenbach, T. & Züchner, I. (2004). Studium und Arbeitsmarkt der Hauptfachstudierenden. In R.Tippelt, T. Rauschenbach & H. Weishaupt (Hrsg.), *Datenreport Erziehungswissenschaft 2004* (S. 39–54). Wiesbaden: VS Verlag für Sozialwissenschaften.

Schlesky, H. (1971). *Einsamkeit und Freiheit. Ideen und Gestalt der deutschen Universität und ihrer Reformen.* Düsseldorf: Bertelsmann Universitätsverlag.

Teichler, U. & Tippelt, R. (Hrsg.) (2005). Hochschullandschaft im Wandel. *Zeitschrift für Pädagogik, 50.* Beiheft, Weinheim.

Tenorth, H.-E. (1997). Erziehungswissenschaft in Deutschland – Skizze ihrer Geschichte von 1900 bis zur Vereinigung 1990. In K. Harney & H.-H. Krüger (Hrsg.), *Einführung in die Geschichte der Erziehungswissenschaft und der Erziehungswirklichkeit* (S. 111–153). Opladen: Budrich.

Tillmann, K.-J., Rauschenbach, T. Tippelt, R. & Weishaupt, H. (Hrsg.). (2008). *Datenreport Erziehungswissenschaft 2008.* Opladen: VS Verlag für Sozialwissenschaften.

Tippelt, R. (2000). In Einsamkeit und Freiheit? Erziehungswissenschaft im Hochschulsystem: Relevanz und Reputation. In F. Hamburger, F.-U. Kolbe & R. Tippelt (Hrsg.), *Pädagogische Praxis und erziehungswissenschaftliche Theorie zwischen Lokalität und Globalität. Festschrift für Volker Lenhart zum 60. Geburtstag* (S. 15–26). Frankfurt a. M.: Peter Lang.

Tippelt, R. (Hrsg.) (2009). *Steuerung durch Indikatoren. Methodologische und theoretische Reflektionen zur deutschen und internationalen Bildungsberichterstattung.* Opladen: Budrich.

Tippelt, R., Rauschenbach, T. & Weishaupt, H. (Hrsg.). (2004). *Datenreport Erziehungswissenschaft 2004.* Wiesbaden: VS Verlag für Sozialwissenschaften.

Weishaupt, H: (2002). Lehrerbildung aus der Perspektive der Statistik. In H. Merkens, T. Rauschenbach & H. Weishaupt (Hrsg.). *Datenreport Erziehungswissenschaft 2002* (S. 11–28). Opladen: Budrich.

Stefan Gradmann

EERQI – Ergebnisse, Paradoxien und Perspektiven

Die ERIH-Listen als „Sündenfall" geisteswissenschaftlicher Forschungsevaluation

Spätestens mit der überaus umstrittenen Veröffentlichung der Listen zur Kategorisierung geisteswissenschaftlicher Zeitschriften durch die Initiative „European Reference Index for the Humanities" (ERIH) ist auch in den Geistes- und Sozialwissenschaften eine Situation entstanden, in der „Wissenschaftsindikatoren aus einer zunächst völlig unspektakulären Nutzung im Rahmen akademischer, wissenschaftssoziologischer Forschung unversehens in das Rampenlicht der Öffentlichkeit gekommen sind" (Hornbostel, Klingsporn & von Ins, 2008, S. 12).

Die besagten „ERIH-Listen" wurden bei der Veröffentlichung mit einem deutlichen „caveat" versehen: „As they stand, the lists are not a bibliometric tool for the evaluation of individual researchers. The distinction between the categories A, B and C is to be understood as being not primarily qualitative and the categorisation is determined by issues such as scope and audience as explained in the ERIH Guidelines" (European Science Foundation, 2009a) – doch hat dieser deutliche Hinweis wenig gefruchtet: die in den Listen vorgenommene Aufteilung in drei Kategorien (A – high-ranking international publications, B – standard international publications und C – standard and high ranking national publications) wurde von den betroffenen Disziplinen mehrheitlich als Qualitätsurteil aufgefasst und in der Folge vehement mit Verweis auf die den Geisteswissenschaften inhärente Inkommensurabilität abgelehnt, so etwa jüngst noch von Hose (2009).

Die mit ERIH verbundenen Ausgangsannahmen waren dabei durchaus zutreffend: „AHCI (ISI-Thomson) is not an appropriate bibliometric for (European) Humanities. There is an urgent need for a European Reference Index for the Humanities (ERIH) as an additional tool for research assessment" (European Science Foundation, 2009c). Richtig diagnostiziert hatten die Initiatoren also einen Tatbestand, den Hornbostel folgendermaßen fasst: „Durch dieses Auseinanderdriften sind buchstäblich die Metermaße in den verschiedenen Disziplinen unvergleichbar geworden; eine Publikation in der Archäologie ist heute etwas ganz anderes als eine Publikation in der Physik und eine Zitation in der Philosophie besitzt ein anderes Gewicht als eine Zitation in der Molekularbiologie" (Hornbostel et al., 2008, S. 15). Und auch die daraus folgende Konsequenz, Verfahrensalternativen zu den in weiten Wissenschaftsbereichen dominanten Zitationsindizes von ISI-Thomson aufzubauen, ist kaum von der Hand zu weisen.

Dennoch begingen die ERIH-Initiatoren eine Reihe folgeschwerer Fehler, welche die gesamte Initiative in schweren Misskredit gebracht haben. So sind zum einen die Kriterien für die Zuordnung einzelner Journale zu den drei oben genannten Kategorien weitgehend nebulös und im Einzelfall oft nicht nachvollziehbar. Auch ist die in European Science Foundation (2009b) gegebene Begründung für die vorläufige Nicht-Einbeziehung des gerade in den Geisteswissenschaften zentralen Publikationsformats Monographie kaum überzeugend. Und schließlich ist die Vermutung nicht von der Hand zu weisen, dass die überwiegende Mehrzahl der „high-ranking international publications" der Kategorie A englischsprachig sind und dem gegenüber die ganz überwiegende Mehrheit der in anderen Sprachen verfassten Veröffentlichungen sich in Kategorie C wieder findet – was trotz aller Beteuerung des Gegenteils wohl durchgängig als Abwertung der nicht-englischsprachigen Publikationen empfunden wird.

European Educational Research Quality Indicators (EERQI)

Auf die mit ERIH versuchsweise adressierte Problemlage der mangelnden Präsenz geisteswissenschaftlicher Forschung in den gängigen Zitationsindizes, der übertriebenen Englischlastigkeit dieser Evaluationsmethoden sowie der fehlenden Berücksichtigung nicht-zeitschriftengebundener Publikationsforen reagiert auch EERQI, ein von Ingrid Gogolin geleitetes Projekt, welches von der EU-Kommission im Rahmen des siebten Forschungs-Rahmenprogramms gefördert wird. In EERQI arbeiten 19 Partner aus sechs (!) Ländern gemeinsam an einem höchst spannenden und ehrgeizigen Vorhaben: Ziel ist es dabei, am Beispiel der Erziehungswissenschaften ein prototypisches Set an Qualitätsindikatoren zu entwickeln, das der Besonderheit der europäischen, geisteswissenschaftlichen Forschungs- und Publikationstraditionen und vor allem auch der Mehrsprachigkeit des europäischen Wissenschaftsbereichs gerecht wird.

Dabei waren die am Projekt Beteiligten mit einem fundamentalen Problem konfrontiert, dessen Lösung ganz sicher nicht-trivial ist: Was überhaupt ist wissenschaftliche Qualität, und welche – womöglich auch noch messbaren – Indikatoren korrespondieren mit Qualität? Mit dieser Fundamentalfrage sind seit nunmehr bald zwei Jahren Projektpartner aus dem Bereich der Erziehungswissenschaften, der Informationswissenschaft, der Suchmaschinentechnologie, der computergestützten Sprachverarbeitung und aus dem Verlagswesen befasst. Sie haben eine Reihe von Bausteinen zusammengetragen deren, Brauchbarkeit und Kombinierbarkeit als vorläufige Projektergebnisse derzeit EERQI-intern evaluiert und getestet werden. Diese Situation erlaubt ein vorläufiges Fazit, das der Verfasser – in EERQI für die Koordination der technischen Arbeiten zuständig – im nachstehenden Abschnitt zu ziehen versucht. Es handelt sich dabei um eine persönliche Sicht, die nicht notwendig eine Mehrheitsposition in EERQI darstellt.[1]

Ergebnisse von EERQI: ein vorläufiges Fazit

Kategorien

Ein erstes, elementares Ergebnis ist der im Projekt nunmehr weitgehend hergestellte Konsens hinsichtlich der Qualitätsmerkmale wissenschaftlicher Publikationen. Dabei unterscheiden wir extrinsische und intrinsische Merkmale. Zu den ersteren zählen Attribute wie Zitierhäufigkeit oder Downloadrate, die mit der jeweiligen Publikation nicht inhärent, sondern eher indirekt mit deren Qualitätsaspekten verbunden sind. Mit „Qualität" weitaus enger und direkter verbunden hingegen sind intrinsische Merkmale wie Argumentationskohärenz, Neuheitswert, Kreativität, ethische Integrität oder Lesbarkeit der Publikation. Diese Merkmale können in fünf Kategorien zusammengefasst werden, die Resultat ausführlicher Fachdiskussionen sind und zusammen ein erstes Projektergebnis darstellen: Stringenz (Rigour), Originalität, Signifikanz, Integrität und Stil sind nach unserem Dafürhalten die fünf Kategorien, denen sich alle intrinsischen Qualitätsmerkmale zuordnen lassen.

Indikatoren und deren Erkennbarkeit

Mit diesem ersten vorläufigen Ergebnis in der Hand war die nächste zu lösende Frage die nach den möglichst automatisiert erkennbaren intrinsischen oder extrinsischen Indikatoren, die als Merkmalsgruppen Qualitätsaussagen über Publikationen im Sinne der obigen Kategorisierung erlauben. Dabei ist es trotz kompetenter Versuche nicht gelungen, mit Hilfe semantischer Textanalysen Diskursfragmente zu identifizieren und zu typisieren, die mit den genannten Qualitätsindikatoren zuverlässig korrespondieren. Ersatzweise wurde daher ein indirekter Weg eingeschlagen, dessen Implementierung und Evaluation momentan im Gange ist.

Dabei werden 100 Zeitschriftenartikel in den Sprachen Englisch, Deutsch und Französisch von jeweils mehreren englisch-, deutsch-, französich- und schwedischsprachigen Fachgutachtern anhand der fünf Qualitätskategorien auf einer Skala von 1 bis 4 bewertet, zusätzlich wird eine inhaltlich zusammenfassende Qualitätseinschätzung abgegeben. Die Ergebnisse werden hinsichtlich ihrer Reliabilität überprüft und erlauben die Kalkulation von Ranglisten für jede einzelne Kategorie und

---

1 Die bislang erzielten Ergebnisse sind in vorläufiger Form auf der WWW-Präsenz des Projektes unter http://www.eerqi.eu/page/publications aufgelistet. Da es sich dabei aber nicht um zitierfähige Publikationen im landläufigen Sinne handelt, wurde von einer Aufnahme in das Literaturverzeichnis abgesehen.

alle möglichen Kombinationen der fünf Kategorien, wobei die Reliabilität der Antworten als Gewichtungsfaktor einfließt.

Parallel dazu werden zu diesen Artikeln möglichst zahlreiche extrinsische Merkmale wie Zitierhäufigkeit, Downloadrate oder auch der mit einem Programm wie LexiURL[2] kalkulierbare WWW-Impact erhoben. Auch hier werden wieder Ranglisten für jedes einzelne Merkmal sowie für alle möglichen Kombinationen dieser Merkmale gebildet.

Wie in der nachstehenden Abbildung 1 angedeutet, werden anschließend die Ranglisten aus beiden Bereichen in sämtlichen denkbaren Kombinationen daraufhin bewertet, wie hoch der jeweilige Korrelationsgrad zwischen den Ranglisten (-kombinationen) ist.

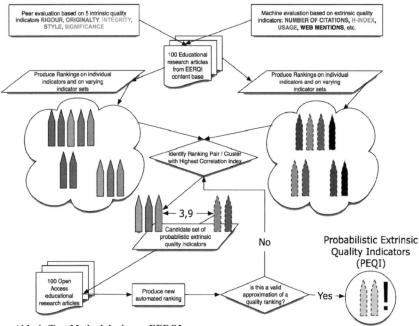

Abb. 1: Test-Methodologie von EERQI

Dabei führt eine komplexe mathematische Formel zu einem Korrelationsindex und zur Identifikation der Ranglistenkombination mit dem höchsten Korrelationsindex. Die extrinsischen Merkmale dieser Kombination werden anschließend verwendet, um erneut 100 Artikel zu bewerten, zu denen keine Gutachterkommentare vorlie-

---

2   Verfügbar unter: http://lexiurl.wlv.ac.uk/.

gen. Die aus diesem mechanischen Bewertungsverfahren resultierende Rangliste wird erneut den Fachgutachtern vorgelegt, erwartet wird nunmehr eine Bewertung der Validität der Rangfolge. Fällt diese negativ aus, erfolgt eine erneute Iteration mit einer anderen Kombination extrinsisch und intrinsisch basierter Ranglisten. Erbringt die Bewertung hingegen ein positives Ergebnis hat das Projekt ein zweites Ergebnis erzielt: Es sind dann extrinsische (und automatisiert erfassbare) Merkmale ermittelt, die mit einer gewissen Zuverlässigkeit mit intrinsischen Qualitätsmerkmalen korrelieren. Es handelt sich hier um Forschungsarbeit mit naturgemäß ungewissem Ausgang – allerdings belegen die Publikationen von Nederhof & van Raan (1989), Oppenheim (1997) und Rinia, van Leeuwen, van Vuren van Raan 1998) eine Korrelation zwischen Gutachter-Qualitätsurteilen und bibliometrischen/ webometrischen Parametern.

Fachliche Einschlägigkeit

Ein weiteres Ergebnis des Projektes ist die Kombination von suchmaschinenbasierten und computerlinguistischen Verfahren für die Bestimmung der fachlichen Einschlägigkeit einer gegebenen Publikation. Dabei wurde eine spezialisierte Suchmaschine mit einer Reihe manuell ausgewählter Ausgangs-URLs und Vokabularien zunehmend auf die Erkennung erziehungswissenschaftlicher Forschungsliteratur trainiert und anschließend unter Verwendung der Freitext-Zusammenfassungen zur Qualitätsbewertung weiter spezialisiert. Dies Instrument ist in der Lage, grobe Aussagen zur fachlichen Einschlägigkeit (und womöglich auch ein Stück weit Relevanz) von Publikationen zu machen.

Mehrsprachigkeit

Schließlich werden die nunmehr abzusehenden Ergebnisse mindestens bezogen auf die Sprachen Deutsch, Englisch und Französisch vorliegen.

Paradoxien und Perspektiven

Abschließend soll nun auf eine Reihe von Paradoxien eingegangen werden, die in EERQI sichtbar geworden sind

Das sprachliche Paradoxon

Da ist zum einen die Tatsache, dass sämtliche Arbeiten in diesem auf die Erhaltung sprachlicher Diversität zielenden Projekt bislang in englischer Sprache geleistet wurden. Die Ergebnisse werden zwar, wie oben angedeutet, mindestens zwei zusätzliche Zielsprachen mit umfassen (Französisch und Deutsch) – aber schon bei der weitgehend erfolglosen Suche nach schwedischsprachigen Beispielartikeln von internationaler Relevanz wurde deutlich, dass die Dominanz- und Verdrängungseffekte des Englischen inzwischen möglicherweise bereits höher sind, als selbst in pessimistischen Szenarien angenommen.

Das „extrinsische" Paradoxon
Einer der Ausgangspunkte von EERQI war die Annahme, dass traditionelle bibliometrische Verfahren wie in den ‚harten' Wissenschaften praktiziert nicht ohne weiteres auf die Geisteswissenschaften anwendbar sein würden. Durch das nun gewählte Vorgehen ist diese Annahme zwar noch nicht per se entwertet – es entbehrt jedoch nicht einer gewissen Paradoxie, dass für die Identifikation von Qualität nunmehr doch ein indirekter ‚Umweg' über extrinsische Faktoren gewählt worden ist.

Das Paradoxon der Messbarkeit
Wenn man einmal unterstellt, dass eine stabile Korrelation zwischen intrinsischen und extrinsischen Faktoren im Sinne eines Indexwertes wie oben beschrieben herstellbar sein wird, gerät sogleich ein weiteres Paradox in den Blick: Es muss dann betont werden, dass ein solcher Indexwert nicht mehr ist als ein probabilistischer Indikator, und dass er keinesfalls mechanistisch, ohne menschliche Interpretation verwendet werden darf! Die Versuchung, genau diesen Kardinalfehler zu machen und damit dem Zauber der scheinbaren Messbarkeit zu verfallen, wird im politischen Umfeld möglicherweise enorm sein – hierauf ist abschließend unter „Perspektiven" erneut einzugehen.

Monografien

Bis hierher war ausschließlich von Zeitschriftenartikeln die Rede – hat also EERQI hinsichtlich der Publikationsformate die Fehler von ERIH wiederholt? Die „Content Base" des Projektes enthält einige tausend monografische Objekte – doch handelt es sich fast durchgehend um PDF-Dokumente ohne klare und prozessierbare Internstruktur. Dieser Umstand schränkt die Verarbeitungsansätze von vorne herein ein. Hinzu kommt jedoch, dass der oben eschriebene methodische Ansatz nicht ohne weiteres auf Monografien übertragbar ist, denn für diese fehlen vergleichbare extrinsische Daten. Hier sind wir im Projekt momentan auf der Suche nach messbaren Faktoren, die eine Übertragung der Methodik auf Monografien ermöglichen könnten.

Perspektiven

EERQI ist derzeit noch mit Forschungsarbeiten befasst, so dass eine Aussage zu den Perspektiven etwa der Verstetigung des Projektes noch nicht wirklich gemacht werden kann. Es ist jedoch erkennbar, dass die EU-Kommission – gerade auch angesichts des weitgehenden Debakels um ERIH – ein massives Eigeninteresse an verwertbaren Resultaten von EERQI hat. Insofern wird es für den Fall valider Ergebnisse sehr darauf ankommen, dass die Projektleitung den Vertretern der Kommission die Bedingungen klar vor Augen führen kann, unter denen die Verwendung dieser Ergebnisse Sinn macht. Sie können nicht als ein mechanistisch anwendbares Messwerkzeug gesehen werden, das intellektuelle Bewertung von Qualität ersetzbar macht. Es handelt sich vielmehr um Unterstützungsfunktionen, die für wichtige Bausteine die Neugestaltung effektiver und effizienter Evaluationsverfahren sein können. Dies hinreichend deutlich zu machen, ist sicher eine der Herausforderungen, vor denen Ingrid Gogolin in den kommenden Jahren stehen wird.

Literatur

European Science Foundation (2009a). *ERIH „Initial" Lists.* Verfügbar unter: http://www.esf.org/research-areas/humanities/erih-european-reference-index-for-the-humanities/erih-initial-lists.html [22.06.2009].

European Science Foundation (2009b). *Shortcut to general FAQs.* Verfügbar unter: http://www.esf.org/research-areas/humanities/erih-european-reference-index-for-the-humanities/frequently-asked-questions.html#c24021 [22.06.2009].

European Science Foundation (2009c). *Context and Background of ERIH.* Verfügbar unter: http://www.esf.org/research-areas/humanities/erih-european-reference-index-for-the-humanities/context-and-background-of-erih.html [22.06.2009].

Hornbostel, S., Klingsporn, B. & von Ins, M. (2008). Messung von Forschungsleistungen – eine Vermessenheit? In Alexander von Humboldt-Stiftung (Hrsg.), *Publikationsverhalten in unterschiedlichen Disziplinen. Beiträge zur Beurteilung von Forschungsleistungen* (S. 11–32). Diskussionspapiere der Alexander von Humboldt-Stiftung Nr. 12/2008.

Hose, M. (2009). *Glanz und Elend der Zahl.* In H-Soz-u-Kult. Verfügbar unter; http://hsozkult.geschichte.hu-berlin.de/forum/id=1115&type=diskussionen [08.06.2009].

Nederhof, A. J. & van Raan, A. F. J. (1989): A validation study of bibliometric indicators: The comparative performance of cum laude doctorates in chemistry. *Scientometrics, 17,* 427–435.

Oppenheim, C. (1997). The correlation between citation counts and the 1992 research as-
    sessment exercise ratings for British research in genetics, anatomy and archaeology,
    Journal of Documentation, 53(5), 477–487.
Rinia, E. J., van Leeuwen, T. N., van Vuren, H. G. & van Raan, A. F. J. (1998). Comparative
    analysis of a set of bibliometric indicators and central peer review criteria: evaluation
    of condensed matter physics in the Netherlands. *Research Policy, 27,* 95–107.

Gudula List

„Bildungssprache" in der Kita

Bildungssprache der Schule – Ingrid Gogolin führte die griffige Formel in die Debatte ein. Das verdient allein schon deshalb Beifall, weil es lästig ist zu sehen, wie auch die deutschsprachige Literatur über Sprachförderung, Fremdsprachendidaktik, über den Erwerb einer zweiten Sprache durch Zugewanderte, überschwemmt ist mit den Kürzeln BICS und CALP, die bekanntlich für *basic interpersonal communication skills* und *cognitive academic language proficiency* stehen. Die Akronyme stammen von Jim Cummins, der seit Jahrzehnten davor warnt, man möge sich nicht täuschen lassen von umgangssprachlicher Kommunikationsfähigkeit der Migrantenkinder, die an den ganz anderen sprachlichen Anforderungen im Schulbetrieb zu scheitern drohen.

Es geht also um einen Gegensatz von alltäglich privatem Sprachgebrauch hier und „schriftförmiger" Sprache dort, wie sie im mündlichen und schriftlichen Medium den Schulbetrieb beherrscht. Eine Wertigkeit der Varietäten soll damit nicht verbunden sein, jedoch sei nur eine von beiden auf unterrichtliche Interventionen angewiesen, denn schul- und bildungssprachliche Kompetenz lasse sich „außerhalb expliziter Lehr- und Lernkonstellationen nicht – oder nur unter besonders begünstigten Bedingungen, etwa einem für die entsprechenden Fähigkeiten förderlichen familiären Bildungsklima" erwerben (Gogolin, 2006, S. 245).

Näher bestimmt werden die Varietäten durch Antinomien wie informell gegen formell, und vor allem: *situationsabhängig* gegen „kognitiv basiert" und *kontextentbunden* (S. 244). Solche Dichotomien können leicht falsche Freunde finden, indem sie sich für Koalitionen anbieten, die differenzierte Analysen eher behindern als herausfordern, so geschehen etwa im Fall des Kontrasts von „restringiertem" und „elaboriertem" Code und der Koalition, die er mit den Redeweisen soziologisch unterschiedener Gesellschaftsschichten eingegangen ist.[1] Vor ähnlichen Koalitionen möge der Kontrast Alltags- gegen Bildungssprache verschont bleiben!

Bildungssprache wird nicht allein dem schulischen Kontext zugeordnet (und ist ja dort auch keineswegs durchgängig präsent, wie Ingrid Gogolin (2009) vor Augen führt). Sie finde sich auch außerhalb von Bildungseinrichtungen „etwa in anspruchsvollen Presseorganen, in Büchern und öffentlichen Verlautbarungen, aka-

---

1   Basil Bernstein, der diese Verknüpfung angeboten hat – zunächst, 1958, noch mit den Bezeichnungen der schichtspezifischen Redeweisen als *public* und *formal language* – hat sich sein langes Arbeitsleben über immer wieder bemüht, hiervon loszukommen und sich noch in seiner letzten öffentlichen Verlautbarung (2001) bitter darüber beklagt, wie man ihn missverstanden habe.

demischen Vorträgen" (Gogolin, 2009, S. 270). Das ist auf die *Breite* gesellschaftlicher Diskurse des Erwachsenenlebens hin gedacht, an dessen *Anfang* jedoch die *Schule* als die Instanz platziert wird, in deren Verantwortung es liege, Bildungssprache hervorzubringen, damit sie hinfort möglichst allen für das weitere Leben zur Verfügung stehe.

Dagegen möchte ich eine *entwicklungspsychologische* Perspektive ins Spiel bringen, die zurückblendet in die Biographie *vor* der Schulkarriere. Denn bildungssprachliche Kompetenzen, wie die Schule sie später verlangt und bewertet, so meine These, nehmen ihren Ausgang dort, wo schon mit Vorschulkindern mehr geschieht als ein Hin und Her an Verständigung über alltägliche Verrichtungen. Auf derart quasi ‚behavioristisches' Gebaren sollte nämlich ‚Alltagssprache' nicht reduziert werden. Denn sie hat das Potenzial, bildungssprachliche Qualität überall dort anzubahnen, wo sie zwar kindgerecht in lebensweltliche Kontexte eingebunden ist, sich indes durchaus „kognitiv basiert" auf den Weg zu Phantasie- und Erkenntniswelten begibt, die das Hier und Jetzt verlassen. Die Vorteile privilegierter Situation sind dabei gewiss nicht zu leugnen, aber derartige Ausschöpfung von Alltagssprache geschieht keineswegs nur im bildungsbeflissenen Milieu. Denn Kinder neigen ganz generell bald und entschieden zu Neugier und Wissbegierde, denen die Umgebung nur entgegen kommen muss, um aus der konkreten Situation heraus veritable *Sprach*welten mit ihnen zu betreten. Wo das in familiärer Umgebung zu kurz kommt, wird vorschulischen Einrichtungen umso größere Bedeutung zuwachsen.

Reden über Präsentes, Entferntes und Erdachtes

Die Kindersprachforscherin Susan Carey berichtet (1988, S. 167) über das Gespräch einer Mutter mit ihrem vierjährigen Sohn (unzweifelhaft angesiedelt im begünstigten Milieu).[2]

> M: Haben Tauben Baby-Tauben?
> S: Klar, und Hunde haben Baby-Hunde, Kühe haben Baby-Kühe, Katzen haben Baby-Katzen…
> M: Und was ist mit Würmern?
> S (zögerlich): Nein… Würmer haben *kurze* Würmer.

Der aufgeweckte Junge konnte den Unterschied zwischen Tier-Babys und kurzen Würmern gut erklären: Babys sind klein und hilflos, sie brauchen Große, die ihnen helfen, weil sie vieles noch nicht können (Baby-Vögel können noch nicht fliegen, Baby-Katzen und -Hunde können noch nicht laufen, und Menschen-Babys noch nicht reden, spielen, alleine essen…). Würmer können aber überhaupt nicht viel, deshalb ist es gar nicht möglich, dass Kleine weniger als Große können. Wenn

---

2   Ich exzerpiere hier, wie auch bei den noch folgenden Beispielen, und übersetze frei.

kleine Würmer Baby-Würmer wären, dann könnte man genau so gut sagen: kleine Steine sind Baby-Steine!

Der Junge operiert mit einem Begriff von *Lebewesen*, der noch nicht in einem biologischen Kontext angesiedelt ist, und mit einem Begriff von *Baby*, der anders als bei Erwachsenen nicht im Zusammenhang mit der Reproduktion der Lebewesen steht, sondern davon geprägt ist, dass Babys Hilfe brauchen, um groß zu werden. Sind seine Denkweisen und Erklärungen darum weniger ‚kognitiv basiert' als die der Mutter?

Eine andere mit Kindersprache befasste Autorin, Ruqaiya Hasan, führt aus: viele Kinder entwickeln dekontextualisierte Rede früh und werden damit erfolgreich in der Schule sein. Schulen als solche seien jedoch nicht die Orte, „to be uniformly successful in *creating* the orientation to use decontextualised language: this is clear from the fact that the official pedagogic system fails some children. [...] this situation raises the likelyhood that the schools may in fact not be the initial site for the ontogenesis of decontextualised language" (Hasan, 2001, S. 49). Dichotomien wie „kontextabhängige" und „kontextentbundene" Sprache seien keine Alles-oder-nichts-Affairen, schreibt die Autorin, sie sind auf einem *Kontinuum* zu denken und können vermischt auftreten – sogar innerhalb einer einzigen Äußerung. Auch hier gibt es ein Beispiel, das Gespräch einer Mutter mit ihrer dreieinhalbjährigen Tochter im Garten (Hasan, 2001, S. 51f.):

> T: Mami, sterben Kätzchen wie Menschen sterben?
> M (amüsiert): Was ist mit Kätzchen?
> T: Sterben sie?
> M: Nun, Kätzchen sterben, wenn ihre Zeit gekommen ist, alles stirbt eines Tages...
> T: Sterben Früchte?
> M: Ja, aber auf eine andere Weise.
> T: Wie denn?
> M: Siehst du die Früchte hier im Baum? Und siehst du hier unten, wie sie ganz matschig und faul sind?
> T: Ja, sie sind vom Baum gefallen, sie sind ganz krank und haben Bazillen...

Die Autorin erläutert an solchen Gesprächen den Unterschied zwischen verschiedenen Formen aktueller Kontexte (*actual contexts*), auf die Gespräche sich beziehen können, und solchen (*virtual contexts*), die jeder möglichen Anschauung enthoben sind. Aktuelle Kontexte wurzeln hiernach immer in *erfahrenen* Zusammenhängen, seien die besprochenen Gegebenheiten nun *unmittelbar* in der Situation gegeben oder durch Reden über früher Erlebtes *im Gespräch aktualisiert*. Von beidem, der Rede über sensorisch direkt Beobachtbares, wie auch bei der Vergegenwärtigung von früher Erlebtem, unterscheiden sich virtuelle Kontexte also dadurch, dass sie grundsätzlich *nicht* konkret zu erfahren sind; die Autorin nennt sie: nicht *sens-ible*, sondern nur *intellig-ible* (Hassan, 2001, S. 54).

Am Anfang sind es für Kinder konkrete Erfahrungen und Handlungen im Hier und Jetzt, die den Stoff zum Reden liefern. Sie gehen vorsichtig zu Werk, wenn sie dann allmählich auch auf früher Erfahrenes rekurrieren, das sie gemeinsam mit anderen verbal rekonstruieren, bis sie später vordringen zu Generalisierungen und Abstraktionen. Damit kann potenziell Erfahrbares schließlich in etwas überführt werden, das sich lediglich in der Vorstellung konstruieren lässt. Das Kätzchen, das vor den eigenen Augen über den Zaun springt, ist ein direkt erfahrener Redeanlass. „Kätzchen sterben?" eine bereits die Situation transzendierende Frage. „Alles stirbt eines Tages", schließlich, ist eine vollends virtuelle Feststellung, eine konzeptionelle Konstruktion, die nur über Sprache herstellbar, weil konkreter Erfahrbarkeit enthoben ist.

Wirkungsvolle Unterstützung bei der Aneignung kontextentbundener Sprache geschieht in Gesprächen, in denen es vom Aktuellen und Konkreten aus zu Annäherungen an Virtuelles kommt: Nur so, aus der Transformation *subjektiver Erfahrung* heraus, kann sich Bildungssprache entwickeln – aus dem Stand heraus und durch noch so kluge *Lehre* kaum. Sehr sensibel begleitet hier die Mutter ihre Tochter auf diesem Weg: „Alles stirbt eines Tages, Früchte auf andere Weise als Katzen": Sie überbrückt die Kluft zum vollendeten Virtuellen durch Bezüge auf das hier und jetzt Wahrnehmbare, die reifen Früchten am Baum und die verdorbenen im Gras. Und die Tochter folgt ihr auf dem Weg zum Virtuellen, indem sie das Abstraktum zunächst für sich in etwas konkret Verstehbares übersetzt, das sie selbst schon erfahren hat „sie sind ganz krank und haben Bazillen".

Die soziale Konstruktion der Autobiographie

Erwachsene reden gern schon mit ganz kleinen Kindern über das, was sie gemeinsam mit ihnen erlebt haben. Sie führen dabei eindeutig die Regie, denn Zwei- und auch noch Dreijährige verfügen weder über genügend sprachliche Mittel noch wirklich über langfristige Erinnerungsfähigkeit, um sich gleichberechtigt an solchen Gesprächen zu beteiligen. Man kann (und sollte!) jedoch schon kleinen Kindern zum Einstieg in die später selbst erzählbare Erinnerungswelt verhelfen, etwa so:

> Vater: Du bist hingefallen, nicht? Du bist an einer Wurzel hängen geblieben. Hat es weh getan?
> Kind: Nein.
> V.: Ich weiß nicht mehr, aber ich denke, du hast ein bisschen geweint?
> K.: Hm.
> V.: Kann sein, das ist schon lange her.
> K.: Hm.
> V.: Na, was haben wir noch gemacht? Wir sind spazieren gegangen und haben uns im Wald hingesetzt und herumgeguckt. Es war richtig schön da. Alles war grün. Und die

Vögel haben gesungen. Und dann sind wir zurückgegangen und haben das Auto genommen und sind zu Peter und Hanna gefahren. Erinnerst du dich?
K.: Peter und Hanna.
V.: Das war in unserem Urlaub, gelt?
(frei übernommen aus Fivush & Reese, 1992)

Oder auch so:

Mutter: Erinnerst du dich an Ostern?
Kind: Ja.
M.: Was haben wir Ostern gemacht?
K.: Was?
M.: Was haben wir Ostern gemacht?
K.: Ja.
M.: Wir haben Eier gefärbt.
K.: Ja.
M.: Wer hat uns dabei geholfen?
K.: Was?
M.: Großmutter Gertrud.

Wie man sieht, legen Erwachsene im Gespräch mit kleinen Kindern, die sich selbst noch wenig einbringen können, ganz unterschiedliche Stile an den Tag, die auf einer großen Bandbreite der Ausschmückung variieren können, wie hier an zwei extremen Beispielen demonstriert. Bei besonders dekorativer Rede über gemeinsam Erlebtes werden Details hervorgehoben, Gefühle angesprochen und die Beteiligung der Kinder herausgelockt. In anderen Gesprächsformen beharren Erwachsene eher auf bestimmten Punkten, wiederholen ihre Fragen und arbeiten auf enge Antworten der Kinder hin, die sie am Ende gar selber einbringen. Die meisten Untersuchungen über frühe Etappen der gemeinsamen Konstruktion des kindlichen episodischen Gedächtnisses sind mit Müttern und Kindern aus Mittelschichtfamilien durchgeführt worden. Dabei fand sich schon in dieser sozialen Gruppe das ganze Spektrum der Gesprächsstile (beide Beispiele stammen aus einer dieser Untersuchungen), und mehrfach konnte ein korrelativer Zusammenhang zwischen dem Ausmaß an Ausschmückung mütterlicher Rede zu einem frühen Zeitpunkt und der Qualität der später erhobenen kindlichen Erzähl-Produktion nachgewiesen werden.[3]

Hier interessiert nun vor allem, ob sich Gesprächsstile, die nachweislich mit späterer Erzählfreude der Kinder einhergehen, wo nötig, von außen anregen lassen, also ob sie *lernbar* sind. Denn für Elternberatungen und vor allem für die Berufspraxis von pädagogischen Fachkräften ist diese Frage sehr bedeutsam. Deshalb soll

---

3 Die Wahl des jeweiligen mütterlichen Sprachstils scheint teilweise habituell zu sein und mit den eigenen Erfahrungen in der Kindheit zusammen zu hängen. Es sind aber auch diverse Einflussfaktoren nachgewiesen worden, wie das Geschlecht des Kindes, seine Position in der Geschwisterreihe und natürlich auch das soziale Milieu (vgl. Forschungsberichte von Nelson & Fivush, 2004 oder Fivush, Haden & Reese, 2006).

in exemplarischer Absicht eine *Interventions*studie etwas ausführlicher beschrieben werden, die sich nicht darauf beschränkt hat, Dialoge aufzuzeichnen. Sie wurde sinnvoller Weise gerade in Familien durchgeführt, die *nicht* der Mittel- und Oberschicht angehörten (Peterson, Jesso & McCabe, 1999).

Man hat in diesem Fall ausschließlich Mütter aus sozial benachteiligtem Milieu einbezogen; ihre Kinder waren zu Beginn im Durchschnitt dreieinhalb Jahre alt. Nach dem Zufallsprinzip wurden die Paare einer Experimental- und einer Kontrollgruppe zugeteilt. Die Mütter der Experimentalgruppe hat man ausführlich in Gesprächen und Rollenspielen darüber unterrichtet, wie wichtig es für die Entwicklung ihrer Kinder sei, dass sie sich häufig mit ihnen über zurückliegende Erlebnisse unterhalten und dabei ausführlich über Ort, Zeitpunkt und den emotionalen Gehalt der Ereignisse sprechen. Sie sollten viele offene Fragen stellen, gut zuhören, das Kind zu mehr Ausführlichkeit anregen und es möglichst ihm selbst überlassen, über was es sprechen möchte.

Mehrmals besuchten die Autorinnen über ein Jahr hinweg alle Familien und standen zwischendurch auch telefonisch mit ihnen in Kontakt. Nur erhielten die Mütter der Kontrollgruppe keine Ratschläge, sie wurden lediglich darüber informiert, dass man regelmäßig kommen werde, um mehr über die Sprach- und Gedächtnisentwicklung ihrer Kinder zu erfahren. Eine andere Person, die keine Kenntnis über die jeweilige Gruppenzugehörigkeit hatte, besuchte alle Familien und zeichnete Mutter-Kind-Gespräche auf, führte einen Wortschatztest mit den Kindern durch und forderte sie zu Erzählungen heraus. Das geschah vor Beginn und nach Abschluss der Interventionsperiode sowie ein weiteres Jahr später, in dem keine Besuche mehr stattgefunden hatten. Die Vergleiche zwischen dem Zeitpunkt vor und unmittelbar nach der Intervention bestätigten erwartungsgemäß überzufällig, dass das Gesprächsverhalten der Mütter der Experimentalgruppe, nicht aber das der Kontrollgruppe, sich in dem empfohlenen Sinn verändert hatte. In der Vokabelprüfung zeigten nur die Kinder der Experimentalgruppe unmittelbar nach der Intervention einen signifikanten Anstieg. In *beiden* Gruppen gab es jedoch innerhalb des Interventionsjahres wenig Anstieg bei den Kennwerten, die für narrative Kompetenz erhoben worden sind. Bei der Folgeuntersuchung nach einem weiteren Jahr ließen sich hingegen bei den Kindern Experimentalgruppe solche Zugewinne als hoch signifikant nachweisen. Die Veränderung des mütterlichen Gesprächsverhaltens hatte also kurzfristig zwar nur einen Anstieg im Wortschatz bewirkt, führte aber längerfristig zu einer positiven Veränderung der kindlichen Erzählfähigkeit.

Inzwischen liegen international eine ganze Reihe solcher Interventionsstudien vor, die auch außerhäusliche Betreuer mit einbeziehen. In Deutschland gibt es pädagogisch-praktische Initiativen (z.B. die „Rucksack-Projekte"[4]), die wirksame Zusammenarbeit mit Eltern leisten und sich um Stärkung der Erziehungskompetenz dort bemühen, wo es nötig ist. Kontrollierte sozialwissenschaftliche Forschungsarbeit steht hingegen bei uns noch aus. Mindestens so wichtig wie Elternberatung ist es, in der Ausbildung von Erzieherinnen und Erziehern darauf zu dringen, dass ein unerhört wichtiges Element dieser Berufspraxis darin besteht, individuell und in kleinen Gruppen auch in den Institutionen die narrative Kompetenz der Kinder gezielt anzuregen. Dazu bedarf es gesteigerter Selbstbeobachtung, Aufmerksamkeit auf das eigene Gesprächsverhalten und Sensibilität für die Wirkungen, die bei den Kindern damit erzielt werden.

Natürlich besteht eine Abhängigkeit der narrativen Kompetenz vom Stand der aktiven Sprachverfügung. Obwohl schon kleine Kinder früh die zeitliche Ordnung von Handlungsfolgen und auch Beziehungen zwischen Verursachung und Wirkung begreifen können, stehen ihnen zunächst die Mittel nicht zur Verfügung, um solche Beziehungen auch selbst zu versprachlichen und damit für sich im Gedächtnis explizit zu verankern. Sie verstehen durchaus, was „gestern" war, „letzten Sonntag", „danach" und „weil", aber sie benutzen diese Partikel erst ab drei, vier Jahren selbst aktiver. Daher ist es keineswegs überraschend, dass solche verbalen Verknüpfungen zunächst von Erwachsenen geleistet werden – in häufig intuitiver aber, wie ausgeführt, durchaus lernbarer Unterstützung der Kinder bei der Herausbildung ihrer Autobiographie.

Das „narrative Selbst" als Ausgangspunkt bildungssprachlicher Kompetenzen

Die Entwicklung des episodischen Gedächtnisses ist, folgt man der „narrativen Psychologie", das Kernelement dekontextualisierter Sprache. Jerome Bruner (1997), ihr Wortführer, begreift die Person als ein sich im Lebenslauf veränderndes *erzählendes Ich*: Die Menschen erschaffen sich für ihr Selbstverständnis sinnvolle Zusammenhänge, indem sie still für sich oder explizit gegenüber andern ihre Geschichte erzählen und sie dabei immer wieder neu gewichten und bewerten. Die eigene Person wird zum Protagonisten, der den gerade Erzählenden in der Gegenwart einholt, um mit ihm Projekte für die Zukunft zu entwerfen. Es geht nicht um ein getreuliches Nacherzählen, sondern um ausgewählte, rekonstruierte und interpretierte Ereignisse. Die im Erzählen herausgehobenen Erlebnisse, die *„Biographeme"* (Brockmeier, 1999), erhalten ihre Bedeutung dadurch, dass jemand mittei-

---

4   Regionale Arbeitsstellen zur Förderung von Kindern und Jugendlichen aus Zuwanderrerfamilien in Nordrhein-Westfalen. Verfügbar unter: http//:www.raa.de. Siehe den Beitrag von Chrtiane Bianski im vorliegenden Band.

len möchte, genau sie mögen als vom Alltäglichen abgehoben verstanden werden. Denn so sehr wir einerseits bemüht sind, uns als typisch und damit kulturbestätigend zu präsentieren, so intensiv stellen wir unsere Individualität dadurch sicher, dass wir mit unserer Biographie etwas Außergewöhnliches, eben *Erzählenswertes* darstellen. Die Wahl und Qualifizierung der Biographeme fluktuiert und wird davon mitbestimmt, wem gegenüber und in welchen Zusammenhängen sie erzählt werden. Deshalb haben wir nicht irgendwann in unserer Entwicklung die *eine* fest gefügte, unverrückbare ‚Identität', sondern arbeiten ein Leben lang an unseren *Selbstkonzepten*. Noch einmal hervorgehoben: Es geht um die Herausarbeitung des Besonderen auf der Folie des kulturell geteilten Üblichen und Alltäglichem – eine *Figur-Hintergrund-Thematik*[5] – und damit um ein Konzept der Person, die im Zuge ihrer *Sozialisation* beständig an ihrer *Individualisierung* arbeitet.

Wie beschrieben, wird das narrative Selbst in sozialen Interaktionen auf den Weg gebracht, in denen die Novizen erst ganz allmählich die Regie in die eigenen Hände nehmen. Während der ersten Jahre etablieren sich im Gedächtnis der Kinder die Schemata und Routinen des täglichen Umfelds (Nelson, 1988): Wie sich das Zubettgehen abspielt, was auf Ausflügen am Sonntag geschieht, usf. Im Weiteren kommt es jedoch darauf an, dass Besonderheiten bewusst werden, die zu bestimmter Zeit an einem konkreten Ort als *selbst erlebt* erinnert und damit als Bestandteile der persönlichen Geschichte verankert werden können (Tulving, 2002). Solche Erinnerungen an erlebten Alltag, an besondere Ereignisse, die im Gespräch mit anderen (also dem unmittelbaren Kontext entrückt) aktualisiert werden, sind frühe und paradigmatische mentale Konstruktionen von Figur-Hintergrund-Verhältnissen, in der vom Allgemeinen abgehoben, das Besondere begriffen wird: Nicht nur was oft geschieht (Fahrten mit der Straßenbahn beispielsweise) hält das episodische Gedächtnis fest, sondern auch und zuvörderst die persönliche Beteiligung (Mami hat meinen Fahrschein verloren), verknüpft mit einem Ort und einem Zeitpunkt (Haltestelle Rathaus am Nachmittag), einem besonderen Ereignis (der Kontrolleur war nett) und einer emotionalen Verarbeitung (Mami ist rot geworden, und wir waren froh). Auf dem Hintergrund allgemeinen Wissens (über Fahrten in die Stadt) wird erst auf diese Weise eine autobiographische Erinnerung, die mitteilenswert ist. Die Unterstützung der Kinder bei der Herausbildung ihres narrativen Ichs kann nicht hoch genug bewertet werden.

Wenn Kinder hinreichend angeregt werden, stellen sie ab drei, vier Jahren mehr und mehr Fragen nach dem, was genau und warum es geschehen ist, und äußern Vermutungen darüber, was sich in der Zukunft ereignen könnte. Sie wollen auf

---

5   Der Begriff stammt aus der Gestaltpsychologie und bezeichnete die Tendenz zur spontanen Ordnung sensorischer Wahrnehmungen (Goldstein, 1997, S. 168–184); er bietet sich an, um ganz allgemein auf *sinngebende mentale* Verarbeitung bezogen zu werden.

Grund ihres wachsenden allgemeinen Wissens die *Figurationen*, denen sie einen herausgehobenen Sinn verleihen können, nachhaltig begreifen und zur Sprache bringen. Das fördert ihre Fähigkeit, Erfahrungen zu bewerten, die sich vom Alltäglichen abstrahieren lassen, Wichtiges zu erkennen und weniger Wichtiges in den Hintergrund zu schieben.

Die Kinder finden sich auch zunehmend bereit zu akzeptieren, dass es Dinge gibt, die sie selbst schon erlebt haben, von denen andere aber nichts wissen können. Sie realisieren also, dass es mehr als nur die eine, eigene Perspektive auf Ereignisse gibt, und sie können allmählich auch verbal begründen, wie sie sich selbst als von anderen unterschieden erfahren. Deshalb berücksichtigen sie allmählich in Gesprächen, dass jemand, der nicht weiß, was sie selber wissen, mehr Informationen zum Verständnis braucht als solche, die sich direkt aus der Situation ablesen lassen. Hier geht es nicht nur um einen messbaren Anstieg der *sprachlichen Mittel*. Es handelt sich vielmehr um wachsende kognitive und soziale Kompetenzen, die immer genauer in Sprache umgesetzt werden können, und zwar so, dass die Äußerung über den Kontext hinausgreift – gute Voraussetzungen, um sich wenig später auf schulspezifische Bildungssprache einzulassen.

Proto-Wissenschaft in der Kita

Kontextentbundenes Reden findet sich also schon im Vorschulalter. Der Befund lässt sich noch steigern: Die Kita ist ein Ort, an dem sich proto-wissenschaftliches Interesse, also das entwickeln kann, was auch konstruktive Wissenschaftstheorie thematisiert. Sie stellt nämlich fest, dass Fachwissenschaften sich „aus Bereichen des täglichen, außer- und vorwissenschaftlichen Lebens heraus entwickeln" (Janich, 1996, S. 239), ihre Wurzeln also im alltäglichen Handeln haben. Wissenschaftliche Erkenntnis entspringt hiernach der allgemein-menschlichen Neugier und wird erst in spezialisierten Disziplinen begrifflich präzisiert, methodisch geordnet und schließlich fachsprachlich zusammenhängend artikuliert. Schauen wir auf die Anfänge: Kinder im Vorschulalter sind in aller Regel höchst neugierig, und reagieren sogar auf Fragen, die Erwachsene unter sich kaum stellen würden:

> „Erzieherin: Kann ein Regenwurm riechen?
> Anne (w, 6;5, deutsch): Doch, bestimmt, bestimmt, bestimmt kann er das.
> E.: Kann er uns denn hören, was glaubst du?
> Anne: Ohren hat er bestimmt nicht.
> Malte (m, 5;10, deutsch): Ich glaub' er kann uns hören.
> Furkan (m, 6;7, türkisch-deutsch): Die schläft, glaub ich.
> E.: Woher weißt du, dass er schläft?
> Leila (w, 6;5, deutsch-arabisch): Weil ich glaube, der hat die Augen zu.
> Finja (w, 3;5, deutsch): Nein, der Regenwurm hat keine Augen, ich hab' das gesehen.
> Leila: Weil der schläft, weil man die Augen nicht sehen kann.

Furkan: Wenn der einen Mund hat, hat der auch Augen."[6]

Können Regenwürmer denn nun riechen? Nasen haben sie nicht, aber wie können wir das genauer überprüfen? In der hier wiedergegebenen Szene hat jedes Kind einen Regenwurm vor sich; Wattestäbchen, Essig und Senf stehen auf dem Tisch bereit. Was macht der Regenwurm, wenn du das Wattestäbchen mit Senf in die Nähe seines Vorderteils hältst? Du darfst ihn nicht berühren! Er weicht aus. Die Kinder schlussfolgern: Der kann riechen! Riechen ist wichtig, er weiß, dass Senf nicht gut schmeckt!

Diese Vorschulkinder lassen sich, wie man sieht, sehr engagiert auf zielgerichtetes Erkennen ein, sie äußern Fragen, Vermutungen, Beobachtungen, und suchen nach Erklärungen – sie sind auf dem Weg zu *bildungssprachlichen* Redeweisen, die *fachsprachlich* in den empirischen Wissenschaften am Ende heißen: Fragestellungen formulieren, Hypothesen entwickeln, Experimentalpläne durchführen, Schlussfolgerungen ziehen, mit denen Hypothesen verifiziert oder falsifiziert werden, um Bausteine zu Theorien zusammen zu führen.

Ganz folgerichtig beschreibt man in einem viel beachteten Bereich der Psychologie seit einiger Zeit mit großem Gewinn die kognitive und soziale Entwicklung von Kindern ab etwa ihrem dritten, vierten Lebensjahr als wachsende Handlungskompetenz, die sich der Arbeit an ‚naiven‘, aber doch systematisch ansetzenden Alltags*theorien* verdankt (zum Überblick: Astington, 2000). Darunter wird die Ausbildung mentaler Repräsentationen verstanden, die bereits dann zu wirken beginnen, wenn sie noch nicht perfekt versprachlicht werden können. In der weiteren Entwicklung lässt sich jedoch darauf bauen, dass dank sprachlicher Anregungen und zunehmender Beteiligung an Interaktionen mit komplexen Anforderungen an soziales und problemlösendes Handeln die verbalen Kompetenzen der Kinder ihre kognitiven einholen werden.

Im Licht solcher Erkenntnisse muss es irritieren, wenn vor allem *äußere formale Merkmale* (wie Wortschatz, Satzkonstruktionen und normgerechte Morphologie) zur Kennzeichnung des kindlichen Entwicklungsstands insgesamt herangezogen werden. Sogar im Hinblick auf ‚Bildungssprache der Schule‘ und ihre kognitiven Hintergründe werden solche Bestimmungen eher unbefriedigende Messlatten bleiben. Während der Vorschulzeit, die so bedeutsam ist für die Entwicklung vom praktisch-handelnden Kleinkind zur sich selbst begründenden Person (also während

---

6   Entnommen aus den Sprachfördermaterialien von Jampert, Zehnbauer, Best, Sens, Leuckefeld & Laier, 2009, Heft 2, S. 47. Hinter den Namen sind in Klammern Geschlecht, Alter sowie die Sprachen der Kinder in der Reihenfolge des Kontakts angegeben. Kinder, die unterschiedliche Familiensprachen mit in die Kita bringen, finden sich in den meisten Einrichtungen, und wie man sieht, kann Deutschförderung gut Hand in Hand und unaufdringlich mit einem Angebot an Bildung geschehen.

der Periode, in der Bildungssprache in Gang kommen kann) vermögen rein formal-linguistische Messungen des „Sprachstands" erst recht nicht zu überzeugen.

Literatur

Astington, J. W. (2000). *Wie Kinder das Denken entdecken.* München: Reinhardt. (Orig. 1993).

Bernstein, B. (1958). Some sociological determinants of perception. An Enquiry into sub-cultural differences. *The British Journal of Sociology, 9,* 159–174.

Bernstein, B. (2001). Video conference with Basil Bernstein, Lisbon, June, 16, 2000. In A.Morais et al. (Eds.), *Towards a sociology of pedagogy. The contribution of Basil Bernstein to reasearch* (pp. 369–383). New York etc.: Lang.

Brockmeier, J. (1999). Erinnerung, Identität und autobiographischer Prozeß. *Journal für Psychologie 7,* 22–42.

Bruner, J. (1997). *Sinn, Kultur und Ich-Identität.* Heidelberg: Auer. (Orig. 1990).

Carey, S. (1988). Conceptual differences between children and adults. *Mind & Language, 3,* 167–181.

Fivush, R., Haden, C. A. & Reese, E. (2006). Elaborating on elaborations: Maternal reminiscing style and children's socioeconomic outcome. *Child Development, 77,* 1568–1588.

Fivush, R. & Reese, E. (1992). The social construction of autobiographical memory. In M. A. Conway et al. (Eds.). *Theoretical perspectives on autobiographical memory* (pp. 115–132). Dordrecht: Kluwer.

Gogolin, I. (2006). Mehrsprachigkeit, Literalität, Literacy: Befunde aus der Bildungsforschung. In A. Walter et al. (Hrsg.), *Grenzen der Gesellschaft? Migration und sozialstruktureller Wandel in der Zuwanderungsregion Europa* (S. 241–252). Osnabrück: V&R unipress.

Gogolin, I. (2009). Zweisprachigkeit und die Entwicklung bildungssprachlicher Fähigkeiten. In I. Gogolin & U. Neumann (Hrsg.), *Streitfall Zweisprachigkeit – The bilingualism controversy* (S. 263–280). Wiesbaden: VS Verlag für Sozialwissenschaften.

Goldstein, E. B. (1997). *Wahrnehmungspsychologie. Eine Einführung.* Heidelberg: Spektrum.

Hasan, R. (2001). The ontogenesis of decontextualised language: Some achievements of classification and framing. In A. Morais et al. (Eds.). *Towards a sociology of pedagogy. The contribution of Basil Bernstein to reasearch* (pp. 47–79). New York etc.: Lang.

Jampert, K., Zehnbauer, A., Best, P., Sens, A., Leuckefeld, K. & Laier, M. (Hrsg.). *Kinder-Sprache stärken! Wie kommt das Kind zur Sprache?* 4 Hefte. Weimar: Verlag das Netz.

Janich, P. (1996). *Konstruktivismus und Naturerkenntnis. Auf dem Weg zum Kulturalismus.* Frankfurt a. M.: Suhrkamp.

Nelson, K. (1988). The ontogeny of memory for real events. In U. Neisser & E. Winograd (Eds.). *Remembering reconsidered: Ecological and traditional approaches to the study of memory.* (pp. 244–276). Cambridge: University Press.

Nelson, K. & Fivush, R. (2004). The emergence of autobiographical memory: A social cultural developmental theory. *Psychological Review, 111,* 486–511.

Peterson, C., Jesso, B. & McCabe, A. (1999). Encouraging narratives in preschoolers: an intervention study. *Journal of Child Language, 26*, 49–67.

Tulving, E. (2002). Episodic memory: From mind to brain. *Annual Review of Psychology, 53*, 1–25.

Neville Alexander and Carole Bloch

Creating Literate Communities –
The Challenge of Early Literacy

"Language is not innate and not learned as imitation. Nor can human language be learned the way rats learn to run mazes in some simple stimulus-response manner. To control language, one must control the rules of language, and those must be invented and tried out by the learners" (Kenneth Goodman 1985/2005, p. 16).

In the 21st century, any person who is fluent in only one language is almost by definition a notifiable case. The value of diversity as opposed to the alleged convenience and productivity of monocultural environments is no longer in serious question. A kind of Hegelian antithesis has displaced the monistic desiderata that prevailed in large parts of the world during the 150 years before the end of World War II, largely as the result of 'the expansion of Europe', i.e., colonial conquest and imperialism.

In those areas of the globe where a multilingual habitus has always prevailed, the current global hegemony of the English language has begun to cause some concern especially among traditionalists, linguists and pro-poor political activists. The political affiliations of this interest group span virtually the entire spectrum, a fact that often causes much unnecessary confusion and one which will not be considered any further in this context. What is important is the fact that for different, even diametrically opposed reasons, all of these people realise that invaluable resources will go waste if the local languages of people across the globe are allowed to lose domains of use or not to occupy new domains where the speaker community is inclined to do so. The short case study we offer here should be understood against the background of a few foundational insights about bilingualism and biliteracy (which we use here to cover all instances relating to proficiency in two or more languages). It is also important that we state that the theoretical and analytical framework that informs our propositions is the continua of biliteracy, originally formulated by Nancy Hornberger.

The maintenance in powerful functions of languages other than the dominant ones, in particular the English language, is important and even essential in terms of cultural and identity-related considerations. This has been stated very clearly by, among others, Cummins (2003). With reference to the ways in which the continua of biliteracy framework can help us to understand the complex environments within which linguistic choices are made, he writes:

"[…] Regardless of how precisely the curriculum is followed, classroom instruction and educator identity choices are always implicated in a matrix of societal power relations. Frequently, a commitment to fully educating bilingual and biliterate students requires that educators challenge the coercive relations of power that are infused in the official curriculum [...]." (Cummins, 2003, p. xi).

This is a powerful statement about the social significance of biliteracy. Arguments from the additive bilingualism and the ecology of languages positions are clearly implicit in this statement but they also reinforce it explicitly. We believe it is also important to question the 'language of work' argument, according to which the language of work, if it is not the mother tongue of the individual, will invariably displace the home language over time (s. Djité, 2008, pp. 144–145). There is in fact no inevitability. However, it is essential that the economic value of the non-dominant languages be foregrounded by means of concrete research findings. In general, we have to show that in many, possibly even in most, situations, use of a combination of languages in the workplace and in most places of learning in multilingual polities, i.e., in just about every state today, results in optimal efficiency, productivity, performance and individual satisfaction on the part of all involved. This is the challenge to research by applied linguists and other social scientists, especially in South Africa today, where the elite has swallowed the English bait hook, line and sinker and where the middle class serves as unattainable role models for the majority of impoverished and disempowered people in the townships and in the rural areas.

The biliteracy and other research projects undertaken by the staff of PRAESA (Bloch, 2006; Edwards, 2008) are strategic, counter-hegemonic initiatives that demonstrate that the officially endorsed (English orientated) monolingual habitus of the elites is counter-productive, oppressive and exploitative with respect to the vast majority of the people. The fact that *working class children, living under unfavourable conditions*, can acquire biliterate competence simultaneously is a finding of immense consequence, as PRAESA researchers have demonstrated in school settings (Bloch & Alexander, 2002) and are demonstrating now by way of early biliteracy classroom initiatives and community reading clubs in townships and in rural contexts. It goes against the dominant ideology and challenges the literacy teaching and other pedagogical assumptions of the official curriculum, which have not been committed to the regular and systematic development of literacy in two or more languages.

In the pages that follow, we explore the tug-and-war process that is early literacy progress in South Africa, where so many young children are pulled out of their cultural communities – often leaving their languages behind them – to spend time in places where learning so often does not seem to make sense, nor does it seem to need to make sense. We then give a short case study of home biliteracy learning which demonstrates, if it is necessary to do so, that African languages and literacy in these languages are learned in the same holistic way as in the case of English or any other language for that matter (Flurkey, Paulson & Goodman, 2008), and also that an interactive role model paradigm is essential to learning success. We should also stress that the prevailing multilingual habitus in most African communities, reinforced by the economic value of a language such as English in the South African context, provides very strong motivation for successful biliteracy practices from early childhood onwards.

Challenges and successes of the early literacy curriculum in South Africa

The South African curriculum for initial literacy teaching and learning is now based on theories of constructivism (Piaget, 1967; Vygotsky, 1978), literacy as social practice (Street, 1984; Barton, 1994) and emergent literacy (Ferreiro, 1984; Bissex, 1980; Hall, 1987). These provide solid theoretical foundations upon which to build progressive pedagogies that value the learning potential of children in South Africa. As yet though, not many teacher educators or teachers understand fully how to use approaches and methods in the early years of classroom teaching that are informed by these theories which have at their heart the proposition that children learn to read and write with meaning and for personally relevant reasons. The problem lies at the 'breakthrough' stage, when beginners make the transition from understanding print as meaningless marks and squiggles to becoming increasingly able to make sense of, and use written language.

The stumbling block – understanding emergent literacy

The stumbling block is appreciating *how* it is possible that children 'learn to read by reading' (Smith, 1978) if they do not *first* get taught the elements of the graphophonic system/s of the language/s. Meaningful language activities are ones where phonics and other technical skills are learned as a part of a range of intellectually engaging activities where young children explore, in an ongoing cultural apprenticeship mode, what it means to be literate. This process is captured by the concept of guided participation which Barbara Rogoff (1990) uses in reference to children's thinking. Rogoff says:

> "[…] both guidance and participation in culturally valued activities are essential to children's apprenticeship in thinking. Guidance may be tacit or explicit, and participation may vary in the extent to which children or caregivers are responsible for its arrangement" (Rogoff, 1990, p. 8).

Children come to behave like readers as they experience real texts. Caregivers collaborate with them in various ways. One is by reading *to* them from rich and stimulating stories. In doing so, caregivers are not only role models for reading, but, working within Vygotsky's Zone of Proximal Development (1978, pp. 84–85) they help children build conceptual bridges from present linguistic and metaphorical understandings and capabilities to new ones. Children use their growing knowledge to 'read' for themselves by telling a story about the illustrations or by reciting by heart the words they have heard and looked at before – gradually taking on more as their insights into and mastery of the conventions of print develop.

Meaningful writing activities are ones where children's conventional writing emerges gradually as they observe and interact with significant peer and adult writers through writing – coming to behave like writers, by applying what they know about language to invent spelling and punctuation for communication and self-expression. In many African home and school settings, the adult role models that are necessary to guide children's participation are few and far between. In the majority of early childhood classrooms, the cultural norm in the early months and years is to break up knowledge and skills into what are assumed to be child size bits. Decontextualised lessons consisting of letter formation skills, handwriting exercises, and spelling of phonically regular words are seen as the necessary precursors to authentic reading and writing.

Claims and counter claims

This situation is not unique to South Africa and other parts of Africa. The 'reading wars' in the United States and elsewhere demonstrate that fundamental disagreements about the nature and learning of literacy exist (Strauss, 2005, p. 4). But the negative impact of inappropriate teaching is enormous for the majority of children in South Africa as they already live in settings with grave political and socioeconomic challenges. The situation becomes disastrous when inadequate teaching methods are added to other language related factors, such as the underdevelopment of African languages in print, the print scarce environments and limited reading and writing cultural practices in many African home and community settings. Moreover, for most African language speaking children the 'choice' of language medium forces huge constraints on creative learning.

Some learn for the first three years in their mother tongue but often their achievements in literacy and other subjects suffer under the heavy cloud of impending English (only) instruction which happens with the abrupt switch in grade 4 in most schools. Others who have to begin with English medium education from grade R (preschool year) or grade 1 are no better off. In either scenario, decisions about which language or languages to use for initial literacy teaching are not made with adequate pedagogical information, teaching is done by teachers whose English is inadequate for the task, children's capabilities are often underestimated and they are always seriously under stimulated. Under such conditions, the majority of children in rural and urban African language communities in Sub Saharan Africa are in a most unfavourable position for literacy learning.

There are signs of change. Though slow, some important shifts are taking place. The notion of reading for enjoyment or for information, i.e. Free Voluntary Reading (Krashen, 1993) is now viewed as being significant for contributing towards the development of what is now widely described as 'a culture of reading'. This has given rise to initiatives by both National and Provincial Departments of Education to equip primary classrooms with storybooks, and encourage reading for enjoyment as part of a "balanced approach" to literacy development in the curriculum (South African Department of Education, 2003).

But many teachers who may only just beginning to comprehend the potential of authentic language use are in danger of becoming confused by hard selling teaching packages such as the synthetic phonics programme, THRASS[1] which has as one of its central goals to "teach children about the 44 phonemes (speech sounds) of spoken English and the 120 graphemes (spelling choices) of written English" (http://www.thrass.co.uk/keyfacts.htm [16.4.2010]). Confusion can also be caused by misguided linguists, educators and researchers who appear to have little understanding about how young children learn. Along these lines is an article by Trudell and Schroeder, who promote the need for part – to – whole early literacy teaching methods from studying the detailed structures and orthographies of African languages. Their view is that teaching methods which originated in European languages and have been borrowed from the 'West' and used in Africa:

> "[…] reflect their social and linguistic origins in a way that often impedes learning for Africans who are using these methodologies to learn to read in their mother tongue" (Trudell & Schroeder, 2007, pp. 166–167).

They claim that the shallow orthographies and other distinctive linguistic features of African languages should lead to early reading pedagogy which focuses on skills such as auditory recognition of phonemes, syllable recognition, tone and vowel length awareness in some languages etc. (ibid, pp. 168–169). Another recent article makes totally unfounded claims that imply rural teachers are not able to cope with holistic teaching approaches. The author confuses the consequences of bureaucratised South African government practices regarding (early) literacy learning theories with the thoroughly tested theory and practice of non-government research and

---

1   THRASS stands for Teaching, Handwriting, Reading And Spelling Skills.

development units such as PRAESA in township and rural contexts (s. Heugh, 2009, p. 120). Claims like these can be shown to be spurious.

It is precisely the research into holistic early literacy teaching methods by non-government research and development units like PRAESA that demonstrate what young African language speakers from working class backgrounds are capable of doing, provided that the conditions of learning (Cambourne, 1995) are appropriate. This has included a six year biliteracy programme for simultaneous biliteracy learning (Bloch & Nkence, 2000; Bloch, 2002) and another project focussing on the importance of reading for enjoyment in mother tongue for learning to read (cf. Bloch, 2009, pp. 27–31). Such work motivates and supports government initiatives such as the literacy half hour which was introduced to bring about reading for enjoyment (South African Department of Education, 2004). For the first time, many children have had opportunities to explore storybooks and have stories read to them – profound first steps to literacy learning in a first or additional language (Krashen, 1993).

The systemic evaluations of grade three and six learners conducted twice since 2001 should be evidence enough to convince even the most skeptical among us that skills based methods are inadequate. The figures speak for themselves:

> "The average overall percentage score obtained by the learners in literacy was 36%, and the average percentage score in numeracy was 35%. Although the average score in the 2007 survey was a little higher than the baseline 2001 result that was 30%, clearly the scores are still unacceptably low. Achievement of learners in numeracy and literacy varied in relation to the language in which they took the test, which coincided with the language of instruction. English and Afrikaans learners fared better, with average numeracy scores of 48% and 49% respectively, and average literacy scores of 43% and 48% respectively. African language mother tongue speakers had lower average scores. For example, for Siswati and Xitsonga learners, the average numeracy scores were 24% and 20% respectively. The average literacy score for both Siswati and Tshivenda learners was 26%. Clearly, language issues impact on learner performance in literacy and numeracy" (Education Minister Naledi Pandor, 2008).

Setting aside questions about the nature of the evaluations, it is very likely that any small improvements in performance is due to the trickling in of some meaningful activities, which of course include actual reading.

How young children learn

While learning to read and write *has* to involve children learning mechanical skills, they are able to do so holistically and without having to learn them first. Beginning to read is a much more complex process than technicalities like matching letters to sounds and decoding words. In 1967 Kenneth Goodman described reading as a psycholinguistic guessing game, with the aim being to make meaning. Readers do this when they interact with a text, by predicting and inferring, forming hypotheses which they then confirm or disconfirm, correcting mistakes when necessary. This is very similar to the way babies learn to make sense of oral language (Gopnick, Meltzoff & Kuhl, 1999, p. 131). Emerging neuroscientific evidence is providing supportive evidence for how the brain constructs meaning first by formulating predictions and then searching for sensory information that confirms or disconfirms its predictions:

"In fact, making sense is not unique to language. We make sense of visual scenes, the sounds of nature, even the sensations from internal organs of the body. Therefore, the way the brain makes sense of print must be representative of how the brain makes sense of everything else" (Strauss, Goodman & Paulson, 2009, p. 26).

The important point is that making sense by predicting and confirming hypotheses is precisely what babies are working at from the moment they are born (Gopnik, 1999, pp. 156–157). The same applies to young children learning literacy when they are in environments which value and use reading and writing. There is no reason why it should be different for children who speak African languages:

"Humans invent all aspects of written language: meanings, words, spellings, grammatical formations, punctuation, genres, fonts, etc. When children perceive a particular authentic function for written language in their sociocultural community, they generate hypotheses for language forms based on their perceptions and current understandings of the world and how it works. Invention allows children to experiment and discover the ways in which written language is a tool for communication between them and significant others. Because their inventions are of authentic meaningful language, they naturally include the syntactic (grammar), semantic-pragmatic (meaning in a situational or cultural context), and graphophonic systems (visual and sound cues)" (Goodman, 2003; cited by Whitmore, et al., 2004).

The formal school curriculum either offers opportunities for – or constraints upon children's creativity and drive to invention. At this moment in time, sadly the constraints outweigh the opportunities. It is thus imperative that potentially catalytic initiatives continue to be documented and shared. They are ones which illuminate and celebrate – in humanistic ways – how young children learn. They offer possibilities to be considered in relation to the burocratised and often mind numbing mass schooling programmes. In the remainder of this chapter, we offer a glimpse from research carried out by the Early Literacy Unit of PRAESA into toddler and young children's progress as biliteracy learners at home.[2]

---

2   The impressive fieldwork was carried out by my dedicated colleagues, Xolisa Guzula, Ntombizanele Mahobe, Nadeema Musthan and Melanie Zeederberg.

Learning from young biliterate children

In Cape Town, over a six month period in 2007, the PRAESA Early Literacy Unit carried out a small scale qualitative research project as part of a larger research programme[3] to find out about conditions which are conducive ones for young children's successful biliteracy learning. This research was carried out in home settings and it was conducted in a research spirit which understands that sometimes

> "[...] the best theoretical accounts of learning and instruction are those which can be validated by reference to what real people do in natural contexts" (Bruner & Haste, 1987, p. 1).

By observing young children interacting with their families at home, our intention has been to throw light onto the nature of the environments, interactions and resources that enable and support young children to start reading and writing in two languages. We hope to use this to help shift the perception of parents and teachers that it is confusing and negative for young African language speaking children to learn literacy in two languages simultaneously.

Three of the researchers are mothers who work at PRAESA's Early Literacy Unit. They began conducting close observations of their own home-family and community language and literacy practices taking notes, doing tape recording and videos, collecting documents and children's writing samples.

Snapshots of Tumi and Thabi's biliteracy world

The following brief glimpse into the literacy worlds (Kenner, 2000) of Tumi, now nine years old, and Thabi , now five, offers a vivid sense of the enormous biliteracy learning potential of young bilingual children in Africa. They are the children of our colleague, Xolisa Guzula (Xoli) and we use her observation fieldnotes written from April to October 2007.

> Xoli summarises the family's home language use saying:

> "At home we speak three languages. I speak isiXhosa and English. Sabelo and Xola, my (young adult) cousins speak isiZulu and English. I speak isiXhosa to the children. IsiXhosa and isiZulu are not an issue with us. We understand each other very well, although the children notice some differences in them. For example Thabi likes correcting Sabelo. When Sabelo says 'letha' Thabi often says, 'No it's not 'letha', it is 'sapha' (give it to me)."

---

3   This is part of a current research partnership, called the 3R's Project with the National Department of Education and other organisations. The aim is to improve literacy and numeracy teaching in South African schools.

Setswana and isiNdebele are also used at home by various family members. This kind of exposure to a multilingual normality and notably Zulu and Xhosa, both from the Nguni language cluster, gives the children opportunities to develop metalinguistic awareness.

Several studies on bilingual acquisition focus on the fact that bilinguals have hightened metalinguistic awareness compared to monolinguals (Bialystok, 1991). This is becoming clear with Thabi and Tumi, as the following event described by Xoli indicates:

> At breakfast, I first served the kids cereal.
> They like to compete as to who will finish first.
> As I was preparing coffee and sandwitches (sic)...
> Thabi(shouting): "Mama mama ndigqibile, I'm finished, finished."
> Tumi: "Heyi kutheni uthetha i-English?"
> Translation: "Hey, why are you now speaking English?"
> Thabi: "Teacher Anne says, No you not finished!"
> ... both laugh.

Aspirations, strategies and interactions

Xoli's challenge is to find ways of maintaining Xhosa for her children at home when they are surrounded by English and Afrikaans in their schools and immediate community. She is an early literacy specialist and language activist with clearly defined language aspirations for her children and ideas about how to achieve these. They should speak, read and write in their mother tongue, Xhosa, as well as English and Afrikaans, the three main languages of the Western Cape Province of South Africa. Because she wants her children to have good educational opportunities, Xoli explains:

> "[...] myself and the kids have recently moved into an Afrikaans/English community where all print is mainly in English and Afrikaans. I have moved to this area because I think it is fairly safe to raise children in, schools are affordable and fairly good/better compared to isiXhosa speaking schools in the townships (where they could get isiXhosa and lose out on other things- this has to do with apartheid system of course and apartheid legacy is still carrying on)."

She has total faith in her children's capabilities for biliteracy learning:

> "It is very important for me that my children become literate in their mother tongue. I feel this because I know that it is possible for children to be literate in as many languages as possible. I know this because I believe in it and my work has taught me that we should value our languages, not just for their sake but the people who speak them. They are also important in shaping one's identity and also have educational advantages educationally."

Xoli has thus set up a print rich Xhosa-English environment at home. The children have a book case with English and Xhosa storybooks, there are various other books magazines and newspapers in use as well as a notice board for reminders, notes etc.

She is constantly aware of the uneven language status of the two languages in society and at school, so makes sure they regularly use and value Xhosa both orally and in print at the same time as she provides enough support for English home-work. In the following poignant extract we see how emotional responses and atti-tudes towards emerging language use are not static:

> "[...] Tumi has always loved to speak read and write in isiXhosa and English. But on the 21 March, on Human rights day, Tumi refused to write in isiXhosa and cried. She told me she does not want to write in isiXhosa any more. It was on this day that I woke up and told Sabelo (in isiXhosa), that I had not seen Tumi's school work and it was now 3 months at school. Tumi was writing a list of words in English. We gave equivalents orally in isiXhosa. When I asked if we should write the words next to English, she refused.
> After I had told her later on that she is special, that she can write in two languages and other people can't she changed her mind again. When we chose an English story to read that night, she said 'No let's read English tomorrow and isiXhosa today.' Since then, we are alternating languages every evening when we read".

During the six month research period, Thabi moved from knowing no English to knowing quite a lot. As they read stories together, before Thabi knew much Eng-lish, Xoli built bridges to meaning for him by talking about the illustrations in Xhosa. Xoli notes that Tumi sometimes asked why they are speaking Xhosa when they are reading an English book. She also once asked "Why did Jesus not make us all speak English?" when she noticed that on Takalani Sesame (a children's televi-sion programme) one of the characters spoke in Setswana and others did not under-stand). It is remarkable how the children constantly notice and talk about which language is being used. This often happens with reference to a ritual that has devel-oped around taking books to school each morning as the following extract illus-trates. Thabi points to the covers of two books – they are English and Xhosa ver-sions of the same story.

> Thabi: "Mama jonga ikati iyafana nalena." (*"Mama look, this cat looks like this one."*)
> Xoli notes: "Both books have (the same) cats on the cover."
> Thabi: "Mama bhala lena ndizoyiphatha esikolweni." ("Mama write this one (my name) so that I can take it to school.")
> Xoli notes: "I ask him to come and take his medication in the kitchen. Tumi brings *Oomakhulu abaninzi* into the kitchen. Thabi wants it. He wants to take it to school. They fight about the book."
> Tumi: "Utitshala wakho akakwazi ukufunda isiXhosa." (*"Your teacher does not read Xhosa."*)
> Xoli notes: "Thabi then takes the English version"
> Thabi: "Is this an English one? Can you remember?"

Xolisa has made it a point to help her children notice which language is being used and the children have no problem separating out the languages they use, and deciding when to use which language for what occasion. They take their cue from the various socio-cultural settings they move between. It is Xolisa who has the task of adjusting conditions and nudging them towards Xhosa use when she notices that they are increasingly slipping into English. The writing sample in Figure 1 illustrates both this point and the fact that the three of them are in ongoing interactions where they inspire and influence one another as role models.

Xolisa is sitting in the living room, writing in her diary. When Tumi wants to follow her mom's example and write in the diary, Xolisa suggests that she use Xhosa, telling Tumi that she rarely writes in Xhosa. Thabi joins in at the end, asking Xoli to write down his comment too.

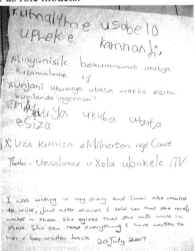

Translation:
Tumi: *"Uncle Sabelo has cooked nice food."*
Xoli: *"You are right, your uncle's food was very nice.*
How do you feel now your daddy's coming to fetch you tomorrow?"
Tumi: *"I'm very happy Daddy's coming."*
Xoli: *"He's going to take you to Milnerton on Sunday."*
Thabi: *"Uncle Xola is watching TV."*

At seven, Tumi already enjoyed writing in both languages.
In figure 2, she writes a bilingual shopping list:

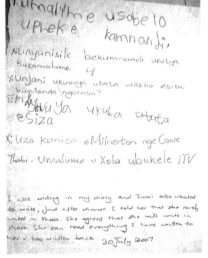

sugar
ubisi (*milk*)
brad (*bread*)
amasi (*sour milk*)
Party Packets
sweets

In figure 3, Tumi is planning on paper, and she writes "lala" (*sleep*) and "wayke ape" (*wake up*). Xolisa then provides her with the correct spelling for "wake up".

Spelling is a challenge and at times, Tumi's learning of English sounds at school influences her Xhosa spelling as we read below in Xoli's notes.

For "NDIYAKUTHANDA KAKHULU" Tumi wrote "*ku*" as "*koo*" and "*lu*" as "*loo*" i.e. "NDIYAKOOTHANDA KAKOOLOO". At school, she has been learning words with double vowels, e.g *good*. Tumi demonstrated how to show the sound *u* by making two circles with her fingers and thumbs of both hands, just like binoculars... she has learnt a rule at school and is trying to practice it at home. She is testing the hypothesis.

She self corrects in another message to her mom, where she wrote in Xhosa:

"Ndiyakuthanda mama kakhulu. Ngothando. Inhizio." ("*I love you mommy very much. With love. Heart.*")

She spells "kakhulu" correctly and "intliziyo" is not – showing the English influence of "*zio*" for "*ziyo*".

Our final writing sample is a personal letter written to both of us in 2009, when Tumi is nine years old. Although she has learned no Xhosa writing at school, she writes in her mother tongue with confidence and fluency.

4c Gladiole street
Soneike
KuilsRiver
7580
14 03 2009

Mob tata, u Neville, no Carde, unjani namhlanje? Varrhaie Khange ndikwazi ukuza e reading club kukuba bendiyothenga izihlangu nempaha

Uyayazi ba ndiyakwazi uku tunda ngeelwimi ezintathu? I sixhosa, isilungu ne afrikansi, Ndikwazi uku funda incwadi ethi Die drie bere. Ndiyakwazi noku

funda incwadi yesingesi ethi Little women ndiku chapter, 15 ngesixhosa ndi funda incwadi ethe Kakȟulu.
Kwezesixhosa ndithanda incwadi ethi Uphi utamela.
I bhalwe nguNiki Daily
Isukoku: lun
Iyaku: tata
ul Neville
no mama
carole

Translation: "Today I wasn't able to come to the r c (reading club) because I went to buy shoes and clothes. Do you know that I can read in 3 languages? Isixhosa, English and Afrikaans. I can read a book called the 23 bears. I can also read an English book… little women, Im in chapter 15. In xhosa I read the book called Kakhulu (so much) — In the Xhosa ones, I like the one called uphi Jamela? Its written by Niki Daly.

Love from Tumi for Tata Neville and Mama Carole"

The drawing that accompanies her letter illustrates vividly the sense of satisfaction and equilibrium she is experiencing. It is this kind of accomplishment that we know is possible and want to enable for other children – in South Africa, Africa and beyond.

Conclusion

Because language is such a deeply political issue, and because having literate citizens is such an important societal sign of potential success, the stakes are high at the beginning stages of literacy teaching. Thus many 'players' get involved at different levels in the system. It is often said that children learn to read and write despite the teaching method. This sometimes tends to be true – mostly for middle class children who find themselves in home and community environments that nurture the beginning stages of reading and writing – often without anyone even noticing that it is happening. Focussing entirely on 'explicit' teaching packages is simply not enough, as much as their well meaning punters may claim they are 'the answer' for children who do not live in literate environments.

We have to put effort into finding out more about – and working to enable – appropriate conditions for children and adults to develop their own reading and writing cultural practices in communities and school environments because as Barbara Rogoff says:

> "[…] people develop as participants in cultural communities. Their development can be understood only in light of the cultural practices and circumstances of their communities-which also change" (Rogoff, 2003, p. 4).

It is not likely that there are many shortcuts to this process, as much as we would like there to be. But we can help enable and participate in the change and observe the work in progress.

References

Barton, D. (1994). *Literacy. An Introduction to the Ecology of Written Language.* Malden Massachsetts: Blackwell Publishers Inc.

Bialystok, E. (1991). Metalinguistic dimensions of language proficiency. In E. Bialystok (Ed.). *Language Processing in Bilingual Children* (113–140). Cambridge: Cambridge University Press.

Bissex, G. (1980). *"GNYS AT WRK": A child learns to write and read.* Cambridge, MA: Harvard University Press.

Bloch, C. (2002). A Case Study of Xhosa and English Biliteracy in the foundation phase versus English as a medium of destruction. In K. Heugh (Ed.), *Perspectives in Education* (pp. 65–78). *Special Issue: Many Languages in Education* 20 (1).

Bloch, C. (2006). *Theory and Strategy of Early Literacy in contemporary Africa with special reference to South Africa.* (PRAESA Occasional Papers No. 25). Cape Town: PRAESA.

Bloch, C. (2009). Enabling Biliteracy Among Young Children in Southern Africa. Realities, Visons and Strategies. In M. E. Torres-Guzman & J. Gomez (Eds.). *Global Perspectives on Multilingualism. Unity in Diversity.* New York & London: Teachers College Press. Columbia University.

Bloch, C. & Alexander, N. (2003). Aluta Continua: The Relevance of the Continua of Biliteracy to South African Multilingual Schools. In N. H. Hornberger (Ed). *Continua of Biliteracy: An Ecological Framework for Educational Policy, Research, and Practice in Multilingual Settings* (pp. 91–121). Clevedon: Multilingual Matters Ltd.

Bloch, C. & Nkence, N. (2000). Glimmers of Hope: Emergent Writing and Reading in a Multilingual Foundation Phase Classroom. *Proceedings of the Teachers Inservice Project (TIP).* University of the Western Cape, 3rd Annual Colloquium 1998. Cape Town: Teachers Inservice Project.

Bruner, J. S. & Haste, H. (Eds.). (1987). *Making sense: The child's construction of the world.* New York: Methuen.

Cambourne, B. (1995). Toward an educationally relevant theory of literacy learning: Twenty years of inquiry. *The Reading Teacher, 49*(3), 182–190.

Cummins, J. (2003). Foreword. In N. Hornberger (Ed.), *Continua of Biliteracy. An Ecological Framework for Educational Policy, Research, and Practice in Multilingual Settings* (pp. vii–xi). Clevedon: Multilingual Matters.

Djité, P. (2008). *The Sociolinguistics of Development in Africa.* Clevedon: Multilingual Matters.

Edwards, V. (2008). *The culture of reading: An evaluation of a key programme of PRAESA.* Cape Town: PRAESA.

Ferreiro, E. (1984). The Underlying Logic of Literacy Development. In H. Goelman, A. Oberg & F. Smith (Eds.), *Awakening to Literacy.* Portsmouth NH: Heinemann.

Flurkey, A., Paulson, E. J. & Goodman, K. S. (2008). *Scientific Realism in Studies of Reading.* New York & London: Laurence Erlbaum Associates.

Goodman, K. (1985/2005). *What's Whole in Whole Language.* Berkeley California: RDR Books.

Gopnik, A, Meltzoff, A. & Kuhl, P. (1999). *The Scientist in the Crib. What Early Learning Tells Us about the Mind.* New York: Perennial.

Hall, N. (1987). *The Emergence of Literacy.* London: Hodder & Staughton.

Heugh, K. (2009). Literacy and bi/multilingual education in Africa: recovering collective memory and expertise. In T. Skutnabb-Kangas, R. Phillipson, A. K. Mohanty, & M. Panda (Eds.), *Social Justice Through Multilingual Education* (pp. 103–124). Bristol, Buffalo & Toronto: Multilingual Matters.

Kenner, C. (2000). *Home pages. Literacy links for bilingual children.* Trentham: Books Limited.

Krashen, S. (1993). *The Power of Reading.* Englewood & Colorado: Libraries Unlimited, Inc.

National Department of Education (DoE) (2002). *Revised National Curriculum Statement Grades R-9* (Schools).

Pandor, N. *Address to the Foundation Phase Conference.* Department of Education. http://www.polity.org.za/article/sa-pandor-address-to-the-foundation-phase-conference [30.09.2008].

Piaget, J. (1967). *The Language and Thought of the Child.* Cleveland, OH: World Publishing.

Rogoff, B. (1990). *Apprenticeship in Thinking.* New York, Oxford: Oxford University Press.

Rogoff, B. (2003). *The Cultural Nature of Human Development.* Oxford: Oxford University Press.

Smith, F. (1978). *Reading.* Cambridge: Cambridge University Press.

South African Department of Education (DOE) (2003). *Revised National Curriculum Statement (RNCS), Grades R-9. (Schools). Teachers Guide for the Development of Learning Programmes. Foundation Phase.* Pretoria.

South African Department of Education (2004). *National Strategy for Reading at Foundation Phase (draft).* Pretoria.

Strauss, S. L., Goodman, K. S. & Paulson, E. J. (2009). Brain research and reading: How emerging concepts in neuroscience support a meaning construction view of the reading process. *Educational Research and Review, 4*(2), 21–33.

Street, B. (1984). *Literacy in Theory and Practice.* Cambridge: Cambridge University Press.

Trudell, B. & Schroeder, L. (2007). Reading Methodologies for African Languages: Avoiding Linguistic and Pedagogical Imperialism. *Language, Culture and Curriculum, 20*(3).

Vygotsky, L. S. (1978). *Mind In Society.* Cambridge: Harvard University Press.

WCED Literacy and Numeracy Strategy 2006–2016. Western Cape Education Department.

Whitmore, K. F., Martens, P., Goodman, Y. & Owocki, G. (2004). Critical lessons from the transactional perspective on early literacy research. *Journal of Early Literacy Research, 4,* 291–325

Rosemarie Tracy

Pädagogik und Sprachwissenschaft –
Not- oder Interessensgemeinschaft?

Der vorliegende Beitrag[1] ist in erster Linie programmatischer Natur und verdeutlicht, warum Pädagogik und Sprachwissenschaft nicht nur der Not gehorchend kooperieren, sondern vielmehr eine echte Interessensgemeinschaft bilden sollten. Sprache spielt nicht nur als Medium pädagogischen Handelns und pädagogischer Reflexion eine wichtige Rolle. In den bildungspolitischen Diskussionen des letzten Jahrzehnts wurde die Sprachkompetenz von Kindern und Jugendlichen mit Migrationshintergrund und aus bildungsfernen Familien als Voraussetzung für die Überwindung von Bildungsbenachteiligung, für eine erfolgreiche gesellschaftliche Teilhabe und die Abwendung langfristiger volkswirtschaftlicher Schäden zu einem zentralen Thema (vgl. Bade, Bommes & Münz, 2004; Wößmann & Piopiunik, 2009). Damit kompensatorische Maßnahmen tatsächlich ihr Ziel erreichen, d.h. die Köpfe der Kinder und Jugendlichen, deren sprachliche Fähig- und Fertigkeiten verbessert werden sollen, müssen sich zunächst einmal die mit der Förderung betrauten Pädagog/inn/en und Fachkräfte Wissen über Sprache und über Spracherwerb aneignen können. Sie sehen sich also mit Herausforderungen konfrontiert, für deren Bewältigung sie nicht nur auf pädgogisch-didaktisches, sondern auch auf sprachwissenschaftliches Know-how angewiesen sind.

Für eine emanzipatorische Pädagogik ist die Sprachwissenschaft auch insofern eine ideale Partnerin, als sie nach Überwindung ihrer normativen, präskriptiven Ursprünge „am offenen Gehirn ihrer Studierenden operiert"[2], d.h. sie bemüht sich um eine nicht wertende Erforschung der Formen und Funktionen menschlicher Laut- und Gebärdensprachen und ihrer sozialen und regionalen Varietäten, einschließlich von Lernersprachen und Kontaktsprachen. Entsprechend fern liegt den meisten ihrer gegenwärtigen Vertreter der von Gogolin (1994) beschriebene „monolinguale Habitus" des Bildungssystems. Beide Wissenschaften sollten daher ein genuines Interesse daran haben, ihren Studierenden Erkenntnisse über die Komplexität menschlicher Sprachen, über die Grundlagen kooperativen kommunikativen Ver-

---

1   Mein Dank gebührt den geduldigen Herausgebern und insbesondere Hans Reich für hilfreiche Kürzungsvorschläge. Dank schulde ich auch Anja Ehinger für konstruktive Kritik.

2   Dieses Zitat geht auf eine Ansprache von Jürgen Lenerz, Erster Vorsitzender der Deutschen Gesellschaft für Sprachwissenschaft (DGfS), anlässlich eines Internationalen Workshops („Teaching Linguistics") an der Universität Konstanz im Sommer 2009 zurück.

haltens sowie über die Gelingensbedingungen von Spracherwerb und Mehrsprachigkeit nahe zu bringen. In zunehmend sprachlich und kulturell heterogenen Klassen und Kitas ist eine effektive und möglichst effiziente Unterstützung von Lernern des Deutschen als Zweitsprache nicht anders möglich. Die nach wie vor hohe Dringlichkeit des Transfers sprachwissenschaftlicher Grundlagen in die pädagogische Praxis wird im Folgenden anhand ausgewählter Beispiele illustriert.

Zur Nachahmung empfohlen: ein *Matched Guise*-Experiment

Wahrheit, so lehren die Erfahrung und der Volksmund in vielen Sprachen, „währt am längsten" und ist „easiest to remember". Manchmal muss man allerdings sparsam mit ihr umgehen. So dürfen die Teilnehmer an medizinischen Forschungsprojekten garnicht erfahren, wer von ihnen in den Genuss eines Placebos oder eines Medikaments kommt. In den Matched Guise-Experimenten der Mehrsprachigkeitsforschung (vgl. Lambert, 1960) wird den Mitwirkenden ebenfalls nicht mitgeteilt, welche der Stimmen, die ihnen Texte in unterschiedlichen Sprachen vorlesen, zu ein- und derselben Person gehören, beispielsweise zu bilingualen, des Französischen und Englischen mächtigen Sprechern. Auf diese Weise kann man feststellen, dass Sprecher, wenn sie französische Texte lesen, als intelligenter, vertrauenswürdiger, liebenswerter oder fleißiger eingeschätzt werden als nach ihrer Produktion englischer Texte oder umgekehrt. Im negativen Fall wird die Sprache „a symbol of a more generally stigmatized social identity" (Romaine, 1995², S. 290). Dabei ist es keineswegs immer die aus Teilnehmerperspektive „andere" Sprechergemeinschaft (d.h. diejenige, der die Versuchsperson selbst nicht angehört), die dabei abgewertet wird, denn „the minority often 'accept' the stigma attached to their way of speaking by the socially dominating majority" (Romaine, 1995², S. 289). Zahlreiche psychologische und pädagogische Studien belegen, wie mühelos sowohl positive als auch negative Einstellungen und entsprechende soziale Kategorisierungen aktiviert werden können.[3]

Varianten dieser *Matched Guise*-Methode lassen sich einfach und überaus erhellend einsetzen, wenn man aktive oder angehende Pädagogen dazu anregen möchte, eigene Einstellungen und Erwartungen kritisch zu hinterfragen. Wer über sprachliche Daten, im Idealfall über unterschiedliche Datentypen des gleichen Lerners, z.B. von Kindern mit Deutsch als Zweitsprache, verfügt, kann ein entsprechendes Experiment mühelos durchführen. Man lege dazu Versuchsteilnehmern sowohl Transkripte mündlicher Erzählungen als auch schriftliche Texte von Lernern vor, verra-

---

3   Überblicke über Versuchsleitereffekte und Halo-/Pygmalioneffekte finden sich in vielen Einführungen in die Experimentalpsychologie (vgl. Huber, 1992). Besonders unterhaltsame, aber auch zum Nachdenken anregende Darstellungen bietet bereits Koestler (1965) und in jüngster Zeit Marcus (2008).

te ihnen aber zunächst nicht, dass es sich um Produkte der gleichen Kinder handelt, und rege eine Diskussion über „Sprachkompetenz" an. Man kann die Aufmerksamkeit der Teilnehmer auch gezielt steuern, indem man einige Personen fragt: „Was müssen diese Zweitsprachlerner noch lernen?", während andere hören bzw. lesen: „Was können diese Zweitsprachlerner schon?". Mit Ersterer ruft man die „Rotstiftperspektive" (Klein, 2000) auf den Plan, d.h. man setzt die Existenz von Mängeln und eine noch bestehende Distanz zum Erwerbsziel voraus, während mit der zweiten Frage eher suggeriert wird, dass bereits Kenntnisse vorhanden sind, möglicherweise sogar – wie „schon" nahelegt – unerwartet früh oder schnell. Nach allem, was wir über die Suggestibilität des Menschen wissen, würden wir wahrscheinlich Antworten erwarten, die dem jeweiligen *Bias* entsprechen. Aber finden unsere Versuchsteilnehmer tatsächlich gleichermaßen leicht, wonach sie suchen sollen: Evidenz für bestehende Defizite versus Belege für bereits Erreichtes? Und wie differenziert werden die jeweiligen Phänomene erkannt und intersubjektiv nachvollziehbar beschrieben?

Der folgende Versuch[4], diese Fragen ansatzweise zu beantworten, geht auf Übungen zurück, die in den letzten Jahren im Rahmen von Workshops zum Thema Spracherwerb und Mehrsprachigkeit durchgeführt wurden, und zwar jeweils zu Beginn der Veranstaltung. Alle Teilnehmer (i.d.R. Grundschullehrkräfte und pädagogische Fachkräfte) betrachteten zunächst einen Text, und zwar entweder das Transkript der mündlichen Beschreibung einer Bildergeschichte oder die Fotokopie einer schriftlichen Erzählung der gleichen Bildsequenz. Erst nach einem Austausch von Eindrücken über den sprachlichen Entwicklungsstand der Kinder wurde offengelegt, welches Datenpaar (mündlicher und schriftlicher Text) vom jeweils gleichen Kind – im Abstand von maximal einer Woche – verfasst wurde. Ziel der Übung ist es, Pädagogen für das Spektrum von Varianten zu sensibilisieren, die zu bestimmten Zeitpunkten im Kopf einzelner Lerner koexistieren und auch miteinander rivalisieren können, wie beispielsweise im Falle von Genus- oder Kasusformen. Spannend wird es also insbesondere immer dann, wenn angeblich nicht Erworbenes in einem anderen Datenset des gleichen Kindes als gemeistert aufgelistet wird. Im Rahmen dieser Übung stellt sich auch sehr schnell heraus, wie differenziert und sachlich angemessen sich jemand über die jeweilige Zielsprache und über Lernersysteme äußern kann.

Für die folgende Diskussion werden die Erzählungen eines Kindes, hier „Faruk" genannt, exemplarisch herausgegriffen. Auf Daten anderer Kinder wird dabei nur selektiv eingegangen. Faruk ist zum Zeitpunkt der Aufnahme fast elf Jahre alt und

---

4   Eine systematische Studie (Sprachliche Kompetenzen Pädagogischer Fachkräfte = SprachKoPF) zum Wissensstand von ErzieherInnen und LehrerInnen wird zur Zeit im Rahmen eines Forschungsprogramms des BMBF in Mannheim durchgeführt.

besucht die vierte Klasse einer Mannheimer Grundschule. Seine Erstsprache ist Türkisch; mit dem Deutschen kam er zum ersten Mal systematisch in den letzten beiden Kindergartenjahren in Kontakt.[5]

Bilderfolge, mit Hilfe derer die Erzählungen elizitiert wurden

1. Im Hintergrund steht eine Frau auf einem Hocker und putzt Fenster. Im Vordergrund sieht man einen lächelnden Jungen, der eine Bürste (in Form einer Zahnbürste) und einen Teller (mit dunkler Farbe) in der Hand hält.
2. Die Frau (putzend) kniet auf dem Hocker, während der Junge (lächelnd) die Sohlen ihrer Schuhe anstreicht.
3. Die Frau entfernt sich vom Fenster und hinterlässt beim Laufen Fußabdrücke. Im Vordergrund steht der Junge, die Bürste hält er hinter sich versteckt.
4. Die Frau hat sich umgedreht und die Flecken entdeckt. Ihr Gesichtsausdruck zeigt Empörung, der Junge lächelt nicht mehr.
5. Die Frau trägt den (weinenden oder protestierenden) Jungen aus dem Zimmer.
6. Ein leeres Feld mit Fragezeichen ermutigt zum Spekulieren über den Fortgang der Geschichte.

Faruks mündliche Erzählung

1	der Mutter putzt die Fenster
2	und der Junge hat Zahnbürs- Zahnpasta in der Hand
3	und hat ein Teller in der Hand und …und … und der Junge lacht
4	und Mutter is in Knie
5	die putzt wieder weiter die Fenster
6	und der Junge nimmt den Zahnbürste und Zahnpasta
7	und malt die Schuhe seiner Mutter
8	und der Junge lacht
9	und der Mutter is fertig mit Fensterputzen und die geht
10	die lässt hinter sich schwarze Flecken
11	und die Jung- der Junge versteckt des Zahnbür- … Zahnpasta und lacht
12	und der Mutter dreht sich um und sieht die Flecken und ist erschrocken
13	und der Junge ist nervös und versteckt das Zahnbürste hinter seinen Rücken
14	und das Teller auch
15	und der … die Mutter nimmt den Soh- äh den Junge au- … hebt hoch
16	und ähm ähm und der Jung- … der Junge weint
17	und die Mutter ist böse und … und der Junge hat fünf … fünf Wochen Hausarrest.

---

5   Faruk gehört zu einer Gruppe von Kindern, die dank eines Projekts der Stiftung Mercator zweimal pro Woche an Sprachfördermaßnahmen teilnahmen. Seine Daten verdanke ich einer Seminararbeit von J. Ungericht. Um die Lesbarkeit zu erleichtern, folgt die Transkription weitgehend der deutschen Standardorthographie. Selbstunterbrechungen werden durch Bindestriche angezeigt, Pausen durch Punkte.

Man erkennt mühelos, dass es sich um ein Kind handelt, das Deutsch nicht als Erst- oder Muttersprache erworben hat, und zwar vor allem wegen:

a. fehlender, abweichender und unsicherer Artikel (vgl. *der Mutter* Zeile 4, 1, 9, 12, *der...die Mutter* in Zeile 15; *die Jung- der Junge* in Zeile 11; *das, den Zahnbürste,* Zeilen 6, 12, 13; *das Teller,* Zeile 3, 14; *hinter seinen Rücken,* Zeile 13),

b. der unidiomatischen Präpositionalphrase *in Knie* in Zeile 4 (statt *auf den Knien* bzw. wohl eher: *kniet*) sowie

c. *malt die Schuhe* in Zeile 7 (anstatt *malt die Schuhe an* oder *bemalt die Schuhe*).Zum Vergleich folgt die Kopie des schriftlichen Texts, den Faruk eine Woche später anfertigte, ergänzt um eine getippte Version.[6]

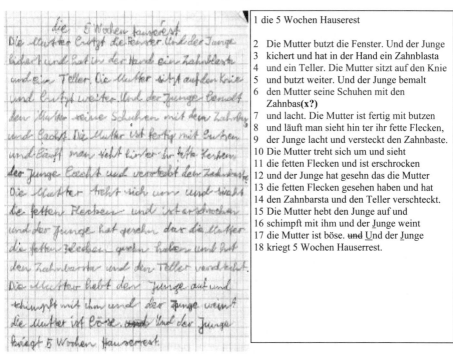

1 die 5 Wochen Hauserest

2 Die Mutter butzt die Fenster. Und der Junge
3 kichert und hat in der Hand ein Zahnblasta
4 und ein Teller. Die Mutter sitzt auf den Knie
5 und butzt weiter. Und der Junge bemalt
6 den Mutter seine Schuhen mit den
   Zahnbas(**x?**)
7 und lacht. Die Mutter ist fertig mit butzen
8 und läuft man sieht hin ter ihr fette Flecken,
9 der Junge lacht und versteckt den Zahnbaste.
10 Die Mutter treht sich um und sieht
11 die fetten Flecken und ist erschrocken
12 und der Junge hat gesehn das die Mutter
13 die fetten Flecken gesehen haben und hat
14 den Zahnbarsta und den Teller versteckt.
15 Die Mutter hebt den Junge auf und
16 schimpft mit ihm und der J̲unge weint
17 die Mutter ist böse. u̶n̶d̶ U̲nd der J̲unge
18 kriegt 5 Wochen Hauserest.

---

6   Eine unleserliche Stelle wurde durch „x?" gekennzeichnet. Selbstkorrekturen, z.B. im Fall der Großschreibung am Wortanfang, sind unterstrichen. Durchstreichungen des Originals wurden entsprechend reproduziert.

Faruks schriftliche Erzählung

Der Vergleich des schriftlichen Texts mit Faruks mündlicher Produktion zeigt, warum man trotz einiger Gemeinsamkeiten bei der Strukturierung des Texts und der Wortwahl nicht ohne Weiteres auf den Gedanken kommt, dass es sich bei dem Sprecher/Schreiber um ein- und dieselbe Person handelt. So kehrt sich beispielsweise das Verhältnis von abweichendem zu korrektem Genus bei dem Nomen *Mutter* um. In der schriftlichen Version treten nur in Zeile 6 statt eines süddeutschen possessiven femininen Dativs (*der Mutter ihre Schuhe*) ein Akkusativ maskulin und ein abweichendes Genus beim Possessivpronomen auf (*den Mutter seine Schuhen*). Statt des mündlichen *in Knie* der mündlichen Erzählung findet sich nun eine Präpositionalphrase mitsamt korrektem Artikel, wenngleich die Kasusmarkierung am Nomen selbst noch fehlt: *auf den Knie* (Zeile 4).[7] Interessant ist auch, dass in der schriftlichen Version das zielsprachliche *bemalen* (Zeile 5) das mündliche *malen* ersetzt hat. Insgesamt sieht man, dass einige der markantesten Abweichungen der mündlichen Erzählung in der schriftlichen Fassung keine Rolle spielen. Am auffallendsten sind sicher auch hier Artikelformen, obwohl die meisten Abweichungen (4 von 7) allein diversen Realisierungen von „Zahnbürste" (überblendet mit *Zahnpasta*?) geschuldet sind. Im Gegensatz zum mündlichen Text stechen bei der schriftlichen Geschichte natürlich orthographische Abweichungen ins Auge: *butzen, trehen, Hauserest/Hauserrest, verschteckt* (neben *versteckt*), die manchmal, z.B. im Fall von *Hauser(r)est* in der Überschrift, vom Verfasser selbst berichtigt werden.

Ergebnisse und Erkenntnisgewinn

Worin liegt nun der Erkenntniswert dieser kleinen Übung? Beobachtern fällt es leicht, die soeben angesprochenen Schwachstellen in Faruks Texten zu identifizieren. Dies ist aus linguistischer Perspektive nicht anders zu erwarten, da das intuitive Erkennen einer Verletzung von Wohlgeformtheitsbedingungen gewissermaßen ein 'Gratiseffekt' unseres eigenen Spracherwerbs ist (vgl. Tracy, 2000). Allerdings beschränken sich die Kommentare oft auf Formulierungen wie „Das kann man so nicht sagen." und „Hier stimmt was mit den Fällen/mit dem Begleiter nicht.". Vorwiegend handelt es sich um Aussagen, wie man sie auch bei fachfremden deutschen Muttersprachlern elizitieren könnte. Aber im Fall der an dem obigen kleinen Experiment beteiligten Pädagogen geht es immerhin um Personengruppen, von denen einige – wie im Fall der Grundschullehrkräfte – seit vielen Jahren professionell Deutsch unterrichten und Abweichungen von zielsprachlichen Normen routi-

---

7   Idiomatischer wäre hier natürlich auch hier die Verwendung des Verbs „knien".

nemäßig gewichten und bewerten. Sie verfügen zwar im Vergleich mit Erzieherinnen im Allgemeinen über ein umfangreicheres fachsprachliches Repertoire, tun sich aber dennoch schwer damit, explizite metasprachliche Differenzierungen vorzunehmen (z.b. Verbformen oder Satztypen zu bestimmen, grammatische Relationen wie Subjekt und Objekt etc. zu unterscheiden).[8] In der schriftlichen Geschichte eines anderen Kindes wurde nicht erkannt, dass Sätze mit dem finiten Verb an der linken Satzperipherie, z.b. *Schreit die Mutter: „Aaaaahhhh!"*, durchaus grammatisch und besonders typisch für bestimmte Genres sind (vgl. <u>*Kommt ein Skelett zum Arzt. Sagt der Arzt: „Sie kommen spät."*</u>). Gelegentlich werden bei der Betrachtung der schriftlichen Texte der Kinder stilistische Kriterien ins Feld geführt, an denen man kaum einen erwachsenen deutschsprachigen Autor messen würde. Grenzen zur Beliebigkeit werden überschritten, wenn eine schriftliche Version, in der die vorgelegte Bilderfolge von dem Verfasser in eine Ich-Erzählung(!) umgewandelt wurde, deswegen kritisiert wird, weil drei von 20 Sätzen mit „ich" beginnen.

Bemerkenswert ist, wie schwer es selbst den mit einem positivem *Bias* („Was kann dieses Kind schon?") versorgten Personen fällt, sich explizit dazu zu äußern, welche grammatischen Baupläne und welches morphologische Wissen bei einzelnen Kindern schon vorhanden sind. So wird zwar die abweichende Verbform des Nebensatzes in Zeile 12f. der schriftlichen Fassung ohne Umschweife identifiziert (*das(s) die Mutter...gesehen <u>haben</u>*), aber die Existenz des Komplementsatzes an sich (und der einleitenden Konjunktion *das(s)*) – und damit die Verfügbarkeit komplexer, rekursiver Strukturen – bleibt zunächst unentdeckt. Auch die Tatsache, dass Faruk die Kongruenz zwischen Subjekt und Verb bis auf eben diesen Nebensatz durchweg richtig realisiert, wird oftmals erst nach expliziter Nachfrage seitens der Seminarleitung entdeckt.

Teilnehmer können sich auch nur selten präzise dazu äußern, warum es schwer und manchmal unmöglich ist, im Deutschen Genus, Kasus und Numerus formal zu unterscheiden, d.h. ihnen ist im Allgemeinen nicht ausreichend bewusst, dass im Fall des bestimmten Artikels nur fünf verschiedene Formen (*der, die, das, dem, den, des*) für drei Genera, vier Kasus und zwei Numeruskategorien zur Verfügung stehen und für beachtliche Ambiguität und Erwerbsschwierigkeiten sorgen. Auch die miteinander rivalisierenden Optionen der deutschen Genuszuweisung (semantische, morphologische, phonologische, prosodische Kriterien) sind den wenigsten Teilnehmern so bekannt, dass sie angemessen darüber sprechen können. Daher gelingt es ihnen auch nicht einschätzen, wie nah einzelne Lerner der zielsprachlichen Grammatik im Grunde schon gekommen sind. Unerwähnt bleibt deshalb typi-

---

8   Gelegentlich kommt es zu der Aussage, dass man die grammatische Kompetenz von Deutschlernern an ihrer Fähigkeit, „Subjekt-Verb-Objekt-Sätze" zu produzieren, erkennen kann.

scherweise auf der „Positivliste" auch, dass Faruk grammatisches und natürliches Geschlecht unterscheidet, wie man an seiner Verwendung anaphorischer Pronomina sehen kann (vgl. *die* in Zeile 6, 9 der mündlichen Erzählung trotz des maskulinen Artikels vor dem Antezedens *Mutter*). Ebenso wenig wird gesehen, dass Syntagmen wie *den Zahnbürste nehmen* belegen, dass Faruk das Kasussystem des Deutschen „an sich" bereits bestens durchschaut hat. Auch die Tatsache, dass Faruk, dessen Erstsprache Türkisch keine dem Deutschen vergleichbaren Artikel kennt, die prinzipielle Verteilung von unbestimmten, bestimmten und Null-Artikeln im Deutschen gut beherrscht, findet keine Erwähnung, weil die Erwerbsaufgabe an sich (die Semantik bestimmter Artikeltypen) nicht verstanden wurde. Bei der Interpunktion und der Orthographie wiederholt sich das Gleiche: Abweichungen werden sofort gesehen, während selbst positiv gestimmte Betrachter sich schwer damit tun zu beschreiben, was Faruk bereits über die Rechtschreibung und über die Interpunktion des Deutschen weiß.

Die mündlichen Geschichten werden von den Teilnehmern sehr streng und vorwiegend an Kriterien der Schriftsprache beurteilt, möglicherweise dadurch provoziert, dass ihnen die Texte in Form eines schriftlichen Protokolls vorgelegt und nicht im Originalton vorgespielt wurden. Die für gesprochene Sprache normalen Abbrüche, Verzögerungssignale und Reformulierungen werden als Zeichen von Unsicherheit interpretiert, nicht etwa als Bemühung um Präzisierung und Anzeichen eines aktiven und kritischen Selbstmonitoring. Bei einem anderen Kind wurde in der mündlichen Erzählung der besonders prominente süddeutsche *nominativus pendens* kritisiert: *der Junge, der hat eine Bürste; die Mutter, die putzt die Fenster.* Teilnehmer monieren auch die zahlreichen Wiederholungen von *und (dann)* in den Geschichten, obgleich sie darüber informiert waren, dass die Kinder die Bilder bei der mündlichen Erhebung nacheinander anschauten und sie in eben dieser Abfolge beschrieben.

Bei allen, deren Kommentare hier informell und qualitativ zusammengefasst wurden, handelt es sich um hoch motivierte, freiwillige Teilnehmer, die angesichts zunehmender sprachlicher Heterogenität in ihren Schulen und Kitas darum bemüht sind, ihren Unterricht bzw. ihre Fördermaßnahmen zu optimieren, um insbesondere den Bedürfnissen von Kindern mit Deutsch als Zweitsprache besser gerecht zu werden. Sie reagieren daher nicht nur überrascht, sondern überwiegend interessiert auf die Mitteilung, welche Texte von den jeweils gleichen Kindern produziert wurden und fühlen sich positiv dazu herausgefordert, Details zu vergleichen und über die Gründe für Unterschiede zwischen Textsorten und damit verbundenen Produktionsbedingungen zu spekulieren, z.B. darüber, inwieweit unter der kontrollierteren Bedingung des Schreibens ungrammatische Formulierungen von den Verfassern der Texte bereits im Vorfeld unterdrückt werden könnten. In jedem Fall führt die

Aufklärung des *matched guise*-Sachverhalts zu der aus linguistischer Sicht wünschenswerten Erkenntnis, dass im Lernerkopf offensichtlich mehr Wissen vorhanden ist, als man allein aufgrund nur eines Textes (mündlich oder schriftlich) annehmen würde. Die Aufforderung, abweichende und korrekte Formen (z.B. im Bereich des Kasus und des Genus) einmal quantitativ zu überschlagen, führt ebenfalls zu interessanten Einsichten, vor allem dann, wenn auf den Negativlisten einige wenige Elemente und Konstruktionen dominieren, wie im Fall von *Mutter* in Faruks mündlicher Geschichte und von *Zahnbürste/-barsta* im Schriftlichen.

In manchen Diskussionsrunden kommt es unter den Teilnehmern zu einer produktiven Diskussion von Vorschlägen, wie man das metasprachliche Bewusstsein von Lernern, das sich unter anderem in spontanen Reformulierungen und in Selbstkorrekturen manifestiert, didaktisch in das Unterrichtsgeschehen bzw. in die Förderung einbeziehen kann. Solche Vorhaben kann man aus sprachwissenschaftlicher Sicht nur enthusiastisch unterstützen: Aus der Forschung wissen wir, wie früh Kinder in der Lage sind, sich explizit über Sprache und Sprachverwendung zu äußern (Tracy, 2008[2]). Spätestens in der Schule könnte der eigene Spracherwerb (sowie der Erwerbsprozess der Mitschüler) für Kinder und Jugendliche zu einem spannenden Forschungsgegenstand werden.

Kleinteilig, doch kein bisschen kleinlich: Sprachwissenschaft für die pädagogische Praxis

Die aktuellen Bildungs- und Orientierungspläne vieler deutscher Bundesländer betonen als wichtige pädagogische Aufgabe die „Wahrnehmung, Beobachtung und regelmäßige Dokumentation des Entwicklungsstandes bzw. der Entwicklungsfortschritte jedes Kindes" (Ministerium für Kultus, Jugend und Sport Baden-Württemberg, 2007, S. 47). Sprachliche Kompetenzen sind jedoch nicht beobachtungsnah, d.h. man kann sie eigentlich nicht „in echt" beobachten wie etwa den aufrechten Gang oder das Fahrradfahren. Um sich ein annähernd valides Bild davon zu machen, wie weit individuelle Lerner und Lernerinnen beim Spracherwerb bereits gekommen sind, benötigt man für jedes Kind entweder umfangreiche Produktions- und Verstehensdaten oder systematische, standardisierte und normierte Verfahren (vgl. Kany & Schöler, 2007; Schulz, Kersten & Kleissendorf, 2009; Schulz, Tracy & Wenzel, 2008; Wenzel, Schulz & Tracy et al., 2009; Tracy, 2008[2]).

Auf die Existenz (oder Nichtverfügbarkeit) sprachlicher Fähigkeiten schließen wir oftmals aufgrund von Äußerungen und anhand mehr oder weniger angemessener non-verbaler Reaktionen, die allesamt vielfältigen Zufällen und Störungen unterliegen können und nur sehr indirekt das abstrakte Wissenssystem reflektieren,

das beim Spracherwerb aufgebaut wird. Das folgende Beispiel aus dem Fragebo-
gen-Verfahren SISMIK (Ulich & Mayr, 2003, S. 8) zeigt, wie schwer es ist, auf der
Grundlage von Spontansprachdaten zu einem intersubjektiv nachvollziehbaren und
zuverlässigen Urteil über die Beherrschung des deutschen Artikels durch Zweitsprachlerner zu gelangen.

Das Kind verwendet Artikel, z.B. „das ist ein Haus"; „ich gebe dir das Buch"
a) nein, Artikel werden meist ausgelassen   b) Artikel sind meist fehlerhaft
c) Artikel sind manchmal fehlerhaft   d) Artikel sind meist korrekt

Fragen nach Vorkommenshäufigkeiten lassen sich leider nicht einfach anhand in-
formeller Beobachtungen beantworten. Man müsste dazu zunächst ein Korpus erstellen und ermitteln, wie viele nominale Kontexte überhaupt darin vorhanden sind
und wie viele davon wiederum obligatorisch einen Artikel verlangen. Nur unter
Bezugnahme auf solche Referenzgrößen, also hinsichtlich des Vorkommens rele-
vanter Kontexte, könnte man belastbar feststellen, was Lerner „manchmal" oder
„meistens" tun. Im Übrigen ist die oben angegebene Skala nicht ohne Tücken:
Wenn Artikel *manchmal* fehlerhaft sind, sind sie dann nicht zugleich *meistens* korrekt? Wer (c) ankreuzt, müsste also eigentlich auch (d) zustimmen. Und wenn Artikel manchmal fehlerhaft sind (c), könnten sie dann nicht zugleich auch meist ausgelassen werden (a)? Die Entscheidungen, die pädagogischen Fachkräften hier zugemutet werden, sind also wesentlich komplizierter, als es die Skala auf den ersten
Blick suggeriert. Schließlich sollten wir auch nicht vergessen, dass Artikel manchmal fehlen müssen bzw. dass Auslassung und Realisierung entscheidende Bedeutungsunterschiede mit sich bringen (vgl. das generische *ich habe Brot gegessen* mit
dem spezifischen *ich habe das Brot gegessen*).

Würde man den Fragen a) – d) auf der Grundlage von Faruks mündlicher Erzählung nachgehen und die tatsächlichen Kontexte quantifizieren, käme man schnell
zu dem Schluss, dass Faruk nur bei knapp einem Viertel von 39 nominalen Kontexten einen Artikel in irgendeiner Weise abweichend realisiert. Hinzu kommt, dass
der größte Teil dieses Viertels einzig auf der Fehlklassifikation eines einzelnen
Nomens (*Mutter*) beruht. Auch wenn sich Artikelabweichungen subjektiv in den
Vordergrund drängen, weil sie von Hörern spontan erkannt werden, können sie
sich, wenn man die Frage nach der Häufigkeit ernsthaft verfolgt und Type/Token-
Unterscheidungen berücksichtigt, möglicherweise – wie bei Faruk – als marginal
erweisen.

Eine pessimistisch stimmende *Nach*erzählung und ein optimistischer Ausblick

Beim Spracherwerb entstehen im Kopf jedes einzelnen Menschen vielfältige Wissensstrukturen. Sie sind das Ergebnis einer systematischen und notwendigerweise „kleinteiligen" detektivischen Meisterleistung jedes einzelnen Kindes. Die Aufgabe, Systemzusammenhänge für sich zu rekonstruieren, kann einem Lerner daher niemand abnehmen. Umso wichtiger ist es, dass Pädagogen – und zwar auch diejenigen, die keine im engeren Sinne sprachlichen Fächer unterrichten – sich dessen bewusst sind, vor welche Art von Hindernissen selbst einfache Texte Lerner stellen können. Dies zeigt sich vor allem an Schwierigkeiten im Umgang mit Quantoren (Ausdrücken wie *alle, jeder*, vgl. Penner, 1998) oder Synonymen. Lerner, egal ob ein- oder mehrsprachig, werden immer wieder durch den Input in die Irre geleitet, so beispielsweise durch bedeutungsähnliche Ausdrücke, die von erwachsenen Verfassern von Textaufgaben um der stilistischen Abwechslung Willen verwendet werden (*Wege/Strecke, Kiste/Verpackung, Seite/Blatt* etc.). Kinder, die sich beim Aufbau ihres Wortschatzes des sogenannten „Kontrastprinzips" bedienen (Unterschiede in der Wortform signalisieren Bedeutungsunterschiede), haben Probleme damit, Synonymie zu erkennen und gelangen so zu anderen Interpretationen von Texten als den von den Verfassern intendierten. Ein Kind wird unter dem Druck seines vorhandenen lexikalischen Wissens auch hin und wieder Analogieschlüsse vornehmen, die von der Lesart des Erwachsenen abweichen, wie in dem folgenden Beispiel, das ich der Teilnehmerin einer Weiterbildungsveranstaltung verdanke.

> P. wuchs in Afrika mit mehreren afrikanischen Sprachen auf und kam im Alter von neun Jahren durch eine Adoption nach Deutschland. In diesem Moment begann er mit dem Deutscherwerb. Das Grundschulpensum bewältigte er in zwei Jahren. Seine Adoptiveltern berichten von einer Hausaufgabe, einer „Nacherzählung", auf die er viel Sorgfalt verwandte, die aber als ungenügend bewertet wurde. P. hatte *Nach*erzählung im Sinne von *Nachgeschichte* verstanden, also als etwas, was wohl *nach* den Ereignissen, über die er hätte berichten sollen, passiert sein könnte.

Zusätzlich zur sprachwissenschaftlichen Expertise und Sensibilität von Lehrkräften, um die es mir in diesem Beitrag vordringlich ging, bedarf es natürlich weiterer Voraussetzungen, um mehrsprachige Kinder in unseren Bildungssystemen besser als bisher zu fördern. Dazu gehören didaktische Kreativität und kommunikative Kompetenz ebenso wie unerlässliche bildungsorganisatorische Bedingungen. Denn auch gut ausgebildete Pädagogen und Fachkräfte können ihre Expertise nur dann effektiv einsetzen, wenn die übrigen Rahmenbedingungen stimmen (früher und kontinuierlicher Kita- und Schulbesuch der Kinder, kleine Gruppen, Kooperation der Eltern, Unterstützung durch KollegInnen und die Kita- oder Schulleitung, Coachingangebote etc.).

Meine Antworten auf die eingangs gestellten Fragen nach dem möglichen Niederschlag eines positiven *Bias* („Was können Kinder schon?") fallen nicht nur deshalb ernüchternd aus, weil negative Erwartungen und Defizitfixierung sich *per se*
als sehr resistent erweisen. Hinzu kommt, dass es den Befragten aufgrund fehlender
oder vergessener analytischer Grundkenntnisse schwer fällt, relevante Eigenschaften und Herausforderungen der Zielsprache (z.b. syntaktische Muster, Kasus- und
Genusdifferenzierungen etc.) zu identifizieren und auch nur annähernd präzise zu
benennen. Pädagogik und Linguistik muss es ein gemeinsames Anliegen sein, hier
Abhilfe zu schaffen, nicht zuletzt um der Beliebigkeit von Bewertungen Einhalt zu
gebieten und eine Demotivierung von Lernern zu verhindern.

Die folgende Episode unterstreicht abschließend, dass die Beobachtung und
Einschätzung von Kompetenzen weder eine Einbahnstraße noch das Privileg von
Pädagogen ist. Im Rahmen eines Forschungsprojekts[9] zum Erwerb des Deutschen
durch Kinder mit Migrationshintergrund hatten wir vor mehreren Jahren Gelegen-
heit, acht Kinder über einen Zeitraum von einem bis anderthalb Jahren regelmäßig
aufzunehmen und die Erwerbsverläufe zu dokumentieren. Zu den Kindern zählte
Ahu, ein Mädchen mit tunesischem Arabisch als Erstsprache, das im Alter von drei
Jahren und vier Monaten mit Eintritt in eine Mannheimer Kita in Kontakt mit dem
Deutschen kam (vgl. Thoma & Tracy, 2006; Tracy, 2008², Tracy & Thoma, 2009).
Im Frühjahr 2009, als wir erneut Gelegenheit hatten, sie aufzunehmen, besuchte sie
die vierte Klasse und äußerte sich folgendermaßen:

> Wir hatten letzt' Mal am Februar äh Zeugnis gekriegt und un ich freute mich, dass die
> Lehrerin zu mir gesagt hat, äh wenn's du so weiter bis- äh machst, mit den Noten und
> so, dann kannst du Gymnasium gehn, dann, des freu- des freut mich so doll. [...] und
> äh in der Klasse, ich ähm, des stimmt, ich ich lüg' dich net an, ähm ich bin da- ey, wir
> machen doch auch eigene Geschichten und so, und ich hab immer die beschte G/ beste
> Geschichte, des find ich au schön. [...] Ich hab ähm meine Klassenlehrerin beobachtet
> und dacht', des 's ein toller Job. Ich weiß, das- ähm äh ich denke net, dass des leicht is,
> aber ich will auch Kinder was beibringen un des gefällt mir.

Ahu hatte in mehrfacher Hinsicht Glück. Sie hatte früh Gelegenheit, sich die
Grundstrukturen deutscher Sätze und einen Wortschatz anzueignen, der ihr einen
reibungslosen Schulstart ermöglichte. Offensichtlich ist sie dabei Erzieherinnen
und Lehrpersonen begegnet, die ihre Fantasie und ihre Kommunikationsfreude
unterstützten. Wie sie uns explizit mitteilt, hat sie in ihrer Grundschullehrerin, die
sie ihrer eigenen Auskunft nach „beobachtet" hat, ein inspirierendes Rollenmodell
für ihre eigene Zukunft gefunden. Sie hat auch bereits erkannt, dass der „tolle Job"

---

9   Zweitspracherwerb in der frühen Kindheit unter besonderer Berücksichtigung der Mi-
      gration, unterstützt vom MWK Baden-Württemberg, 2003–05, gemeinsam mit E. Kal-
      tenbacher, Universität Heidelberg, vgl. dazu Thoma & Tracy, 2006.

nicht leicht ist. In jedem Fall zeichnet sich im Fall von Ahu die Chance einer individuellen Erfolgsgeschichte ab, wie man sie allen Kindern in unserem Bildungssystem wünscht.

Literatur

Bade, K., Bommes, M. & Münz, R. (Hrsg.). (2004). *Migrationsreport 2004. Fakten – Analysen – Perspektiven*. Frankfurt a. M.: Campus Verlag.

DUDEN (2006). *Die Grammatik*. Band 4. Mannheim, Leipzig, Wien, Zürich: Dudenverlag.

Gogolin, I.(1994). *Der monolinguale Habitus der multilingualen Schule*. Münster, New York: Waxmann.

Huber, O. (1992). *Das psychologische Experiment. Eine Einführung*. Bern, Stuttgart, Toronto: Huber.

Kany, W. & Schöler, H. (2007). *Fokus: Sprachdiagnostik*. Berlin u.a.: Cornelsen.

Klein, W. (2000). Prozesse des Zweitspracherwerbs. In H. Grimm (Hrsg.), *Enzyklopädie der Psychologie* (S. 537–570). (Vol. 3, Sprachentwicklung). Göttingen: Hogrefe.

Koestler, A. (1965). *Die Armut der Psychologie. Das Dilemma unserer wissenschaftlichen Weltanschauung*. Bergisch Gladbach: Gustav Lübbe Verlag.

Lambert, W. E. (1960). Evaluational reactions to spoken languages. *Journal of Abnormal and Social Psychology, 50*, 197–200.

Marcus, G. (2007). *Kluge. The haphazard construction of the human mind*. Boston, New York: Houghton & Mifflin.

Ministerium für Kultus, Jugend und Sport Baden-Württemberg (2007): *Orientierungsplan für Bildung und Erziehung für die baden-württembergischen Kindergärten – Pilotphase*. Berlin u.a.: Cornelsen.

Popper, K. (1979²). *Objective Knowledge*. Oxford: Oxford University Press.

Romaine, S. (1995²). *Bilingualism*. Oxford: Blackwell.

Schulz, P., Tracy, R. & Wenzel, R. (2008): Entwicklung eines Instruments zur Sprachstandsdiagnose von Kindern mit Deutsch als Zweitsprache: Theoretische Grundlagen und erste Ergebnisse. In B. Ahrenholz (Hrsg.), *Zweitspracherwerb: Diagnosen, Verläufe, Voraussetzungen* (S. 9–33). Freiburg i. Br.: Fillibach.

Schulz. P., Kersten, A., Kleissendorf, B. (2009). Zwischen Spracherwerbsforschung und Bildungspolitik: Sprachdiagnostik in der frühen Kindheit. *Zeitschrift für Erziehungswissenschaft, 29*(2), 22–138.

Thoma, D. & Tracy, R. (2006). Deutsch als frühe Zweitsprache: zweite Erstsprache? In B. Ahrenholz (Hrsg.), *Kinder mit Migrationshintergrund. Spracherwerb und Fördermöglichkeiten.*(S. 58–79). Freiburg i. Br.: Fillibach.

Tracy, R. (2000). Sprache und Sprachentwicklung: Was wird erworben? In H. Grimm (Hrsg.), *Enzyklopädie der Psychologie* (S. 3–39). Band 3: Sprachentwicklung. Göttingen: Hogrefe.

Tracy, R. (2008²). *Wie Kinder Sprachen lernen. Und wie wir sie dabei unterstützen können*. Tübingen: Francke Verlag.

Tracy, R. & Thoma, D. (2009). Convergence on finite V2 clauses in L1, bilingual L1 and early L2 acquisition. In C. Dimroth & P. Jordens (Hrsg.), *Functional Categories in Learner Language* (S. 1–43). Berlin & New York: Mouton de Gruyter.

Ulich, M. & Mayr, T. (2003). *SISMIK. Sprachverhalten und Interesse an der Sprache bei Migrantenkindern in Kindertageseinrichtungen.* Freiburg i. Br.: Herder.

Wenzel, R., Schulz, P. & Tracy, R. (2009): Herausforderungen und Potential der Sprachstandsdiagnostik – Überlegungen am Beispiel von LiSe-DaZ. In D. Lengyel, H. Reich, H.-J. Roth & M. Döll (Hrsg.), *Von der Sprachdiagnose zur Sprachförderung* (S. 45–70). Münster u.a.: Waxmann.

Wößmann, L. & Piopiunik, M. (2009). *Was unzureichende Bildung kostet. Eine Berechnung der Folgekosten durch entgangenes Wirtschaftswachstum.* Gütersloh: Bertelsmann Stiftung.

Heide Elsholz und Alfred Goll

Differenzierte Erfassung gesprochener Sprache

Ein Wahrnehmungstraining für die Lehrerbildung

In diesem Beitrag wollen wir am Beispiel des „Sprachwahrnehmungstrainings für Lehrer ausländischer Schüler" die Kooperation von Hochschule und staatlicher Lehrerfortbildung beschreiben wie sie durch Ingrid Gogolin, Hans H. Reich und das Landesinstitut für Schule und Weiterbildung in Soest realisiert wurde. Dazu werden wir zunächst die Rahmenbedingungen, unter denen in den 1980er Jahren die Kooperation stattfand, darstellen und aufzeigen, wie es zu dieser gelungenen Kooperation kam. Anschließend beschreiben wir Ziele, Aufbau und Durchführung des Sprachwahrnehmungstrainings und werden dann die Ergebnisse bezüglich der Lehrer als Diagnostiker und Förderer würdigen. Ein kritischer Rückblick schließt den Beitrag ab.

Entstehungskontext

1980 fand unter Federführung des damaligen Kultusministeriums des Landes Nordrhein-Westfalen mit Vertretern der Schulaufsicht, des Landesinstituts und Lehrern mit entsprechender Expertise die erste Planungstagung für eine landesweite Schwerpunktmaßnahme zur Fortbildung von Lehrern ausländischer Kinder und Jugendlicher in Regelklassen statt. Das Fortbildungskonzept ging davon aus, dass von ihrer Ausbildung her nur wenige Lehrkräfte auf die Aufgabe der Unterrichtung von ausländischen Schülern vorbereitet waren und dass über ein umfangreiches Fortbildungsprogramm grundlegende Kenntnisse, Fähigkeiten und Fertigkeiten vermittelt werden mussten.

Die Gesamtverantwortung lag beim Kultusministerium, gebunden an die Person des Referenten für Lehrerfortbildung. Abstimmungen über Organisation, Inhalte und alle weiteren Entscheidungen lagen beim sogenannten „Kooperationsverbund", in dem der Referent des Ministeriums, die Fortbildungsdezernenten der fünf Bezirksregierungen und die zuständigen Referenten des Landesinstituts vertreten waren. Mit der Vorbereitung der Maßnahme, Durchführung von Moderatorenschulungen, Materialentwicklung und Evaluation war das Landesinstitut beauftragt.

Es war von Anfang an klar, dass eine Kurzfortbildung den Anforderungen einer hinreichenden Qualifizierung der Lehrkräfte nicht entsprechen konnte. Von daher wurde ein Fortbildungsumfang eher ungewöhnlichen Ausmaßes geplant, der sich an der zweiten Phase der Lehrerausbildung orientierte. Im Bereich der Grund- und

Hauptschulen wurden je zwei Fortbildungsgruppen pro Schulamt eingerichtet. Für die Dauer eines Jahres fand die Fortbildung wöchentlich im Umfang von fünf Stunden statt. Damit war Flächendeckung beabsichtigt und ein Standortbezug – auch zum Aufbau lokaler Netzwerke – angestrebt. Die Fortbildung fand teilweise während der Unterrichtszeit statt. Teilnehmer und Moderatoren erhielten eine großzügige Deputatsentlastung. Der wöchentliche Arbeitsrhythmus machte es möglich, kontinuierlich und in die Tiefe gehend an den vorgegebenen Themen zu arbeiten, Konzepte in der Praxis zu erproben und die Ergebnisse wieder in die Fortbildung einfließen zu lassen. Im Laufe der Jahre wurden auch Lehrkräfte der Gymnasien und berufsbildenden Schulen in das Fortbildungsprojekt mit einbezogen, so dass insgesamt ca. 130 Moderatoren tätig waren.

Das bei weitem schwerwiegendste Startproblem waren die fehlenden Fortbildungs- und Arbeitsmaterialien für Moderatoren und Teilnehmer. Arbeitsgruppen zur Materialentwicklung, wie sie später für andere Fortbildungsmaßnahmen Standard wurden, gab es noch nicht. So entstanden die Fortbildungsmaterialien im Prozess der Fortbildung. Autorinnen und Autoren waren – mit wenigen Ausnahmen – Moderatoren der Maßnahme. Von Anfang an stand das Fortbildungsprojekt wegen seines Umfangs und der damit einhergehenden Kosten unter politischem Legitimationsdruck. Umfangreiche Evaluationsstudien, in denen die Teilnehmer nach ihrem Lernerfolg befragt wurden, erfolgten jährlich. Ebenso erfolgten Berichte der Moderatoren aus dem Fortbildungssystem, die der Prozesssteuerung dienten.

Die Inhalte der Fortbildungsmaßnahme zielten auf den Erwerb von Wissen, Fähigkeiten und Fertigkeiten der teilnehmenden Lehrkräfte in den Bereichen „Deutsch als Zweitsprache" und – wie es damals hieß – „Ausländerpädagogik". Der Themenkomplex „Sprachstandsbeschreibung, Sprachstandsmessung, Sprachtests" war von Beginn an als Basis für die Förderung Bestandteil der inhaltlichen Vorgaben. Es galt als ausgemacht, dass ohne genaue Kenntnis des Sprachstandes des einzelnen Schülers die Entwicklung individueller Förderkonzepte nicht gelingen konnte. Doch die erste Teilnehmerbefragung erbrachte, dass gerade diese Thematik am wenigsten intensiv oder sogar gar nicht behandelt wurde. Mehr als ein Drittel bis über die Hälfte der befragten Teilnehmer gab an, dass sie ohne Vorkenntnisse zu diesen Aufgaben an der Fortbildung teilgenommen, aber auch in der Fortbildung keine Kenntnisse erworben hätten. Auch die Moderatorinnen und Moderatoren schätzten ihre Kompetenzen in den Bereichen Sprachstandsbeschreibung, Sprachstandsmessung, Sprachtests als gering ein. Noch 1983 waren es 74% der Moderatorinnen und Moderatoren, die sich selbst Defizite in dieser Hinsicht zusprachen. Es bestand also dringender Handlungsbedarf.

Mit Ingrid Gogolin und Hans H. Reich konnten 1984 zwei Wissenschaftler gewonnen werden, die sich der Entwicklung eines entsprechenden Instrumentariums widmen und die Fortbildung der Moderatorinnen und Moderatoren übernehmen wollten. Zunächst fanden zwei einwöchige Orientierungstagungen statt. Auf der Grundlage ihrer Ergebnisse wurde ein „Sprachwahrnehmungstraining" konzipiert und 1985 die erste Moderatorenqualifizierung unter Leitung von Ingrid Gogolin durchgeführt. Bis zum Ende der Fortbildungsmaßnahme 1990 wurden alle neu hinzugekommenen Moderatoren nach diesem Verfahren trainiert. Ebenfalls eingesetzt wurde das „Sprachwahrnehmungstraining" für Moderatoren, die Lehrkräfte für Kindern und Jugendliche aus Aussiedlerfamilien fortbildeten, für Lehramtsstudierende an der Universität Essen und bei der Moderatorenschulung einer vergleichbaren Maßnahme in Niedersachsen.

Ziele, Aufbau und Durchführung des Trainingsprogramms

Ziele

Übergeordnetes Ziel des Trainingsprogramms war es, Lehrer durch Schulung ihrer sprachlichen Wahrnehmung zu befähigen, eine differenzierte Bestandsaufnahme mündlicher Sprache bei ihren Schülern vornehmen zu können und zwar im Sinne einer ständigen, permanenten, den Unterricht begleitenden Aufgabe und nicht als dann und wann stattfindende Sonderaufgabe im Sinne temporärer Tests oder Sprachstandserhebungen. Dabei ging es zum einen darum, die von den Kindern tatsächlich verwendeten sprachlichen Mittel, ihre vorhandenen sprachlichen Ressourcen zu entdecken und zu beschreiben. Es galt, die bei Lehrkräften häufig anzutreffende Fehler- und Defizitorientierung zu problematisieren und ihre Aufmerksamkeit stärker auf das zu lenken, was die Schüler schon können und worauf sich das weitere Lernen der deutschen Sprache gründen musste. Zum anderen ging es darum, den individuellen Stand der Deutschkenntnisse so detailliert wie möglich zu erfassen, um die Förderung so zielgenau wie erforderlich anlegen zu können – eine Forderung, die zu Zeiten bundesweiter Lernstandserhebungen und Vergleichsarbeiten wie selbstverständlich anmutet, damals aber ein Novum war. Um diese Ziele erreichen zu können, galt es Lehrerinnen und Lehrern Strukturen und Begrifflichkeiten zu vermitteln, mit denen sich Sprachstände beschreiben lassen.

Aufbau

Die Entwickler des Sprachtrainings gingen davon aus, dass sich eine differenzierte sprachliche Diagnosefähigkeit nach folgenden, an lerntheoretischen Erkenntnissen orientierten Prinzipien erwerben lässt:

- von der bewussten Analyse zur automatischen Wahrnehmung,
- von der Ausschnittsbeobachtung zur umfassenden Aufnahme von Sprache,

- von der Notierung von Sprachbeobachtungen aus Sprachproben (Tonaufnahmen) in eigens dafür entwickelte Übungsbögen bis hin zu freien, abschließenden Formulierungen.

Am Ende des Trainings sollten die Lehrkräfte fähig sein, ohne Hilfsmittel wie Tonaufnahmen und Übungsbögen, die als Trainingsmaterial nur zum vorübergehenden Gebrauch gedacht waren, Sprachäußerungen von Schülern differenziert wahrzunehmen und zu analysieren. Insgesamt wurden acht Übungsbögen entwickelt und zum Training eingesetzt:

- Notizen zur Gesprächssituation und zur Gesprächsführung durch die Lehrerin bzw. den Lehrer (Bogen 1)
- Verfügbare Sprachmittel: Inhaltswortschatz, Sprachliche Handlungen, Satzformen (Bögen 2–4)
- Verfügbare Sprachmittel/Sprachrichtigkeit: Nominalgruppen, Verbalgruppen (Bögen 5 & 6)
- Sprachrichtigkeit: Lautung (Bogen 7)
- Kommunikative Fähigkeiten (Bogen 8)

Durchführung
Das Training vollzog sich in drei Phasen: In der ersten Phase ging es um Genauigkeit beim Hören, in der zweiten um die begriffliche Einordnung des Gehörten und in der dritten Phase um die differenzierte Formulierung des Höreindrucks im Hinblick auf die zukünftige Sprachförderung. Während des gesamten Trainings blieb die freie Formulierung des Höreindrucks vorrangiges Ziel. Die drei Phasen konnten je nach Motivation und Lernfortschritt der Teilnehmer unterschiedlich schnell durchlaufen werden, jedoch sollte jede Stufe Berücksichtigung finden, um den Lernerfolg zu sichern.[1]

- In der ersten, der Verständigung über Höreindrücke dienenden Phase, formulierten die Lehrkräfte ihre ersten, oft unterschiedlichen und widersprüchlichen Wahrnehmungen und Bewertungen, was erneutes Hören der umstrittenen Stellen erforderlich machte und dazu führte, die häufig sehr subjektiven spontanen Erstwahrnehmungen mittels objektiver Beobachtungen zu überprüfen. An dieser Stelle kamen die ersten Übungsbögen zum Einsatz, in denen die Beobachtungen zu bestimmten sprachlichen Aspekten stichwortartig festgehalten wurden, um die Höreindrücke zu „konservieren" und besprechbar zu machen. In der Regel

---

1   Für die Arbeit wurde ein Tonträger mit verschiedenen Sprachproben benötigt, Bildvorlagen nach denen die Sprachproben gewonnen wurden, ein Abspielgerät und vier Übungsbögen pro Teilnehmer. Die Teilnehmerzahl lag bei etwa 15 Personen.

fiel es den Teilnehmern leicht, Aussagen zum Inhaltswortschatz und zu den Satzformen zu machen. Die Wahrnehmung und Bewertung sprachlicher Handlungen, von Nominal- und Verbalgruppen sowie der kommunikativen Fähigkeiten bereitete eher Schwierigkeiten. Hier bewirkte das Sprachtraining Kenntniserweiterung im Wissen über die deutsche Sprache.

- In der zweiten Phase wurden die Beobachtungen von zwei unterschiedlichen Sprachproben Aspekt um Aspekt miteinander verglichen. Dabei tauchten zugleich Wertungsfragen auf und zwar nach dem unterschiedlichen Stand der sprachlichen Entwicklung (welches Kind ist weiter?) und nach Indikatoren für einen fortgeschrittenen Sprachstand. Durch die Vergleiche wurde die Fähigkeit trainiert, unterschiedliche Sprachstände bewusst wahrzunehmen und zu beschreiben. Die Vergleiche verlangten bereits vergleichende Aussagen. Dazu gab es Leitfragen in den Übungsbögen, die – falls erforderlich – zu Rate gezogen werden konnten. Angestrebt wurde jedoch, dass gegen Ende dieser Phase bereits freie Formulierungen zusammenfassender Aussagen vorgenommen werden konnten; hierzu einige Beispiele:

> „Das Kind kennt die meisten Substantive aus dem Bereich der Kleidung (Bildvorlage). Überwiegend wird das Verb „macht" gebraucht; spezifische Verben, die die Tätigkeit auf dem Bild genauer ausdrücken würden, werden noch nicht gebraucht."
> „Das Kind bildet teils unvollständige Sätze, teils einfache Hauptsätze. Die Nomen werden mit bestimmten und unbestimmten Artikeln gebraucht. Der Gebrauch ist noch nicht korrekt."
> „Der zu erwartende Inhaltswortschatz ist vorhanden, insbesondere im Bereich der Verben. Es wird erzählt in Form von einfachen und erweiterten Hauptsätzen und Satzverbindungen. Die Verbgruppe ist ausgestaltet. Die Lautung ist korrekt. Sicherer Gebrauch des Präsens und der Perfektform; reflexive Verben werden korrekt verwendet. Sicherer Gebrauch der bestimmten Artikel bei Substantiven und in den Pluralformen. Unsicherheit beim Gebrauch des unbestimmten Artikels (Dativ/Akkusativ)."

- Der Schwerpunkt der dritten Phase lag auf der Feststellung von Förderbedarf und der Erörterung von Fördermaßnahmen, wobei seitens der Teilnehmer auf unterrichtliches und fachdidaktisches Alltagswissen zurückgegriffen wurde.

Diagnose und Förderung

Diagnose und Förderung sind in den Zeiten nach PISA zu zentralen Themen der Unterrichtsforschung und der Bildungspolitik geworden und haben mehr denn je an Aktualität gewonnen. Während heute im Rahmen der zahlreichen empirischen Untersuchungen wie Tests, Lernstandserhebungen, Vergleichsarbeiten u.Ä. den Lehrkräften vorgefertigte und empirisch abgesicherte Instrumente an die Hand geben werden, um die Leistungen, auch Sprachstände, der Kinder und Jugendlichen zu einem bestimmten Zeitpunkt zu erheben und zu analysieren, war es das ausdrückliche Ziel des Trainings, eine differenzierte Wahrnehmungsfähigkeit bei

Lehrkräften auszubilden, die in verschiedenen Situationen eingesetzt werden kann, und die als dauerhafte und zeitlich unabhängige berufliche Qualifikation zur Verfügung steht. Diese „diagnostische Kompetenzerweiterung" in den Blick genommen und systematisch trainiert zu haben, ist ein wesentliches Verdienst der beiden Wissenschaftler Ingrid Gogolin und Hans H. Reich.

Genau so bedeutsam war es, dass die beiden Wissenschaftler immer wieder darauf aufmerksam machten, dass sprachliche Förderung nicht allein auf den sprachlichen Defiziten, dem noch nicht Gekonnten, den Fehlern aufruhen kann, sondern dass es mindestens ebenso wichtig ist, auf das Können zu schauen und die bereits vorhandenen sprachlichen Kenntnisse und Fertigkeiten für das weitere Sprachenlernen und -lehren zu nutzen. Auf die Dauer verändert ein solches Vorgehen auch die pädagogische Einstellung von Lehren zu Schülern: Diese werden nicht mehr als sprachlich defizitäre Mängelwesen wahrgenommen, sondern als Lerner, die sich um den Erwerb der deutschen Sprache bemühen. Dass dies gelungen ist, ist verschiedenen Teilnehmeräußerungen am Ende des Trainings zu entnehmen; deutlich zu erkennen ist, dass ein Umdenken stattgefunden hat:

- „Gute sprachliche Beispiele lassen sich schwerer wahrnehmen als fehlerhafte und schlechte."
- „Ich fand wichtig, auf das zu achten, was der Schüler schon kann, nicht, was er nicht kann."
- „Erst dachte ich, der kann ja fast nichts. Jetzt bin ich erstaunt, was er doch alles kann – dafür, dass er erst so kurz hier ist."

Auf der Basis der vorhandenen sprachlichen Kenntnisse und Fertigkeiten und die Defizite berücksichtigend waren die Teilnehmer gegen Ende des Trainings in der Lage, den Förderbedarf individuell auf den einzelnen Schüler bezogen genau zu formulieren. Um aus dem Förderbedarf Fördermaßnahmen oder gar Förderkonzepte zu entwickeln, bedarf es jedoch zusätzlicher weiterer Qualifikationen wie z.B. Methodenwissen, Wissen um Organisationsformen und -strukturen, lerntheoretisches Grundlagenwissen und neben diesem Wissen die jeweiligen Fähigkeiten und Fertigkeiten zur Umsetzung. Das Fortbildungskonzept ging davon aus, dass die Teilnehmer über genügend Kompetenzen in diesen Bereichen verfügten, so dass es ausreichend sei, durch Vorstellen und Erörtern von ausgewählten Beispielen die Förderkompetenz zu erweitern und zur Entwicklung von je eigenen Förderkonzepten und Fördermaßnahmen zu befähigen. Damals schien dies der richtige Weg zu sein. Mit einigem zeitlichen Abstand kamen Zweifel auf. Zumindest im Bereich der Methoden wäre eine Orientierung an der Fremdsprachdidaktik für die Lehrkräfte, die als Muttersprachlehrer ausgebildet waren, dringend erforderlich gewesen.

Kritischer Rückblick

Für alle am Sprachwahrnehmungstraining Beteiligten – Wissenschaftler, Landesinstitut, Moderatorinnen und Moderatoren – wäre eine Evaluation im Sinne einer Teilnehmerbefragung oder besser noch, eine empirisch abgesicherte Unterrichtsforschung von großem Wert gewesen, u.a. unter den Fragestellungen:

• Wie verändert das Training Lehrereinstellung und Lehrerverhalten?
• Wie verändert sich Unterricht?
• Welche Auswirkungen hat das Training im Hinblick auf die Entwicklung sprachlicher Förderkonzepte?
• Welche Auswirkungen sind beim Sprachenlernen der Schüler zu beobachten?

Doch in den 1980er Jahren gab es seitens der Bildungspolitik und Bildungsverwaltung aus unterschiedlichen Gründen eine eher verhaltene oder gar ablehnende Haltung gegenüber empirischer Unterrichtsforschung. In diesem Fall waren es vor allem die Personalräte, die sich widerständig zeigten. Zwar wurde 1986 eine Teilnehmerbefragung hinsichtlich der Einschätzung der Fortbildungsmaßnahme durchgeführt, die Ergebnisse für das Wahrnehmungstraining waren jedoch nicht befriedigend. Für die wenig zufriedenstellende Implementation lassen sich eine Reihe von Gründen unterschiedlicher Art anführen:

• Die Verbesserung und Veränderung der Wahrnehmungsfähigkeit für gesprochene Sprache war ein zeitaufwändiger Prozess. Zum einen ging es um die Verlagerung der Aufmerksamkeit von geschriebener (Lehrkräfte sind es gewöhnt, schriftliche Dokumente von Schülern zu beurteilen) auf gesprochene Sprache, zum anderen um die Umorientierung von sprachlichen Defiziten zu sprachlichen Fähigkeiten. Beides machte Umdenken und Umlernen bei den Lehrkräften erforderlich, und das braucht seine Zeit. Das Training der Moderatoren nahm etwa vier zusammenhängende Tage in Anspruch. Für die Fortbildung vor Ort standen für die Dauer eines Jahres wöchentlich fünf Stunden zur Verfügung. Diese zeitliche Rhythmisierung erschwerte das Training. Die einzelnen Phasen mussten stark gerafft werden, die wöchentlichen Unterbrechungen schmälerten den Trainingserfolg, und dies wiederum wirkte sich motivationshemmend aus.
• Mit der Fortbildungsmaßnahme „Fortbildung von Lehrern ausländischer Kinder und Jugendlicher in Regelklassen" wurde zugleich eine neue Fortbildungsstruktur in Nordrhein-Westfalen entwickelt (siehe weiter oben). Während zuvor auf den Ebenen der Schulämter, der Bezirksregierungen und des Landesinstituts Lehrerfortbildung unkoordiniert, z.T. rivalisierend betrieben wurde, sah die neue Struktur eine Bündelung der Fortbildungsaktivitäten in sog. „Schwer-

punktmaßnahmen" in einem geschlossenen Fortbildungssystem vor. Dabei wurden die Erfahrungen, Interessen und Ansprüche der Schulaufsicht, die bisher in Eigenregie die Fortbildung plante und durchführte, außen vor gelassen. Die Schulaufsicht als zuständiger und maßgeblicher Förderer schulischer Innovationen hatte in der neuen Fortbildung keinen Platz mehr. Die Folge war, dass sie sich aus dem Fortbildungsgeschäft zurückzog und Inhalte der Fortbildung nicht mehr unterstützte bzw. auch nicht unterstützen konnte, weil sie nicht ausreichend informiert war. Das Sprachwahrnehmungstraining blieb der Schulaufsicht weitgehend unbekannt und fand daher von ihr keine Förderung.

• Die Entwicklung „diagnostischer Kompetenz" mit dem Ziel der sprachlichen Förderung machte zugleich die Entwicklung entsprechender Fördermaterialien erforderlich. In dieser Hinsicht wurden die Lehrkräfte weitgehend allein gelassen. Der kollegiale Austausch von Materialien und Erfahrungen aus der Förderpraxis reichte nicht aus. Vielmehr wäre es zwingend gewesen, Kontakte zu den Schulbuchverlagen herzustellen, sie über das Wahrnehmungstraining umfassend zu informieren und an ihre Rolle als Experten für die Entwicklung von Unterrichtsmaterialien zu appellieren.

• Das Training wurde 1989 von den Autoren Gogolin, Goll und Reich beim Landesinstitut veröffentlicht. Diese Broschüre wurde den im Fortbildungssystem Tätigen kostenlos zur Verfügung gestellt. Es hat jedoch nie eine Veröffentlichung über den internen Kreis hinaus stattgefunden, so dass die zugehörige Fachwissenschaft einschließlich der Fachdidaktik nicht informiert waren und eine weitere Verbreitung nur über persönliche Kontakte stattfand.

• Neue bildungspolitische Schwerpunkte führten letztlich dazu, dass das Fortbildungsprojekt sich aufzulösen begann, indem die Anzahl der Kurse reduziert, die Fortbildungszeiten verkürzt und Fortbildung nur noch in der unterrichtsfreien Zeit durchgeführt wurde. Für weitere Durchführungen des Sprachwahrnehmungstrainings, das im Rahmen einer sog. „Langzeitmaßnahme" mit großzügigem Zeit- und Entlastungsbudget für Teilnehmer und Moderatoren entwickelt worden war, stand in diesem Kontext kein ausreichendes zeitliches Volumen mehr zur Verfügung.

Literatur

Gogolin, I., Goll, A. & Reich, H. H. (1989). Sprachwahrnehmungstraining für Lehrer ausländischer Schüler. Lehrerfortbildung. In Nordrhein-Westfalen (Hrsg.) *Unterricht für ausländische Schüler*, Heft 24. Soest: Soester Verlagskontor.

Jill Bourne

The Construction of Classroom Subject and Subjectivity

This chapter will focus on the way in which dominant cultural interpretations of metaphor over-ride localised understandings in culturally diverse urban classroom contexts. Including previously unpublished detailed data collected as part of a collaborative interdisciplinary research project (Kress et al., 2004) carried out in London schools, the chapter will examine a short critical incident from secondary school English classroom in which metaphor can be seen to play a significant role both in illuminating differences in cultural understandings in this ethnically diverse context, and in legitimating a particular, culturally determined and determining form of interpretation of the subject and of an ideal form of pupil subjectivity. Following Kress et al. (2004), I will look at two questions, firstly: how is the subject English actually *made* and experienced in specific classrooms; and secondly, what sort of subjectivity does this practice construct for the participants, the learners, in the classroom – in other words: what is to both to *do* and to *be* English?

The multi-modal perspective

While language has been widely taken to be the dominant mode of communication in teaching and learning, Kress et al. (2004) argue that there are a range of modes of representation in the construction of school subjects, and that language, and indeed verbal metaphor, is combined with a number of other modes in the making of joint meanings. In this context metaphor is one of a repertoire of resources organised by teachers to make meaning through a range of modes (spoken, written, actions, visuals, gestures, and others), all of which have potential for making meanings, differently. These include the layout of the classroom, the displays on the wall, the teaching resources used, the articles on the students' desks, the contributions of the students – everything we read and interpret together to make meanings-in-context. Each of these resources at the same time act as signs of wider influences on the classroom, including the dominant national cultural heritage, government policy for education, as defined in examination requirements, required texts to be studied, and teacher training policies and practices, for example. The interpretation of metaphor is, I argue, not simply negotiated and constructed in the spaces between people, but its context includes the possibilities and constraints of this wider sphere of influence.

In looking at the affordances of metaphor in English, the learning opportunities it offers, it is important to note that in the study of literature, high marks are achieved through drawing out dissonance, through identifying the surprising image, through offering alternative and sometimes surprising interpretations, provided all these are justified by reference to the text. This is what leads to examination success, and thus to the construction of successful learners, as well as improved life chances for them as adults.

However, I want to argue in this paper that in contrast, the meaning of 'metaphor' is constructed as single and fixed for those learners for whom teachers have little expectations of success. So one fixed interpretation is taught and expected from those perceived as 'slow learners', whilst teachers help students perceived as of 'high ability' to seek to find fluid and multiple interpretations. This self-fulfilling prophecy then often works to construct students from less privileged home backgrounds as academically unsuccessful. I suggest it works in a similar way for second language group students with limited skills in the standard language of the curriculum, who appear not to be encouraged to make new and multiple interpretations which draw on their own experiences, but to learn a single, and simple, set interpretation, as the 'correct' one. 'Reader response' is not free, then, but differentially circumscribed for different groups of students. This chapter offers just one example of this.

The context

The school in which the lesson under examination took place was a multi-ethnic and multilingual school in the inner city. More than 50% of the students were of North Indian family origin, the majority speaking Bengali, some of these third generation, some more newly arrived in the UK. About 20% were recent arrivals, including a large group of Somali speakers from Africa. The school is situated in one of the most deprived areas of inner London, with a history of inter-ethnic conflict among teenage groups. The boys and girls in the classroom studied were aged 14–15 years.

The classroom was an inclusive 'mixed ability' mainstream classroom, where children from all language backgrounds and at all levels of attainment worked together towards their school leaving examinations which they would take at age 16 in English. The subject 'English' in this context included both English language and English literature, with an emphasis at the time on analysing the language through the literature, rather than as a matter for separate study.

In this classroom, as in all the other classrooms observed in the project, although in very different ways, we found contradictions and tensions in practice. The texts chosen here are such as should appeal to adolescents' interests in romance and sex, but, as we shall see, the teacher appears to work to dampen down such potentially 'dangerous' interests. The set text under study is Shakespeare's 'Romeo and Juliet'.

The teacher's whole class introduction claims to be just about process; the teacher says that students themselves are to make their own decisions about how to interpret the text. However, in the event, the lesson is in fact highly regulatory. The oral productions, the teacher tells them, are to be assessed both by their classmates and by the teacher, within the framework of a national assessment regime whose criteria are displayed in posters on the walls of the classroom – clearly signally what 'English' is really about. The next extract shows the teacher's regulatory use of assessment to frame and legitimate classroom production.

Extract A: Whole class introduction to the lesson

Teacher: Now as we read through it, you may not (*shakes her head*) understand everything (*makes a throwaway gesture with her hand*). We're just going to get it so we've at least all of us seen the scene done. Then I'm going to ask you in your groups to read it again. And then, as you'll see from your pink sheets, to annotate, um the text...... Then you will perform to the rest of the class. And the audience is going also to judge you. So you'll be judging each other's performance. And we can give marks to these – but the kind of thing you will be judged on will be how well you put the feelings of characters across....We've also got to see behind the character, why are they doing what they're doing... The motivation – what's pushing them forward. So. The use of facial expression and body language – very, very telling body language. Movement and action, how clear you are when you're speaking. And working together as a group.

From the extract we can see that it is not only the verbal production that will be assessed, but the ways in which the students can marshal body language to convey the emotions and motivations of the characters in the text. Students will be required to undertake an act of *mimesis* (Gebauer & Wulf, 1996), – to take on and express certain emotions and behaviours, to become specific cultural 'Others', and in so doing, one supposes, to become acculturated into the 'common culture' of contemporary educated British society. The assessment, in effect, will be of the students' capacity to *embody* the text in the required manner.

While the apparent focus is on peer interaction and group debate around personal interpretation and response to the text, the explicit underlying motivation for students is instrumental and achievement focused: they are to meet the nationally set criteria, leading to their final school leaving grades. The whole class talk preceding the group work then can be read as giving students clues as to the criteria by which a successful performance will be judged.

As we found to be common across classrooms, there were few interventions initiated by students themselves in this lesson, few moments with different readings of literature overtly came into play, where different reading positions, marked by gender, age generation, social class or ethnicity were taken up and debated, whether in whole class contexts or in small group peer work. However, there was one moment in this lesson where an unexpected student intervention did impinge upon the teacher agenda, requiring an improvised teacher response. I want to examine this critical moment in detail for what it tells us about the production of English as a school subject and of an English subjectivity.

The incident

The teacher is taking the students through the first meeting of Romeo and Juliet – where Shakespeare makes the young lovers use the metaphor of the pilgrim or palmer to describe their ardent feelings towards one another, and their mounting excitement as they grow closer to a kiss. The extract under study is as follows:

Extract B: The text under discussion – from 'Romeo and Juliet' by William Shakespeare

Romeo:	If I profane with my unworthy hand,
	This holy shrine, the gentle sin is this,
	My lips two blushing pilgrims ready stand,
	To smooth that rough touch with a tender kiss.
Juliet:	Good Pilgrim, you do wrong your hand too much
	Which mannerly devotion shows in this,
	For saints have hands, that pilgrims hands do touch
	And palm to palm is holy palmers' kiss.
Romeo:	Have not saints lips and holy palmers too?
Juliet:	Ay pilgrim, lips that they must use in prayer.
Romeo:	O then, dear saint, let lips do what hands do,
	They pray (grant thou) lest faith turn to despair.
Juliet:	Saints do not move, though grant for prayers' sake.
Romeo:	Then move not while my prayers' effect I take,
	Thus from my lips by thine my sin is purged.

In this paper I shall be focusing on examples of deliberate literary metaphors. The metaphor I will look at in this paper is that of the 'pilgrim', and the affordances it offers students.

Cameron (2003) writes of the conceptual space between participants in interaction as being 'alterity' – a space in which metaphors can create, reduce or resolve conceptual and discoursal differences in understanding. In interaction which follows, we see a clear example of this 'alterity', but one in which the metaphor creates rather than resolves difference in understanding.

Extract C: A 'Critical Incident'

Teacher: The other thing to recognise is that the sonnet that they say to each other when they first meet is a lot about pilgrims and pilgrimages. Can anyone tell me what a pilgrim is?

Mickey: Yeah, that's a Hajj thing.

Waseed: A traveller.

T: That's a Hajj thing. OK. (*Turning to Boy 2, nodding*) It is a certain kind of travel, a journey. Mickey, can you explain?

Mickey: What a Hajj is?

T: Ye-es, OK.

Mickey: They have to put on clothes; they have to walk round the Ka'aba; and then they have to throw stones at a pillar; and then they have to kill an animal.

T: OK (A number of students laugh softly).

T: (*Reassuringly*) I think that's very good, right.

Now (*looking round the class*) the people again who have <u>experienced</u> that can see whether Mickey's, um, Mickey's account of the Hajj is correct. That's very good, Mickey. You did well. Because now....

Students: (indistinguishable, murmuring)

Waseed:To a holy place

Mickey: We did that just now in last lesson with Mr. W.

T: Well, I'll ask Mr. W. as well about it. You obviously learnt a lot there. Now, a pilgrim is somebody who goes, as Waseed said, to a holy place. Makes a special journey to a holy place. Such as Mecca. (*Nods*) And its an act of <u>devotion</u> – <u>religious</u> devotion. To show your duty to God. And often in that place – and I mean (*looking around the classroom*), there are <u>other</u> sites of pilgrimage around the world – in the Christian religion, in the Catholic religion – <u>Lourdes</u>, for example, is a place people go to be <u>healed</u>, with holy water. Canterbury used to be, um, possibly still is, a seat of pilgrimage, because it's the big Canterbury Cathedral, the seat of the Archbishop of Canterbury.

Boy 3: The river Ganges

T: The Ganges? <u>Right</u>. So you understand perfectly, some people have even experienced it. So they talk a lot about a pilgrim and pilgrimages and talk about their love as if it were a religion. So maybe what they are doing – they are giving it this <u>solemnity</u>, they are giving it a very serious <u>weight</u>. But <u>maybe</u> they feel a need to do that because it is so sudden. So... When they're speaking, they're making it so solemn. They are speaking lots of words to do with religion, as though they're trying to convince themselves that their love is like a religion. And taking it so seriously.

The teacher asks the students to explain what is meant by the word 'pilgrim'. It is notable that at no time does she introduce the term 'metaphor', discuss its affordances, nor point out to the students the metaphorical use of a number of words in the vehicle domain of pilgrimages in this passage (e.g. shrine, pilgrims, prayers, sins etc.), although metaphor is a term introduced in the national curriculum in the primary school years. Mickey responds by saying a pilgrimage is a 'Hajj thing' and the teacher asks him to explain what he means.

I identified this section of the lesson as a 'critical incident' by (a) a rare open question from teacher to student: 'Can you explain?' (b) a rare phenomenon of student murmuring around the class, and change in body posture on the part of many, they look up, some smile, look around; (c) a change in teacher body language and positioning. She steps back from the class, on receiving Mickey's 'What a Hajj is?' to say uncertainly 'Ye-es, OK' – indicating that this was not quite what she meant by 'explain'. She also moves back and forth behind her desk, scanning the classroom and students' faces to the point where she closes down discussion and turns forcefully back to the text by picking up the students' pink worksheet and holding it up to read on 'So they talk a lot about pilgrimages', when she gets back into her usual stride.

At first I thought this was an intervention of different cultural knowledge from the home and from a minority (Muslim) group (although Muslim students were actually a majority in this classroom) or subordinate ethnic culture into the classroom that was causing unease. However, after examining the tape and background interview materials many times, I am clear that this is not the case. The disjuncture is the intervention of a different curriculum genre into the English lesson, that of the RE (Religious Education) classroom, with its factual account of rites and rituals, rather than of personal response and feelings.

In this extract, we see a student offering not home cultural knowledge, as I first thought, but schooled knowledge. It transpires that the class has just learnt about a Hajj in an earlier Religious Education lesson. Indeed, the student who offers the information, let us call him 'Mickey', is not himself a Muslim, although the majority of his classmates are, which may well account for the other students' alertness and interest when he offers his account – they all raise their heads and watch him, apparently with some amusement on the part of some. But although murmuring signals some amusement and disagreement among them around his explanation, alternative descriptions of a Hajj drawing on their own out-of-school knowledge are not pressed forward by the students, and not followed up by the teacher, suggesting that these are seen by all participants, both students and teacher as not legitimate in this context.

Indeed, the discourse of description itself belongs to the subject Religious Education, rather than to English, which is the sphere not of description of ritual and fact, but of emotion and of personal response. The teacher is clearly disconcerted for a moment by the description which does little to elucidate the use of the pilgrim metaphor in the text, but rather obscures it! She needs to move the discourse back to the realm of emotion and personal response.

But first she sidetracks to accomplish another agenda. This is to re-establish the *universality* of human feeling and the inclusiveness of the multi-ethnic classroom.

So she quickly draws in references to other religious pilgrimages she knows of, so that others, and especially her two white monolingual English male students in this racially contested local area, should not feel excluded. As the class seems prepared to segue into the discourse of a Religious Education lesson, with one boy making a further offering of the Ganges as a place of pilgrimage, she quickly closes this avenue down, returning to the text, to motivation and to emotion.

However, she seems to be unaware that it is in fact a *particular*, rather than universal, interpretation that she then offers the students of the pilgrim metaphor, one in which a pilgrimage is a solemn and subdued event. She loses the opportunity to consider what the deeper meaning of a pilgrimage or Hajj might mean to some of the students now, and to Shakespeare in his time   a sense of the mounting excitement nearing the site of pilgrimage for the travellers to Mecca or the Ganges, or for Christian worshippers of the Middle Ages, and the even *ecstatic* experience of nearing the goal. Her own reader position as an English teacher (and possible agnostic) acts as a norm.

Students are not invited to describe what they know of the experience of the Hajj, the excitement seen in news reports of the crowds at Mecca, far from quiet and solemn, but growing in intensity of feeling and expression, which could offer a very different, and very interesting, interpretation of the Romeo and Juliet text. While the vehicle domain of pilgrimage as 'Hajj' might include excitement, trembling and passion, the vehicle domain for the teacher of pilgrimage as 'church' connotes solemnity, quiet, respect, and subdued feelings. Her own reader position as an English teacher (and agnostic) acts as a norm, shaping a very particular reading of the text.

The later enactment of the text requires students to copy the experience and feelings of others, and, perhaps, through imitation to invite assimilation. As Gebauer and Wulf (1996) explain: Mimesis is 'to see oneself in the mirror of the Other', creating fellow feeling, compassion, and sympathy, and showing readers what they could themselves become, alternative ways of being. However, the students do not experience the text unmediated. Bourdieu has argued that the school inculcates a particular culture of taste and emotion. In representing emotions as universal human characteristics, it offers its own interpretations of behaviour and models of self-representation. In English, the legitimate subject position on offer is essentially the calm reflexivity described by Wordsworth, of 'emotion recollected in tranquillity', a position which constructs the ideal student English subject as rational, calm and reflective, although personally engaged.

In the incident which we examine here, we see the teacher mediating a model of the schooled English subject very different from the model which the students themselves initially enact and which was mediated earlier for them through the commercial lens of the film 'Shakespeare in Love'. Yet, however attractive the sensuous model of 'Shakespeare in Love' is for the students, it is the formal reflexivity and solemnity of the schooled English subject in the framework offered by the teacher which in the end is legitimated in the assessment of their dramatic productions, and later in their assessed course work essays.

One might ask at this point why home and minority cultures impact so little on most classrooms? Why do the students collude with teachers in maintaining the one dominant universalist 'reader position'? I would argue that it lies in the strength of the urge towards mimesis, towards taking on the protective colouring of the surroundings, of not standing out of the crowd, which schools do not challenge, but rather encourage. The strength of classroom norms is, I believe, shown in the reaction of the class and teacher to the entry of the 'wrong' genre from one classroom to another, as in the entry of Religious Education into the subject English classroom in the context discussed above, let alone into the entry of home and out-of-school discourses. However, in group interviews with our researcher, an ethnically mixed group of students did talk freely in front of each other about their readings of 'Romeo and Juliet' in relation to minority cultures. So it is not that students themselves are unwilling, but the 'habitus' of the classroom discourages this as illegitimate.

Therefore I argue that suppression of difference lies in the 'habitus' of the universalist discourse of English pedagogy, itself reinforced by a simplistic assessment system which, despite a rhetoric of 'valuing diversity', simply does not recognise the possibility of encouraging students to read texts from different social positions, interpreting texts from the positions offered by gender, social class, ethnicity, age, and personal histories.

Acknowledgements
This chapter draws on data collected as part of an ESRC funded project on 'The Production of School English'. I would like to thank Gunther Kress, Carey Jewitt, Ken Jones, Anton Franks, John Hardcastle and Euan Reid for discussion of the data used in this chapter, and particularly Carey Jewitt for collection of the data and field notes. I should also like to thank Ingrid Gogolin and members of the IMEN project group for their comments on earlier versions. However, I take full responsibility for this final interpretation and presentation of the results, and for any errors or misconceptions it may contain.

References

Cameron, L. (2003). *Metaphor in Educational Discourse. Advances in Applied Linguistics Series*. New York: Continuum.

Gebauer, G. & Wulf,C. (1996). *Mimesis: Culture, Art, Society*. Los Angeles: University of California Press.

Kress, G.; Jewitt, C.; Bourne, J., Franks, A., Jones, K., Hardcastle, J. & Reid, E. (2004). *English in Urban Classrooms: a multimodal perspective on teaching and learning*. London & New York: Routledge.

Herbert Christ

Der Aufbau bildungssprachlicher Kompetenzen beim Lehren und Lernen fremder Sprachen

Mein Ausgangspunkt ist Ingrid Gogolins Beitrag zur *27. Frühjahrskonferenz zur Erforschung des Fremdsprachenunterrichts,* in dem sie von der „*Herausforderung Bildungssprache*" sprach (vgl. Gogolin, 2007). Sie äußerte damals die Vermutung, „dass Bildungssprache domänenspezifische Ausprägungen besitzt, die in Unterrichtsfächern bzw. Fächergruppen abgebildet sind. Für die Praxis folgt hieraus, dass der Unterricht in Fächern bzw. Fächergruppen zur Entwicklung spezifischer Teilkompetenzen beitragen muss, die sich in ihrer Gesamtheit zum Konstrukt ‚Bildungssprache' verbinden" (Gogolin, 2007, S. 77). Ich werde dieser Vermutung nachgehen und die spezifischen Teilkompetenzen festzustellen versuchen, die beim Lehren und Lernen fremder Sprachen vermittelt werden und die zum Aufbau allgemeiner bildungssprachlicher Kompetenzen beitragen können.

Bildungssprache und bildungssprachliche Kompetenzen beim Lehren und Lernen fremder Sprachen

Ingrid Gogolin bezeichnet Bildungssprache als einen *spezifischen Ausschnitt* aus sprachlicher Kompetenz, der „besonders relevant ist im Kontext von Bildung" (Gogolin, 2009, S. 263). Jürgen Habermas (1977) verortet sie, anknüpfend an Max Scheler (1960), in der Triade *Umgangssprache, Bildungssprache* und *Wissenschaftssprache,* die alle drei ihren je eigenen sozialen Ort haben: Umgangssprache kennen wir aus der privaten Rede. Bildungssprache ist Rede in der Öffentlichkeit. Wissenschaftssprache (als Fachsprache unter Fachsprachen) macht Rede unter Fachgenossen über Fachliches möglich. Bildungssprache ist also für Habermas ein Scharnier zwischen Umgangssprache und Fachsprache(n). Sie bereichert die Umgangssprache mit Fachlichem und macht durch Elemente der Fachsprachen Fachwissen auch für Nichtfachleute zugänglich. Charakteristisch für die Bildungssprache sind die „Disziplin des schriftlichen Ausdrucks" und der „differenziertere, Fachliches einbeziehende Wortschatz" (Habermas, 1977, S. 39). Ingrid Gogolin spricht in diesem Zusammenhang von „konzeptioneller Schriftlichkeit" und von „Schriftförmigkeit".

Bildungssprache ist „informationsverdichtet", „situationsentbunden" und weitgehend „kontextunabhängig" (Gogolin, 2006, S. 82–83). Gogolin erläutert diese Charakteristika der Bildungssprache mit Bezug auf Basil Bernsteins Konzept des „vertikalen" Diskurses, der dem „horizontalen" Diskurs der Umgangssprache gegenübersteht (vgl. Bernstein, 1999). Kurzum, Bildungssprache ist (anders als spontane Rede) „konzeptionell schriftlich" und weitgehend „schriftförmig". Sie kommt gleichwohl mündlich *und* schriftlich zum Ausdruck. Als *Medium* im Kontinuum Sprache*,* als Ort zwischen Umgangssprache und Fachsprache(n) tritt Bildungssprache jedoch nie „unvermischt" und „rein" auf. In der Schule und im gesamten Bildungswesen soll sie dominant sein, jedoch ohne dass sie Anspruch auf eine Monopolstellung erheben könnte.

Bildungssprache öffnet aber nicht nur das Tor zur Öffentlichkeit und sie ist nicht nur Brücke zu den Fachsprachen, sondern sie ist auch *die Sprache, die den Unterricht zu organisieren hilft* und ihn begleitet: Sie manifestiert sich im Klassenraumdiskurs, im Instruktionsdiskurs, im Diskurs über die gegenständlichen Domänen des (Fremdsprachen-)Unterrichts, ob es sich um Sprache, Literatur, Gesellschaft oder Kultur handelt. Ein exemplarischer Fall von Bildungssprache ist die *Sprache als Instrument des Sprachenlernens.*

Hans Reich (1987) unterscheidet innerhalb der *Sprache als Instrument des Sprachenlernens* die Sprache der expliziten Erklärung und die Sprache, die sich durch ihr internes Verweissystem selbst erklärt, indem von den Sprechern Elemente zu anderen Elementen in Beziehung gesetzt werden. Er spricht, ohne dies zu entfalten, vom Sprachunterricht schlechthin, von Instruktion in Grammatik, Phonetik, Lexik, Stilistik, vom Lernen über Wörter, Sätze, Texte und Textsorten und auf der anderen Seite von der Erschließung aus dem Kontext, von Hypothesenbildung, Herstellung von Beziehungen im Text.

Hierbei handelt es sich um *Rede über Sprache* (ihre Struktur, ihre Verknüpfung, ihr Funktionieren), *Rede über das Sprachenlernen,* sowie um *Rede über die Sprachbewusstheit* und damit insgesamt um Metasprache und nicht um Objektsprache. Diese Metasprache ist nach Ulrike Jessner (2004) Ausdruck eines metalinguistischen Bewusstseins, das „die Fähigkeit bezeichnet, flexibel und abstrakt über Sprache denken zu können. [...] Demnach erlaubt es dieses Bewusstsein dem Individuum, sich vom Verständnis bzw. der Produktion einer Äußerung zu distanzieren, um sich mit der sprachlichen Form und der Struktur zu beschäftigen, die dieser Äußerung zugrunde liegt" (Jessner, 2004, S. 19).

Die Rolle der Bildungssprache als *Instruktionssprache in weiteren Domänen* will ich hier nur andeuten. Es wären zu erwähnen: Die Sprache beim Umgang mit Literatur, die Sprache der Medien und der Medienkritik, die Sprache des interkulturellen Lernens, die Sprache der Landeskunde, die Sprache der Schule und des Ausbildungswesens, die Sprache der öffentlichen Rede in Diskussion, Debatte und schriftlicher Stellungnahme, die Sprache des Studiums (z.B. für ERASMUS-Studenten).

Bildungssprache spielt jedoch nicht nur eine Rolle als Sprache, die den Unterricht zu organisieren hilft und ihn begleitet und die das Lernen ordnet, sondern sie *ist in vielen Gegenstandsbereichen* des Fremdsprachenunterrichts *als Objektsprache* präsent, in der schönen Literatur wie in politischen Texten, in Lexikon- und Wörterbucheinträgen wie in Filmausschnitten, in der Presse wie im Radio und im Fernsehen. Sie wird von den Lernern rezipiert. Sie spielt also beim Lehren und Lernen fremder Sprachen auf vielen Ebenen eine Rolle, wird folglich in jedem Fremdsprachenunterricht vermittelt, allerdings nicht als geschlossenes Corpus, sondern als Teil der Sprache, die vermittelt und aufgenommen wird.

Zum Aufbau bildungssprachlicher Kompetenzen im Fremdsprachenunterricht

Bisher wurden in abstrakter Form die Bildungssprache und die bildungssprachlichen Kompetenzen beschrieben, welche im Fremdsprachenunterricht vermittelt werden können:

- Bildungssprache als Zugang zur öffentlichen Rede
- Bildungssprache als Zentrum der Schriftlichkeit
- Bildungssprache als Brücke zu Fachsprachen
- Bildungssprache als Ausdruck der mündlichen und schriftlichen Instruktion
- Bildungssprache als Sprachform der Organisation des Unterrichts
- Bildungssprache als Form des Sprachenlernens und der Sprach- und Sprachlernbewusstheit
- Bildungssprache als Diskurs über Gegenstände und Inhalte des Unterrichts und schließlich
- Bildungssprache als Objektsprache, die in den Lehr- und Lernprozess eingebracht wird

Dieser zuletzt erwähnte Kompetenzbereich – Objektsprache rezipieren, verstehen und einordnen zu können, verbunden mit der „Fähigkeit, sich in der verwirrenden Vielfalt von Texten souverän zurechtzufinden" (Gogolin, 2007, S. 73) – wäre vor den Zeiten der Kompetenzorientierung an erster Stelle genannt worden, nämlich als die „Begegnung" mit Literatur, Kultur und Geschichte im Fremdsprachenunterricht. Heute wird er in die Reihe der anderen Kompetenzbereiche eingeordnet. Dabei besteht allerdings die Gefahr, dass er gelegentlich in seiner Bedeutung unterschätzt und gar vergessen wird.[1] Hier sei darum festgehalten: Beim Lehren und

---

1   Im Verlauf der 25. Frühjahrskonferenz (Bausch, Burwitz-Melzer, Königs & Krumm, 2005) ist dies von manchen Beiträgern den Autoren der Bildungsstandards zum Vorwurf gemacht worden.

Lernen fremder Sprachen und der Bildungssprache im Besonderen geht es um Texte, Inhalte *und* Fähigkeiten (Kompetenzen).

Die bisherige Betrachtung – eine Betrachtung gewissermaßen aus der Vogelperspektive – hat nichts darüber ausgesagt, *wie* Bildungssprache in der Fremdsprache als Objektsprache und als Metasprache in die Ohren, Augen und Münder und in die Köpfe der Lerner[2] hinein gelangt und ob und wie sie danach – als Beitrag der Fächergruppe moderne Fremdsprachen – zur *Entwicklung* und zum *Aufbau* allgemeiner bildungssprachlicher Kompetenzen beitragen kann. Ich werde daher an einigen empirisch belegten Beispielen darstellen, wie bildungssprachliche Kompetenzen tatsächlich in fremdsprachlichen Fächern aufgebaut werden. Diese Konkretisierung führt uns in spezifische Lernkontexte: in Unterricht in Französisch, Englisch und Spanisch, in Klassen der Grundschule, der Sekundarstufe I (Hauptschule) und der gymnasialen Oberstufe, in rein mündlichen und in textbezogenen Unterricht, in dem verschiedene Fertigkeiten geübt werden. Die Beispiele stehen unverbunden nebeneinander und stellen Prozesse bildungssprachlichen Kompetenzerwerbs dar. Sie decken nicht alle Felder bildungssprachlichen Lernens im (lebensbegleitenden) Verlauf des Lehrens und Lernens fremder Sprachen ab, sondern sie lenken den Blick auf Exempla.

Rezeption und Verwendung von Bildungssprache und Konzeptbildung im Französischunterricht in der Grundschule

Ich berichte über Unterrichtsbeobachtungen in den Klassen 1 und 2 einer Grundschule in Frankfurt am Main, in der „in zwei Sprachen" gelernt wird (vgl. Christ, 1999; 2002). Die Klassen werden im ersten Lernjahr im Französischen prinzipiell mündlich unterrichtet und zunächst nur im Deutschen in die Schrift eingeführt. Mit Beginn der 2. Klasse erfolgt eine systematische Einführung in die Schreibung des Französischen. Bildungssprache lernen die Schüler in beiden Idiomen.

Ich bringe Beispiele aus dem französischsprachigen Unterricht. Die Kinder rezipieren von der ersten Stunde an *Texte* – Lieder, Reime, Gedichte, Erzählungen. Sie lernen also nicht isoliert Laute, Silben, Wörter, Sätze und grammatische Formen, sondern zusammenhängende Rede. Sie handeln, indem sie zuerst Sprache aufnehmen und wiederholen. Sie singen oder sprechen im Chor nach, was vorgesungen oder vorgesprochen wird – Mimik, Gestik und Deixis nachahmend. Aber sie handeln schon bald selbstständig, indem sie das Aufgenommene verwandelnd wiedergeben. Dazu ein Beispiel aus der ersten Klasse: Ein beliebtes und häufig wiederholtes Spiel war die szenische Wiedergabe einer Erzählung vom Wolf. Ein Wolf hat

---

2   Wir halten immer die Sprache in ihren beiden Artikulationen, die gesprochene *und* die geschriebene Sprache im Auge und wissen, dass sie sich wechselseitig beeinflussen.

sich in der Umgebung versteckt und wartet auf den Augenblick, wo er eines der Kinder fangen kann. Die Kinder rufen mit einer rituellen Phrase, um ihn hervorzulocken: «Loup, y est-tu?». Der Wolf antwortet und sagt, wo er sich befindet: «Je suis dans la forêt», «Je suis dans ma maison». Und auf die Frage, was er tue und was er plane («Que fais-tu?» usw.), sagt er: «Je me prépare», «Je mets mon chapeau» und Ähnliches mehr. Das Kind, das den Wolf spielt, hat alle Freiheiten, sich auszudrücken, und die anderen Kinder agieren und reagieren entsprechend.

Nach einigen Wortwechseln kündigt „der Wolf" sein Kommen an: «J'arrive» oder «Je viens tout-de-suite». Daraufhin muss er jedoch wieder rituell sprechen, wie in der Erzählung vorgegeben: «Et je m'approche à pas de loup, houe, houe, houe». Poetische Sprache, Bildungssprache wird übernommen, weil sie zur Fiktion, zum Spiel hinzugehört. Die Kinder wissen, dass sie spielen: «On joue». Das Spiel wird als solches erkannt und es wird auch als solches bezeichnet: «Un jeu». Auch bei der Besprechung von Theateraufführungen wird das Geschehen – von der Situation entbunden – ‚bildungssprachlich' bezeichnet. Ein Mitspieler sagte mir: «Je suis le seul garçon qui a eu trois rôles dans cette pièce». Er erklärte, dass er in einer «pièce» mitspielte und dass er (wie andere auch) „Rollen" zu vertreten hatte. Seine drei Rollen waren übrigens stumme Rollen und nicht die begehrten Rollen mit Text.

Als weiteres Beispiel für den allmählichen Erwerb von Bildungssprache wird gezeigt, wie das grammatische *Konzept Mehrzahl* im mündlichen Unterricht vermittelt wird. Plurale werden von der ersten Stunde an *hörend* zur Kenntnis genommen, wenn die Lehrerin sich z.B. an die ganze Klasse oder an eine Gruppe wendet und sagt: *écoutez, allez* oder *chantons maintenant* oder *silence, les enfants!, venez les grenouilles!*[3] usw. In diesem Rahmen wird weder auf die Formen des Plural aufmerksam gemacht, noch werden sie analysiert. Sie werden von den Kindern auch nicht reproduziert, sondern sie werden vielmehr ‚ganzheitlich' vorgetragen und, durch Gestik, Mimik, deiktische Handlungen unterstützt, verstanden.

Pluralformen des Nomens und des Verbs müssen aber schon in einem frühen Stadium des Unterrichts von den Kindern *gebraucht* werden, und sie müssen dann nicht nur verstanden, sondern auch – nach einer ‚schweigenden Periode' – produziert werden. Das setzt voraus, dass das sprachliche *Konzept Mehrzahl* als solches erfasst wird und seine sprechsprachlichen Ausdrucksmittel unterschieden werden. So sollen die Schüler schon bald elementare Oppositionen wie *le garçon – les garçons; dort – dorment*[4] nicht nur hörend verstehen, sondern auch wiedergeben und in der eigenen Rede verwenden. Dazu wird zunächst keine grammatische Ter-

---

3   Grenouilles = Frösche; Bezeichnung der französischsprachigen Kinder.
4   Ich schreibe hier der Einfachheit halber nur die geschriebene Form auf und verzichte auf die phonetische Umschrift.

minologie bemüht – die fachsprachlichen Ausdrücke *singulier* vs. *pluriel* werden erst im weiteren Verlauf des Lernprozesses, von der zweiten Klasse an, vermittelt – sondern die Kinder werden *umgangssprachlich* und *objektsprachlich* mit dem Konzept Mehrzahl vertraut gemacht: *Paul et Léonie font ceci ou cela* oder *Plusieurs garçons chantent* oder *Tous les enfants sont dans la cour.* Es sind also (hörbare) Signalwörter (*et, plusieurs, tous* usw.), die das Konzept bewusst zu machen helfen. Das Konzept muss erneut bearbeitet werden, sobald die Schülerinnen und Schüler anfangen zu schreiben. Denn in der Schriftform entdecken sie, dass die Singular-Plural-Opposition im Verbal- und im Nominalsystem *durchgehend* gegeben ist. Dann reicht es nicht mehr aus, im Nominalsystem auf die Veränderlichkeit des Artikels zu achten,[5] sondern dann sind auch die (nicht hörbaren) Plural*endungen* der Nomen und der Adjektive zu berücksichtigen, und da das Verbalsystem ebenfalls Singular und Plural sowohl prä- wie postdeterminierend unterscheidet (Beispiel: *il/elle travaille – ils/elles travaillent*) werden jetzt die fachsprachlichen Termini *singulier* und *pluriel* eingeführt.

Die Herausbildung von Konzepten und ihre Bedeutung für bildungssprachliche Kompetenzen soll noch an einem weiteren Beispiel gezeigt werden, nämlich der Entwicklung des Wissens über Textsorten. Textsorten wie *Bericht, Erzählung, Brief, bande dessinée* usw. werden im Französischunterricht der Klassen 2 bis 4 nicht – wie das auf höheren Klassenstufen üblich ist – analytisch an Textbeispielen erarbeitet, sondern im „Schreiben für andere" entwickelt und bewusst gemacht (Christ, 2005). Das „Schreiben für andere" ist von der Freinet-Pädagogik angeregt und geschieht mit der Absicht der ‚Publikation', hier in einer periodisch erscheinenden Schülerzeitschrift *Le Journal des petits bilingues.* Die Texte entstehen, nach vorhergehender Beratung und Aufgabenverteilung im Plenum, in Gruppenarbeit und werden danach vom Plenum beurteilt – d.h. für die Publikation ausgewählt oder verworfen. Ein wesentliches Kriterium der Auswahl ist, ob die Textsorte getroffen ist und ob der gedachte Leser (Mitschüler, Eltern, Lehrer) vermutlich erreicht werden kann. Bei der Auswahl und der Beurteilung hilft die Lehrerin selbstverständlich mit.

Wörter lernen und Begriffe klären im Englischunterricht der Sekundarstufe I

Eva Burwitz-Melzer beschreibt in einer empirischen Studie interkulturelle Lernprozesse bei der Arbeit mit fiktionalen Texten in verschiedenen Klassenstufen und Schulformen, in hessischen Gymnasien, Realschulen, Hauptschulen und Gesamtschulen (vgl. Burwitz-Melzer, 2003). Ich referiere als Beispiel die Auseinanderset-

---

5   Postdeterminierte Plurale von Nomen sind selten, Beispiel: *le cheval/les chevaux*

zung von Schülern einer 9. Hauptschulklasse mit dem Wortfeld *White, Coloured, Black* (Burwitz-Melzer 2003, S. 164–204) anhand eines literarischen Textes. Ausgangspunkt ist ein Liedtext von LaMont Humphrey (aus: *Englisch G 2000.* Schülerbuch Band 3, Berlin: Cornelsen)[6]. Er wurde in einer Doppelstunde behandelt. Das lyrische Ich wehrt sich gegen die Bezeichnung *coloured,* die ihm von *You* – einer weißen Person – zugeschrieben wird und bezeichnet sich selbst als *black.* Dann aber wendet es sich dem *You* – der weißen Person – zu und hinterfragt, ob die Bezeichnung *white* für diese angemessen ist. Es stellt fest, dass diese bei näherer Betrachtung als vielfarbig (*coloured*) bezeichnet werden müsste.

> Coloured
> You got the nerve to call me coloured (…)
> When I'm born I'm black
> When I grow up I'm even more black
> When I'm in the sun, I'm still black
> When I'm cold, guess what, I'm black
> And when I die, I'm black too. (…)
> But you
> When you are born, you are pink
> When you grow up you are white
> When you are sick: man, look at yourself – you are green
> When you go to the sun, you turn red
> When you are cold, you turn blue
> And when you die, you look purple
> And you got the nerve to call me coloured (…)
> So, who's coloured?

Die Schülerinnen und Schüler erfahren bei der Besprechung des Textes, dass das Wortfeld *White, Coloured, Black* in englischsprachigen Ländern (USA, Südafrika, Australien) umstritten ist und von Teilen der Bevölkerung unterschiedlich bewertet wird. Sie lernen, dass der Begriff farbig/coloured als scheinbar neutraler, politisch korrekter Begriff dienen und pejorative Bezeichnungen wie *negro* ersetzen sollte. In den 1960er Jahren wurde er aber von der afroamerikanischen Bevölkerung der USA vehement zurückgewiesen. Der zitierte australische Sänger begründet seine Zurückweisung mit der generellen Fragwürdigkeit der Farbmetaphorik für die Bezeichnung rassischer oder ethnischer Unterschiede.

In der Besprechung des Textes wird das Wortfeld *white, coloured, black* ‚kontextunabhängig‘, ‚situationsentbunden‘ und zugleich ‚informationsverdichtet‘ diskutiert – hier wird bildungssprachliche Kompetenz entwickelt und eingeübt. Der Text fordert den Leser/Hörer – in unserem Fall die Schüler – heraus. Sie können

---

6   Das Gedicht ist im Lehrbuch in „einer ‚bereinigten' Form und losgelöst aus seinem historischen [australischen] Kontext" abgedruckt (Burwitz-Melzer, 2003, S. 165).

(und müssen) sich in der dargestellten Auseinandersetzung positionieren.[7] Die Schüler haben nach einer ersten Besprechung des Gedichts *Questions to the black man* formuliert. Sie haben damit den horizontalen Diskurs im Sinn von Bernstein zugunsten des vertikalen Diskurses verlassen. „Vertikaler Diskurs" geschieht „in kohärenter, expliziter, systematisch geordneter und *von der konkreten Einbettung weitgehend unabhängiger Form* (Gogolin 2007, S. 74).

> Why are you so nervous?
> Why do you talk about white people?
> How do you feel?
> What do you think about the white man?
> Can you live with white people?
> Do you have white friends?

Sie formulierten auch *Questions to the white man,* die sich von der konkreten Einbettung in den Text noch stärker entfernen als die *Questions to the black man.* Die *Questions* dienten als Leitfaden für die Debatten in der Klasse, deren Niederschrift ich hier nicht abdrucken kann, weil sie zu umfangreich sind. Ich zitiere dagegen einige Lösungen einer schriftlichen Aufgabe, einen Brief an den *black man.* Die Texte weisen die erreichte bildungssprachliche Kompetenz der Schüler in freier Textproduktion nach. Ich zitiere drei Beispiele:

> Dear black man:
> I'm a white girl and I find all people of the world are equal. I don't understand why the people are so unfair. – How they push you and oppress you. I find this not ok. Good luck, The white girl.

> Dear black man:
> On the whole you are right. Because you have your opinion and I have my opinion. We are all equal. You can't change that I'm white and you black.

> Dear black man:
> I don't like what you say to me.
> What you say to me get me angry.
> I would like a excuse from you.
> I don't like because you say I'm coloured.

Die Schreiber bewegen sich im Begriffsfeld *White, Coloured, Black* relativ souverän und können mit der Thematik kommunikativ umgehen. Zwei von ihnen vertreten den Standpunkt der Gleichheit aller Menschen, welcher Hautfarbe auch immer sie sind. *The white girl* nimmt an, dass *black man* unterdrückt ist und nimmt Partei für ihn und seine Freunde (*the oppressed*). Der zweite Verteidiger der *equality* konstatiert, dass es unter Gleichen legitime Unterschiede in den Meinungen gibt, be-

---

7 In der gegebenen Klasse gibt es nur deutsche und türkische Schülerinnen und Schüler, die sich alle zu den Weißen rechnen.

harrt auf der seinen (ohne sie näher zu beschreiben) und akzeptiert die des lyrischen Ich. Der dritte Briefschreiber erklärt, er sei durch *black man* verärgert. Er verlangt eine Entschuldigung. Interessant ist, dass sich alle drei Schüler in ihren schriftlichen, bildungssprachlichen Texten dem umgangssprachlichen Duktus des Autors – *I'm* – anpassen.

Das Thema AGUA im fortgeschrittenen Spanischunterricht

Die Zeitschrift *Der fremdsprachliche Unterricht Spanisch* widmete im Jahr 2008 ein Heft dem Thema *AGUA* – Wasser, „denn die in der globalisierten Welt mit dem Wasser verbundenen Probleme betreffen neben Spanien in hohem Maß die Länder Mittel- und Südamerikas" (Vences, 2008, S. 1). Wegen der internationalen Verflechtung der Wirtschaft und der Politik betreffen sie aber auch das wasserreiche Mitteleuropa und werden somit zu Problemen für Spanischlerner in deutschsprachigen Ländern.

In diesem Heft stellt Kathrin Sommerfeldt eine uralte Einrichtung vor, das *Tribunal de las Aguas* von Valencia. „Das sogenannte Wassergericht ist die wohl älteste juristische Instanz Europas, die heute noch Recht spricht: Bei der Bewässerung des fruchtbaren Umlandes setzt die Stadt seit römischen Zeiten auf ein komplexes Kanalsystem. Wenn es zwischen den Landwirten zu Konflikten um das kostbare Nass kommt, werden sie seit mehr als einem Jahrtausend[8] vor dem traditionellen Wassergericht beigelegt" (Sommerfeldt, 2008, S. 24). Sommerfeldt führt also an einem historischen Beispiel in ein Thema interkulturellen Lernens ein, das auf bildungssprachliche Kompetenzen vielfältiger Art rekurrieren muss.

Beispiel 1 für die erwarteten Kompetenzen: Selbstständige oder in Gruppen stattfindende Lektüre einer Reportage zum *Tribunal*, von der ich nur einen kleinen Auszug zitiere. Die Reportage ist ein bildungssprachlicher Text mit literarischem Anspruch, der von Schülern der 12. Klasse (gedacht ist an das 4. Lernjahr) einige Anstrengung im Leseverstehen und in der referierenden Wiedergabe verlangt.

> El Tribunal de la Aguas de la Vega de Valencia es, sin duda, la más antigua institución de justicia de Europa. Su reunión semanal, en el lado derecho de la gótica Puerta de los Apóstoles de la catedral de Valencia, es una cita obligada para todo aquél que desee retornar a tiempos árabes (Sommerfeldt, 2008, S. 26).

Beispiel 2: Die Sprache der Besprechung bei der Überprüfung des Leseverstehens. Hier wird der Wechsel von der kontextualisierten zur dekontextualisierten Rede vom horizontalen zum vertikalen Diskurs (Bernstein, 1999) praktiziert:

> ¿Dónde y cuándo se reúne el tribunal?
> ¿Qué se sabe de la historia del tribunal?

---

8   D.h. seit der arabischen Zeit.

¿Por quiénes está formado?
¿Cómo funciona el tribunal?
¿Qué casos analiza?
¿Qué objetivos tiene el tribunal?
¿Qué pena se impone en caso de culpabilidad? (Sommerfeldt, 2008, S. 25)

Beispiel 3: Die offizielle Sprache des Tribunals – „Las fórmulas del Tribunal", valencianisch mit kastilischer Übersetzung. Die Schüler sollen einen Einblick in die Vielsprachigkeit Spaniens erhalten – ein bildungssprachliches Anliegen *par excellence* – und sie sollen am Beispiel lernen, sich mehrsprachig zu informieren (z.b. mit Hilfe der Technik der Interkomprehension, hierzu Bär, 2009):

La fórmulas del Tribunal de las Aguas
« Denunciats de la Séquia de Quart »[9]
[Denunciados de la acequia de Quart. – dt. Beschuldigte aus der acequia – dem Bewässerungsgraben – von Quart]
(Der Beschuldigte stellt sich vor und der Ankläger äußert sich.)
« Es quant tenia que dir »
[Es todo lo que quería decir. – dt. Ist es das, was Sie zu sagen haben?]
« ¿Qué té que dir l'acusat? »
[¿Qué quiere decir el acusado ? – dt. Was möchte der Angeklagte sagen?]
« Este tribunal li condena a pena i costes, danys y perjuins, en arreglo a ordonances »
[Este tribunal le condena a una pena, a pagar los costes y a reparar los daños causados, de acuerdo con las Ordenanzas de la Comunidad de Regantes. – dt. Dieses Gericht verurteilt Sie zu einer Strafe, die Kosten zu erstatten und die verursachten Schäden wieder gut zu machen, in Übereinstimmung mit den Verordnungen der Gemeinschaft der Regenten]

Beispiel 4: Die Schüler werden aufgefordert, im Internet Informationen über die Arbeit des *Tribunal Latinoamericano del Agua* und örtlicher *tribunales* in Mexiko, Zentralamerika und Südamerika einzuholen. Diese Informationen geben Einblick in „ein breites Spektrum an Ländern und an Vergehen: von der Ermordung von Beamten für Naturschutz in Guatemala über die Verschmutzung von Gewässern durch Industrieabfälle (Honduras) bis zur Privatisierung des Wassers in Bolivien und die Gefährdung der Natur durch die Erweiterung des Panamakanals" (Sommerfeldt, 2008, S. 28). Die Schüler sollen ein sie besonders interessierendes Problem der Gruppe vorstellen. Gemeinsam wird dann eine Wandzeitung bzw. eine multimediale Dokumentation entstehen.

---

9   Quart ist die topographische Bezeichnung des an erster Stelle verhandelten Bewässerungsgrabens.

Bildungssprachliche Kompetenzen im Fremdsprachenwachstum[10]

Der Erwerb bildungssprachlicher Kompetenzen wird im zuletzt referierten Fall in Einzel- und Gruppenarbeit fortgeführt – über den Fremdsprachenunterricht hinaus, aber wieder in ihn zurückführend. Dieses Beispiel führt an den Anfang meiner Ausführungen zurück:

Ich sprach vom *Lehren und Lernen fremder Sprachen*, das ja nicht nur im Fremdsprachen*unterricht* stattfindet, lebt dieser doch unter anderem davon, dass die Sprache der Lerner durch Importe von außen – und zwar Importe in der jeweiligen Fremdsprache wie in anderen Sprachen, einschließlich der Erstsprache – angereichert wird und wächst. Diese Importe tragen genau so zum „Fremdsprachenwachstum" bei – auch zum Wachstum der Bildungssprache – wie die Lernschritte im Unterricht.

Mit dem, was „von außen kommt", was „importiert"[11] wird – aus dem Unterricht in anderen Fächern, aus dem Gespräch mit Gleichaltrigen und Älteren, aus Tageszeitungen und der Wochenpresse (nicht nur der fremdsprachlichen), dem Rundfunk, dem Fernsehen und aus der öffentlichen Diskussion – wird der Lernende wie im Fremdsprachenunterricht selbst mit jener „verwirrenden Vielfalt von Texten" konfrontiert und befasst, in denen er sich „souverän zurechtfinden" soll (Gogolin, 2007, S. 73).

Ich habe an einigen wenigen Beispielen aus dem Unterricht in verschiedenen Sprachen gezeigt, *wie* bildungssprachliche Kompetenzen im Rahmen des Fremdsprachenwachstums entwickelt werden. Es geschieht dies nicht in einer strengen Progression, sondern eingebettet in die von vielen Faktoren bedingte und abhängige Entwicklung der Sprachlichkeit der Person, die sie im Diskurs mit anderen (mit Mitschülern, Lehrkräften, externen Partnern), in der Beschäftigung mit Texten (woher auch immer sie kommen) und der Auseinandersetzung mit Themen entwickelt, jeweils auf der Basis ihres eigenen Vorwissens, angeleitet und angespornt von Lernzielen, die von außen gesetzt sind (heutzutage z.B. durch die Bildungsstandards), oder die im günstigeren Fall in der Diskussion mit der Lerngruppe formuliert werden und von den Lernenden in Selbstverpflichtung übernommen werden. Anders als Ingrid Gogolin meine ich nämlich *nicht*, dass die „dazu gehörenden sprachlichen Teilfertigkeiten in *systematischer und kontinuierlicher Weise explizit vermittelt* werden müssen, damit es zur Ausbildung dieser spezifischen Sprachkompetenz bei Kindern kommt" (Gogolin, 2007, S. 77). Eine strenge Systematik

---

10   Siehe hierzu Buttaroni (1997). Ich benutze diese Metapher, um die allmähliche Entwicklung und Entfaltung der Sprachlichkeit der Person zu beschreiben.

11   Diese „Importe" sind in der Tat der Rede wert, und es geht nicht an, sie zu ignorieren. Sie in den Lehr- und Lernprozess zu integrieren, ist allerdings eine schwere Aufgabe.

des Aufbaus der Bildungssprache würde das organische Sprachenwachstum eher behindern als fördern. Bildungssprache ist zudem inhaltlich bestimmt und damit konkret und sie entzieht sich der Systematisierung. Der Lerner nähert sich ihr an.[12]
Es gibt allerdings besondere Lernkontexte, in denen Bildungssprache auch systematisch entwickelt und verwendet wird. Das ist vor allem bei älteren Lernern häufiger der Fall. Als Exempel seien Methoden erwähnt, die bildungssprachliche Kompetenzen für den Erwerb weiterer Sprachen nutzen. Klein & Stegmann (2000) sowie Hufeisen & Marx (2007) nutzen Kenntnisse der Linguistik, um Lesekompetenz in verwandten (romanischen bzw. germanischen) Sprachen zu vermitteln. Bär (2009) regt die Lernenden zur Entwicklung von „Hypothesengrammatiken" zur Förderung der Interkomprehension an. Im fremdsprachlichen Literaturunterricht werden Texterklärung und Textinterpretation nicht nur praktiziert, sondern auch systematisch gelernt. Ebenfalls systematisch kann man lernen, wie ein Referat strukturiert ausgearbeitet und vorgetragen wird (Geiss & Le Quintrec, 2006, S. 320–321.) Diese und ähnlich gelagerte Fälle sind aber besondere Ereignisse in der langen Dauer[13] des Erwerbs bildungssprachlicher Kompetenzen, der im Übrigen organisch verläuft.

Dem Import in den Fremdsprachenunterricht – der sich, wie oben ausgeführt, aus verschiedenen Quellen speist – steht der Export aus dem Fremdsprachenunterricht gegenüber. Anderer Fachunterricht (z.B. anderer Sprachunterricht oder sozialwissenschaftlicher Unterricht, gelegentlich auch naturwissenschaftlicher Unterricht) und andere schulische und nicht schulische Lernkontexte[14] profitieren vom fremdsprachlichen Fachunterricht. Man beschreibt das herkömmlich mit dem Begriff fächerübergreifendes Lernen. Letzteres geschieht viel häufiger als es den Betroffenen bewusst ist. Die gefächerte Schule ist ein Unternehmen, das auf Zusammenarbeit der Fächer setzt, auch wenn dies gelegentlich von Schülern und Lehrern ignoriert wird.

In dieser Zusammenarbeit wachsen auch Bildungssprache und bildungssprachliche Kompetenzen. Hier stellt man in der Tat ein Geben und Nehmen von Fachunterricht zu Fachunterricht und von Lernkontext zu Lernkontext fest. Die von mir angeführten Beispiele lassen sämtlich einen fächerübergreifenden Aspekt erkennen. Ingrid Gogolin spricht daher mit Recht von „spezifischen Teilkompetenzen", die in unterschiedlichen Lernkontexten und Fächern entwickelt werden und die erst miteinander Bildungssprache aufbauen.

---

12   Hierzu der zitierte Buchtitel von Eva Burwitz-Melzer: „Allmähliche Annäherungen".
13   Die „lange Dauer" ist ein Hinweis auf das lebensbegleitende Lernen. Bildungssprache wächst und entwickelt sich nicht nur in der Schulzeit.
14   Als Beispiele: Projektarbeit, Chorsingen, Theaterspielen, eine Schülerzeitung erarbeiten, internationale Schülerbegegnungen, Wettbewerbe usw.

Literatur

Bär, M. (2009). *Förderung von Mehrsprachigkeit und Lernkompetenz. Fallstudien zu Inter-komprehensionsunterricht mit Schülern der Klassen 8 bis 10.* Tübingen: Gunter Narr.

Bausch, K.-R., Christ, H., Hüllen, W. & Krumm, H.-J. (Hrsg.). (1987). *Sprachbegriffe im Fremdsprachenunterricht.* Tübingen: Gunter Narr.

Bausch, K.-R., Burwitz-Melzer, E., Königs, F. G. & Krumm, H.-J. (Hrsg.). (2005). *Bildungs-standards für den Fremdsprachenunterricht.* Tübingen: Gunter Narr.

Bausch, K.-R., Burwitz-Melzer, E., Königs, F. G. & Krumm, H.-J. (Hrsg.). (2007). *Textkom-petenzen.* Tübingen: Gunter Narr.

Bernstein, B. (1999). Vertical and horizontal discours – an essay. *British Journal of Sociology of Education, 20* (2), 157–173.

Burwitz-Melzer, E. (2003). *Allmähliche Annäherungen: Fiktionale Texte im interkulturellen Fremdsprachenunterricht der Sekundarstufe I.* Tübingen: Gunter Narr.

Burwitz-Melzer, E. & Solmecke, G. (Hrsg.). (2005). *Niemals zu früh und selten zu spät: Fremdsprachenunterricht in Schule und Erwachsenenbildung. Festschrift für Jürgen Quetz.* Berlin: Cornelsen Verlag.

Buttaroni, S. (1997). *Fremdsprachenwachstum. Sprachenpsychologischer Hintergrund und didaktische Anleitungen.* Ismaning: Hueber.

Christ, H. (1999). In zwei Sprachen lernen – ein Schulversuch in Frankfurt am Main. *Zeit-schrift für interkulturellen Fremdsprachenunterricht.* Edmonton/Canada: University of Alberta 1999. *Verfügbar unter:* http://www.ualberta.ca/~german/ejournal/ejournal. html [15.02.2010].

Christ, H. (2002). In der Grundschule in zwei Sprachen lernen. In C. Finkbeiner (Hrsg.). *Bi-lingualität und Mehrsprachigkeit. Modelle, Projekte und Ergebnisse. Reihe Perspekti-ven Englisch.* (S. 43–51). Hannover: Schroedel.

Christ, Herbert (2005): Schreiben für andere: Eine Fallstudie im Rahmen des Lernens in zwei Sprachen. In E. Burwitz-Melzer & G. Solmecke (Hrsg.), *Niemals zu früh und selten zu spät: Fremdspracheunterricht in Schule und Erwachsenenbildung* (S. 51–63). Berlin: Cornelsen.

Geiss, P. & Le Quintrec, G. (Eds.) (2006). *Histoire / Geschichte. L'Europe et le monde depuis 1945.* Paris: Nathan/Klett

Gogolin, I. (2006). Bilingualität und die Bildungssprache der Schule. In P. Mecheril & T. Quehl (Hrsg.). *Die Macht der Sprachen. Englische Perspektiven auf die mehrsprachi-ge Schule.* (S. 79–85). Münster u.a.: Waxmann.

Gogolin, I. (2007). Herausforderung Bildungssprache – ‚Textkompetenz' aus der Perspektive interkultureller Bildungsforschung. In K.-R. Bausch et al. (Hrsg.). *Textkompetenzen* (S. 73–80). Tübingen: Narr.

Gogolin, I. (2009). Zweisprachigkeit und die Entwicklung bildungssprachlicher Fähigkeiten. In I. Gogolin & U. Neumann (Hrsg.). *Streitfall Zweisprachigkeit – The Bilingualism Controversy* (S. 263–280). Wiesbaden: VS Verlag für Sozialwissenschaften.

Gogolin, I. & Neumann, U. (Hrsg.). (2009). *Streitfall Zweisprachigkeit – The Bilingualism Controversy.* Wiesbaden: VS Verlag für Sozialwissenschaften.

Habermas, J. (1977). „Umgangssprache, Wissenschaftssprache, Bildungssprache". In Generalverwaltung der Max-Planck-Gesellschaft (Hrsg.), *Jahrbuch 1977* (S. 36–51), Göttingen: Vandenhoeck & Ruprecht.

Hufeisen, B. & Marx, N. (Hrsg.). (2007). *EuroComGerm – Die sieben Siebe: Germanische Sprachen lesen lernen.* Shaker Verlag: Aachen.

Jessner, U. (2004). Die Rolle des metalinguistischen Bewusstseins in der Mehrsprachigkeitsforschung. In B. Hufeisen & N. Marx (Hrsg.). *Beim Schwedischlernen sind Englisch und Deutsch ganz hilfsvoll. Untersuchungen zum multiplen Sprachenlernen.* (S. 17–32). Bern u.a.: Peter Lang Verlagsgruppe.

Klein, H. G. & Stegmann, T. D. (2000). *EUROCOMRom – Die sieben Siebe: Romanische Sprachen sofort lesen können.* Aachen: Shaker Verlag.

Reich, H. H. (1987). Für eine pädagogische Sprachtheorie. In K.-R. Bausch et al. (Hrsg.). *Sprachbegriffe im Fremdsprachenunterricht. Arbeitspapiere der 7. Frühjahrskonferenz zur Erforschung des Fremdsprachenunterrichts* (S. 161–165).Tübingen: Narr.

Scheler, M. (1960). *Die Wissensformen und die Gesellschaft.* Bern.

Sommerfeldt, K. (2008). El Tribunal de las Aguas – Lösungen für die Zukunft aus der Vergangenheit. *Der fremdsprachliche Unterricht Spanisch*, 24–29.

Vences, U. (Hrsg.). (2008). *Der fremdsprachliche Unterricht Spanisch 21*, Friedrich Verlag: Velber.

Britta Hawighorst und Gabriele Kaiser

Mathematische Bildung in Migrantenfamilien

Elterliche Bildungsorientierungen im interkulturellen Vergleich

Sprachlich-kulturelle Diversität in der Schülerschaft – u.a. infolge von Migration – ist ein bedeutender Kontextfaktor der mathematisch-naturwissenschaftlichen Bildung. Obwohl dies sowohl in der öffentlichen wie in der akademischen Diskussion eher unstrittig ist, bleibt dieser Faktor aktuell weitgehend unberücksichtigt. Schülerinnen und Schüler – gleich welchen Hintergrund sie haben – werden im Unterricht vermeintlich gleich behandelt. So werden in den meisten Schulen Kinder und Jugendliche unterschiedlicher sprachlicher und kultureller Herkunft gemeinsam mit denjenigen unterrichtet, die aus altansässigen, nur deutschsprachigen Familien stammen. Dabei zeigt sich, dass auch nach einem halben Jahrhundert Zuwanderung in die Bundesrepublik Deutschland zugewanderte Jugendliche immer noch nicht dieselben Bildungschancen haben wie Nichtgewanderte. So erreichen zugewanderte Jugendliche immer noch deutlich seltener höher qualifizierende schulische Abschlüsse wie die allgemeine oder fachspezifische Hochschulreife.

In verschiedenen Untersuchungen, an denen Ingrid Gogolin maßgeblich beteiligt war, wurden Indikatoren dafür ermittelt, welche Merkmale der Lebenslage oder des Bildungssystems für diese Resultate verantwortlich sind (s. Gogolin & Nauck, 2000). So ist der formale Bildungsstand von zugewanderten Familien, obwohl sie meist den leistungsstärkeren Schichten der Herkunftsregion entstammen, häufig niedriger als der der altansässigen Familien. Oftmals erleben die zugewanderten Familien nach der Migration eine Abwertung ihres sozialen und Ausbildungsstatus, sie sind oft in Berufen tätig, die deutlich unterhalb ihres Ausbildungsniveaus liegen. Dies führt unter anderem dazu, dass Zugewanderte unter prekäreren sozioökonomischen Bedingungen in Deutschland leben als Nichtgewanderte, was sich negativ auf die Bildungschancen ihrer Kinder auswirkt. Es besteht Konsens in der einschlägigen Diskussion, dass diese sozio-ökonomischen Bedingungen einen großen Einfluss auf den noch immer festzustellenden Bildungsrückstand von zugewanderten Jugendlichen haben.

Auf Seiten der Schule werden diese Benachteiligungen von zugewanderten Jugendlichen nicht durch unterstützende Maßnahmen kompensiert, insbesondere die spezifischen sprachlichen Lebensumstände der Zugewanderten werden kaum in den schulischen Vermittlungsprozessen berücksichtigt. So setzt schulischer Unterricht bei der Vermittlung von fachlichen Kenntnissen zumeist voraus, dass alle Schülerinnen und Schüler über das sprachliche Wissen verfügen, das sie benötigen, um am Unterricht teilzuhaben und sich die fachlichen Inhalte zu erschließen. Es wird davon ausgegangen, dass Jugendliche dieses Wissen aus ihren Lern- und Lebenserfahrungen mitbringen, so dass keine systematische Vermittlung dieser sprachlichen Anforderungen vorgenommen wird. Vielmehr wird in der Regel nur der spezielle Fachwortschatz vermittelt (Schütte, 2009). Die Hauptprobleme bei fachlichen Lernprozessen liegen jedoch in den komplexen, im Alltagsgebrauch kaum vorfindlichen Strukturen fachbezogener Sprache, ihrer sog. Schriftförmigkeit (vgl. Kaiser & Schwarz, 2009), die einsprachig in Deutsch aufwachsende Kinder sich im Laufe ihrer Bildungsbiographie eher aneignen können als Kinder aus zugewanderten Familien, die in mehreren Sprachen leben. Mehrsprachig aufwachsende Kinder benötigen explizite Förderung im und durch Unterricht, um solche im Fachunterricht nötigen elaborierten Sprachkompetenzen zu erwerben. Auch wenn die soziale Situation zentrale Faktoren für die anhaltende Bildungsbenachteiligung von zugewanderten Jugendlichen beinhaltet, ist davon auszugehen, dass auch die Art und Weise der Strukturierung von schulischen Lern- und Vermittlungsprozessen einen bedeutenden Einfluss auf diese Bildungsbenachteiligung hat.

Dabei besteht in der Mathematikdidaktik weitgehend Konsens darüber, dass es kulturell unterschiedliche Auffassungen von Mathematik und von der Art und Weise, sie zu lernen, gibt (s. Leung, Graf & Lopez-Real, 2006). Dies ist insbesondere dann von Bedeutung, wenn vor einer Zuwanderung nach Deutschland bereits Mathematikunterricht im Herkunftsland erlebt wurde. Diese Ansätze waren Ausgangspunkt eines gemeinsamen Projekts mit Ingrid Gogolin „Mathematiklernen im Kontext sprachlich-kultureller Diversität" (s. Gogolin et al., 2004), in dem wir untersucht haben, ob und in welcher Weise die sprachlich-kulturell unterschiedlichen Wahrnehmungs- und Verarbeitungsweisen von Mathematik sich für das schulische Lernen in diesem Fach als relevant erweisen. Dabei haben wir die Annahme zugrunde gelegt, dass es auch im Falle einer vollständigen Bildungsbiographie in deutschen Schulen einen Einfluss kulturell geprägter familialer Praktiken und Grundauffassungen auf die Zugangsweisen zur Mathematik gibt.

Die Familie als (mathematischer) Bildungsort

Im Folgenden soll eine der in dem Forschungsprojekt verfolgten Fragen vertieft werden. Es wird über eine Untersuchung berichtet, die nach der (mathematischen) Bildungsbedeutsamkeit des familialen Umfelds von Schülerinnen und Schülern fragt. Dass die Familie einen Lebensbereich darstellt, in dem grundlegende Voraussetzungen für schulischen Erfolg geschaffen werden, ist ein Befund, der wiederholt aus Untersuchungen hervorgegangen ist (vgl. zusammenfassend etwa Grunert,

2005). Es gilt als gesichert, dass die intergenerative Weitergabe von Fähigkeiten und Fertigkeiten, von Allgemeinbildung und Sozialkompetenzen eine gewichtige Rolle für die Positionierung von Kindern und Jugendlichen im Bildungssystem spielt. Dabei wird die Familie als soziales System verstanden, in dem im Kontext der familialen Alltagspraxis die Ressourcen vermittelt werden, die die Grundlage für Gestaltungsmöglichkeiten individueller Bildungsverläufe darstellen und die mehr oder weniger gute Voraussetzungen für schulischen Erfolg bieten.

Grundmann et al. (2004, S. 44) weisen darauf hin, dass familienspezifische Bildungsinhalte, die hochgradig variabel sind, in eine sozio-kulturelle Alltagspraxis des Zusammenlebens eingelassen seien, während sich institutionelle Bildungsprozesse weniger erfahrungsnah, vorstrukturierter und standardisierter darstellen. Zu fragen ist demnach nach unterschiedlichen Gestaltungsformen außerschulischer Bildung in unterschiedlichen Familienkulturen und den spezifischen sozio-kulturellen Rahmenbedingungen, die sich in diesen Unterschieden manifestieren, sowie auch nach dem wechselseitigen Verhältnis der unterschiedlich ausgeprägten familialen Alltagspraktiken und schulischer Bildung.

Wie ist mathematische Bildung in Familien gestaltet, und unter welchen Rahmenbedingungen findet sie statt? Auf der Basis von Interviews wird in der Untersuchung der Frage nachgegangen, welche mathematikbezogenen Bildungskonzepte und Bildungsprozesse aus der Sicht der Eltern im familialen Alltag wirksam werden und Auswirkungen auf das schulische Mathematiklernen der Kinder haben können. In die Untersuchung einbezogen sind Eltern von Schülerinnen und Schülern der siebten Jahrgangsklasse, die aus Staaten der ehemaligen Sowjetunion ausgesiedelt sind, solche, die einen türkischsprachigen Hintergrund besitzen, sowie einheimisch deutsche Eltern. Leitend ist die Annahme, dass sich elterliche Grundauffassungen und Zugangsweisen zur Mathematik unterscheiden. Dies gilt für verschiedenen Milieus zugehörige einheimisch deutsche Eltern, insbesondere aber auch für Eltern aus Einwandererfamilien, in denen (z.T. noch im Herkunftsland) erworbene, kulturell geprägte Erfahrungen mit Mathematik bei der Sozialisation und Erziehung der nachwachsenden Generation wirksam werden können. Im Folgenden wird zunächst die Untersuchung vorgestellt. Dargelegt wird, wie sich mathematisches Bildungsgeschehen im Kontext der Familie analytisch fassen lässt und anhand welcher Facetten mathematischer Bildung sich Unterschiede zwischen einzelnen Familienkulturen beschreiben lassen. In einer Einzelfallanalyse werden die mathematikbezogenen Bildungsorientierungen eines russischsprachigen Vaters rekonstruiert und exemplarisch Einblick in das mathematische Bildungsgeschehen einer Familie gegeben.

Die Untersuchung

Im Vordergrund der Untersuchung steht die Rekonstruktion der subjektiven Perspektiven, unter denen Eltern unterschiedlicher sozialer und kultureller Herkunft familiären Alltag im Hinblick auf Mathematik und Mathematikunterricht erleben. Die Forschungsperspektive ist auf die Identifizierung der spezifischen Ausprägungen des elterlichen, mathematischen Bildungsdenkens gerichtet. Das heißt, es geht um die Rekonstruktion des Repertoires an Erfahrungen, die sich unterscheiden, aber auch gemeinsam geteilt werden können. Konkret wird danach gefragt, welche Vorstellungen, Orientierungen und Werte der Eltern leitend sind, und danach, auf welche Weise die genannten Aspekte im familiären Alltag Praxis sind.

Die subjektiven Perspektiven der Eltern können ohne Berücksichtigung der spezifischen Lebenssituation, in der sie leben, handeln und entscheiden, nicht sinnvoll betrachtet werden. Das Alltagshandeln von Familien, auch der gleichen ethnischen Herkunft, vollzieht sich im Zusammenwirken von verschiedenen soziokulturellen Faktoren, die in ihrer Gesamtheit Erklärungswert für bildungsbezogene Wahrnehmungs- und Denkweisen haben können. Die Bildungsbedeutsamkeit lässt sich nicht nur an einem dieser Faktoren erklären, vielmehr sind die Rahmenbedingungen hierfür mehrdimensional und fächern sich in individuelle, kulturelle, soziale und ökonomische Gegebenheiten auf. Insbesondere die Auseinandersetzung mit der Situation in Einwandererfamilien erfordert eine differenzierte Betrachtungsweise, da die sozialen und kulturellen Bedingungen in den Herkunftsländern sowie Auswanderungs- und Immigrationsbedingungen neben den schon genannten Faktoren Auswirkungen auf die familialen Alltagspraktiken im Einwanderungsland haben können. Vor diesem Hintergrund verfolgt die Untersuchung neben der Beschreibung der unterschiedlichen Ausprägungen des elterlichen Bildungsdenkens auch dessen Kontextualisierung. Mit Rückgriff auf Pierre Bourdieus „Theorie der Praxis" werden die individuellen elterlichen Perspektiven in ihrer Wechselwirkung mit den vielfältigen den familiären Alltag bestimmenden Rahmenbedingungen betrachtet (zur „praxeologischen" Sichtweise Bourdieus vgl. dens., 1993). Elterliches Bildungsdenken ist aus dieser Perspektive kulturell und sozialstrukturell verankert und teilt sich über habitualisierte Praxisformen mit. Vor diesem Hintergrund fragt die Untersuchung danach, welche Rolle der kulturellen, sprachlichen und sozialen Herkunft zukommt, welche Bildungstraditionen zum Ausdruck kommen und welche spezifischen Strategien das erzieherische Handeln der Eltern ausmachen.

Mathematikbezogene Vorstellungen, Orientierungen und Werthaltungen in der Familie selbst und in der Schule werden dabei als spezifische Ressourcenformen verstanden, die auf Wissen und Erfahrungen basieren und im Kontext der Familie vermittelt werden. Im Sinne Bourdieus können sie auch als ‚inkorporiertes kulturelles Kapital' verstanden werden, dem innerhalb seines Konzepts der unterschiedlichen ‚Kapitalsorten' eine besondere Stellung bei der gesellschaftlichen Reproduktion der Sozialstruktur zukommt (Bourdieu, 1997). Er beschreibt die „Transmission kulturellen Kapitals in der Familie" als die „am besten verborgene und sozial wirksamste Erziehungsinvestition" (Bourdieu, 1997, S. 54). Der Schule kommt in seiner Theorie die Funktion zu, die familiale Vererbung von kulturellem Kapital mit der Vergabe von Bildungszertifikaten zu sanktionieren. Vor diesem Hintergrund gibt eine Beschreibung der elterlichen mathematischen Bildungsorientierungen als ‚inkorporiertes kulturelles Kapital' auch Hinweise auf die spezifischen Voraussetzungen für den Schulerfolg der Kinder.

In leitfadengestützten qualitativen Interviews wurden die Eltern von 15 Schülerinnen und Schülern der Jahrgangsklasse befragt. Vertreten sind zu gleichen Teilen Aussiedlereltern aus Staaten der ehemaligen Sowjetunion, türkischsprachige Eltern sowie einheimisch deutsche Mütter und Väter. Mit der Absicht, Einblicke in möglichst mannigfaltige lebensweltliche Erfahrungen zu erhalten, wurden Eltern von relativ bildungserfolgreichen Kindern und weniger bildungserfolgreichen Kindern befragt: Die Kinder besuchen entweder die siebte Jahrgangsklasse eines Gymnasiums oder einer Gesamtschule (unteres Leistungsniveau in Mathematik).

Neben den Interviews wurde eine Befragung zur sozioökonomischen Situation der Familien sowie – in Bezug auf die Einwandererfamilien – zum Sprachgebrauch und zur Migrationsgeschichte durchgeführt. Hierzu wurden die für die PISA-Studie entwickelten Hintergrundfragebögen und ein selbst erstellter Ergänzungsfragebogen speziell für die Erfassung des Sprachgebrauchs in den Familien verwendet. Mit dieser Befragung wurden Informationen gewonnen, die für die Interpretation und Analyse der Interviewdaten hinzugezogen werden.

Der Leitfaden für die Interviews umfasste Fragen zu Erfahrungen der Eltern mit der Schule und mit Mathematikunterricht, und zwar in Bezug auf sie selbst und ihre Kinder. Darüber hinaus wurde der Stellenwert von Mathematik im täglichen Leben sowie ihre Bedeutung in persönlicher und gesellschaftlicher Hinsicht thematisiert. Weitere Fragen bezogen sich auf die Erziehungsaufgaben und Unterstützungsleistungen der Eltern und auf ihre Forderungen, Anforderungen und Wünsche in Bezug auf die Schule und den Mathematikunterricht. Einen Schwerpunkt bildeten Fragen zu konkreten Migrationserfahrungen und Veränderungen, die die Eltern im Hinblick auf die Schule und speziell auf den Mathematikunterricht erfahren haben. Es wurde das von Flick (1999) vorgeschlagene Modell des episodischen Interviews angewandt, bei dem die Interviewteilnehmer aufgefordert werden, für die Fragestellung der Untersuchung relevante Erfahrungen bezogen auf konkrete Situationen und Umstände aus ihrem familiären Alltag zu schildern.

Der Gegenstandsorientierung der Untersuchung entsprechend war das primäre Ziel eine Auswertung nach Themen, in die alle Interviewtexte vergleichend einbezogen werden sollten und nicht eine sequenzielle Analyse einzelner Texte. Im Vergleich sowohl von Interviewpassagen, als auch von den Interviewtexten untereinander, wurden Begriffe (thematische „Kodes") herausgearbeitet, die unter Oberbegriffen zusammengefasst wurden. Im Verlauf der Kategorisierung wurden die für die Fragestellung relevanten Inhalte herausgearbeitet und vor dem Hintergrund theoretischer Konzepte ausdifferenziert. Resultat dieses induktiv-deduktiven Verfahrens waren Beschreibungskategorien, die es erlauben, das Themenfeld, wie es sich auf Grundlage der Interviews darstellt, analytisch zu fassen.

BESCHREIBUNGSKATEGORIEN

Mathematische Bildungskonzepte
Vorstellungen von Mathematik
Vorstellungen von Mathematikunterricht

Mathematisches Bildungshandeln
Unterstützungsleistungen in Bezug auf die Schule
Etablierung ‚eigener' Lernarrangements
Implizite Prozesse im praktisch-lebensweltlichen Kontext

Allgemeine Bildungskonzepte

Einstellungen zur Schule	Allgemeine Erziehungsvorstellungen

Bildungsbezogenes praktisches Handeln

Unterstützungsleistungen in Bezug auf die Schule	Kooperation zwischen Eltern und Schule
Schulunabhängige Förderung	Schaffen von Rahmenbedingungen
Implizite Prozesse im praktisch-lebensweltlichen Kontext	Zugang zu Informationen über die Schule

KONTEXTDIMENSIONEN

Rahmenbedingungen

Soziale Lage: Bildungshintergrund Beruflicher Hintergrund	Kulturelle Rahmung: Migrationsgeschichte Migrationsstatus Sprachhintergrund Familienstruktur

Abb. 1: Beschreibungskriterien (Hawighorst, 2007, S. 36)

Die Kategorien lassen sich auf drei Analyseebenen anordnen (s. Abb. 1). Eine erste Ebene bezieht sich auf die Beschreibungskategorien, die in einem direkten Bezug zu Mathematik und Mathematikunterricht stehen. Auf dieser Ebene werden die elterlichen mathematischen Bildungskonzepte analysiert, die sich zum einen auf Vorstellungen von Mathematik beziehen zum anderen auf Vorstellungen von Mathematikunterricht. Daneben wird hier nach dem mathematikbezogenem Bildungshandeln in den Familien gefragt oder den mathematischen Bildungsprozessen. Eine zweite Analyseebene umfasst Beschreibungskategorien, die sich nicht explizit auf Mathematik beziehen, aber in einem indirekten Bezug zum Thema stehen. Diese beziehen sich wieder auf Bildungskonzepte und in Analogie zum ersten Auswertungsbereich auf bildungsbezogenes praktisches Handeln. Beide genannten Auswertungsbereiche sind wiederum in die dritte Ebene der soziokulturellen Rahmenbedingungen eingebettet, die sich in den Perspektiven der Eltern manifestieren. Zentral ist hier zum einen die soziale Lage, die sich im Bildungshintergrund der Eltern und in ihrem beruflichen Hintergrund ausdrückt. Daneben sind kulturelle Hintergründe entscheidend, die in den Interviews im Zusammenhang unterschiedlicher Rahmenbedingungen erkennbar sind. Dies sind die Migrationsbiografie der Eltern, ihr Migrationsstatus, der in Erfahrungen in der Aufnahmegesellschaft Ausdruck findet, ihr sprachlicher Hintergrund, der sich in unterschiedlichen Sprachpraktiken im familiären Bildungsgeschehen manifestiert, sowie die jeweilige Familienstruktur. Die mit den drei Auswertungsebenen vorgenommene Strukturierung des Themenfeldes ermöglicht es, die Bildungsorientierungen der Eltern systematisch zu den sozialen und kulturellen Rahmenbedingungen in Bezug zu setzen.

Im Folgenden soll mit Hilfe eines ausgewählten Interviews ein Beispiel für eine konkrete Ausgestaltung mathematischer Bildung im Kontext der Familie gegeben werden. Es wird die Sichtweise eines russischsprachigen Vaters auf Mathematik und Mathematikunterricht sowie auf sein mathematikbezogenes Bildungshandeln im Kontext der Familie rekonstruiert und der Frage nach den sozialen und kulturellen Entstehungsbedingungen der väterlichen Vorstellungen nachgegangen. Es geht dabei nicht darum, das gesamte mit den beschriebenen Kategorien erfasste, Themenspektrum vorzustellen, sondern zentrale Verknüpfungen zwischen Bildungsorientierungen auf der einen Seite und sozialen und kulturellen Hintergründen als zentralen Rahmenbedingungen auf der anderen exemplarisch zu zeigen.

Vorstellungen von Mathematik und Mathematikunterricht – ein Fallbeispiel

Herr Berger ist mit seiner Familie aus Kasachstan nach Deutschland ausgesiedelt. Er lebt zum Interviewzeitpunkt seit zwei Jahren in Deutschland. Neben Vera, die

die siebte Klasse eines Gymnasiums besucht, hat er noch zwei jüngere Töchter. Herr Berger ist wie auch seine Frau zurzeit arbeitslos. In Kasachstan war er als Veterinär tätig. Er berichtet über sich selbst, dass er keine gute Beziehung zu Mathematik habe und sich persönlich eigentlich nicht für sie interessiere, er schreibt ihr aber dennoch eine weit reichende Bedeutung zu. Zum einen ermöglicht die Beschäftigung mit Mathematik aus seiner Sicht den Erwerb praktischer Fertigkeiten und Kompetenzen, die es erlauben, sich im lebensweltlichen Alltag ergebende Anforderungen – etwa im handwerklichen oder finanziellen Bereich – zu bewältigen. Daneben schreibt er ihr auch einen allgemeinen Bildungswert zu:

> „Mathematik ist ein grundlegendes Fach. Ein grundlegendes Fach in jeder Hinsicht. Auch wenn man Mathematik nicht unbedingt liebt, braucht man immer und überall Mathematik. Kein Bereich nimmt mehr Raum im Leben eines Menschen ein – in seiner Bildung und seinem Werden – als Mathematik."

Zugleich wird in der Passage die große Bedeutung deutlich, die Herr Berger vor diesem Hintergrund dem Schulfach zuschreibt, denn es ist der schulische Unterricht, der aus seiner Perspektive einen weit reichenden Bildungsanspruch zu erfüllen hat. An einer anderen Stelle drückt sich seine Sicht auf die Rolle aus, die Mathematik als Gegenstand schulischer Bildung und somit als gesellschaftlich relevantes Wissen hat:

> „Wir wünschen uns, dass unsere Kinder in die Universität gehen. Sie werden wohl eher geisteswissenschaftliche Fächer studieren. Aber ohne Mathematik geht das nicht. Bei uns [in Kasachstan] ist das ein grundlegendes Fach. Dort muss man in der Universität für alle Fächer Mathematik lernen. Ich sage ihnen: Ihr *müsst* Mathematik lernen, damit ihr eine Allgemeinbildung habt. Die braucht ihr in der Uni und im Beruf."

Aus dieser Perspektive ist mathematisches Wissen eine notwendige Voraussetzung für eine möglichst hohe Positionierung in der Gesellschaft, da sie den Zugang zu weiteren Bildungsinstitutionen ermöglicht. Mathematik wird hier bestimmt als gesellschaftlich verwertbare Ressource bzw. als Investition in eine erfolgreiche Bildungsbiografie. Herr Berger bezieht sich dabei auf die Anforderungen des Bildungssystems in der ehemaligen Sowjetunion, in dem Mathematik zum Curriculum in fast allen Fächern gehörte.

Vor dem Hintergrund dieser Vorstellungen von Mathematik hat er eine hohe Erwartungshaltung an den Mathematikunterricht seiner Kinder, die er in dem deutschen Mathematikunterricht nicht erfüllt sieht. Zum deutschen Mathematikunterricht sagt er beispielsweise:

> „Hier gibt man den Kindern im Matheunterricht nur wenig. Der Umfang war viel größer, das Lernprogramm viel weiter. Hier ist das wenig. Sie haben so viel Zeit, aber sie machen nichts im Unterricht! Wir sind schon zwei Jahre hier, und was Vera jetzt in Mathe macht, hat sie schon längst in Russland gemacht. Hier fangen sie gerade erst

richtig mit Divisionen an, mit Brüchen. Das ist schrecklich! Das kann bei uns jeder Viertklässler".

Herr Berger beschreibt den Mathematikunterricht seiner Kinder im direkten Vergleich mit der Schule in Kasachstan. Der Mathematikunterricht, wie er ihn im Herkunftskontext wahrgenommen hat, stellt eine Vergleichsfolie dar, vor deren Hintergrund seine Bewertung des deutschen Unterrichts Kontur gewinnt. An einer anderen Stelle kommt er zu der Frage, wie die Unterschiede, die er wahrnimmt, zu erklären sind:

> „Ich gehe nur schon in einen Laden und muss rechnen. Das Leben ist doch von Mathematik durchdrungen! Deswegen verstehe ich nicht, warum man hier im Unterricht Mathematik nur so wenig Aufmerksamkeit schenkt. Ich meine, hier wird so wenig verlangt. Mathematik wird hier nicht sehr wertgeschätzt. Vielleicht weil man hier anders lebt. Hier gibt es nicht solche Probleme wie bei uns. Hier gibt es andere Probleme".

Er erklärt Unterschiede damit, dass mathematisches Wissen und mathematische Fertigkeiten in seinem früheren Alltag eine größere Bedeutung hatten als in Deutschland. Gemeint ist, dass es in einer Wohlstandsgesellschaft weniger als im Herkunftsland notwendig ist, Alltagsprobleme mit Hilfe von Mathematik zu lösen.

Wie ist vor dem Hintergrund der bislang dargestellten Sichtweisen das mathematische Bildungshandeln Herrn Bergers gestaltet? Er erlebt in der Einwanderungssituation eine einschneidende Veränderung seiner eigenen Rolle bei der erzieherischen Begleitung seiner Kinder. Er berichtet, dass er aufgrund fehlender Deutschkenntnisse seinen Kindern nicht mehr bei den Hausaufgaben helfen könne, was in Kasachstan selbstverständlich gewesen sei. Daneben erscheinen ihm angesichts der Anforderungen des neuen Bildungssystems frühere Praktiken in der Einwanderungssituation nicht mehr selbstverständlich:

> „Also wenn mich morgen der Lehrer anrufen würde und sagen würde: ‚Nikolaj Ivanytsch, ihre Tochter hat ihre Hausaufgaben nicht gemacht.' – dann hätte ich sie früher sehr dafür bestraft. Hier ist das anders. Hier ist ein anderes System, und ich will meinen Kindern nicht schaden, verstehen Sie"?

Wertvorstellungen der schulischen Bildung wirken sich offenbar auf die familialen Bildungsprozesse aus: Obwohl Herr Berger dem deutschen Unterricht sehr kritisch gegenübersteht, modifiziert er offensichtlich sein erzieherisches Handeln – er würde auf Strafen verzichten –, und zwar zugunsten des Erfolgs seiner Kinder in eben diesem Unterricht.

An den Interviewbeispielen ist deutlich geworden, dass die spezifische Einwanderungssituation, in der sich Herr Berger befindet, stark seine Perspektive auf das Thema bestimmt. Wie wirkt sich der Kontext Migration darüber hinaus auf die Bildungssituation in der Familie aus? Herr Berger erlebt in der Einwanderungssituation eine Abwertung seines sozialen Status. Er ist arbeitslos, während er früher eine gesicherte und angesehene berufliche Position innehatte. Er beschreibt seine aktuelle soziale Lage folgendermaßen:

> „Das einzige Problem taucht auf, wenn ich mich selbst realisieren will. Aber ich kann nicht. Ich bin Paragraf 8. Ausländer. Man hat mein Diplom nicht anerkannt, ja? Man gibt mir keine Arbeit. Sprachkurse gibt man mir nicht. Das ist schwer. Meine Kinder sind das nicht gewöhnt. Also es gab immer Anerkennung und Ehre. Und jetzt bin ich niemand. Ein Sozialfall".

Herr Berger erlebt, dass seine Bildungszertifikate nicht anerkannt werden. Mit Bourdieu gesprochen erfährt er, dass sein „institutionalisiertes kulturelles Kapital" nicht in den neuen Kontext übertragbar ist. Aus dieser Erfahrung heraus wird der Erwerb von Bildung, also von „inkorporiertem kulturellen Kapital" zu einem zentralen Anliegen für ihn. Das zeigt sich in seiner sehr hohen Bildungsaspiration, die in den Zitaten schon deutlich geworden ist. Obwohl er dem deutschen Unterricht ausgesprochen kritisch gegenüber steht, unternimmt er große Anstrengungen, um die schulischen Bildungschancen seiner Kinder zu erhöhen:

> „Alle unsere Bemühungen müssen der Schule gewidmet sein. Sie müssen gut lernen. Das ist sehr wichtig. […] Und so weit wir können, helfen wir, damit sie normal leben können. So gut, wie in Deutschland alle leben. Deswegen sind wir froh, dass wir im Gymnasium sind. Die Hauptschule und so ist sowieso das Letzte".

Am Beispiel von Herrn Berger wird insgesamt deutlich, dass nicht nur die familiären Lebensbedingungen in die Schule hineinwirken, sondern dass umgekehrt institutionalisierte Bildung in hohem Maße auch im Familienalltag präsent ist und elterliche Erziehungspraktiken maßgeblich bestimmen kann. Im Falle von Herrn Berger gilt dies insbesondere im Hinblick auf die mit der Einwanderung verbundene soziale Lage: Aufwärtsmobilität wird aus seiner Sicht durch anerkannte schulische Zertifikate garantiert.

Zusammenfassend lässt sich festhalten, dass die bildungsbezogenen Sichtweisen Herrn Bergers im hohen Maße durch das Bewusstsein dafür gekennzeichnet sind, dass sich familial erbrachte Bildungsleistungen grundsätzlich in der Schule einbringen und verwerten lassen. Zugleich weist das Fallbeispiel darauf hin, dass das als „Arbeitsbündnis" beschriebene Zusammenspiel von Familie und Schule (Helsper & Hummrich, 2005) angesichts der durch Zuwanderung erschwerten Ausgangsbedingungen in besonderem Maße als zu bewältigende Herausforderung wahrgenommen wird.

Literatur

Bourdieu, P. (1993). *Sozialer Sinn. Kritik der theoretischen Vernunft.* Frankfurt a. M.: Suhrkamp.

Bourdieu, P. (1997). *Die verborgenen Mechanismen der Macht.* Hamburg: VSA.

Flick, U. (1999). *Qualitative Forschung.* Reinbek: Rowohlt.

Gogolin, I., Kaiser, G., Roth, H.-J., Deseniss, A., Hawighorst, B. & Schwarz, I. (2004). *Mathematiklernen im Kontext sprachlich-kultureller Diversität.* DFG-Abschlussbericht.

Gogolin, I. & Nauck, B. (2000). *Migration, gesellschaftliche Differenzierung und Bildung.* Opladen: Leske & Budrich.

Grundmann, M., Bittlingmayer, U., Dravenau, D. & Groh-Samburg, O. (2004). Bildung als Privileg und Fluch – zum Zusammenhang zwischen lebensweltlichen und institutionalisierten Bildungsprozessen. In R. Becker & W. Lauterbach (Hrsg.). *Bildung als Privileg? Erklärungen und empirische Befunde zu den Ursachen von Bildungsungleichheiten* (S. 41–67). Wiesbaden.

Grunert, C. (2005). Kompetenzerwerb von Kindern und Jugendlichen in außerunterrichtlichen Sozialisationsfeldern. In Sachverständigenkommission Zwölfter Kinder- und Jugendbericht (Hrsg.). *Materialien zum Zwölften Kinder- und Jugendbericht.* Bd. 3. München.

Helsper, W. & Hummrich, M. (2005). Erfolg und Scheitern in der Schulkarriere: Ausmaß, Erklärungen, biografische Auswirkungen und Reformvorschläge. In Sachverständigenkommission Zwölfter Kinder- und Jugendbericht (Hrsg.). *Materialien zum Zwölften Kinder- und Jugendbericht* (Bd. 3, S. 95–174). München.

Kaiser, G. & Schwarz, I. (2009). Können Migranten wirklich nicht rechnen? Zusammenhänge zwischen mathematischer und allgemeiner Sprachkompetenz. *Friedrich Jahresheft Migration,* 68–69.

Leung, F. K. S., Graf, K. D. & Lopez-Real, F. J. (Hrsg.) (2006). *Mathematics Education in Different Cultural Traditions – A Comparative Study of the East Asia and the West.* 13th ICMI Study (pp. 21–46). New York: Springer.

Schütte, M. (2009). *Sprache und Interaktion im Mathematikunterricht der Grundschule.* Münster u.a.: Waxmann.

Sara Fürstenau und Heike Niedrig

Bilder und Begriffe von Mehrsprachigkeit

„Es ist mir noch immer nicht langweilig". Vieles spricht dafür, dass diese handschriftliche Notiz von Ingrid Gogolin auf einem Vortragsmanuskript aus dem Jahr 1999 auch heute, mehr als zehn Jahre später, noch gilt. Der Titel des Vortrags im Jahr 1999 lautete „Spracherwerb und Mehrsprachigkeit" (Gogolin, 1999). Das Manuskript basiert auf dem Konzept „lebensweltliche Mehrsprachigkeit", das Ingrid Gogolin bereits ein Jahrzehnt zuvor, in ihrer Dissertation, entwickelt hatte (vgl. Gogolin, 1987; 1988). Als frühere Studentinnen und wissenschaftliche Mitarbeiterinnen von Ingrid Gogolin können wir aus unterschiedlichen Perspektiven bezeugen, dass der Vortrag über die Jahre in der Tat häufig gehalten wurde – von Ingrid Gogolin selbst und durchaus auch von beauftragten und autorisierten Mitarbeiterinnen. Aber seine Mission ist noch lange nicht erfüllt. Das zeigen wir in diesem Beitrag anhand von Begriffen und Bildern, die die aktuelle Debatte über Mehrsprachigkeit und Bildung prägen.

Während der dominante Diskurs über migrationsbedingte Mehrsprachigkeit immer noch – bzw. im Anschluss an die internationalen Leistungsvergleichsstudien der letzten Jahre sogar wieder verstärkt – tendenziell ideologische und defizitorientierte Bilder vermeintlicher „Sprachprobleme" von Kindern aus sprachlichen Minderheiten transportiert, hat Ingrid Gogolin den Blick von Anfang an wohlwollend und pädagogisch ambitioniert auf die tatsächlichen Bedingungen des Spracherwerbs in der Einwanderungsgesellschaft und auf die sprachlichen Ressourcen von Kindern gerichtet. Die Bilder, die sie dafür entworfen hat (vgl. Abb. 5 & 6), sind unseres Wissens bisher nicht publiziert worden. Bei Vorträgen haben diese Bilder das Publikum stets für die speziellen Herausforderungen, Potenziale und Reize von Bildung im Kontext sprachlicher Heterogenität sensibilisiert und begeistert. Wir wollen die Bilder in diesem Beitrag einer breiteren Öffentlichkeit zugänglich machen, und zwar nicht (nur) aus Liebhaberei, sondern um im aktuellen historischen und fachwissenschaftlichen Kontext nach ihrem Gehalt zu fragen.

Bilder und Begriffe von Mehrsprachigkeit

Alle in den fachlichen Diskursen erzeugten Bilder haben gemeinsam, dass sie bestimmte Aspekte des komplexen Phänomens von „Sprachlichkeit" in den Vordergrund rücken und notgedrungen andere unberücksichtigt lassen. Im Folgenden erläutern und diskutieren wir zunächst einige Bilder und Begriffe, die man als *common sense* bezeichnen kann: Der *commons sense* beschreibt Zwei- oder Mehrsprachigkeit als Abweichung vom Normalfall Einsprachigkeit. Entsprechende Bilder basieren auf einer Vorstellung von (National-)Sprachen als klar abgrenzbaren Entitäten. Damit kontrastieren wir Bilder und Begriffe, die soziale Spracherwerbs- und -gebrauchskontexte berücksichtigen: Sie sind dynamischer und überwinden den an einem statischen Sprachverständnis ausgerichteten *common sense*.

Was ist Zweisprachigkeit? – Der *common sense* in Bildern

Im Alltagsverständnis scheint „Zweisprachigkeit" zunächst eine schlicht zu definierende Angelegenheit zu sein: Zweisprachig ist, wer zwei Sprachen spricht, das versteht sich gewissermaßen von selbst. Im nächsten Schritt gehen die Ansichten dann freilich schnell auseinander, denn wo genau die „echte Zweisprachigkeit" beginnt, darüber herrscht nicht unbedingt Konsens. Einigkeit besteht allenfalls darüber, dass es nicht genügt, einige Wörter in einer zweiten Sprache zu sprechen, um sich als zweisprachig zu qualifizieren, sondern dass beide Sprachen „gut" gesprochen werden müssen. Neben dieser in der Regel nicht genauer definierten Vorstellung von angemessener Kompetenz in beiden Sprachen gilt zudem oft der Spracherwerbskontext als relevant: Der ideale Zweisprachige geht demnach aus einer Familie hervor, in der Mutter und Vater je eine von zwei Sprachen sprechen, die das Kind daher von Geburt an simultan erwirbt. Das optimale Resultat solch einer zweisprachigen Erziehung wäre eine Person, die doppelt einsprachig ist. Dieser Vorstellung entspricht der verbreitet gebrauchte und außerhalb von Fachdiskursen selten reflektierte Begriff der „ausgewogenen Zweisprachigkeit". Die Idee der „Ausgewogenheit" impliziert das Bild einer Waage, wie übrigens auch das englische Begriffsäquivalent des „balanced bilingualism"; diese „Sprachenwaage" lässt sich am besten im Bild einer Balkenwaage konkretisieren (vgl. Abb. 1), die das Verhältnis zwischen den Kenntnissen der „Erstsprache" (L1 für „Language 1") und der „Zweitsprache" (L2) misst.

Abb. 1: Die Sprachenwaage (eigene Darstellung)

Ausgewogene Zweisprachigkeit gilt vielen nach wie vor als Idealzustand bilingualer Erziehung, auch wenn die durch dieses Begriffsbild suggerierte absolute „Symmetrie" der Sprachkenntnisse empirisch völlig unrealistisch ist. Diese Alltagsvorstellung von Zweisprachigkeit lässt sich auch sehr anschaulich im Bild der „zwei Sprachenluftballons im Kopf" (Abb. 2) erfassen:

Abb. 2: Sprachenluftballons im Kopf (Baker, 1996, S. 146)

Das Bild illustriert einige naive Grundannahmen, die mit dieser Vorstellung von Zweisprachigkeit verbunden sind: Ausgangspunkt der Definition ist „die Sprache", genannt Englisch, Deutsch, Spanisch, Chinesisch und so weiter, jeweils als klar abgrenzbare Entität gedacht. Während man gemäß dieser Vorstellung „normalerweise" *eine* Sprache „im Kopf" hat, so müssen sich im Falle des Zweisprachigen die beiden Sprachen diesen Platz im Kopf teilen. Bleibt man bei diesem Bild, dann leuchtet natürlich ein, dass dies eine prekäre Konstruktion ist, die nur von besonders begabten Menschen (die sozusagen über besonders viel „Kopfraum" verfügen) ohne Schaden für die sprachliche Ausdrucksfähigkeit bewältigt werden kann. Das Bild suggeriert, dass die beiden Sprachen notwendigerweise in einem Verhältnis der Konkurrenz zueinander stehen: Wird einer der Luftballons aufgeblasen, nimmt er dem anderen Platz weg, drängt ihn an den Rand, hindert ihn an der eigenen Entfaltung. Wenn aber Zweisprachige gezwungen sind, in jeder ihrer beiden Sprachen unter der „normalen" Kapazität zu arbeiten, und jede ihrer Sprachen sich nur auf Kosten der anderen entwickeln lässt, dann stellt sich schnell die Frage, ob solch ein Zustand für die Mehrheit der durchschnittlich begabten Menschen oder gar für sozial Benachteiligte, etwa Kinder von Arbeitsmigranten, überhaupt wünschenswert sein kann.

Auch wenn wir diese Vorstellung hier als „naives Alltagsverständnis" bezeichnet haben, ist allen in diesem Thema Bewanderten hinreichend bekannt, dass solch eine Konzeption von Zweisprachigkeit nicht nur in der pädagogischen Reflexion über sprachliche Bildung, sondern durchaus auch in der Forschung verbreitet war und ist. Selbst in neueren Studien zum Thema Zweisprachigkeit im Kontext von

Migration lassen sich Hinweise auf solch eine Konzeptualisierung finden: Ein Beispiel hierfür ist das Konstrukt des „kompetenten Bilingualen" in den Schriften des
Migrationssoziologen Hartmut Esser. Kompetente Bilingualität denkt Esser entsprechend dem oben skizzierten *common sense* als „doppelte Einsprachigkeit".
Entsprechend argumentiert er in seinem Beitrag zum „Streitfall Zweisprachigkeit"
(Gogolin & Neumann, 2009) wie folgt: „Der Erwerb der Bilingualität ist ein Spezialfall des Spracherwerbs allgemein: Es müssen – trivialerweise – Fertigkeiten in
der Erstsprache *und* in der Zweitsprache erworben werden. Das ist kein selbstverständlicher Vorgang und er unterliegt einer Reihe von individuellen wie sozialen
Bedingungen" (Esser, 2009, S. 70). Vor dem Hintergrund der gesetzten Normalität
des einsprachigen Spracherwerbs wird Bilingualität als „Spezialfall" bezeichnet,
der „kein selbstverständlicher Vorgang" sei. Entsprechend ist dieser Vorgang
potenziell problembehaftet: „Ein Problem entsteht daraus, dass eventuell, wenngleich nicht zwingend, bestimmte dieser Bedingungen jeweils anders auf den Erst-
und den Zweitspracherwerb wirken könnten und dass damit die Entstehung einer
kompetenten Bilingualität an recht spezielle, normalerweise nicht gegebene, Konstellationen gebunden ist" (ebd., S. 71).

Esser befasst sich im Folgenden insbesondere mit der Vermutung, dass „die verschiedenen Bedingungen des Erst- und Zweitspracherwerbs bei Migranten […]
eine Art von Nullsummenkonstellation insofern [bilden] als soziale Umstände, die
den Erwerb der einen Sprache fördern, den der anderen behindern – auch wenn,
wie es heißt, das Gehirn für viele Sprachen Platz hat und im Prinzip alles möglich
wäre" (ebd., S. 69f.). Dieses „Nullsummenproblem" bestätigt sich laut Essers Ausführungen insbesondere für die Bedingung des Einreisealters (vgl. Abb. 3).

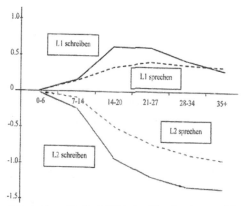

Abb. 3: Gegenläufige Effekte des Einreisealters auf Erst- und Zweitspracherwerb
(Esser, 2009, S. 77)

Essers „Nullsummenproblem" verschiebt das Konkurrenzverhältnis zwischen den Sprachen tendenziell aus dem Terrain der Gehirnkapazität in den Bereich der sozialen Spracherwerbsbedingungen; diese funktionierten nämlich im Normalfall so, jedenfalls im Kontext von Arbeitsmigration, dass ungeachtet der prinzipiellen Gehirnkapazität eine Sprache *auf Kosten* der anderen entwickelt wird. Die Grundvorstellung entspricht somit auch hier dem Bild: Kompetente Bilingualität wird als zwei prall gefüllte Luftballons gedacht. Und da dieser Idealzustand erstens nur im Ausnahmefall erreichbar scheint und zweitens der „Muttersprachen-Ballon" sich in Essers quantitativen Analyen, die vorwiegend an sozioökonomischen Maßstäben ausgerichtet sind, ohnehin als überflüssig erweist, plädiert er konsequenterweise dafür, ausschließlich den „Zweitsprachen-Ballon" kräftig aufzublasen, jedenfalls im öffentlichen Schulunterricht und auf Kosten der Steuerzahler.

Offenkundig ist das bereits erwähnte Bild der „Sprachenwaage", das in Begriffen wie „ausgewogene Zweisprachigkeit" transportiert wird, mit diesem *commonsense*-Verständnis von Zweisprachigkeit vereinbar. Auch dieses Bild suggeriert, dass sich die eine Sprache des Zweisprachigen auf Kosten der anderen entwickle, obwohl das immer nur labil zu denkende Ideal der Ausgewogenheit anzustreben sei. Die implizite Idealvorstellung von Zweisprachigkeit ist die einer Verdoppelung des „normalen" einsprachigen Repertoires.

Diese recht verbreitete monolinguale Perspektive auf Zweisprachigkeit wird von vielen Seiten kritisiert, insbesondere von Linguisten, die sich mit Phänomenen der Zweisprachigkeit und des zweisprachigen Spracherwerbs befassen (z.B. Auer, 2009; Dirim & Mecheril, 2010; List, 2003; Meisel, 2003; Tracy, 2007). So kommentiert beispielsweise der Soziolinguist Peter Auer den oben zitierten Diskussionsbeitrag von Hartmut Esser wie folgt:

> „Esser argumentiert, dass Bilingualität nicht nur keinen Nutzen für Bildungserfolg, Integration und sozialen Aufstieg hat, sondern sogar umgekehrt dieselben Faktoren, die zum Erhalt der Herkunftssprache führen, negativ mit dem Erwerb der Zweitsprache Deutsch korreliert seien. Damit wird zumindest implizit eine Art Schaukelmodell propagiert, das schnelleren Verlust der Herkunftssprache mit schnellerem Erwerb der Zweitsprache verbindet. [...] Es ist nicht schwer zu sehen, dass Essers Begriff des ‚kompetenten Bilingualen' monolingual voreingenommen ist" (Auer, 2009, S. 91f.).

Die Vorstellung von „Zweisprachigkeit = 2x1 Sprache in einem Kopf" kann in pädagogischen Kontexten viel Schaden anrichten, weil die sprachlichen Ausdrucksformen von Kindern aus sprachlichen Minderheiten dieser Vorstellung zufolge zwangsläufig als defizitär eingestuft werden.

Sprache als soziale Praxis – Bilder, die den *common sense* überwinden

Eines der bekanntesten Bilder, die konzipiert wurden, um die Vorstellung von Zweisprachigkeit als Nebeneinander von zwei separaten Sprachensystemen im Kopf zu überwinden, ist die sog. „Eisberg-Analogie" von Jim Cummins (vgl. Abb. 4). Dieses Bild differenziert zwischen sprachlichen Oberflächenphänomenen und ihrer gemeinsamen, nicht sichtbaren Quelle, einer grundlegenden sprachlich-kognitiven Kompetenz. Die beiden Eisbergspitzen, die über die Wasseroberfläche ragen, repräsentieren die beobachtbare Performanz in den beiden Sprachen, d.h. die je sprachenspezifischen Phänomene, analytisch untergliederbar etwa in Phonologie, Morphologie, Syntax und Lexik. Diese sprachliche Performanz, so das Bild, habe ihre Wurzeln in einer sprachenübergreifenden kognitiven Kompetenz, die allerdings immer nur vermittelt über die performatorischen Oberflächenphänomene erschließbar sei.

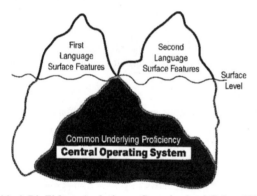

Abb. 4: Die Eisberg-Analogie von Cummins (nach Baker, 1996, S. 147)

Diesem Bild zufolge stehen die sprachlichen Kompetenzen des Bilingualen, aus welchem sprachspezifischen Input sie sich auch immer speisen, nicht in einem Verhältnis der Konkurrenz, sondern vielmehr in einer Beziehung der Kooperation. Das Bild des Eisbergs lenkt die Aufmerksamkeit also auf die unterschwelligen, psycholinguistischen Prozesse und den internen Sprachenkontakt. Die mit diesem Bild verknüpfte Vorstellung einer „Interdependenz" der Sprachenentwicklung hat eine anhaltende, von erstaunlicher Abwehr geprägte Diskussion entfacht. Immer wieder wird die „linguistische Interdependenzhypothese" von Cummins als empirisch nicht bestätigt oder sogar als widerlegt bezeichnet (vgl. hierzu kritisch Cummins 2008, S. 51f.). Die Aufregung um diese Hypothese ist allerdings schwer verständlich, denn sie ist, bei Licht betrachtet, nicht sonderlich spektakulär; sie besagt ganz einfach:

„To the extent that instruction in Lx is effective in promoting proficiency in Lx, transfer of this proficiency to Ly will occur provided there is adequate exposure to Ly (either in school or environment) and adequate motivation to learn Ly" (z.b. Cummins, 1981, S. 29; 2001, S. 172).

Aus dieser Aussage folgt beispielsweise, dass ein Kind, das in Englisch lesen lernt, diese kognitive Kompetenz auf das Spanische übertragen kann; es ist kein Lese-Anfänger mehr. Cummins selbst stellt klar, dass sich aus dieser sprachlichen Transferfähigkeit keine prinzipielle Empfehlung für die Unterrichtsgestaltung ableiten lässt, jedenfalls nicht in der Art, dass Kinder erst in ihrer Erstsprache alphabetisiert werden müssten, bevor Leseunterricht in der Zweitsprache erteilt werden könne, auch wenn dies unter Bezug auf Cummins oft behauptet wird (vgl. Cummins, 2000, S. 192–195). Allerdings ist Cummins in der Tat der Auffassung, dass der sprachlich-kognitive Transfer leichter von der Minderheitensprache zur dominanten Sprache als andersherum erfolge, da in letzterer „adequate exposure" gesellschaftlich gegeben ist, was auf die Sprachen marginalisierter Minderheiten nicht zutrifft (z.b. Cummins, 2001, S. 175).

Aus unserer Sicht liegt das Problem des Eisberg-Bildes aber nicht in der damit illustrierten „untergründigen" sprachlich-kognitiven Interdependenz. Vielmehr beschäftigt uns der suggestive Effekt der beiden Eisbergspitzen, die die sprachlichen Äußerungen als klar separierbar darstellen. Wir fragen uns, ob es diesem Bild gelingt, alteingefahrene Vorstellungen von Zweisprachigkeit als Summe zweier Sprachen wirkungsvoll aufzubrechen.

Colin Baker, der seit über zehn Jahren in immer neuen Auflagen seinen amerikanischen Lehrbuchklassiker „Foundations of Bilingual Education and Bilingualism" publiziert, versucht dem Umdenken seiner Leser mit Hilfe eines ganz anderen Bildes auf die Sprünge zu helfen. Auch er kritisiert den „monolingual view of bilingualism", d.h. „the bilingual as two monolinguals in one person", bei der jede der beiden Sprachen am Maßstab der monolingualen Norm gemessen wird (Baker, 2006, S. 10), und stellt diesem den „holistic view of bilingualism" gegenüber: „Yet the bilingual is a complete linguistic entity, an integrated whole" (ebd., S. 12). Baker illustriert diese holistische Perspektive mit Hilfe einer Analogie aus der Welt des Sports, die er von François Grosjean borgt, indem er fragt, ob es fair sei, einen Hürdenläufer mit einem Kurzstreckenläufer oder einem Hochspringer zu vergleichen. Der Kurzstreckenläufer ist in der Regel schneller als der Hürdenläufer und der Hochspringer kann höher springen. Ist der Hürdenläufer, der das schnelle Laufen mit dem Springen verknüpft, aber in beiden Bereichen hinter dem Maßstab der anderen Disziplinen zurückbleibt, also ein schlechterer Leichtathlet? Oder wäre es nicht angemessener, den Hürdenlauf als eigenständige leichtathletische Disziplin zu würdigen, die das Laufen und das Springen in einer Kompetenz integriert, die etwas *anderes* ist als die Summe der beiden „Bestandteile"? (vgl. Baker, 2006, S. 12).

Das Bild des Hürdenlaufs führt weg von dem Denken über „Sprache" und „Sprachen" als wie auch immer separierbare oder verbundene Systeme und fokussiert stattdessen eine dynamische Praxis, die auf einer *spezifischen* Kompetenz basiert. Von hier aus ist gut nachvollziehbar, um welchen Kerngedanken es Ingrid Gogolin (1987) in ihrem kurzen Aufsatz mit dem provokativen Titel „‚Muttersprache': Zweisprachigkeit" geht: Das sprachliche Repertoire lebensweltlich zweisprachiger Kinder ist nicht teilbar. Gogolins Konzept der „lebensweltlichen Zweisprachigkeit" bricht mit der hartnäckigen Vorstellungstradition, die beiden „Sprachen" des zweisprachigen Kindes als getrennte, in sich geschlossene Systeme zum Ausgangspunkt aller Analysen und Überlegungen zu machen. Bei Gogolin stehen nicht messbare Kompetenzen in den Einzelsprachen, sondern vielmehr der (einheitliche) Prozess des Kompetenzerwerbs in zwei oder mehr Sprachen im Fokus. Denn die konventionelle Aufteilung dieses Sprachbesitzes in „Muttersprache" (L1) und „Zweitsprache" (L2) kann für das Nachdenken über diesen Spracherwerbsprozess, seine Potenziale und die sich daraus ergebenden Anforderungen an schulische Sprachbildung hinderlich sein. Die integrierte Sichtweise schließt keineswegs spezielle „Trainingseinheiten" in den beiden Sprachen aus; auch ein Hürdenläufer wird mal seine Sprungkraft, mal seine Laufgeschwindigkeit getrennt trainieren. Die besondere Kompetenz des Bilingualen entfaltet sich aber, wenn er sein gesamtes Sprachrepertoire nutzen und weiterentwickeln kann und nicht gezwungen wird, sich wie ein Einsprachiger zu verhalten. Die „Hürden" die sich den zweisprachig aufwachsenden Kindern in ihrer Konfrontation mit monolingualen Kommunikationssituationen stellen, deutet Gogolin im Übrigen als spezifische Anforderungen in diesem Spracherwerbsprozess, deren Bewältigung geeignet sei, die frühe Entwicklung besonderer metalinguistischer Kompetenzen zu fördern.

Bilder sind in ihrer Erklärungskraft begrenzt, zugleich gibt es bei fast jedem Bild einen Bedeutungsüberschuss, d.h. bildliche Assoziationen, die der didaktischen Intention des Bild-Verwendenden nicht notwendig entsprechen müssen. Betrachten wir Kinder aus sprachlichen Minderheiten als kleine Hürdenläuferinnen und -läufer, so zeigt sich aber, dass das Bild des Hürdenlaufs ein Vorstellungsbild ist, das auch in seinen negativen (von Grosjean und Baker möglicherweise nicht intendierten) Konnotationen der sprachlichen Lebenssituation dieser Kinder durchaus gerecht wird. Kinder aus eingewanderten sprachlichen Minderheiten, die im Mittelpunkt von Gogolins Überlegungen zu lebensweltlicher Zweisprachigkeit stehen, wachsen in Deutschland in der Regel mit (mindestens) einer sozial geringgeschätzten Migrantensprache und mit der sozial dominanten Mehrheitssprache Deutsch auf. Eine Reihe von Hürden stellen sich diesen Kindern in ihren Bildungslaufbahnen entgegen, die daraus resultieren, dass sprachliche Bildungsprozesse und die Bewertung sprachlicher Produkte auf einer monolingualen Normalitätsvorstellung basieren und dass die sprachlichen Ressourcen aus der Minderheitensprache sozial abgewertet und in Bildungszusammenhängen nicht nur für überflüssig gehalten, sondern sogar als lernhinderlich eingeschätzt werden.

Gogolin geht in diesem Kontext zunächst in rein deskriptiv-verstehender Absicht der Frage nach, welche sozialen Bedingungen und welche sprachlichen Einflüsse den Spracherwerb und Sprachgebrauch von lebensweltlich zweisprachigen Kindern prägen. Wie einleitend erwähnt, sind ihre Überlegungen zu Spracherwerb und Mehrsprachigkeit in zahlreichen Vorträgen präsentiert worden; handbemalte Vortragsfolien[1], die Ingrid Gogolin mit Unterstützung selbst angefertigt hat, dienten der Illustration ihres Vortragstextes. Im Folgenden kommentieren wir diese Bilder mit Hilfe von Zitaten aus einer aktuellen Publikation zur selben Thematik (Gogolin, 2005).

Die Folienzeichnungen (Abb. 5a/b & 6a/b) illustrieren den Primärspracherwerb eines Kindes im Übergang von der Familie in die weitere soziale Umwelt; zunächst wird die Sprachumgebung des Babys oder Kleinkindes dargestellt (5a/6a), mit Hilfe einer Überlegfolie wird die Ausweitung des Umfelds für die Sprachaneignung durch das größere Kind angedeutet (Abb. 5b/6b):

> „Zunächst gewinnt das Kind seine Sprache primär von den Personen seiner engsten Umgebung, also der Familie im weiteren Sinne. Mit zunehmender körperlicher und geistiger Entwicklung macht es sich die außerfamiliale Lebenswelt und die weitere Objektwelt für die Sprachaneignung zunutze. Sprachaneignung, zunehmende physische und intellektuelle Mobilität und der weitere Ausbau sprachlicher Möglichkeiten stehen dabei in einem komplexen Wechselverhältnis" (Gogolin, 2005, S. 16).

Im Falle von Kindern, deren Familiensprache die Mehrheitssprache der Umgebung ist (Abb. 5a/b), beschreibt Gogolin den Spracherwerbsprozess wie folgt:

---

1   Für eine bessere Druckqualität haben wir die Folienzeichnungen mit PowerPoint so originalgetreu wie möglich reproduziert. In der abgebildeten Version der Folien aus dem Jahr 1999 hat Thomas Diesing das Baby gezeichnet und Imke Lange das größere Kind.

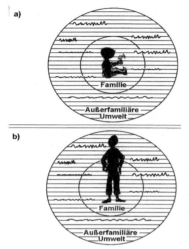

„Beim einsprachig aufwachsenden Kind geschieht der Prozess der Sprachaneignung in einer im weiteren Sinne sprachhomogenen Situation. Zwar gibt es auch hier Verschiedenheit im sprachlichen Umfeld, beispielsweise durch unterschiedliche persönliche, soziale oder dialektale Varianten der Familiensprache. [...] Dennoch weist das sprachliche Repertoire im weiteren Sinne, dessen Einfluss dieses Kind genießt, einen sehr großen Bestand an Grundgemeinsamkeiten auf. Daher können sich einsprachig aufwachsende Kinder vergleichsweise mühelos in ihrer sprachlichen Umwelt für die eigene Sprachaneignung bedienen" (Gogolin, 2005, S. 16f.).

Abb. 5: Sprachliche Lebenswelt des einsprachigen Kindes (nach Folienzeichnung von Ingrid Gogolin)

Damit kontrastiert sie den Primärspracherwerb im Falle von Kindern, deren Familiensprachen *nicht* die Mehrheitssprache der Umgebung sind (Abb. 6a/b):

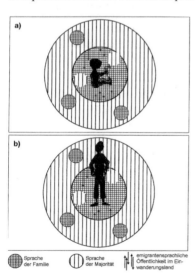

Sprache der Familie   Sprache der Majorität   emigrantensprachliche Öffentlichkeit im Einwanderungsland

Abb. 6: Sprachliche Lebenswelt der Kinder ethnischer Minderheiten (nach Folienzeichnung von Ingrid Gogolin)

„Bei Kindern, die zweisprachig aufwachsen, existiert diese relative Homogenität der Quellen für die Sprachaneignung, aus denen sie sich bedienen können, nicht. [...] In der familiären Kommunikation der Kinder mit Migrationshintergrund wird in vielen Bereichen die Sprache der Herkunft gepflegt. [...] Mit ihrer zunehmenden Beweglichkeit erleben sie die dominierende Sprache der weiteren Umgebung, also hier das Deutsche, als zusätzliche bedeutende Einflussgröße. [...]. Dem Einfluss dieser weiteren Sprache kann das Kind nicht entgehen – auch dann nicht, wenn sie innerhalb der Familie selbst nicht oder kaum gesprochen wird: Das Deutsche dringt durch Massenmedien, durch soziale Kontakte und durch die symbolische Ordnung des öffentlichen Raums in die familiale Kommunikation ein, und es umgibt das Kind, sobald es die eigene Wohnung verlässt. Daher ist unabhängig von der in einer Familie konkret ausgeübten Sprachpraxis davon auszugehen, dass Kinder mit Migrationshintergrund im Primärspracherwerb unterschiedliche Formen von Bilingualität entwickeln. Die genaue Ausprägung dieser Formen ist von der konkreten

Lebenslage einer Familie abhängig [...] [H]öchst unterschiedliche Kompositionen aus Familien- und Umgebungssprache [kommen] bei solchem Primärspracherwerb zustande [...]. In Bezug auf beide Sprachen sind mehr oder weniger deutliche Unterschiede zu den Formen des Sprachbesitzes bemerkbar, wie sie einsprachig aufwachsende Kinder entwickeln. Diese Unterschiede können sich – je nach der konkreten Sprachsituation und abhängig vom Sprachkontakt – in allen sprachlichen Bereichen zeigen. Diese Abweichungen von der „Normalerwartung" führten vielfach zu der Befürchtung einer gestörten, gefährdeten oder defizitären Sprachentwicklung bei zweisprachig Aufwachsenden. Betrachtet man aber die sprachpsychologische Seite des Spracherwerbs, so ist diese Befürchtung grundlos [...]. Zweisprachiges Aufwachsen – das sei klar gesagt – gefährdet also die Spracananeignung nicht, aber es sorgt für Unterschiede im Sprachbesitz, in denen die spezifische Sprachaneignungssituation zum Ausdruck kommt" (Gogolin, 2005, S. 17f.).

Das Ergebnis des Spracherwerbs von Kindern aus sprachlichen Minderheiten ist nach Gogolin mit der „Feststellung, dass sie mit zwei Sprachen leben", nicht hinreichend charakterisiert. Zu berücksichtigen sei darüber hinaus die „Komplexität der Konstellation", die u.a. darauf zurückzuführen sei, dass die „Sprachen der Migranten [...] unter dem massiven Einfluss der sie umgebenden Mehrheitssprache" stehen (Gogolin, 2005, S. 19). Vor diesem Hintergrund sei es „völlig ‚normal', dass beim Eintritt in den institutionellen Bildungsprozess die sprachlichen Mittel und Fähigkeiten, die die zweisprachig aufwachsenden Kinder in der Sprache der Familie entwickeln, sich vom Sprachbestand von einsprachig im Herkunftsland aufwachsenden Kindern unterscheiden." (Gogolin, 2005, S. 20). Ebenso „normal" sei es, wenn die Ausdrucksmittel der Minderheitenkinder in der Mehrheitssprache Deutsch von denen der einsprachigen Kinder aus der sprachlichen Mehrheit abweichen.

Bei Gogolins Bildern springt sofort ins Auge, dass das sprachliche Handeln des einzelnen Kindes und die sozialen Bedingungen seines Spracherwerbs – und eben nicht essentialisierende Sprachmodelle – das zentrale Thema sind. Aus ebendiesem Grund eignen sich die Bilder und der implizierte Begriff „lebensweltlicher Zwei- oder Mehrsprachigkeit" aus unserer Sicht in besonderem Maße als Grundlage für die Konzeption sprachlicher Bildung. Die Bilder vermitteln – anders als die oben dargestellten normativ-wertenden Perspektiven – ein primär deskriptives Konzept von Mehrsprachigkeit. Sie veranschaulichen Spracherwerb und Sprachhandeln als durch die sprachliche und soziale Umwelt geprägte Prozesse. Diese Prozesse setzen sich selbstverständlich in der sprachlichen und sozialen Bildungs- bzw. Schulumwelt fort und werden durch die Gestaltung dieser Kontexte in hohem Maße beeinflusst.

Für die Gestaltung sprachlicher Bildung in der Schule hat Ingrid Gogolin ein Konzept Interkultureller Sprachlicher Bildung entwickelt (vgl. z.B. Gogolin, 1992).

Im Unterschied zur deskriptiven Analyse der Spracherwerbsprozesse und ihrer Ergebnisse im Sinne des lebensweltlichen Sprachenrepertoires, mit dem die Kinder in die Schule eintreten, sind schulische Sprachbildungskonzepte notwendig normativ. Interkulturelle Sprachliche Bildung formuliert als Bildungsziel für alle Kinder der durch Migration und Mehrsprachigkeit geprägten Gesellschaften – knapp auf den Punkt gebracht – die Ausbildung eines „multilingualen Habitus", der es erlaubt, in komplexen Sprachenkonstellationen handlungsfähig zu bleiben. Für lebensweltlich zweisprachige Kinder wird darüber hinaus die Förderung und Entfaltung ihrer „Muttersprache = Zweisprachigkeit" gefordert. Das Ergebnis wäre eine elaborierte Zwei- bzw. Mehrsprachigkeit.

Auf der Suche nach Bildern, die diese Ziele veranschaulichen könnten, sind wir auf Illustrationen von Jim Cummins (Abb. 7) und von einer südafrikanischen Forschungseinrichtung für alternative Bildung[2] (PRAESA, Abb. 8) gestoßen.

Abb. 7: Effekte der Zweisprachigkeit für die kognitive Entwicklung (Cummins, 2001, S. 171)

---

2   Siehe auch den Beitrag von N. Alexander und C. Bloch im vorliegenden Band – Anm. d. Hrsg.

Abb. 8: Veranschaulichung des Konzepts des „additiv bilingualen Ansatzes" in einer südafrikanischen Elterninformation zu multilingualer Erziehung (PRAESA, 1998, reproduziert nach Niedrig, 2000, S. 158)

Die Bilder kontrastieren „gelungene" mit „misslungener" Sprachbildung für Kinder aus sprachlichen Minderheiten. Die positive Zielperspektive der elaborierten Zweisprachigkeit illustriert Cummins schnittiges Rennrad (Abb. 7) ebenso wie die stabile Mauer aus unterschiedlichen Sprachbausteinen (Abb. 8). Die Gegenüberstellung mit weniger erfreulichen Bildern – ein fehlkonstruiertes Fahrrad mit eckigen Rädern bzw. ein wackeliger Turm aus Bausteinen kurz vor dem Umstürzen – macht darauf aufmerksam, dass elaborierte Zwei- oder Mehrsprachigkeit sich nicht von selbst entwickelt, sondern angemessener Unterstützung bedarf. In dieser Hinsicht überschneiden sich Jim Cummins und PRAESAs Zielvorstellungen mit Ingrid Gogolins Überzeugungen.

Die Bilder enthalten aber auch Aspekte, die wir ausgehend von Gogolins Konzepten kritisch betrachten. So fällt bei der Sprachenmauer von PRAESA auf, dass die Basis der Mauer ausschließlich aus Xhosa-Bausteinen gebildet wird. Die Vorstellung, dass Kinder aus sprachlichen Minderheiten im Prinzip einsprachig in das Schulsystem eintreten und dort erst Mehrsprachigkeit erzeugt werde, entspricht nicht Gogolins Analyse des lebensweltlich mehrsprachigen Spracherwerbs, der alle Kinder sprachlicher Minderheiten – unabhängig von messbaren Kompetenzen in den „Sprachen", aus denen ihr Sprachbesitz sich speist – als „muttersprachlich mehrsprachige" Kinder charakterisiert.[3] Diese Analyse legitimiert die Forderung nach einer koordinierten zweisprachigen Erziehung – im Kontrast zu Überlegun-

---

3   Die sprachenpolitischen Kontexte in Deutschland und Südafrika unterscheiden sich in mancherlei Hinsicht und sollen durch unsere Bildanalyse nicht eingeebnet werden. Gogolins Begriff der „lebensweltlichen Mehrsprachigkeit" beschreibt aber auch den Spracherwerbskontext zumindest derjenigen südafrikanischen Kinder, die in (peri-) urbanen Kontexten aufwachsen, sehr treffend (vgl. Niedrig, 2000).

gen, die davon ausgehen, dass zuerst die „Muttersprache" (Minderheitensprache) entwickelt werden müsse, ehe die sozial dominante Zweitsprache im Unterricht zum Tragen kommen dürfe.

Auch das Bild von PRAESA impliziert jedoch – ebenso wie Gogolins Konzept Interkultureller Sprachlicher Bildung – die Forderung, dass schulische Sprachbildung auf den (heterogen zusammengesetzten) primärsprachlichen Ressourcen der Kinder aufbauen muss und keinen Teil dieser Ressourcen missachten und abwerten darf. In der Konsequenz bedeutet dies, dass die sozial dominante Sprache (Englisch oder Deutsch) *nicht* mit dem Ziel oder dem Effekt der Unterdrückung der Minderheitensprachen – seien es afrikanische Sprachen in Südafrika oder Migrantensprachen in Deutschland – unterrichtet werden sollte. Diese Forderung ist auch in der von Jim Cummins mit Blick auf schulische Praxis skizzierten „transformatorisch-interkulturellen Orientierung" enthalten (vgl. Cummins, 2000, S. 45). Cummins beschreibt das Ziel, die auch in der Schule wirksamen Zusammenhänge zwischen sprachlicher Praxis und sozialer Hierarchie zu überwinden und dadurch die Schulerfolgschancen von Kindern aus sprachlichen Minderheiten zu erhöhen; denn, „the educational failure of minority students is analyzed as a function of the extent to which schools reflect or counteract the power relations that exist within the broader society" (Cummins, 1986, S. 30). Schulische Benachteiligung von Minderheitenkindern führt Cummins u.a. auf die vorherrschende „ausschließend-assimilatorische Orientierung" zurück, die sich durch eine einseitige Ausrichtung schulischer Inhalte an den sprachlich-kulturellen Ausdrucksformen der sozialen Mehrheit auszeichnet (vgl. Cummins, 2000, S. 45).

Das Bild des ausgesprochen altmodisch anmutenden Fahrrads mit einem sehr großen und einem sehr kleinen Rad könnte unter diesem Blickwinkel auch zur Veranschaulichung des Ungleichgewichts in der sozialen und schulischen Bewertung von Mehrheits- und Minderheitensprachen herangezogen werden. Demgegenüber würde das Rennrad-Bild eine additive, die sprachlichen und kulturellen Ressourcen von Minderheitenkindern einbeziehende Unterrichtspraxis illustrieren. Eine transformatorisch-interkulturelle Orientierung ist nach Cummins unbedingt Bestandteil einer schulischen Sprachbildung, die dazu führt, dass die Zweisprachigkeit im Falle von Kindern aus sprachlichen Minderheiten tatsächlich einen Gewinn für die kognitive Beweglichkeit erbringt. Darauf beziehen wir den Bildtext: „Provided, of course, the people who made the wheels knew what they were doing".

Die von Cummins vorgelegten Fahrrad-Bilder können aber auch aus einer ganz anderen Perspektive betrachtet werden und erscheinen uns dann diskussionsbedürftig: Sie erinnern an die Vorstellung „ausgewogener Zweisprachigkeit", die wir oben als stark normative und monolingual orientierte Vorstellung kritisiert haben. Die Bilder suggerieren, dass Zweisprachigkeit besonders positiv zu bewerten sei,

wenn die Kompetenz in beiden Sprachen – symbolisiert durch die Größenverhält-
nisse der Räder – symmetrisch und ausgeglichen ist. Diese Assoziationen werden
durch den Kommentar zum Rennrad-Bild verstärkt: „However, when your wheels
are nicely balanced and fully inflated you'll go farther…" (s. Abb. 7). Dieser Satz
evoziert sowohl das Bild der Ausgewogenheit („nicely balanced") als auch der
zwei Luftballons („fully inflated").

Um dem Bildpotenzial gerecht zu werden, müssen allerdings auch die Differenzen zu diesen monolingual geprägten Bildern herausgestellt werden: Im Gegensatz
zum Luftballon-Bild stehen die Räder des Rennrads nicht in Konkurrenz zueinander, sondern in einem kooperativen Funktionszusammenhang. Völlig abwegig wäre
der Gedanke, einer der beiden Fahrradreifen könnte durch das Luftablassen im
zweiten profitieren; solch ein Ausphantasieren des Bildpotenzials ist vielmehr geeignet, die Forderung nach schulischer Konzentration auf die Mehrheitssprache bei
gleichzeitiger Nichtbeachtung der Minderheitensprachen zu karikieren. Die Fahrt
mit einem platten Reifen darf man sich nämlich ziemlich holprig vorstellen.
Interpretiert man dieses Bild also mit Blick auf die Funktionalität des Fahrrads und
auf sein Potenzial der dynamischen Fortbewegung, an der unweigerlich beide Räder beteiligt sind, nähert sich die Bildaussage derjenigen des Hürdenläufer-Bildes
mit seiner Betonung einer spezifischen, integrierten Lauf-Spring-Kompetenz an.
Dessen ungeachtet steht das Fahrrad-Bild aber ähnlich dem Eisberg-Bild in einer
Bildertradition, die die als separate Systeme gedachten Sprachen des bilingualen
Kindes ins Zentrum stellt, wenn auch in funktionaler Verbindung stehend.

Demgegenüber wird im aktuellen englischsprachigen Fachdiskurs die Prozesshaftigkeit von „Sprache" durch die Wortschöpfung *languaging* herausgestellt.
Diese Verbalisierung der Nominalform „language" zielt darauf ab, die Vergegen-
ständlichung von „Sprache", die die grammatische Kategorie des Nomens zwangsläufig bewirkt, aufzulösen: „Languages are not fixed codes by themselves; they are
fluid codes framed within social practices" (García, 2009, S. 32). Seit den Anfängen der wissenschaftlichen Linguistik wird darüber nachgedacht, dass „die Sprache" – in den Schriften Ferdinand de Saussures „la langue" – eine Abstraktion ist.
Das abstrakte Konstrukt der „Sprache" basiert auf der systematischen Erfassung
unbewussten strukturellen Regelwissens, herausdestilliert aus der sprachlichen Praxis der Sprecher. Wie in den Naturwissenschaften stellt sich das Problem, dass die
wissenschaftliche Beobachtung zur Erfassung eines Phänomens das Beobachtete
unweigerlich verändert, unter anderem indem es lebendige Bewegung und Prozesshaftigkeit still stellt: „[O]ur conceptualization of language is often limiting and
does not reflect the complex ways in which people *language*" (ebd., S. 39).

Anders als in den Naturwissenschaften ist dies nicht lediglich ein erkenntnis-
theoretisches Problem; das linguistische Wissen verstärkt und stabilisiert vielmehr

die soziale Ungleichheit zwischen den Sprechern, insofern die schriftlich kodifizierte und in grammatischen Lehrwerken beschriebene „Standardsprache" auf der sprachlichen Praxis *bestimmter* Sprecherinnen und Sprecher, Pierre Bourdieu würde sagen: „legitimer Sprecher", basiert und zugleich – als neutral gedachtes Regelsystem – normgebend wirkt. Relevant ist dies offenkundig insbesondere im Kontext des Bildungssystems: „[L]anguage, as socially constructed, has real implications for children's education [...] [L]anguage in school continues to operate mostly as it has in the past, distanced from the real ways in which children *language*" (ebd., S. 40).

Um das Phänomen der Zwei- und Mehrsprachigkeit zu erfassen, gebraucht García den Begriff „translanguaging", den sie von Cen Williams borgt, jedoch in ihrem Sinne neu prägt: Die Vorsilbe „trans" impliziert den Prozess des Grenzüberschreitens oder gar Grenzenauflösens; hier wird auf der Ebene des sprachlichen Ausdrucks also nachvollzogen, was das Bild des Hürdenläufers anstrebt, nämlich die Überwindung der Vorstellung von Zwei-Sprachigkeit (Bi-Lingualism) als Addition zweier in sich klar definierter Entitäten. Im Deutschen wurde der Begriff „Quersprachigkeit" (List & List, 2001) mit derselben Intention eingeführt und durch das „sprachliche Grenzgängertum" von Jugendlichen aus sprachlichen Minderheiten illustriert (Fürstenau & Gogolin, 2001). Sprachliche Strukturen gehen jedem einzelnen Sprecher, jeder Sprecherin voraus und werden von ihr oder ihm reproduziert; jedoch in dem kreativen, schöpferischen Sinne, demzufolge eine Re-Produktion auch eine Wieder-(Neu-)Produktion und nie identisch mit der „Vorlage" ist; (trans-)languaging verweist demnach auf Kommunikation als Prozess der Aushandlung von Bedeutungen mittels und in Auseinandersetzung mit den symbolischen Ressourcen und Strukturen, über die die individuellen Sprecherinnen und Sprecher verfügen:

> „When describing the language practices of bilinguals from the perspective of the users themselves, and not simply describing bilingual language use or bilingual contact from the perspective of the language itself, the language practices of bilinguals are examples of what we are here calling *translanguaging*. [...] For us, translanguagings are *multiple discursive practices* in which bilinguals engage in order to *make sense of their bilingual worlds*. Translanguaging therefore goes beyond what has been termed code-switching [...] Translanguaging for us extends what Gutiérrez and her colleagues have called ‚hybrid language use'" (ebd., S. 45).

García plädiert daher gleich zu Beginn ihrer Publikation unter der Überschrift „Reimagining" für eine neue (auch bildliche) Vorstellung von Zweisprachigkeit und zweisprachiger Erziehung:

> „Bilingual education in the twenty-first century must be reimagined and expanded, as it takes its rightful place as a meaningful way to educate *all* children and language learners in the world today" (García, 2009, S. 9).

Sie kritisiert in dieser Schrift die vereinfachende Wahrnehmung, die u.a. das Fahr-rad-Bild (Abb. 7) transportiert:

> "And being educated bilingually cannot be equated to being given two balanced wheels like those of a bicycle: bilingual education is not simply about *one language plus a second language equals two languages*. The vision of bilingual education as a sum of equals reduces bilingual education to the use of two or more separate languages, usually in different classroom spaces, time frames, contexts, or as spoken by different teachers. In this reductive view, bilingual education has been often inter-preted as being the simple sum of discrete monolingual language practices" (ebd., S. 7).

Die komplexe multilinguale und multimodale globale Kommunikation, die im 21. Jahrhundert zur Normalität gehört, erfordere in aller Regel mehr und anderes als Kenntnisse zweier separater monolingualer Codes, und statt Bilingualität als ein Fahrrad mit zwei gleich großen Reifen zu imaginieren, wäre es angemessener, sich ein „*moon buggy*" (Mondfahrzeug) oder ein „*all-terrain vehicle*" vorzustellen, mit unterschiedlichen Beinen, die ausfahrbar und einziehbar sind, um sich dem unebe-nen Grund und seinen Hügeln und Kratern anzupassen (vgl. ebd., S. 8).

> „Communication among human beings, and especially of children among themselves and with their teachers, is full of craters, ridges, and gaps. And when this communication occurs among children speaking different languages, or among children speaking one language and the teacher speaking the other, these features are particularly salient. A bicycle just would not do for this terrain. And so, a bilingual education that values only disconnected wholes and devalues the often loose parts, and insists on the strict separation of languages is *not the only way* to successfully educate children bilingually, although it is a widely conducted practice" (ebd., S. 8).

Das abstrakte Pfeilbild, das García zur Illustration ihres Konzepts eines „dynami-schen Bilingualismus" zeichnet (Abb. 9), zeigt unseres Erachtens allerdings, wie schwierig es ist, Dynamik, soziale Kontextualisierung und Prozesshaftigkeit bild-lich zu erfassen.

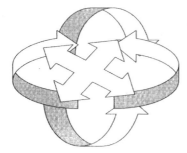

Abb. 9: Dynamic Bilingualism (Garcia, 2009, S. 53)

Demgegenüber erscheinen uns die auf den ersten Blick schlichten Vortragsfolien-Zeichnungen zum Primärspracherwerb in komplexen sprachlichen Konstellationen (Abb. 5 & 6), bei dem „höchst unterschiedliche Kompositionen aus Familien- und Umgebungssprache" (Gogolin 2005, S. 18) zustande kommen, in der Aussage klarer und zugleich didaktisch hilfreicher.

Fazit

Das dynamische Bild des *Translanguaging* ist insofern innovativ, als es eine rigorose Infragestellung des traditionellen, statischen Konzepts von „Sprache" darstellt. Wir halten die zugrundeliegende Konzeption von Sprache und Mehrsprachigkeit für durchaus kompatibel mit den Grundgedanken des Konzepts der „lebensweltlichen Zweisprachigkeit", das mittlerweile seinen 20. Geburtstag feiern konnte: Ausgangspunkt bei Garcías *translanguaging* wie bei Gogolins lebensweltlicher Zweisprachigkeit ist nicht „die Sprache" als kodifiziertes System, sondern die Person bzw. das Kind als sprechendes Wesen mit einem komplexen, dynamischen sprachlichen Repertoire. Für didaktisch-pädagogische Kontexte und Zwecke erscheinen uns die von Ingrid Gogolin geschaffenen Bilder, die das Kind auch optisch in den Mittelpunkt stellen, im Vergleich mit den abstrakteren Darstellungen sprachlicher Praxis besonders zugänglich und erhellend. Ihre Bilder und Begriffe stehen für eine Perspektive, die insbesondere für die Erziehungswissenschaft und für die Konzeption sprachlicher Bildung weiterführend ist; sie richten den Blick auf Spracherwerbsprozesse und ihre sozialen Kontexte und vor allem auf die jeweils spezifischen Kompetenzen, die in diesen Spracherwerbskontexten als Potential enthalten sind. Die Analyseperspektive ist in bewusster Abgrenzung zu einer Vielzahl normativ-wertender Kategorisierungen eine rein beschreibend-verstehende. Sie enthält allerdings die (pädagogische) Aufforderung, das beschriebene Potential aufzugreifen und als Qualifikation zu entfalten.

Aus unserer Sicht ist es zunächst überraschend, dass eine schlicht und ergreifend beschreibend-verstehende, nicht negativ wertende Sichtweise auf das sprachliche Repertoire von Kindern, deren Spracherwerb unter Migrationsbedingungen erfolgt, kontinuierlich auf Widerstand stößt. Aber vielleicht sollte das nicht überraschen, denn: „Given the commitment by many people in society to maintain the dominant-dominated power relationships, we can predict that educational changes which threaten this power structure will be fiercely resisted" (Cummins, 1988, S. 154). Möglicherweise ist der Widerstand in Praxis und Wissenschaft also ein Hinweis auf das transformatorische Potenzial Interkultureller Sprachlicher Bildung.

Literatur

Auer, P. (2009). Competence in performance: Code-switching und andere Formen bilingualen Sprechens. In I. Gogolin & U. Neumann (Hrsg.), *Streitfall Zweisprachigkeit – The Bilingualism Controversy* (S. 91–110). Wiesbaden: VS Verlag.

Baker, C. (1996). *Foundations of Bilingual Education and Bilingualism* (2nd ed.). Clevedon/Buffalo/Toronto/ Sydney: Multilingual Matters.

Baker, C. (2006). *Foundations of Bilingual Education and Bilingualism* (4th ed.). Clevedon/Buffalo/Toronto/ Sydney: Multilingual Matters.

Cummins, J. (1981). The role of primary language development in promoting educational success for language minority students. In California State Department of Education (Ed.): *Schooling and language minority students: A theoretical framework* (pp. 3–49). Los Angeles.

Cummins, J. (1986). Empowering Minority Students: A Framework for Intervention. *Harvard Educational Review, 56* (1), 18–36.

Cummins, J. (1988). From multicultural to anti-racist education. In T. Skutnabb-Kangas & J. Cummins (Eds.), *Minority Education: From Shame to Struggle* (pp. 127–157). Clevedon/Buffalo/Toronto/ Sydney: Multilingual Matters.

Cummins, J. (2000). *Language, Power and Pedagogy. Bilingual Children in the Crossfire.* Clevedon/Buffalo/Toronto/ Sydney: Multilingual Matters.

Cummins, J. (2001). *Negotiating Identities: Education for Empowerment in a Diverse Society* (2nd ed.). Los Angeles: California Association for Bilingual Education.

Cummins, J. (2008). Total Immersion or Bilingual Education? Findings of International Research on Promoting Immigrant Children's Achievement in the Primary School. In J. Ramseger & M. Wagener (Hrsg.), *Chancenungleichheit in der Grundschule. Ursachen und Wege aus der Krise* (S. 45–55). Wiesbaden: VS Verlag.

Dirim, I. & Mecheril, P. (2010): Die Sprache(n) der Migrationsgesellschaft. In P. Mecheril, M. do Mar Castro-Varela, I. Dirim, A. Kalpaka & C. Melter (Hrsg.), *Migrationspädagogik* (S. 99–121). Weinheim: Beltz.

Esser, H. (2009). Der Streit um die Zweisprachigkeit: Was bringt die Bilingualität? In I. Gogolin & U. Neumann (Hrsg.), *Streitfall Zweisprachigkeit – The Bilingualism Controversy* (S. 69–88). Wiesbaden: VS Verlag.

Fürstenau, S. & Gogolin, I. (2001). Sprachliches Grenzgängertum. Zur Mehrsprachigkeit von Migranten. In G. List & G. List (Hrsg.), *Quersprachigkeit. Mehrsprachigkeit in Laut- und Gebärdenkulturen* (S. 49–64). Tübingen: Stauffenberg Verlag.

García, O. (2009). *Bilingual Education in the 21st Century: A Global Perspective.* Chichester: Wiley-Blackwell.

Gogolin, I. (1987). „Muttersprache": Zweisprachigkeit. Sprachliche Bildungsvoraussetzungen der Kinder aus ethnischen Minderheiten. *Pädagogische Beiträge* (12), 26–30.

Gogolin, I. (1988). *Erziehungsziel Zweisprachigkeit.* Hamburg: Bergmann & Helbig.

Gogolin, I. (1992). Interkulturelles sprachliches Lernen. Überlegungen zu einer Neuorientierung der allgemeinen sprachlichen Bildung. *Deutsch Lernen, 17* (2), 183–197.

Gogolin, I. (1999). *Spracherwerb und Mehrsprachigkeit*. Beitrag zur Fortbildungsreihe Muttersprachlicher Unterricht der Behörde für Schule und Berufsbildung Hamburg, Veranstaltung am 29. Januar 1999. Vortragstyposkript.

Gogolin, I. (2005). Erziehungsziel Mehrsprachigkeit. In C. Röhner (Hrsg.), *Erziehungsziel Mehrsprachigkeit. Diagnose von Sprachentwicklung und Förderung von Deutsch als Zweitsprache* (S. 13–24). Weinheim u.a.: Juventa.

Gogolin, I. & Neumann, U. (Hrsg.). (2009). *Streitfall Zweisprachigkeit – The Bilingualism Controversy*. Wiesbaden: VS Verlag.

List, G. (2003). Das Gehirn hat Platz für viele Sprachen. In S. Fürstenau, I. Gogolin & K. Ya☐mur (Hrsg.), *Mehrsprachigkeit in Hamburg. Ergebnisse einer Sprachenerhebung an den Grundschulen in Hamburg* (S. 221–230). Münster u.a.: Waxmann.

List, G. & List, G. (Hrsg.). (2001). *Quersprachigkeit. Mehrsprachigkeit in Laut- und Gebärdenkulturen*. Tübingen: Stauffenberg-Verlag.

Meisel, J. (2003). *Zur Entwicklung der kindlichen Mehrsprachigkeit* (Expertise als Beitrag zur 6. Empfehlung der Bildungskommission der Heinrich-Böll-Stiftung: Bildung und Migration). Berlin: Heinrich-Böll-Stiftung.

Niedrig, H. (2000). *Sprache – Macht – Kultur. Multilinguale Erziehung im Post-Apartheid-Südafrika*. Münster et al.: Waxmann.

PRAESA (Project for the Study of Alternative Education in South Africa) (1998): *Ilwimi ezikolweni zethu. Isikhohkelo-sapho semfundo elwimizininzi. Languages in our schools. A Family Guide to Multilingual Education. Tale in ons skole. 'n Familie-Gids vir Veeltalige Onderwys.* By C. Bloch & B. Mahlalela. University of Cape Town.

Tracy, R. (2007). Wie viele Sprachen passen in einen Kopf? Mehrsprachigkeit als Herausforderung für Gesellschaft und Forschung. In T. Anstatt (Hrsg.), *Mehrsprachigkeit bei Kindern und Erwachsenen* (S. 69–93). Tübingen: Stauffenberg Verlag.

Hans-Jürgen Krumm

Erziehungsziel Mehrsprachigkeit

Das Mehrsprachigkeits-Paradox

Sprachliche und kulturelle Verschiedenheit waren und sind aus unserer Gesellschaft nicht wegzudenken. Und sie bedeuten beides für Gesellschaft und Bildungswesen: Last und Problem auf der einen Seite, eine Chance, ein Potenzial, eine Quelle von Kreativität, kurz einen Reichtum auf der anderen (vgl. Gogolin, 2002)[1]. Ingrid Gogolin hat früher als viele andere und mit großer Kontinuität in ihrer wissenschaftlichen und bildungspolitischen Arbeit die Folgen, die sich daraus für das Bildungswesen ergeben, bearbeitet. Auch wenn Ingrid Gogolins Arbeit im engeren Sinne auf Schule und Unterricht zielt, so hat sie doch immer wieder deutlich gemacht, dass eine Antwort auf die durch die sprachliche und kulturelle Vielfalt bedingten Herausforderungen nicht von der Schule allein gegeben werden kann, dass hier vielmehr Prozesse im Spiel sind, die gesamtgesellschaftliche Anstrengungen und Antworten erfordern. Auch die folgenden Überlegungen verdanken sich dem Gespräch und der gemeinsamen Arbeit mit ihr und versuchen, sie aus der Sicht des Verfassers noch einmal auf den Punkt zu bringen (vgl. Gogolin & Krumm, 2009).

Mein Gespräch mit Ingrid Gogolin begann im Kontext ihrer Dissertation (Gogolin, 1988), für die ich (erfolglos) vorschlug, doch eher von Mehrsprachigkeit als von Zweisprachigkeit zu reden und zu schreiben. Ihr war (und ist) allerdings wichtig, was aus ihrer Sicht mit *Zweisprachigkeit* stärker akzentuiert wird, dass nämlich die individuelle Mehrsprachigkeit im Zentrum steht, also Zweisprachigkeit „im ‚lebensweltlichen' Sinne der Nutzung von zwei *oder mehr* Sprachen als alltägliche(n) Verständigungssprachen" (Gogolin, 2009)[2] – ein vielfältiges Sprachenangebot im Bildungswesen sage noch nichts darüber aus, ob denn auch dem Individuum Chancen zur Entfaltung seiner mehrsprachigen Identität gegeben würden (vgl. Gogolin, 1988, S.15f.). So ändert die Tatsache, dass das Bildungswesen Fremdsprachenunterricht anbietet keineswegs etwas am „monolingualen Habitus" (Gogolin, 1994), d.h. dem Grundverständnis, dass es eine Unterrichtssprache gäbe, die das Schulleben insgesamt determiniere und eben nur im kanonisierten Fremdsprachenunterricht offiziell eine andere Sprache neben sich dulde. Darin drücke sich aus, was die amerikanische Linguistin Nancy Hornberger (2004, S. 47) als Mehrsprachigkeitsparadox bezeichnet, dass das Bildungswesen nämlich Zeit und Geld investiert, um die Menschen mit Hilfe von Fremdsprachenunterricht zu Mehr-

---

1   Vom Verf. frei nach Gogolin, 2002, S. 17.
2   So Gogolin, 2009, 263 FN 1 in Weiterführung der Aussagen von 1988.

sprachigkeit zu befähigen, zugleich aber den vorhandenen sprachlichen Reichtum der Minderheiten und Migranten missachtet. Was die mitgebrachten sprachlichen Fähigkeiten betrifft, verhält sich das Bildungswesen nicht ressourcenorientiert, sondern misst und bewertet Migranten und Migrantinnen ausschließlich nach ihren Fähigkeiten in der Mehrheitssprache, die für diese in der Regel eine Zweitsprache ist. Diese Defizit-Orientierung führt nicht nur dazu, dass die Migrantenkinder im Bildungswesen durchgängig benachteiligt werden, sondern zugleich wird den deutschsprachigen Kindern eine Chance für frühe Mehrsprachigkeit vorenthalten.

Der Beginn mit Englisch im Kindergarten kann das nicht ersetzen – im Gegenteil: Mit Englisch lernen Kinder eine Sprache, die außerhalb von Kindergarten und Grundschule in ihrem Umfeld kaum existiert, d.h. sie machen eine Erfahrung, die für ihre Lernbiographie fatale Folgen haben kann: Im Unterricht lernt man Dinge, die außerhalb des Unterrichts unbrauchbar sind. Ganz anders, wenn die „lebensweltliche Mehrsprachigkeit", die Sprachenvielfalt der Wohnumgebung, des Pausenhofes, der Nachbar- und Minderheitensprachen auch im Unterricht erfahrbar wird.

Akzeptanz und Förderung der Familiensprachen als Grundlage

Schon in ihrer Dissertation betont und begründet Ingrid Gogolin die Bedeutung der Förderung der Erstsprache(n) für das Erziehungsziel Zweisprachigkeit (vgl. Gogolin, 1988, Kap. 2.1), wobei sie – in Übereinstimmung mit den Erkenntnissen aus vielen Schulversuchen – für eine integrierte Form dieser Förderung im Rahmen des Regelunterrichts plädiert. Diese Argumentation hat sich bis heute nicht durchgesetzt, im Gegenteil, ein Bundesland wie Bayern akzeptiert inzwischen nur noch ausgegliederten „Konsulatsunterricht" für die Muttersprachen der Kinder, in Österreich wird dieser Unterricht zwar im Rahmen der Schule, aber nur als „unverbindliche Übung", in der Regel am Nachmittag, angeboten. Obwohl die Spracherwerbsforschung und die Sprachpädagogik durchgehend belegen können, wie wichtig die Erstsprache für die (nicht nur) sprachliche Identität ist, gibt es doch immer wieder in den Bildungs- und Sozialwissenschaften Stimmen, die unter ganz anderen Kriterien (Erfolg auf dem Arbeitsmarkt oder *Time on Task*-Begründung) den Wert dieser Förderung anzweifeln (vgl. die Diskussion in Gogolin & Neumann, 2009). Dabei geht es keineswegs um die Erstsprache als Kapital im Hinblick auf künftige Berufschancen, vielmehr um ihren Wert im Hinblick auf die Entwicklung von Selbstwertgefühl, familialer Identität und Integration in die jeweilige Gesellschaft, sowie als Grundlage für den Aufbau einer Kompetenz in der Zweitsprache. In der Familiensprache, d.h. in der Regel durch für sie vertrauenswürdige Personen, werden Zugewanderte auf das Leben in einer ihnen möglicherweise fremden Gesellschaft vorbereitet, erfahren sie, wie Schule und Gesellschaft funktionieren, bilden sie Sicherheitsinseln, die dann auch erlauben, sich auf das Unbekannte einzulassen.

Die Bedeutung von Familie und Erstsprache für diese Integrationsarbeit wird durchweg unterschätzt. Gleiches gilt für die Erstsprache als Fundament, auf dem der Zweitspracherwerb aufbauen kann und vielfach muss. Natürlich sind die Befunde der Forschung hier nicht eindeutig, ist Spracherwerb doch ein individueller Prozess, so dass die Voraussetzungen, die Kinder in den Unterricht mitbringen, sehr unterschiedlich sind: Brizić (2007, Kap. 6) hat insbesondere die unterschiedlichen Konstellationen, die sich aus der Migrationsgeschichte und Sprachenbiographie der Eltern ergeben, in einem „Sprachen-Kapital-Modell" zusammengefasst; Maas (2009) weist am Beispiel einer Untersuchung marokkanischer Migrantenkinder nach, dass hier eher die deutsche Sprache diejenige ist, in der sie sich zu Hause fühlen und von der her sie ihre Sprachkompetenz in beiden Sprachen, der deutschen und der Familiensprache, aufbauen. Es kann also nicht darum gehen, für alle Zugewanderten und ihre Kinder im Konzept einer entfalteten, ausgebauten Mehrsprachigkeit Raum zu lassen für diejenigen Sprachen, die für sie aus unterschiedlichen Gründen Bedeutung haben, und diesen „Sprachbesitz" für den Erwerb der deutschen Sprache zu nutzen.

Sprache als Vorwand für Ausgrenzungen

Für die (zunehmende) Ablehnung der Erst- bzw. Familiensprachen von Migranten und Migrantinnen lassen sich verschiedene Ursachen anführen: Einmal ist sie in einem generell defizitorientierten Bildungswesen zu sehen, das Ressourcen bei Kindern (und Erwachsenen) nicht anerkennt, zum anderen aber auch, weil Sprachprobleme konstruiert werden, die im Grunde nur stellvertretend für ganz andere Ausgrenzungstendenzen stehen, solche, die religiöse und nationale Ursachen haben, wie das z.B. auch an der Konstruktion neuer Nationalsprachen in den Nachfolgestaaten des ehemaligen Jugoslawien sichtbar wird.

Dass Sprache als Vorwand für Ausgrenzungen genutzt wird, ist keine neue Erscheinung – McNamara (2005) hat auf die Shibboleth-Tradition der heutigen Sprachtests für Zugewanderte hingewiesen. Die verschiedenen Maßnahmen, die in den letzten Jahren mit dem Argument einer Sprachförderung entwickelt wurden, lassen sich durchweg auch als Instrumente einer Ausgrenzung und Diskriminierung lesen[3] und funktionieren in der Praxis entsprechend: So sieht das Wiener 1+1-Modell vor, dass Kinder, die die Deutschstandards bei Schuleintritt nicht erfüllen, in segregierten Vorschulklassen gemeinsam mit nicht schulreifen Kindern zusammengefasst und „gefördert" werden (vgl. De Cillia & Krumm, 2009). Die im Koali-

---

3 Siehe auch den Beitrag von Steiner-Khamsi im vorliegenden Band.

tionsvertrag der deutschen Bundesregierung von 2009 festgehaltene Aussage, mangelnde Deutschkenntnisse der Eltern gefährdeten das „Kindeswohl", würden, geht man von dem im Familienrecht etablierten Begriff der Gefährdung des Kindeswohls aus[4], sogar den Entzug des Sorgerechts der Eltern rechtfertigen.

Die mit der Entwicklung der europäischen Nationalstaaten entwickelte Tradition „Ein Staat – eine Sprache" hat offenbar die Vorstellung verfestigt, nur Einsprachigkeit sei „normal", alles andere sei als illoyal und illegitim zu verstehen. Der Gebrauch der Familiensprache wird so zum Indikator für mangelnden Integrationswillen uminterpretiert und erlaubt damit gesellschaftliche Sanktionen wie den Zwang zum Integrationskurs (so im Koalitionsvertrag der deutschen Bundesregierung 2009), den Entzug der Familienbeihilfe (in Österreich) bis hin zur Ausweisung.

Dass die Segregation das Gegenteil von dem erreicht, was zumindest offiziell bezweckt werden soll, nämlich Sprachförderung und Integration, wird in Kauf genommen: Wie kann man Segregation rechtfertigen, wenn man gleichzeitig um die Bedeutung der Peer-Group für die Sprachentwicklung weiß? Gerade wenn die Eltern nicht in ausreichendem Maße über die Umgebungssprache verfügen, gewinnen die Sprach- und Spielkontakte mit Gleichaltrigen für Kinder an Bedeutung.

Es gehört zu den ureigenen Aufgaben des Bildungssystems, Kinder mit dem auszustatten, was sie für eine erfolgreiche Bildungskarriere brauchen, und dabei an das anzuknüpfen, was diese Kinder bereits mitbringen: Die Konsequenz wäre die Nutzung der mitgebrachten Sprachen der Kinder als Ressource für den Aufbau der Bildungssprache Deutsch. Beides aber passiert nicht, zumindest nicht in ausreichendem Maße:[5] Die mitgebrachten Sprachen werden nicht genutzt, schon deshalb nicht, weil vielfach die Lehrenden darauf nicht vorbereitet sind und die Mittel für zweisprachige Unterrichtsprojekte oftmals fehlen. Aber auch die Förderung in der Unterrichtssprache findet nur unzureichend statt, die Verantwortung für diese wird den Eltern zugeschoben. §3 Abs. 3 des österreichischen Schulunterrichtsgesetzes lautet: „Die Erziehungsberechtigten haben dafür Sorge zu tragen, dass ihre Kinder zum Zeitpunkt der Schülereinschreibung die Unterrichtssprache im Sinne des Abs. 1 lit. B soweit beherrschen, dass sie dem Unterricht zu folgen vermögen" (BGBl. Nr. 472/1986, zuletzt geändert durch BGB. I Nr. 112/2009). Noch werden Sanktionen, wenn die Eltern diese Aufgabe nicht leisten, in Österreich nur diskutiert; die

---

4   Vgl. „Kindeswohl – Gefährdung": http://www.juraforum.de/lexikon/K [27.11.2009].

5   Mit ist klar, dass insbesondere in den verschiedenen deutschen Bundesländern die Verhältnisse in dieser Hinsicht unterschiedlich sind. Ich erlaube mir eine Verkürzung an dieser Stelle insbesondere angesichts der Situation in österreichischen Schulen (vgl. BMUKK/ BMWF, 2008.). Zu den auch hier erforderlichen Differenzierungen siehe in diesem Bericht Kap. 4.2 und Kap. 11.2.

Frage allerdings, wie Eltern, die diese Sprache möglicherweise gar nicht oder nur schlecht beherrschen, diese Aufgabe bewältigen sollen, wird nirgends erörtert, ein verpflichtendes und kostenloses Kindergartenjahr vor Schuleintritt soll dieses Problem offenbar lösen.

Unter dem Gesichtspunkt von Sprache und Macht lassen sich meines Erachtens die verschiedenen skizzierten Maßnahmen durchweg eher als Instrumente von Diskriminierung und Ausgrenzung, denn als Beitrag zur Förderung von Mehrsprachigkeit oder zumindest der bildungssprachlichen Fähigkeiten interpretieren.

Bedingungen für gelingende Mehrsprachigkeit

Zu den Überlegungen, wie denn ein Bildungswesen gestaltet sein müsse, das Mehrsprachigkeit fördert und Chancengerechtigkeit auch für Kinder mit Migrationshintergrund schafft, hat Ingrid Gogolin in vielfältiger Weise beigetragen – insbesondere im Rahmen des BLK-Modellprogramms FÖRMIG[6], dessen Ansatz für die Praxis insofern einen Paradigmenwechsel darstellt(e), als hier die lokale, regionale, d.h. passgenaue Erarbeitung von Fördermaßnahmen im Zentrum stand – in betontem Gegensatz zu dem, was durch bundesweite Integrationskurse und festgeschriebene einheitliche Standards für alle versucht wird, nämlich undifferenzierte Maßnahmen und Maßstäbe ungeachtet aller erforderlichen lokalen und individuellen Differenzen zu etablieren.

Sprachförderung ist nur dann erfolgreich, wenn sie nicht losgelöst von den sozialen und ökonomischen Lebenszusammenhängen gestaltet wird. Integrationssprachkurse mit einem bundeseinheitlichen Curriculum und bundesweite Sprachtests dagegen etablieren eine auf kurzfristig erreichbare Output-Ziele hin orientierte und organisierte Gestaltung der Sprachförderung, die auf individuelle und regionale Spezifika keine Rücksicht nimmt. Doch Migranten und Migrantinnen, Erwachsene ebenso wie Kinder, unterscheiden sich hinsichtlich ihrer individuellen Voraussetzungen, ihrer Lebens- wie auch Lernkontexte, sie unterscheiden sich hinsichtlich der Lernerfahrungen mit anderen Sprachen und sie unterscheiden sich im Speziellen, was ihre Vorkenntnisse im Deutschen betrifft. Es liegt eigentlich auf der Hand, dass es nichts mit Gerechtigkeit und Gleichbehandlung zu tun hat, wenn man von Menschen mit so verschiedenen Ausgangspositionen das Gleiche, nämlich das Bestehen einer einheitlichen Sprachprüfung auf einem einheitlichen Niveau, verlangt.

---

6   „Förderung von Kindern und Jugendlichen aus Migrantenfamilien" (FÖRMIG) war der
     Titel des von der Bund-Länder-Kommission (BLK) geförderten Modellprogramms, an
     dem von 2004 bis 2009 zehn Bundesländer mit einer Fülle von Projekten zur Sprach-
     förderung teilgenommen haben. Zu weiteren Informationen, u.a. zum Transfer siehe:
     http://www.blk-förmig.uni-hamburg.de.

In der Soziolinguistik herrscht daher zu Recht Einigkeit darüber, dass Sprachtests und einsprachige Sprachstandsdiagnosen per se exkludierend und assimilativ wirken (vgl. u.a. Shohamy, 2001),

- indem sie das spezifische Wissen und Können der Zugewanderten nicht aufgreifen,
- indem sie keine unterschiedlichen Wissens- und Kommunikationsformen erlauben,
- indem von den heterogenen Erfahrungen sowie von der Kommunikationsfähigkeit in anderen Sprachen als Deutsch abgesehen und damit die Überlegenheit der Mehrheitsangehörigen festgeschrieben wird,
- indem die Betroffenen selbst insbesondere bei der Festlegung der Inhalte nicht einbezogen werden,
- indem auch die Leistungsbeurteilung Kinder trotz unterschiedlicher Voraussetzungen alle nach den gleichen einsprachigen Kriterien misst, statt individuellen Lernfortschritt zu bewerten.

Es geht bei der Sprachförderung um die langfristige und vorausschauende Entwicklung von Sprachfähigkeit in Verbindung mit der Entwicklung einer selbstbewussten Persönlichkeit, nicht nur um auf abprüfbare Sprachkenntnisse in einer Sprache verkürzte Zurichtungen. Die Sprachförderung bedarf deshalb der Einbettung in den sozialen Nahraum, der Berücksichtigung der jeweiligen lebensweltlichen Mehrsprachigkeit, der Rolle der Sprachen im Kontext der familialen ebenso wie der schulischen bzw. beruflichen Bildung.

Nur eine solche differenzierte Herangehensweise lässt sich ressourcenorientiert ausgestalten (vgl. Mindeststandards 2009). Dabei kann es nicht um sprachliche Reinheit gehen, sondern darum, die mannigfaltige, plurale Lage zu bewältigen, „transformationelle Kompetenzen" anzubahnen, „die stets statthabenden Berührungen explizit zu machen, um einen selbstbewussten, lustvollen – einen gebildeten Umgang mit ihnen zu ermöglichen" (Gogolin 1998, S. 93). Das ist keine Aufgabe, die sich mit kurzatmigen Förderprogrammen in nur einer Sprache bewältigen lässt. „Für Kinder, die in zwei (oder mehr) Sprachen leben, ist eine langandauernde kontinuierliche Berücksichtigung ihrer besonderen sprachlichen Bildungsvoraussetzungen beim Lehren (in) der Zweitsprache erforderlich" (Gogolin & Krumm, 2009, S. 32).

Literatur

Brizić, K. (2007). *Das geheime Leben der Sprachen. Gesprochene und verschwiegene Sprachen und ihr Einfluss auf den Spracherwerb in der Migration.* Münster u.a.: Waxmann.

Bundesministerium für Unterricht, Kunst und Kultur & Bundesministerium für Wissenschaft und Forschung (Hrsg.) (2008). *Language Education Policy Profile* – Länderbericht Sprach- und Sprachunterrichtspolitik in Österreich. Wien: BMUKK.

Bundesgesetz über die Ordnung von Unterricht und Erziehung in den im Schulorganisationsgesetz geregelten Schulen (Schulunterrichtsgesetz 1986 – SchUG). In: BGBl. Nr. 472/1986 (WV), zuletzt geändert durch BGB. I Nr. 112/2009. Verfügbar unter: http://www.bmukk.gv.at/schulen/recht/gvo/schug_teil1.xml [14.1.2010].

De Cillia, R. & Krumm, H.-J. (2009). *Die Bedeutung der Sprache. Bildungspolitische Konsequenzen und Maßnahmen. Länderbericht Österreich.* Wien: Bundesministerium für Unterricht, Kunst und Kultur.

Empfohlene Maßnahmen zur Umsetzung der Mindeststandards für nachhaltige Sprachförderung (2009). In V. Plutzar & N. Kerschhofer-Puhalo (Hrsg.). *Nachhaltige Sprachförderung. Zur veränderten Aufgabe des Bildungswesens in einer Zuwanderungsgesellschaft. Bestandsaufnahmen und Perspektiven* (S. 14–21). Innsbruck: Studienverlag.

Gogolin, I. (1988). *Erziehungsziel Zweisprachigkeit.* Hamburg: Bergmann und Helbig.

Gogolin, I. (1994). *Der monolinguale Habitus der multilingualen Schule.* Münster u.a.: Waxmann.

Gogolin, I. (1998). Sprache rein halten – eine Obsession. In I. Gogolin, S. Graap & G. List (Hrsg.), *Über Mehrsprachigkeit* (S. 71–96). Tübingen: Stauffenburg.

Gogolin, I. (2002). *Linguistic Diversity and New Minorities in Europe.* Strasbourg: Council of Europe.

Gogolin, I. & Krumm, H.-J. (2009). The value of language diversity / Wert der Mehrsprachigkeit: Die Rolle der Mehrsprachigkeit im multikulturellen / multilingualen Klassenzimmer. *Probebühne Zukunft: Schule und interkultureller Dialog / Rehearsing the Future: School and Intercultural Dialogue* (S. 28–46). Wien: BMUKK.

Gogolin, I. & Neumann, U. (Hrsg.). *Streitfall Zweisprachigkeit – The Bilingualism Controversy.* Wiesbaden: Verlag für Sozialwissenschaften.

Hornberger, N. (2002). Multilingual Language Policies and The Continua of Biliteracy: An Ecological Approach. *Language Policy, 1,* 27–51.

Maas, U. (2009). Sprache in Migrationsverhältnissen: „Sprachausbau (Schriftsprache) vs. Mehrsprachige Kommunikation". In I. Gogolin & U. Neumann (Hrsg.), *Streitfall Zweisprachigkeit – The Bilingualism Controversy* (S. 145–161). Wiesbaden: Verlag für Sozialwissenschaften.

McNamara, T. (2005). 21st century Shibboleth: Language tests, identity and intergroup conflict. *Language Policy, 4*(4), 351–370.

Mindeststandards zur nachhaltigen Sprachförderung in Österreich (2009). In V. Plutzar & N. Kerschhofer-Puhalo (Hrsg.). *Nachhaltige Sprachförderung. Zur veränderten Aufgabe des Bildungswesens in einer Zuwanderungsgesellschaft. Bestandsaufnahmen und Perspektiven.* (22–25). Innsbruck: Studienverlag.

Shohamy, E. (2001). *The power of tests: A critical perspective on the uses of language tests.* Harlow: Pearson Education.

Wilfried Bos, Claudia Dohe, Magdalena E. Kowoll, Ulrike Platz
und Susann Schuster

Binnendifferenzierung als integrationspädagogische Maßnahme

Wer nicht lesen kann, kann nicht lernen. Diese überspitzte These wird kaum Bestätigung finden, ist es doch möglich, sich durch Hören, Reden und Gesten neue Informationen zugänglich zu machen. Jedoch ist es unumstritten, dass das Leseverstehen eine fundamentale Kompetenz für den Wissenserwerb darstellt. Lesekompetenz bedingt schulische Lernprozesse. Diese These wurde von PISA und IGLU eindrücklich unter Beweis gestellt. Die Untersuchungen zeigten, dass Schülerinnen und Schüler, die in der Lesekompetenz gravierende Schwächen aufweisen, auch oft in den Sachfächern unter dem Lerndurchschnitt bleiben (Prenzel, Artelt, Baumert, Blum, Hammann, Klieme & Pekrun, 2007; Bos, Lankes, Prenzel, Schwippert, Walther & Valtin, 2003).

Die Steigerung der Lesekompetenz wird inzwischen als gesellschaftliche Aufgabe wahrgenommen. Zu den Aufwendungen bzw. Maßnahmen der Kultusverwaltungen, der Kommunen, Kreise und diverser Stiftungen kommen Initiativen wie ‚Leseluchs‘, ‚Hauptsache Lesen‘ oder das Projekt ‚Pro Lesen‘ der Kultusministerkonferenz hinzu. Sie alle unterstützen die Schule bei ihrer Aufgabe, Schülerinnen und Schüler durch Anreize, zum Lesen komplexer Texte aus Kinder- und Jugendliteratur zu animieren und zu motivieren. Kinder und Jugendliche sollen Spaß am Lesen finden, auch außerhalb des Unterrichts.

Effekte additiver Fördermaßnahmen zur Steigerung der Lesekompetenz

Nach wie vor werden die meisten lesefördernden Initiativen wie auch andere Programme zur Förderung der Sprachkompetenzen als additive Maßnahmen durchgeführt. So werden Kinder mit Defiziten beispielsweise außerhalb des Klassenverbands beschult. Sie bilden damit eine eigene homogene Lerngruppe, die an ihren Defiziten arbeiten soll. Jedoch sind die Erfolge dieser additiven Förderangebote bisher nur mäßig. Bei PISA 2006 lag die Leseleistung von 20% der Schülerinnen und Schüler in Deutschland auf oder unter der ersten Kompetenzstufe. Schülerinnen und Schüler, die die Kompetenzstufe I nicht überschreiten, sind lediglich in der Lage, mit einfachen Texten umgehen, die ihnen bezüglich des Inhalts und der Form vertraut sind. Dabei muss die Information im Text, die zur Bewältigung der Leseaufgabe notwendig ist, deutlich lokalisierbar sein, und der Text darf nur wenige konkurrierende Elemente enthalten, die von der relevanten Information ablenken könnten (Prenzel, et al., 2007).

Zudem wurde in den Lernstandserhebungen Klasse 8 (MSW NRW, 2009a), bei denen im Fach Deutsch die (Teil-)Kompetenzen „Informationen entnehmen und zueinander in Beziehung setzen" und ‚Strategien und Techniken des Textverstehens' im Mittelpunkt standen, festgestellt, dass der Anteil an Schülerinnen und Schülern an Hauptschulen und in Grundkursen der Gesamtschulen, der nur Kompetenzstufe I erreicht, überproportional hoch ist (MSW NRW, 2009 a). An komplexeren Texten, die Sprachbeflissenheit voraussetzen, scheitern insbesondere Kinder mit Migrationshintergrund (Gogolin, 2006). In IGLU 2006 wurde nachgewiesen, dass Kinder ohne Migrationshintergrund auf allen Kompetenzstufen bessere Leistungen erbringen (Bos et al., 2007).

Nach Gomolla (2009) haben Schulen auf diesen Befund in der Weise reagiert, dass sie die Lesekompetenz dieser Kinder besonders fördern, indem sie oftmals externe Differenzierungsmaßnahmen ergreifen und die Lerngruppen in monolinguale und multilinguale Schülerinnen und Schüler teilen. Anstelle der Zusammenführung von monolingualen und multilingualen Kindern werden die Kinder nach ihren allgemeinen sprachlichen Fähigkeiten getrennt, was – angesichts der spezifischen Migrationspolitik der Bundesrepublik seit den 1950er Jahren – häufig auch eine Trennung nach sozioökonomischen Kriterien impliziert. Die Separierung der Lerngruppen bleibt, nach Schofield (2006), jedoch nicht ohne Folgen. Lehrerinnen und Lehrer, die eine so entstandene leistungsschwächere Schülergruppe unterrichten, erwarten geringere Leistung von dieser Gruppe und senken damit ihre sprachlichen Anforderungen und ihre inhaltlichen Ansprüche, mit denen sie diesen Schülerinnen und Schüler gegenüber treten. Dies könnte einen Grund dafür darstellen, dass eine solche homogen zusammengesetzte Schülergruppe weniger lernt als sie in einer heterogenen Lernumgebung lernen könnte.

Im Folgenden soll mit Ergebnissen aus IGLU 2006 die Leseleistung von Schülerinnen und Schülern mit und ohne Migrationshintergrund, aufgeteilt nach spezifischen Unterrichtsmerkmalen, näher betrachtet werden.

Abbildung 1 veranschaulicht die Ergebnisse, getrennt nach Migrationshintergrund, zu folgender Frage aus dem IGLU-2006-Lehrerfragebogen: Wenn Sie Lesen unterrichten und/oder lesebezogene Unterrichtsaktivitäten mit den Schülern durchführen, wie oft organisieren Sie diese in folgender Weise?

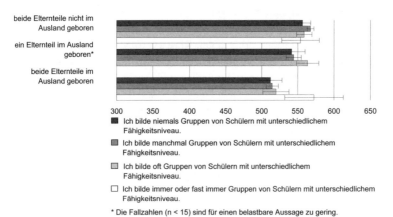

beide Elternteile nicht im Ausland geboren

ein Elternteil im Ausland geboren*

beide Elternteile im Ausland geboren

300   350   400   450   500   550   600   650

■ Ich bilde niemals Gruppen von Schülern mit unterschiedlichem Fähigkeitsniveau.

▨ Ich bilde manchmal Gruppen von Schülern mit unterschiedlichem Fähigkeitsniveau.

▢ Ich bilde oft Gruppen von Schülern mit unterschiedlichem Fähigkeitsniveau.

☐ Ich bilde immer oder fast immer Gruppen von Schülern mit unterschiedlichem Fähigkeitsniveau.

* Die Fallzahlen (n < 15) sind für einen belastbare Aussage zu gering.

Abb. 1: Leseleistung in Abhängigkeit von Migrationshintergrund und heterogener Fähigkeitsgruppenzusammensetzung der Schülerinnen und Schüler im Leseunterricht (M)

Kinder, deren beide Elternteile im Ausland geboren sind und immer oder fast immer in Gruppen von Schülern mit unterschiedlichem Fähigkeitsniveau im Lesen unterrichtet werden, weisen im Gegensatz zu Kindern der gleichen Gruppe, die nie in Gruppen von Schülern mit unterschiedlichem Fähigkeitsniveau im Leseunterricht lernen, einen Vorsprung im Lesen von 60 Punkten (Abb. 1) auf. Diese Differenz stellt einen signifikanten Leistungsunterschied dar ($p < .05$) und entspricht fast einer Kompetenzstufe bei IGLU. Auf der anderen Seite scheint die Leseleistung von Kindern, deren beide Elternteile in Deutschland geboren sind, nicht unter einer heterogenen Fähigkeitsgruppenzusammensetzung im Leseunterricht zu leiden. Bei ihnen zeichnen sich keine signifikanten Leistungsunterschiede zwischen dem Lernen in heterogenen und homogenen Fähigkeitsgruppen ab (Abb. 1). Zusammenfassend kann konstatiert werden, dass Kinder, deren beide Elternteile im Ausland geboren sind, hinsichtlich ihrer Leseleistung in heterogen zusammengesetzten Fähigkeitsgruppen im Leseunterricht besser abschneiden als Kinder, deren beide Elternteile im Ausland geboren sind und in homogenen Fähigkeitsgruppen unterrichtet werden (vgl. auch Bos & Scharenberg, im Druck; Gröhlich, Scharenberg & Bos, 2009). Bei Kindern, deren beide Elternteile in Deutschland geboren sind, zeigt sich kein signifikanter Unterschied in der Leseleistung, wenn sie in heterogenen oder homogenen Fähigkeitsgruppen im Lesen unterrichtet werden.

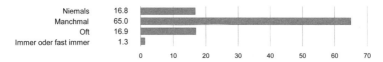

Abb. 2: Heterogene Fähigkeitsgruppenzusammensetzung der Schülerinnen und Schüler im Leseunterricht aus Lehrersicht (Angaben in Prozent)

In der schulischen Praxis hat diese Erkenntnis jedoch noch keine ausreichende Anwendung gefunden. Nur 16.9% der Lehrkräfte geben an, oft heterogene Fähigkeitsgruppen im Leseunterricht zu bilden und nur 1.3% der Lehrkräfte arbeiten, nach eigenen Aussagen, immer oder fast immer mit heterogenen Fähigkeitsgruppen im Leseunterricht (Abb. 2). Für eine parallele Förderung anderer Muttersprachen als Deutsch, gibt es bisher nur vereinzelt systematisch angelegte Angebote an Schulen (Ehlers, 1998). Neben einer potentiellen Steigerung der Leseleistung von Kindern mit Migrationshintergrund, verhindern separierende Förderangebote zudem auch Chancen sozialer Integration. So könnten innerhalb heterogener Fähigkeitsgruppen nicht deutsch-muttersprachliche Kinder von deutsch-muttersprachlichen lernen und damit zugleich in Bezug auf kulturelle und soziale Unterschiede profitieren.

Insgesamt verdeutlicht dieser Umstand zwei Desiderate, auf die auch Ingrid Gogolin immer wieder nachdrücklich hingewiesen hat. Zum einen gelingt es Deutschland nicht, die seit Jahrzehnten zunehmende Mehrsprachigkeit als kulturellen und wirtschaftlichen Zuwachs anzuerkennen und den „monolingualen Habitus" (Gogolin, 2001) im Bildungssystem zu überwinden. Zum anderen bedarf es der Förderung der interkulturellen Bildung, d.h. der Fähigkeit, sprachliche, ethnische und kulturelle Unterschiede zu kennen, verstehen, reflektieren und miteinander in Beziehung zu setzen (Gogolin, 2002).

Effekte binnendifferenzierter Maßnahmen im Unterricht zur Steigerung der Lesekompetenz

Hinsichtlich der Frage nach einem konstruktiven Umgang mit der „sprachlichen, ethnischen, kulturellen und sozialen Heterogenität der Schülerschaft" im Unterricht und zur Aufhebung der Desiderate sollte das Augenmerk verstärkt auf integrative Maßnahmen im Unterricht gelegt werden (Gogolin, 2003, S. 1). Zur Steigerung der für den Wissenserwerb notwendigen Lesekompetenz bedarf es variabler und differenzierter Lernformen sowie der individuellen Förderung, um den sozial heterogenen Lernvoraussetzungen gerecht zu werden (Bos, 2005).

Nach Bausch, Christ und Krumm (1995) wird mit Differenzierung im Allgemeinen die Zusammenfassung von Lernern zu Gruppen beschrieben, die möglichst homogen sind, damit Schulform, Materialien, Lernziele, Arbeitsformen und Aktivitäten an die Bedingungen, die bei den Lernenden vorhandenen sind, angepasst werden können. In der modernen Fachdidaktik werden jedoch stärker die Möglichkeiten der Binnendifferenzierung hervorgehoben, die nicht mehr allein eine Gruppeneinteilung nach Leistung fokussiert, sondern für alle Lernenden eine anregende Lernsituation erzielen will. Im Folgenden werden Ergebnisse aus IGLU 2006 hinsichtlich der Leseleistung von Schülerinnen und Schülern mit und ohne Migrationshintergrund in Abhängigkeit von dem Einsatz von Arbeitsplänen im Unterricht dargestellt.

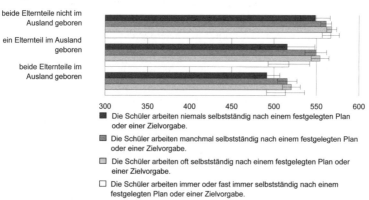

Abb. 3: Leseleistung in Abhängigkeit von Migrationshintergrund und dem Einsatz von Arbeitsplänen im Leseunterricht (M)

Abbildung 3 zeigt die Ergebnisse (getrennt nach Migrationshintergrund) zu folgender Frage aus dem IGLU 2006-Lehrerfragebogen: „Wenn Sie Lesen unterrichten und/oder lesebezogene Unterrichtsaktivitäten mit den Schülern durchführen, wie oft organisieren Sie diese in folgender Weise?". Es wird ersichtlich, dass Kinder, mit und ohne Migrationshintergrund, über tendenziell bessere Lesekompetenzen verfügen, wenn sie manchmal bis immer auf der Grundlage von Arbeitsplänen im Leseunterrichtet lernen, im Unterschied zu Kindern, die nie auf der Basis von Arbeitsplänen im Lesen unterrichtet werden (Abb. 3). Besonders Kinder, deren beide Elternteile im Ausland geboren sind und die oft basierend auf Arbeitsplänen im Unterricht Lesen lernen, zeigen eine signifikant höhere Leseleistung ($p < .05$) mit einer Differenz von 24 Punkten zu Kindern, deren beide Elternteile auch im Ausland geboren sind, die jedoch nie auf der Grundlage von Arbeitsplänen imUnterricht Lesen lernen. Immerhin setzen 40.7% der Lehrkräfte, nach eigener Aussage, manchmal und 43.1% der Lehrkräfte oft Arbeitspläne im Leseunterricht ein. 10.3% der Lehrkräfte arbeiten, nach eigenen Angaben, immer oder fast immer mit Arbeitsplänen im Leseunterricht (Abb. 4).

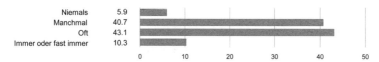

Abb. 4: Einsatz von Arbeitsplänen im Leseunterricht aus Lehrersicht (Angaben in Prozent)

In Abbildung 5 werden die Ergebnisse aus IGLU 2006 zu der Kombination aus dem Einsatz von heterogenen Fähigkeitsgruppen und der Verwendung von Arbeitsplänen im Leseunterricht, getrennt nach Migrationshintergrund der Schülerinnen und Schüler, dargestellt. Dabei wird aufgezeigt, dass der Einsatz von Arbeitsplänen in heterogenen Fähigkeitsgruppen im Leseunterricht effektiv zu sein scheint. Jedoch können über die Leistungen der Kinder hier aufgrund der geringen Fallzahl in den Gruppen nur bedingt Aussagen gemacht werden. In der Gruppe der Kinder mit einem im Ausland geborenen Elternteil weisen die Kinder, die oft auf der Basis von Arbeitsplänen im Unterricht Lesen lernen und zusätzlich oft in heterogenen Fähigkeitsgruppen im Leseunterricht arbeiten, eine tendenziell höhere Lesekompetenz, mit einem Vorsprung von 28 Punkten auf, als Kinder der gleichen Gruppe, die zwar auch oft mit Arbeitsplänen im Leseunterrichten, aber nie in heterogenen Fähigkeitsgruppen arbeiten. Kinder, deren Eltern beide nicht im Ausland geboren sind, erzielen die tendenziell stärksten Ergebnisse in der Lesekompetenz, wenn sie immer oder fast immer auf der Grundlage von Arbeitsplänen im Leseunterricht lernen und immer oder fast immer in heterogenen Fähigkeitsgruppen im Leseunterricht arbeiten.

Signifikante Differenzen ($p < .05$) zeigen sich bei der Gruppe der Kinder mit beiden im Ausland geborenen Elternteilen. Kinder dieser Gruppe, die nie auf der Grundlage von Arbeitsplänen unterrichtet werden und nie in heterogenen Fähigkeitsgruppen lernen, weisen eine signifikant niedrigere Leseleistung auf als Kinder dieser Gruppe, die immer oder fast immer auf der Basis von Arbeitsplänen im Leseunterricht lernen und oft in heterogenen Fähigkeitsgruppen im Lesen unterrichtet werden ($p < .05$). Diese signifikant niedrigere Leseleistung der Kinder mit Migrationshintergrund, die nie auf der Basis von Arbeitsplänen unterrichtet werden und nie in heterogenen Fähigkeitsgruppen lernen, wird auch bei dem Vergleich mit der Leseleistung der Kinder deutlich, die einen ebenfalls gleich starken Migrationshintergrund aufweisen, jedoch in einer Kombination aus der Verwendung von Arbeitsplänen und heterogener Fähigkeitszusammensetzung unterrichtet werden, bei denen jede der beiden Komponenten eine Ausprägung von „manchmal" bis „oft" aufweist.

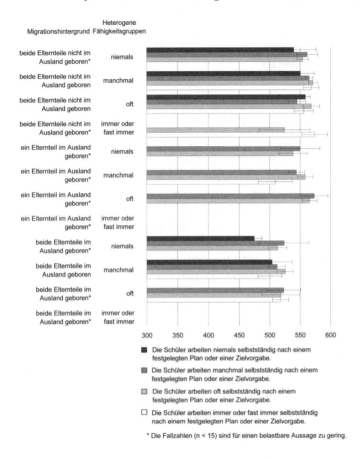

Abb. 5: Leseleistung in Abhängigkeit von Migrationshintergrund, dem Einsatz von Arbeitsplänen und heterogener Zusammensetzung der Schülerinnen und Schüler im Leseunterricht (M)

Ausblick auf ein Konzept externer Schulberatung

Auf Initiative der Landesregierung NRW haben seit Beginn des Schuljahres 2009/2010 Hauptschulen die Möglichkeit, sich bei der Entwicklung eines Gesamtkonzepts für die Förderung der sprachlichen Kompetenzen der Schülerinnen und Schüler coachen bzw. beraten zu lassen. Diese Aufgabe übernehmen besonders qualifizierte SprachFörderCoaches (MSW NRW, 2009 b). Sprachförderung ist besonders an Hauptschulen erforderlich, weil sich dort sogenannte Risikoschüler konzentrieren. Zur Risikogruppe werden solche Schülerinnen und Schüler gerechnet, die Grundfähigkeiten im Lesen, in Mathematik und in den Naturwissenschaften nicht erreichen – also die Kompetenzstufe II bei PISA (vgl. Prenzel et al., 2004) verfehlen – und deshalb massive Schwierigkeiten haben dürften, in der Arbeitswelt Fuß zu fassen. Mit dem Einsatz der SprachFörderCoaches soll den Schulen nicht nur externe Unterstützung bei der Entwicklung eines schuleigenen Sprachförderkonzepts gegeben werden, sondern auch die Erkenntnisse der ergebnisorientierten Schul- und Unterrichtsentwicklung mit dem Fokus Sprache, die Problemstellungen der Sprachlernentwicklung und die Ergebnisse der empirischen Schul- und Unterrichtsforschung zur Verfügung gestellt werden.

Die Aufgabe der SprachFörderCoaches besteht darin, diese Erkenntnisse in der Schulpraxis umzusetzen. Bezogen auf die Förderung der Lesekompetenz konkretisiert sich – wie gesehen – die Umsetzung durch die Implementation von Arbeitsplänen in binnendifferenziertem Unterricht und das Lernen in heterogenen Fähigkeitsgruppen. Die SprachFörderCoaches achten somit bei der Beratung darauf, dass in einem schuleigenen Konzept zur durchgängigen Sprachförderung von Klasse 5–10 festgelegt wird, dass binnendifferenzierter Unterricht in heterogenen Fähigkeitsgruppen stattfindet, in welchem individuelle Förderung durch Arbeitspläne unterstützt wird. Additive Sprachfördermaßnahmen sollten die Ausnahme bleiben (MSW NRW, 2009 b).

Ein weiterer Beratungsschwerpunkt ist die Förderung der deutschen Sprache als Sprache der Schule d.h. als einer Sprachvariante, die sich von der alltäglich gesprochenen Sprache deutlich unterscheidet. Sie besitzt die Besonderheiten von formeller Sprache und von Fachsprachen. Deswegen kann sich Sprachförderung nicht allein auf das Fach Deutsch beziehen, sondern ist prinzipiell in allen Fächern und Lernbereichen gleichermaßen notwendig. Entsprechend gelten die oben beschriebenen Unterrichtsprinzipien für die Förderung der Schulsprache Deutsch in allen Fächern (Gogolin, 2005). Wenn es den SprachFörderCoaches gelänge, die drei wesentlichen Aspekte der Sprachförderung – die individuelle, fächerübergreifende und integrative Förderung – in den Schulen zu implementieren, könnten bei der Sprachförderung bessere Erfolge erzielt werden. Insofern könnte sich eine höhere Lesekompetenz positiv auf den Wissenserwerb und damit auf den Bildungserfolg auswirken. Damit erhöht sich auch die Chance, einen besseren oder sogar höheren Bildungsabschluss und im Anschluss einen Ausbildungs- oder Arbeitsplatz zu erhalten.

Literatur

Bausch, K.-R., Christ, H. & Krumm, H.-J. (1995). *Handbuch Fremdsprachenunterricht* (3. Aufl.). Tübingen: UTB Francke.

Bos, W., Hornberg, S., Arnold, K.-H., Faust, G., Fried, L., Lankes, E.-M., Schwippert, K. & Valtin, R. (2007). *IGLU 2006. Lesekompetenzen von Grundschulkindern in Deutschland im internationalen Vergleich.* Münster u.a.: Waxmann.

Bos, W., Lankes, E.-M., Prenzel, M., Schwippert, K., Walther, G. & Valtin, R. (Hrsg.). (2003). *Erste Ergebnisse aus IGLU. Schülerleistungen am Ende der vierten Jahrgangsstufe im internationalen Vergleich.* Münster u.a.: Waxmann.

Bos, W., Lankes, E.-M., Prenzel, M., Schwippert, K., Valtin, R. & Walther, G. (Hrsg.). (2005). *IGLU. Vertiefende Analysen zu Leseverständnis, Rahmenbedingungen und Zusatzstudien.* Münster u.a.: Waxmann.

Bos, W. & Scharenberg, K. (in Druck). Lernentwicklung in leistungshomogenen und -heterogenen Schulklassen. In W. Bos, E. Klieme & O. Köller (Hrsg.), *Schulische Lerngelegenheiten und Kompetenzentwicklung. Festschrift für Jürgen Baumert.* Münster u.a.: Waxmann.

Ehlers, S. (Hrsg.). (2006). Sprachförderung und Literalität. *Flensburger Papiere zur Mehrsprachigkeit und Kulturenvielfalt im Unterricht, Sonderheft 3*, 15–35.

Gogolin, I. (2001). *Sprachenvielfalt durch Zuwanderung - ein verschenkter Reichtum in der (Arbeits-)Welt? Förderung von MigrantInnen in der beruflichen Bildung durch sprachbezogene Angebote.* Verfügbar unter: http://www.goodpractice.de/1_Gogolin.pdf [19.09.2009].

Gogolin, I. (2002). Sprachlich-kulturelle Differenz und Chancengleichheit – (un)versöhnlich in staatlichen Bildungssystemen? In I. Lohmann & R. Rilling (Hrsg.), *Die verkaufte Bildung. Kritik und Kontroversen zur Kommerzialisierung von Schule, Weiterbildung, Erziehung und Wissenschaft* (S. 153–168). Opladen: Leske & Budrich.

Gogolin, I. (2003). *Fähigkeitsstufen der Interkulturellen Bildung.* Hamburg: Institut für International und Interkulturell Vergleichende Erziehungswissenschaft der Universität Hamburg. Verfügbar unter: http://www.erzwiss.uni-hamburg.de/Personal/Gogolin /cosmea/core/corebase/mediabase/foermig/website_gogolin/dokumente/Gogolin _2002_F_higkeitsstufen_Mimeo.pdf [08.10.2009].

Gogolin, I. (2005). *Mehrsprachigkeit und die Chance auf Bildungserfolg. Über Ansprüche an das Lehren von Sprache, nicht nur im Deutschunterricht.* Verfügbar unter: http://www.eundc.de/pdf/38002.pdf [08.03.2010].

Gomolla, M. (2009). Fördern und Fordern allein genügt nicht! In G. Auernheimer (Hrsg.), *Schieflagen im Bildungssystem. Die Benachteiligung der Migrantenkinder.* Wiesbaden: VS Verlag für Sozialwissenschaften.

Gröhlich, C., Scharenberg, K. & Bos, W. (2009). Wirkt sich Leistungsheterogenität in Schulklassen auf den individuellen Lernerfolg in der Sekundarstufe aus? *Journal for Educational Research Online, 1* (1), 86–105.

Prenzel, M., Artelt, C., Baumert J., Blum, W., Hammann M. Klieme E. & Pekrun R. (Hrsg.). (2007). *PISA 2006. Die Ergebnisse der dritten internationalen Vergleichsstudie.* Münster u.a.: Waxmann.

Prenzel, M., Baumert, J., Blum, W., Lehmann, R., Leutner, D., Neubrand, M., Pekrun, R., Rost, J. & Schiefele, U. (Hrsg.). (2004). *Pisa 2003. Der Bildungsstand der Jugendlichen in Deutschland. Ergebnisse des zweiten internationalen Vergleichs.* Münster u.a.: Waxmann.

Schofield, J. W. (2006). *Migrationshintergrund, Minderheitenzugehörigkeit und Bildungserfolg. Forschungsergebnisse der pädagogischen, Entwicklungs- und Sozialpsychologie. AKI Forschungsbilanz 5.* Berlin: Waxmann, S. 259–275.

MSW von NRW. (2009 a). *Ergebnisse der Lernstandserhebungen, Klasse 8, 2009.* Verfügbar unter: http://www.standardsicherung.schulministerium.nrw.de/lernstand8/upload/download/mat_08-09/090528_Landesweiter_Ergebnisbericht.pdf [30.03.2010].

MSW von NRW. (2009 b). *Qualitätsoffensive Hauptschule. Schule NRW/Amtsblatt. Beilage (01/09).*

Georg Hansen

Mehrsprachigkeit der Europäer – Programmatik und empirische Realität

Die Mehrsprachigkeit der Europäer steht immer noch auf dem Programm der EU. Die jüngste Initiative trägt den Titel: „Eine lohnende Herausforderung – wie die Mehrsprachigkeit zur Konsolidierung Europas beitragen kann" (Europäische Kommission, 2008). Die Vorschläge einer Intellektuellengruppe unter Leitung des Schriftstellers Amin Maalouf berücksichtigen, dass Europa eine andere Sprachenpolitik benötigt, als die klassischen Nationalstaaten:

> „Wenn auch die Mehrzahl der europäischen Nationen auf der Basis ihrer identitätsstiftenden Sprachen begründet wurde, so kann sich die Europäische Union nur auf ihre Sprachenvielfalt gründen. Dies ist unserer Ansicht nach ein besonders tröstlicher Gedanke. Dass sich ein Gefühl der Zugehörigkeit auf sprachliche und kulturelle Vielfalt gründet, ist ein mächtiges Gegengift gegen jenen Fanatismus verschiedenster Prägung, in den Bekräftigungen der nationalen Identität oft ausgeartet sind – in Europa und anderswo, gestern wie heute" (Europäische Kommission, 2008, S. 5).

Diese Perspektive steht für einen Zugriff, der die europäische Mehrsprachigkeit nicht auf vordergründige Sprachkompetenz reduziert.

Europäische Sprachenvielfalt – eine Herausforderung

Die Lösung des Umgangs mit der Sprachenvielfalt in Europa wird von der Gruppe in einer – originellen Variante der schon bisher geforderten – Dreisprachigkeit der Europäer gesehen: (1) die Erstsprache, (2) eine Adoptivsprache und (3) die internationale Verhandlungssprache Englisch.

> „A Die bilateralen Beziehungen zwischen den Völkern der Europäischen Union sollten vorzugsweise in den Sprachen dieser Völker gestaltet werden, und nicht in einer dritten Sprache.
> Dies setzt voraus, dass jede europäische Sprache in jedem Land der Union über eine bedeutende Gruppe kompetenter und stark motivierter Sprecher verfügt.
> Ihre Zahl wäre natürlich je nach Sprache sehr unterschiedlich, sie müsste jedoch überall ausreichend hoch sein, damit die Sprecher alle Aspekte – Wirtschaft, Politik, Kultur usw. – der „binären" Beziehungen zwischen den beiden betreffenden Ländern abdecken könnten.
> B Damit diese Sprecherkontingente gebildet werden können, sollte die Europäische Union den Begriff persönliche Adoptivsprache vorantreiben.
> Wir verstehen unter diesem Begriff, dass jeder Europäer ermutigt werden soll, aus freiem Ermessen eine besondere Sprache zu wählen, die sich sowohl von jener Sprache unterscheidet, die seine Identität begründet, als auch von der Sprache der internationalen Kommunikation" (Europäische Kommission, 2008, S. 7).

Auf diese Weise soll erreicht werden, dass die Summe der Sprecher einer Vielzahl von Adoptivsprachen insgesamt die europäische und darüber hinausgehende Sprachenvielfalt abdeckt – eine Konkurrenz zwischen Englisch und anderen Sprachen soll so vermieden werden:

> „Durch diesen Ansatz möchten wir die gegenwärtig herrschende Rivalität zwischen dem Englischen und den anderen Sprachen überwinden, eine Rivalität, die zu einer Schwächung letzterer führt, aber auch zulasten der englischen Sprache und ihrer Sprecher geht" (Europäische Kommission, 2008, S. 7).

Die Gruppe geht davon aus, dass mit ihrem Vorschlag ein Weg gefunden werden könnte, den Sprechern *aller* Sprachen Adoptivsprecher aus allen anderen Sprachen als Kommunikationspartner gegenüber zu stellen:

> „Gleichzeitig würden jene Sprachen, die von einer geringeren Zahl von Menschen gesprochen werden, sogar die ausgeprägten Minderheitensprachen, nie gekannte Strahlkraft erlangen. Die logische Konsequenz einer Politik der persönlichen Adoptivsprache läge nämlich darin, dass die Wahl der Sprache sich ebenso vollzöge wie die Wahl eines Berufes. Das Beherrschen einer relativ seltenen Sprache würde einen zusätzlichen Vorteil verschaffen, vergleichbar mit jenem durch eine seltene Spezialisierung in einem Spitzenbereich. Das Ergebnis wäre, dass sich die Menschen auf die verschiedenen Sprachen aufteilen würden, zu sehr ungleichen Teilen zwar, was aber dennoch von Bedeutung ist.
> Und vor allem von nachhaltiger Wirkung. Eine der bedeutendsten Folgen des von uns vorgeschlagenen Ansatzes besteht darin, dass jeder europäischen Sprache ihr vorrangiger Platz in den bilateralen Beziehungen zu allen europäischen Partnern zukäme, dass keine zum Aussterben verurteilt wäre, dass keine auf ein Dasein als lokaler Dialekt reduziert würde. Aufgrund dieser Tatsache sollten jene, die eine bestimmte Sprache als Muttersprache sprechen, und seien sie noch so wenige, sich niemals isoliert oder ausgegrenzt fühlen" (Europäische Kommission, 2008, S. 8).

Dieser Vorschlag ist die vorläufig letzte Initiative zur Etablierung der Mehrsprachigkeit von Europäern.

Europäische Sprachenpolitik – ein Bruch mit nationalen Traditionen?

Programmatisch wurden Mehrsprachigkeit und kulturelle Vielfalt als Bausteine eines demokratischen Europas auch schon früher betont. Ein früheres Beispiel für diese Programmatik ist die „Europäische Charta der Regional- und Minderheitensprachen" (1992). Bereits in der Präambel wurden der Wert von „interkulturellen Beziehungen und der Mehrsprachigkeit" und in diesem Zusammenhang „der Schutz und die Förderung der Regional- oder Minderheitensprachen", die einen „Beitrag zum Aufbau eines Europas darstellen, das auf den Grundsätzen der Demokratie und der kulturellen Vielfalt [...] beruht", angesprochen (Europäische Charta, S. 2f.).

Die EU-Kommission beschloss am 24.07.2003 ein Programm „Förderung des Sprachenlernens und der Sprachenvielfalt". Darin heißt es:

> „[...] die Fähigkeit, andere Sprachen zu verstehen und sich darin zu verständigen, bildet eine Grundkompetenz für alle europäischen Bürger. [...] Die Europäer sprechen nur wenige Fremdsprachen, ihre Kenntnisse sind hauptsächlich auf Englisch, Französisch, Deutsch und Spanisch beschränkt. Das Erlernen einer einzigen Lingua franca reicht nicht aus. Jeder europäische Bürger sollte sich außer in seiner Muttersprache in mindestens zwei anderen Sprachen gut verständigen können" (Europäische Charta 1992, S. 4).

Unter der Überschrift „Muttersprache plus zwei weitere Sprachen": vom jüngsten Kindesalter an (Europäische Charta, 1992, Abschnitt 1, S. 8) wird der frühe Start des Fremdsprachenlernens empfohlen:

> „Schüler, die früh mit dem Lernen beginnen, werden sich ihrer eigenen kulturellen Werte und Einflüsse bewusst und lernen andere Kulturen schätzen, werden anderen gegenüber offener und interessierter. Dieser Vorteil ist begrenzt, wenn alle Schüler dieselbe Sprache erlernen: den Lernenden sollte eine ganze Palette von Sprachen angeboten werden" (EU Kommission, 2003, S. 8).

Es herrscht Einigkeit darüber, dass

> „[...] die Schüler mindestens zwei Fremdsprachen beherrschen sollten, wobei die Betonung auf effektiven kommunikativen Fähigkeiten liegt: eher aktive Beherrschung als passive Kenntnisse. Das Ziel ist nicht die Gewandtheit eines Muttersprachlers, sondern ein angemessenes Niveau beim Lesen, Verstehen, Schreiben und Sprechen zweier Fremdsprachen, ebenso interkulturelle Kompetenzen und die Fähigkeit, Sprachen zu erlernen – mit Hilfe eines Lehrers oder selbständig" (EU Kommission, 2003, S. 8).

Mehrfach wird betont, dass Sprachenvielfalt gefördert werden soll. Ausdrücklich werden Regional-, Minderheiten- und Migrantensprachen in einen zu lehrenden Sprachenkanon aufgenommen:

> „Die Förderung der Sprachenvielfalt beinhaltet, dass in unseren Schulen, Hochschulen, Erwachsenenbildungszentren und Unternehmen der Unterricht und das Erlernen einer möglichst breiten Palette von Fremdsprachen aktiv gefördert werden. Insgesamt sollte das Angebot ebenso die kleineren europäischen Sprachen wie auch die größeren Sprachen, Regional-, Minderheiten- und Migrantensprachen sowie Landessprachen und die Sprachen unserer wichtigsten Handelspartner in der ganzen Welt umfassen. Die bevorstehende Erweiterung der Europäischen Union wird auch die Erweiterung um eine Vielzahl von Sprachen aus mehreren Sprachfamilien mit sich bringen" (EU Kommission, 2003, S. 10).

Auf regionaler Ebene wird eine ähnliche Programmatik parallel entwickelt. Ein Beispiel liefert die Bildungskommission NRW, wenn sie Mehrsprachigkeit zum Normalfall erklärt:

„Die Tatsache, daß immer mehr Kinder und Jugendliche in mehrsprachigen Situationen leben – Familie, Freundeskreis, Jugendkultur, Schule –, soll von der Schule als wesentliches Element der Situation des Aufwachsens bejaht und in die alltägliche Arbeit einbezogen werden. Mehrsprachigkeit soll als schulische Normalität aufgefaßt, der selbstverständliche Umgang mit Sprachen angestrebt werden. Die traditionelle Orientierung des schulischen Fremdsprachenunterrichts an den jeweiligen Philologien ist hierbei eher hinderlich und muß entschiedener als bisher durch ein kommunikatives Fremdsprachenlernen ersetzt werden" (Bildungskommission NRW, 1995, S. 124).

An dieser Hinwendung zu Mehrsprachigkeit in einem bildungspolitischen Dokument der neunziger Jahre ist viererlei bemerkenswert:

• Die Mehrsprachigkeit in der Lebenswelt vieler Schüler und Schülerinnen (gesellschaftliche Mehrsprachigkeit) soll nicht mehr durch Erziehung zur Einsprachigkeit (plus Englisch) beseitigt, sondern im Gegenteil gefördert werden (individuelle Mehrsprachigkeit).

• Die Abkehr von traditionellen Modellen des Sprachlernens in Schulen eröffnet auch wenig verbreiteten Sprachen einen Platz im schulischen Sprachlernen.

• Alle Schüler und Schülerinnen sollen die Möglichkeit erhalten, mehrere Sprachen zu lernen resp. kennen zu lernen. Dabei wird auf die Fiktion der „Beherrschung" einer Sprache durch schulisches Sprachlernen bewusst verzichtet und als Ergebnis werden sowohl unterschiedliche Kompetenzen (z.B. aktiv/rezeptiv) als auch unterschiedliche Niveaus (von Bilingualität bis Verständigung im Alltag) zugelassen.

• Die Verknüpfung von Sprachlernen mit ethnozentrismusarmen Unterrichtsinhalten bzw. mit der Thematisierung von Ethnozentrismen im Unterricht eröffnet Perspektiven eines Sprachunterrichts in der Schule, die über die traditionelle Landeskunde hinausgehen.

Die hier skizzierte Programmatik fußt auf einer vielfältigen Praxis der Verzahnung von Ansätzen zur interkulturellen Bildung und Mehrsprachigkeit (vgl. Landesinstitut, 1995). Das Spektrum dieser Ansätze zur Mehrsprachigkeit reicht von Begegnungssprachen in Grundschulen über bilinguale Unterrichtsangebote bis hin zu Versuchen, alle Schüler und Schülerinnen in einer weiteren Sprache (Französisch oder Niederländisch) zu unterrichten oder der Öffnung und Weiterentwicklung des muttersprachlichen Unterrichts für Nicht-Muttersprachler. Diese europäische Programmatik markiert eine Abkehr von der klassischen Sprachenpolitik europäischer Nationalstaaten, die kurz und knapp folgendermaßen umrissen werden kann: „Die Idee der Nation mit einem Territorium, einem Volk, einer Sprache und einem Staat wird mit Hilfe der Schulpflicht und des Unterrichts verbreitet (Wenning, 1996; Kremnitz 1997). Dabei werden sowohl Einsprachigkeit als auch die Fiktion von der kulturellen Homogenität hergestellt. Das Ergebnis sind Einsprachigkeit und ein

„monolingualer Habitus" (Gogolin, 1994). Gleichzeitig wird die Prämisse von der Zusammengehörigkeit, die zu Beginn des Prozesses empirisch falsch war, sozusagen im Nachhinein hergestellt.

Die Schulsprachenpolitik in Deutschland ist seit dem 19. Jahrhundert durch Bemühungen zur Durchsetzung von Hochdeutsch und hochdeutscher Einsprachigkeit gekennzeichnet (vgl. Hansen, 1999, 2001a & 2001b). Die Erziehung zur Einsprachigkeit war über viele Jahrzehnte vor allem eine Aufgabe der Volksschulen. Höhere Schulen (für 3 bis 5 Prozent des Altersjahrgangs) haben in aller Regel einen Beitrag zum Fremdsprachenlernen – toter oder lebender Sprachen – geleistet. Seit Beginn des 20. Jahrhunderts wurde Englisch als erste Pflichtfremdsprache in höheren Schulen durchgesetzt. Der Trend: weg von Französisch und Latein – hin zu Englisch wird durch politische Veränderungen nicht gebrochen. Sowohl in der Weimarer Republik, als auch in Nazi-Deutschland und in der Bundesrepublik ist dieser Trend festzustellen. Dabei ist bemerkenswert, dass die Nazis besonders großen Nachdruck auf die Verbreitung von Englisch als erster Pflichtfremdsprache gelegt haben (vgl. Zymek, 1985, S. 273), gerade auch in den deutschen Schulen im besetzten Polen (vgl. Hansen, 1994, S. 151ff.).

Der Siegeszug von Englisch als bevorzugter Fremdsprache geht nach 1945 ungebrochen weiter. Das Ergebnis ist Einsprachigkeit plus Englisch als *lingua franca* für immer mehr Schüler und Schülerinnen. Begleitet wird diese Entwicklung in weiten Zeiträumen des 19. und 20. Jahrhunderts von einer deutschnationalen Propaganda sowie deutschnational angeleitetem Verwaltungshandeln gegen anderssprachige Untertanen im Kaiserreich („Reichsfeinde"), in der Weimarer Republik und darüber hinaus (vgl. Wehler, 1985; Bering, 1992[3]; Hansen, 1991).

Gemessen an dieser traditionellen Schulsprachenpolitik in Deutschland stellt die europäische Programmatik einen Bruch dar.

Verhinderung von Mehrsprachigkeit durch Schulsprachenunterricht?

Nach den Angaben von eurydice (2005, 2008) lernen immer mehr Schülerinnen und Schüler mindestens eine Fremdsprache – meistens Englisch –, und dies häufig bereits in der Grundschule resp. im Primarbereich (eurydice, 2008, B1, S. 28f.).

> „Im Zeitraum zwischen 2002 und 2006 hat der Anteil der Englischschüler im Primarbereich erheblich zugenommen, wobei der Anstieg jedoch in den einzelnen Staaten sehr unterschiedlich verlief [...]. In Spanien und Österreich lag der Anteil der Englischschüler bereits im Jahr 2002 bei über 85% und ist seitdem in Spanien um weitere 6 Prozentpunkte gestiegen. Mit mehr als 20 Prozentpunkten hat der Anteil der Englisch lernenden Schüler in Bulgarien, Deutschland, Griechenland, Italien und Portugal besonders deutlich zugenommen" (eurydice, 2008, S. 63).

Am häufigsten wird 2005/06 in der Sekundarstufe I Englisch gelernt: In 17 EU-Ländern nehmen über 90% der Schülerinnen und Schüler daran teil, in zwei EU-Ländern immerhin zwischen 70% und 90%, in vier weiteren EU-Ländern lernt über die Hälfte der Schülerinnen und Schüler Englisch (eurydice, 2008, C8, S. 69ff.). 1998 wurden nur in zwölf EU-Ländern Prozentsätze von über 90% erreicht (eurydice, 2005, C8, S. 50ff.):

> „Die Anteile der Englischschüler sind seit 2002 besonders in den Staaten Mittel- und Osteuropas deutlich gestiegen. Besonders ausgeprägt ist dieser Trend in Bulgarien, der Tschechischen Republik, Ungarn, der Slowakei und Portugal" (eurydice, 2008, S. 73).

Mit weitem Abstand folgen vier andere Sprachen: Deutsch, Französisch, Spanisch und Russisch. Diese vier Sprachen zusammengenommen werden in den meisten EU-Ländern von weniger Schülerinnen und Schüler in der Sekundarstufe I als Englisch gelernt.

Tabelle 1: Teilnahme am Sprachunterricht in Deutsch, Französisch, Spanisch und Russisch in der Sekundarstufe 1 2005/06

> 100%	Dänemark, Rumänien
90–100%	Griechenland, Irland, Cypern, Portugal
80–90%	Litauen, Estland
70–80%	Italien, Schweden
50–70%	Bulgarien, Lettland, Malta
30–50%	Tschechische Republik, Spanien, Frankreich, Ungarn, Polen, Slowenien, Slowakei
10–30%	Deutschland, Finnland
< 10%	Österreich

Quelle: eurydice, 2008, C8, S. 71, eigene Berechnung ohne Belgien, Niederlande, Luxemburg, Großbritannien. Anm.: z.T. Prozentsätze über 100%, da Fälle und nicht Lerner/innen gezählt werden.

Die Anteile dieser Sprachen fallen in der Sekundarstufe II z.T. günstiger aus, sind aber für die Breite des Sprachenlernens nur begrenzt aussagekräftig, weil nicht alle Schülerinnen und Schüler eines Altersjahrgangs erfasst werden.

> „Bei den Staaten, in denen weniger als 10% der Schüler *Deutsch* lernen, handelt es sich um Staaten des romanischen Sprachraums und/oder um Staaten im Süden Europas. Sämtliche Staaten, in denen mindestens rund 30% der Schüler im allgemein bildenden Sekundarbereich I (ISCED 2) und/oder II (ISCED 3) *Französisch* lernen, gehören zu einer der folgenden drei Kategorien: 1) angelsächsische und deutschsprachige Staaten (Irland, Österreich und Vereinigtes Königreich); 2) Staaten mit einer romanischen Amtssprache und südeuropäische Staaten (Griechenland, Spanien, Italien, Malta,

Portugal und Rumänien); 3) Staaten, in denen Französisch als Pflichtfremdsprache
vorgeschrieben ist (wie die Flämische und die Deutschsprachige Gemeinschaft Bel-
giens, Zypern und Luxemburg). *Spanisch* wird in erster Linie im allgemein bildenden
Sekundarbereich II (ISCED 3) gelehrt. In den meisten Staaten liegt der Anteil der Spa-
nischschüler unter 20% (häufig sogar unter 10%). Einige Staaten der EU-27 bilden jedoch eine Ausnahme: Dänemark (27,9%), Frankreich (62,4%) und Schweden (40,6%).
Schließlich wird *Russisch* in erster Linie in den Staaten Mittel- und Osteuropas (den
drei baltischen Staaten sowie in geringerem Maße in Bulgarien und Polen) gelehrt. In
den anderen Staaten wird Russisch, wenn überhaupt, nur selten unterrichtet" (eurydice,
2008, S. 69).

Insgesamt lässt sich festhalten, dass im Sekundarbereich I nahezu alle Schülerinnen
und Schüler Englisch lernen. In einer weiteren oder eine dritten Fremdsprache werden nur in wenigen Ländern alle oder die große Mehrheit unterrichtet, in nahezu
der Hälfte der EU-Länder gilt dies nur für weniger als 50% der Schülerinnen und
Schüler. Andere Sprachen spielen quantitativ eine deutliche Nebenrolle:

> „In den meisten Staaten entfällt nur ein sehr geringer Anteil des Fremdsprachen-
> unterrichts auf andere Sprachen als Englisch, Französisch, Deutsch, Spanisch und Rus-
> sisch. Das bedeutet, dass die Schüler in den meisten europäischen Staaten überwiegend
> bzw. fast ausschließlich weit verbreitete Sprachen als Fremdsprachen erlernen"
> (eurydice, 2008, S. 72).

Die EU ist also mit ihrer Programmatik, dass jeder EU-Bürger in mindestens zwei
Fremdsprachen Kenntnisse erwerben soll, noch weit von der empirisch dokumen-
tierten Realität entfernt. Insbesondere gemessen an den Vorschlägen der
Intellektuellengruppe unter Leitung von Amin Maalouf ist der bisherige Fremdsprachenunterricht im Primarbereich und in der Sekundarstufe I als äußerst defizitär anzusehen. Die Dominanz von Englisch und die zum Teil deutlich abnehmen-
den Anteile anderer Sprachen sind bisher eher eine Absage an die Pflege der europäischen Sprachenvielfalt zugunsten der *lingua franca* Englisch.

Auf dem Weg zu Mehrsprachigkeit?

Unterstellte man Absicht, so könnte die aktuelle Situation des Fremdsprachenlernens in Schulen in EU-Ländern als Absage an die Programmatik und als Verhin-
derung von Mehrsprachigkeit begreifen – die empirische Realität lässt es nicht zu,
von einer gezielten Förderung von Mehrsprachigkeit in den Schulen der EU zu
sprechen.

Die europäische Programmatik gerät außerdem noch von einer anderen Seite in
Bedrängnis: Umfangreiche empirische Untersuchungen zur Zweisprachigkeit von
Migranten scheinen zu belegen, dass die bisherige Förderung in Schulen in
Deutschland jedenfalls nicht zu messbarem besserem Schul- und Arbeitsmarter-

folg führt (Esser, 2009). Diese empirischen Ergebnisse werden als Absage an die Förderung der Zweisprachigkeit von Migranten gedeutet:

> „In *keinem* Fall gibt es für die ‚multiple Inklusion' im Vergleich zur ‚Assimilation' eine Prämie auf dem Arbeitsmarkt. Das gilt auch für die sprachliche Dimension: Die zur Zweitsprache *zusätzliche* Beherrschung der Muttersprache bei der Bilingualität bringt auf dem Arbeitsmarkt offenbar so gut wie nichts. Für den Statuserwerb hat die ‚Multikulturalität' sogar einen deutlich negativen Effekt" (Esser, 2009, S. 84).

Diese Argumentation vernachlässigt zum einen, dass es auch für „Assimilation" keine *Prämie* gibt und zum anderen, dass der „Statuserwerb" nicht primär von sprachlichen Kompetenzen oder „Multi-/Monokulturalität" abhängt, sondern von der sozioökonomischen Situation oder – um mit Bourdieu (1994) zu sprechen – von der Klassenlage. Dennoch könnte dies alles als eine empirisch gesicherte Absage an die europäische Programmatik der Mehrsprachigkeit aller Europäer einschließlich der Förderung von sogenannten kleinen Sprachen sowie Regional-, Minderheiten- und Migrantensprachen verstanden werden. Der empirische Befund bezieht sich allerdings auch nur auf einen Aspekt von Mehrsprachigkeit – die in der Diskussion um europäische Mehrsprachigkeit zentralen Fragen von Kommunikationsfähigkeit, des Verhältnisses der Sprachen zueinander oder der Problematik traditioneller (Schul-)Sprachenpolitik in Nationalstaaten werden nicht in den Blick genommen.

Die Vertreter der europäischen Programmatik täten gut daran, auf die begrenzte Aussagekraft dieser Empirie im Hinblick auf die gewünschte Mehrsprachigkeit der Europäer hinzuweisen:

- Es wird in einem nationalen Rahmen argumentiert, die Fragestellung erfasst die „Integration / Assimilation" von Migrantinnen und Migranten in Deutschland und vernachlässigt die europäische Dimension von Mehrsprachigkeit,
- Messkriterien sind Schul- und Arbeitsmarkterfolg – nicht aber das Problem der Herstellung von Kommunikationsfähigkeit und der Förderung von Verständnis in einem vielsprachigen Europa,
- Alle in der europäischen Programmatik angeführten Gründe für Mehrsprachigkeit, die auf Befindlich- und Empfindlichkeiten von Sprechern so genannter kleiner Sprachen, Minderheiten-, Migranten- und Regionalsprachen eingehen, werden nicht erfasst,
- Das Problem des Verhältnisses der internationalen Verständigungssprache Englisch und der anderen europäischen Sprachen wird nicht thematisiert.

Trotz der genannten Gründe könnte die so ausgelöste Kontroverse zur Zweisprachigkeit von Migranten in Deutschland als Waffe gegen die europäische Programmatik gewendet werden. Die europäische Programmatik einer Mehrsprachigkeit aller Europäer ist in Gefahr von der Realität überrollt zu werden: Einerseits wird die sprachliche Vielfalt zurzeit nicht im schulischen Fremdsprachenunterricht abgebildet, andererseits werden positive Effekte von Mehrsprachigkeit mit Berufung auf empirische Befunde geleugnet. Nur ein anderes als das von *eurydice* dokumentierte Fremdsprachenlernen in Schulen mit einem breiten Spektrum von Sprachen – z.b. mit einer Aufnahme der Vorschläge der Intellektuellengruppe um Maalouf – kann die Realität der Programmatik annähern.

Literatur

Bering, D. (1992³). *Der Name als Stigma.* Stuttgart: Klett-Cotta.

Bildungskommission NRW (1995). *Zukunft der Bildung – Schule der Zukunft.* Neuwied: Luchterhand.

Bourdieu, P. (1994). *Die feinen Unterschiede. Kritik der gesellschaftlichen Urteilskraft.* Frankfurt a. M.: Suhrkamp

Esser, H. (2009) Der Streit um die Zweisprachigkeit: Was bringt die Bilingualität. In I. Gogolin & U. Neumann (Hrsg.), *Streitfall Zweisprachigkeit – The Biligualism Controversy* (S. 69–88). Wiesbaden: VS Verlag.

Europäische Kommission (2003). *Förderung des Sprachenlernens und der Sprachenvielfalt.* Verfügbar unter: http://europa.eu.int/eur-lex/de/com/cnc/2003/com2003_0449de 01.pdf [20.02.2010].

Europäische Kommission (2008). *Eine lohnende Herausforderung – Wie die Mehrsprachigkeit zur Konsolidierung Europas beitragen kann. Vorschläge der von der Europäischen Kommission eingerichteten Intellektuellengruppe für den interkulturellen Dialog.* Brüssel.

Europarat (1992). *Europäische Charta der Regional- und Minderheitensprachen* (Beschluss vom 5.11.1992). Verfügbar unter: http://www.coe.int/T/E/Legal_Affairs/Local_and_regional_Democracy/Regional_or_Minority_languages/1_The_Charter/German.pdf [20.02.2010].

Europäische Kommission (2003). *Förderung des Sprachenlernens und der Sprachenvielfalt.* Verfügbar unter: http://europa.eu.int/eur-lex/de/com/cnc/2003/com2003_0449 de01.pdf [20.02.2010].

eurydice (2005). *Schlüsselzahlen zum Sprachenlernen an den Schulen Europas.* Verfügbar unter: http://eacea.ec.europa.eu/ressources/eurydice/pdf/0_integral/049DE.pdf [21.07.2009].

eurydice (2008). *Schlüsselzahlen zum Sprachenlernen an den Schulen Europas.* Verfügbar unter: http://eacea.ec.europa.eu/ressources/eurydice/pdf/0_integral/095DE.pdf [21.07.2009].

Gogolin, I. (1994). *Der monolinguale Habitus der multilingualen Schule.* Münster, New York: Waxmann.

Hansen, G. (1991). *Die exekutierte Einheit. Vom Deutschen Reich zur Nation Europa.* Frankfurt a. M.: Campus.

Hansen, G. (1994). *Schulpolitik als Volkstumspolitik. Quellen zur Schulpolitik der Besatzer in Polen 1939–1945.* Münster, New York: Waxmann.

Hansen, G. (1999). Vom Ziel Einsprachigkeit der Nation zur Mehrsprachigkeit für alle. In E. Risse & H.-J. Schmidt (Hrsg.). *Von der Bildungsplanung zur Schulentwicklung (Beiträge zur Schulentwicklung)* (S. 159–165). Neuwied: Luchterhand.

Hansen, G. (2001a). Minderheitensprachen und ihr Status in Deutschland. In G. List & G. List (Hrsg.). *Quersprachigkeit. Zum transkulturellen Registergebrauch in Laut- und Gebärdensprachen* (S. 129–143). Tübingen: Narr.

Hansen, G. (2001b) Zwei Jahrhunderte Produktion von Monolingualismus (plus Englisch): Der schwierige Weg zum multilingualen Europa. In C. De Bot, S. Kroon, P. Nelde & H. van de Velde (Hrsg.). *Institutional Status and Use of National Languages in Europe.* Sankt Augustin: Asgard Verlag, S. 159–169. (= Plurilingua XXIII).

Kremnitz, G. (1997) *Die Durchsetzung von Nationalsprachen in Europa.* Münster, New York: Waxmann (= Lernen für Europa, 5).

Landesinstitut für Schule und Weiterbildung (Hrsg.) (1995). *Lernen für Europa 1991–1994. Abschlußbericht eines Modellversuchs.* Soest.

Wehler, H.-U.; Rürup, R. & Schulze, G. (1985). *Deutsche Geschichte.* Bd. 3; 19. & 20. Jahrhundert. Göttingen: Vandenhoek & Ruprecht.

Wenning, N. (1996). *Die nationale Schule.* Münster, New York: Waxmann (= Lernen für Europa, 2).

Zymek, B. (1985) Die pragmatische Seite der nationalsozialistischen Schulpolitik. In U. Herrmann. (Hrsg.). *„Die Formung des Volksgenossen". Der „Erziehungsstaat" des Dritten Reiches* (S. 269–281). Weinheim und Basel: Beltz.

Rita Franceschini

Der mehrsprachige Habitus

Das Fallbeispiel eines dreisprachigen Schulmodells in Ladinien

Mit Blick aus der Peripherie des deutschen Sprachraumes beobachte ich seit einiger Zeit die Debatten, die – besonders virulent in Deutschland – rund um die Vorteile und Nachteile des Lernens von mehreren Sprachen geführt werden. Die Themen drehen sich v.a. um den frühen Erwerb von Fremdsprachen in der Schule und verknüpfen oft in einem Zug damit auch die sprachliche Integration von Kindern mit Migrationshintergrund. Kritische Stimmen fragen beispielsweise nach der Langfristigkeit oder Nachhaltigkeit von frühem Fremdspracherwerb, nach dem Marktwert von Sprachen, insbesondere von Minderheitensprachen beim Integrationsprozess, oder gar nach der Sinnhaftigkeit des Erhalts letzterer.

Ich möchte hier nicht einen Beitrag leisten, der sich dem Thema wiederum über die o.g. aktuellen Debatten nähert. Im Übrigen scheinen mir diese Debatten immer mehr eine unfruchtbare Tendenz zu zeigen, die eher zur Essenzialisierung des Migrationshintergrundes vieler Kinder und Jugendlicher beitragen, statt zur Selbstverständlichkeit der Annahme kultureller und sprachlicher Diversität. Dass letztere Eigenschaft als Grundlage der heutigen Gesellschaften erkannt worden ist, lässt hoffen, dass damit die Erkenntnis verbunden wird, dass ein Schulsystem, das von Homogenität ausgeht, unrealistisch ist (Hornberger, 2008).

Ich möchte mir hier den Luxus erlauben, mich dem Thema des Frühunterrichts von Sprachen vor dem Hintergrund eines mehrsprachigen Gebietes nähern, das heute zu einem geglückten mehrsprachigen Schulmodell gefunden hat.

Eine errungene dreisprachige Schule: das ladinische paritätische Schulmodell

In sprachlichen Minderheitensituationen, wie sie bei autochthonen Minderheiten vorliegen, bilden sich spezielle Schulsysteme heraus, die man als mögliche Antwort auf einen historisch gewachsenen Umgang mit mehreren Sprachen lesen kann. Sie zu studieren und zu beobachten kann Hinweise geben, welche Lösungen ein Schulsystem und eine Gesellschaft (oder ein Gesellschaftsteil) für sich finden kann, wenn der Umgang mit mehreren Sprachen gewünscht und/oder nötig ist.[1] Obwohl

---

1   Diese Schulsysteme von historischen Minderheiten in Beziehung zu setzen mit solchen, die die Herausforderungen von relativ neuen sprachlichen Minderheiten zu bewältigen haben, ist Teil eines Projektes, das im Netzwerk LINEE im 6. Rahmenpro-

zurzeit vor allem Diskussionen rund um die Integration von Migrantenkindern in einheimischen Schulsystemen geführt werden, soll ein leicht davon verschobener Blick auf eine anscheinend periphere Situation die Weite des Horizontes vor Augen führen: Es gibt historisch gewachsene Mehrsprachigkeit und jahrhundertealten Umgang damit; und nicht selten bergen – wie wir wissen – periphere Zonen ungeahntes, kreatives Innovationspotenzial.

Umfelddaten zur Orientierung

Eine Situation, in der eine autochthone Sprachminderheit ein eigenes Schulsystem herausgebildet hat, das der lokalen Kommunikationskultur und dem historischen Erbe Rechnung trägt, liegt in der Autonomen Provinz Südtirol vor: In der in Norditalien gelegenen Provinz sind drei Sprachen anerkannt: die deutsche, die italienische und die ladinische Sprache.[2] Eine weitgehende Autonomie im Schulbereich hat dazu geführt, dass die Ladinische Sprachgruppe, die in der Provinz Bozen relativ kompakt in zwei Talschaften des Dolomitenmassivs lebt,[3] schrittweise in den letzten 60 Jahren für sich ein dreisprachiges sog. „paritätisches" Schulsystem entwickelt hat. Heute gerät dieses Modell in das Scheinwerferlicht der EU-Sprachenpolitik, da es gut zur Strategie der Frühförderung von Fremdsprachen zu passen scheint.[4] Man kann die historische Entwicklung dieses singulären dreisprachigen Schulsystems auch so lesen, als seien frühere ‚donaumonarchische' Elemente (wie

---

gramm der EU verfolgt wird (CIT4-2006-28388): Aktuelle Informationen sind unter http://www.linee.info [20.02.2010] zu finden oder unter http://www.languagestudies. unibz.it/ [20.02.2010], speziell zur „Area C" des Netzwerkes, das Themen rund um Mehrsprachigkeit in europäischen Schulsystemen nachgeht.

2 Letztere Sprache ist, typologisch gesehen, eine romanische Sprache, die sich in nachrömischer Zeit eigenständig neben den anderen entwickelt hat und stetig im Sprachkontakt mit den umliegenden romanischen und germanischen Varietäten gestanden ist.

3 Die Namen der Täler sind (Abfolge: Ladinisch/Deutsch/Italienisch): Gherdëina/ Gröden/Val Gardena und Val Badia/Gadertal/Val Badia (samt Enneberg/Mareo).

4 Diese sprachpolitischen Dokumente sind verfügbar unter: http://ec.europa.eu/ education/languages/news/news2853_en.htm. [20.02.2010]. Verkürzt ausgedrückt, wird das Ziel verfolgt, informierte europäische Bürger heranzubilden, die neben der sog. Muttersprache zwei weitere Sprachen (funktional) beherrschen. Die 2005 ausformulierte Rahmenstrategie für Mehrsprachigkeit
(s. http://ec.europa.eu/education/languages/archive/languages_en.html [20.02.2010]) will mehrsprachigen Kompetenzen vornehmlich aus drei Gründen Hochachtung verschaffen: weil Sprachen ein kulturelles Gut sind, Sprachkompetenzen für den interkulturellen Dialog wichtig sind und erweiterte Kommunikationsfähigkeiten für die globale Wirtschaft von Nutzen sind. Die Resultate einer dazu eingesetzten Expertengruppe verfügbar unter http://ec.europa.eu/education/policies/lang/doc/multireport_en.pdf. [20.02.2010]. Die Autorin gehört dieser Gruppe an; die abgegebenen Empfehlungen sind kurz zusammengefasst in Franceschini, 2008.

etwa die das Rechts auf den Gebrauch der Volksgruppensprachen in der westlichen Donaumonarchie)[5] nicht vergessen worden. Allein in der Provinz Bozen leben heute über 18.000 Ladinischsprachige[6]. Sie sind in der Regel gestuft dreisprachig: Für die überwiegende Mehrheit ist Ladinisch die Familiensprache und die Sprache, die im Dorf und in der Talschaft als Code der lokalen Gemeinschaft verwendet wird. Deutsch wie Italienisch sind unerlässlich für den Kontakt außerhalb der Täler, aber auch für den Umgang mit Touristen: Beide Täler weisen als wichtigen Wirtschaftszweig einen beachtlichen ganzjährigen Fremdenverkehr auf. In diesem Zusammenhang wird die Rolle des Englischen immer bedeutungsvoller. Als relativ kleine Sprachgruppe (4,4% der Gesamtbevölkerung Südtirols[7]) sind die Ladiner seit langem auf den Umgang mit mehreren Sprachen angewiesen. Als Tal ist Gröden nach Westen zum Eisacktal offen, d.h. zum deutschsprachigen Gebiet hin; das Gadertal liegt östlich davon und grenzt mehr an italienischsprachiges Gebiet an. Die Sprachwahl gegenüber Fremden fällt als *default* in Gröden auf Deutsch, im Gadertal eher auf Italienisch. Die Kinder wachsen in den beiden Tälern somit in einer sprachlich leicht unterschiedlichen Situation auf, hören und sprechen neben Ladinisch in unterschiedlichem Ausmaß in Gröden mehr Deutsch als Italienisch, im Gadertal mehr Italienisch als Deutsch.[8] In der be-

---

5   Von 1363 an beginnt die fast ununterbrochene Zugehörigkeit dieses Territoriums zum Habsburgerreich und der Donaumonarchie, bis 1918. Die Sprachpolitik war ab 1867 für das westliche Gebiet anders definiert als für den östlichen, ungarischen Teil. Ein „Staatsgrundgesetz" hielt das Prinzip der Gleichheit aller Nationalitäten fest und garantierte den Schutz und die Unverletzbarkeit ihrer Sprachen (Goebl, 1997, S. 110).

6   Nach den Angaben des Landesinstitutes für Statistik (ASTAT) gab es 2007 18.396 Antworten. Ladinisch wird zudem in den angrenzenden Provinzen Trento und Belluno von ca. 11.000 Sprechern gesprochen. Das Schulsystem ist in diesen Provinzen auf andere Weise als in Südtirol geregelt: In der Autonomen Provinz Bozen werden sowohl deutsch- als auch italienischsprachige Schulen geführt, die überwiegend von Eltern der jeweiligen Sprachgruppe gewählt werden. In diesen Schulen wird die jeweils andere Sprache als Zweitsprache unterrichtet, außer in einigen Modellklassen mit verstärktem Sachfachunterricht. Die Sprachlehrer sind muttersprachig. Vor allem von italienischsprachiger Seite wird diese Trennung der Schulen kritisiert, dabei die Sprach- und Kulturverlustängste und teilweise noch nachwirkende historische Traumata der deutschen Sprachminderheit verkennend. Die ausländische Bevölkerung (ca. 7% der Gesamtbevölkerung) wählt für ihre Kinder überwiegend die italienischsprachigen Schulen.

7   Gemäß den „Spracherklärungen" von 2001 (s. ASTAT, Tab. 3.19) sind es 4,37%; in der Provinz entfallen 69,15% auf Deutsch und 26,47% auf Italienisch als deklarierte (einzige) Sprache.

8   Das Aufwachsen in einer mehrsprachigen Umgebung, wie man sie auch außerhalb des Familienkreises antreffen kann, hat Auswirkungen auf den späteren Erwerb weiterer Sprachen (s. dazu die neurobiologische Studie von Bloch et al., 2009 sowie Evidenzen aus Narrationen in Franceschini/Miecznikowski, 2004).

völkerungsreichsten Gemeinde St. Ulrich in Gröden scheint das Ladinische – aus welchen Gründen auch immer – nicht mehr im selben Maß tradiert zu werden, sodass man von latentem Sprachwechsel hin zu Deutsch sprechen könnte (Verra, 2007). Es gibt wenige fremdsprachige Kinder in den Schulen Ladiniens. Laut übereinstimmenden Aussagen der Lehrpersonen und Schulverantwortlichen scheint deren Integration kein Problem darzustellen.

Viele Kinder sind in diesem sozialen Kontext von klein auf mehr oder weniger nah mit Dreisprachigkeit konfrontiert. Sie kommen, je nach familiärem Hintergrund, mit unterschiedlichen sprachlichen Gewichtungen ihrer Sprachenrepertoires in den Kindergarten und in die Grundschule. In einigen Fällen kann es manchmal schwer fallen, eindeutig ihre L1, L2 und L3 zu bestimmen.[9]

Das paritätische Unterrichtsmodell in den ladinischen Ortschaften

In allen ladinischen Ortschaften wird nach dem sog. „paritätischen Modell" unterrichtet. „Paritätisch" bedeutet, dass neben Ladinisch in gleichen Teilen auf Deutsch und Italienisch unterrichtet wird. In der Grundschule wird für die Fächer im Wochenrhythmus – aber auch im Tagesrhythmus oder nach Thema – zwischen Deutsch und Italienisch gewechselt, das heißt, dass bspw. Mathematik eine Woche auf Deutsch, dann eine Woche auf Italienisch unterrichtet wird, meist von derselben Lehrperson. Ladinisch dient hingegen – und das ist heutzutage sehr singulär – der Vermittlung und Klärung im Sinne einer Brückensprache oder Behelfssprache. Sie wird mit wenigen Stunden auch als eigenes Sprachfach gelehrt, wie die beiden anderen Sprachen auch. Die Lehrpersonen sind aller drei Sprachen mächtig und werden, seit der Gründung der Bildungswissenschaftlichen Fakultät der Freien Universität Bozen 1997, mit Sitz in Brixen, eigens an der Universität dafür ausgebildet.

An der Sekundarstufe I und II ist – wegen des Fachausbildung der Lehrpersonen – die Sprachenwahl im Unterricht je nach Thema und Fach differenziert: Traditionell wird bspw. Kunst auf Italienisch unterrichtet, naturwissenschaftliche Fächer auf Deutsch, Geographie kann unterschiedlich unterrichtet werden, je nach Bezugspunkten, etc. Paritätisch bedeutet auf dieser Stufe, dass mit gleicher Stundenzahl sowohl auf Deutsch als auch auf Italienisch unterrichtet wird, aber nach Fach unterschiedlich und von je einer Person pro Fach. Die Jugendlichen hören auf dieser Stufe in der Regel die Lehrperson also nur in einer Sprache. Zu den Sprach-

---

9   So Heidi Runggaldier (zit. nach Rifesser, 2005, S. 119, ohne Quellangabe): „Das Ladinische ist vor allem in Gröden nicht immer die Erstsprache und die Zuordnung zur Zweit- und Drittsprache kann bei Schülern mit Ladinisch als Erstsprache individuell verschieden sein."

stunden zur ladinischen, deutschen und italienischen Sprache ist seit 2007 Englisch hinzugekommen. Es wird als Sprachfach von den letzten zwei Grundschulklassen an unterrichtet. In den Abschlussprüfungen werden die drei Schulsprachen schriftlich, Englisch mündlich bewertet.[10] (Es sei hier am Rande vermerkt, dass das Wort „Überforderung" als Nomen weder in der ladinischen noch in der italienischen Sprache existiert – ein Großteil seiner Bedeutungen ist wohl gar nicht geläufig ...).

Trotz der nationalistischen Phasen im letzten Jahrhundert, in denen das Schulsystem in den ladinischen Tälern mehrmals zwischen Germanisierung und Italianisierung hin- und hergezerrt wurde, hat sich heute ein breit akzeptiertes,[11] in eigener Autonomie entwickeltes Schulsystem etabliert, das die potenziellen Kompetenzen einer Minderheit weiterentwickelt.[12] Dass in einem so komplexen historischen, soziolinguistischen und pädagogischen System die Evaluation eine herausragende Rolle spielt, ist deshalb unmittelbar einsichtig. Spracherhalt der Minderheitensprache (die überlebenswichtige identitäre Funktion hat) und die Notwendigkeit, die beiden ‚äußeren' großen Sprachen Deutsch und Italienisch zu beherrschen – dazu heute noch Englisch – sind daher laufend unter Beobachtung.

Evaluationen in den ladinischen Schulen in der Vergangenheit

Bisherige Evaluierungen von nicht (direkt) sprachlichen Fähigkeiten haben dem ladinischen Schulsystem gute bis sehr gute Resultate bescheinigen können. So lagen 1996 die ladinischen Schulen in der TIMSS-Studie („Third International Mathematic Science Study", die weltweit Schüler zwischen 9 und 13 Jahren getestet hat) im internationalen Mittelfeld (495 Punkte in Mathematik in den dritten Klassen bei einem internationalen Schnitt von 513), allerdings nach den italienisch- und deutschsprachigen Schulen in Südtirol (mit je 515 und 531). Die Unterschiede zwischen einzelnen Klassen waren sehr hoch (s. Ellecosta, 2007, S. 158–177). Überdurchschnittliche Werte zeigten die ladinischen Oberschulen dann 2004/05 in der nationalen Erhebung zu Mathematik und Naturgeschichte (durchgeführt von der nationalen Agentur INValSI), bei der die ladinischen Oberschulen in Mathematik gar den nationalen Mittelwert überschritten (Ellecosta, 2007, S. 173). Die Aufgaben wurden in deutscher Sprache unterbreitet, also der L2 oder L3 der ladinisch-

---

10   Für einen Überblick zum ladinischen Schulmodell, das noch weitere Varianten bereithält (so bspw. Religionsunterricht in der Grundschule abwechslungsweise in drei Sprachen) s. Rifesser, 2005. Eine erste amtliche Verankerung erhielt das Modell 1948 mit einer Ministerialverordnung (Nr. 5145/76 vom 27.08.1948).

11   1990 bewegten sich die positiven Antworten der Eltern bezüglich der Sekundarstufe I zwischen 83,3% und 95,1% (s. Zufriedenheitsstudie zit. in: Ellecosta, 2007, S. 163).

12   Zur wechselvollen Geschichte und zum allgemeinen Überblick über das ladinische Schulsystem (s. Ellecosta, 2007; Verra, 2006).

sprachigen Kinder. In den Grundschulen lagen die Schüler bei Mathematik und Naturgeschichte manchmal leicht unter dem Schnitt Südtirols, manchmal gleichauf (die Aufgaben wurden in italienischer Sprache unterbreitet).

Trotz der erschwerten Bedingung, die Mathematikaufgaben in einer Zweitsprache oder Drittsprache zu verstehen und zu lösen, sind diese Resultate insgesamt als sehr beachtlich zu werten. Anfängliches leichtes Zurückstehen in der Grundschule – auch dies attestiert die Studie – scheint sich im Verlauf der Schulzeit jedoch auszugleichen, ja zu guten bis hervorragenden Leistungen zu entwickeln.

Zu genuin sprachlichen Fähigkeiten liegen die Resultate einer IEA-Studie zu Italienischkompetenzen am Ende der obligatorischen Schulzeit vor, die in den ladinischen Schulen in drei Sprachen durchgeführt wurde (vgl. Benvenuto, Lucisiano, Novella & Storchi, 1994). Beim Verstehen der deutschen und italienischen Texte waren keine signifikanten Unterschiede zu den Abgängern aus den anderen Schulen Südtirols zu verzeichnen. Die drei Kompetenzen bei den Schulabgängern aus dem ladinischen Schulsystem korrelierten zudem untereinander hoch, sodass gefolgert wurde, dass beim Lernen mehrerer Sprachen diese sich gegenseitig rückkoppelnd verstärken könnten (Ellecosta, 2007, S. 169). Die o.g. Studie der INValSI hatte auch Italienischkompetenzen national erhoben. Dabei lagen die Oberschüler der ladinischen Schulen zwischen zwei und neun Prozentpunkte tiefer als der nationale Durchschnitt (Ellecosta, 2007, S. 173).

Nach der Einführung von Englisch wurde 2005 ein summarischer Vergleich mit den anderen Schülern in Südtirol erstellt: Die Kinder im ladinischen Schulsystem zeigen Englischkompetenzen zwischen den Abgängern der deutsch- und italienischsprachigen Schulen Südtirols, letztere zeigen die tiefsten Werte (Ellecosta, 2007, S. 170). Diese Untersuchungen zu nicht-sprachlichen und zu einigen sprachlichen Parametern stellen insgesamt dem ladinischen Schulsystem im regionalen, nationalen und internationalen Vergleich ein gutes Zeugnis aus. Die Schulen in den ladinischen Ortschaften stehen den anderen Schulen Südtirols bei den Leistungen am Ende der Schulzeit in nichts nach.

Die heutigen dreisprachigen Kompetenzen im ladinischen Schulsystem

Für das Evaluierungskomitee des ladinischen Schulsystems schien 2008 die Zeit reif zu sein, um vergleichend die Sprachkompetenzen in den drei Sprachen untersuchen zu lassen. Das Forschungszentrum Sprachen der Freien Universität Bozen wurde gebeten, zusammen mit der Schule eine Untersuchung speziell in den 5. Klassen der Grundschule durchzuführen. In einer beispielhaften Teamarbeit zwischen Universität und Schulwelt gelang es, mit einer ersten Untersuchung zu beginnen, bei der die Schreibkompetenzen in den drei Sprachen vergleichend untersucht werden sollten.[13] Im Vordergrund standen Fragen wie:

- Ist die ladinische Sprache die am besten beherrschte Sprache?
- Gibt es Unterschiede in den zwei Talschaften? (Bspw.: Beherrschen die Schüler in Gröden besser Deutsch als Italienisch?)
- Wie gut sind die Kompetenzen in Bezug auf diejenigen Schüler in den anderen beiden Schulsystemen Südtirols (italienischsprachige Schule und deutschsprachige Schule)?[14]

Unter Abwägung mehrerer innersprachlicher und außersprachlicher Faktoren wurde die Nacherzählung von Bildergeschichten als geeignetes Instrument gewählt und vorgetestet. Danach wurde in den 5. Klassen der ladinischsprachigen Schulen der Test durchgeführt. Die Kinder erhielten 30 Minuten Zeit, sich schriftlich in erzählender Form auszudrücken, jeweils in den drei Sprachen Ladinisch, Italienisch Deutsch. Die Bildergeschichte war für jede Sprache unterschiedlich.[15] Es wurden insgesamt 784 Texte analysiert. Nachfolgend sollen einige erste Resultate dargestellt werden.[16]

Was den Schreibfluss anbelangt, betrug die mittlere Länge der Texte im Schnitt 148,7 Wörter (was in etwa einer halben bis dreiviertel Seite in Handschrift entspricht). Die Tab. 1 gibt die mittlere Länge in Wörtern der Texte in den drei Sprachen wieder.

---

13 Es sei an dieser Stelle dem Präsidenten des Evaluierungskomitees, Lois Ellecosta, für diese Initiative gedankt. An der Studie haben mitgearbeitet: Gessica De Angelis, Gerda Videsott, Rosa Maria Mussner, Erica Pedevilla, Karin Costa, Eveline Moroder, Silvia Demetz, vom Forschungszentrum Sprachen bzw. vom Evaluierungskomitee. Die wissenschaftliche Leitung der Untersuchung oblag der Autorin. Sie bedankt sich bei den Kollegen Konrad Ehlich und Rico Cathomas für die wertvollen Ratschläge.
14 S. Fußnote 6 zu den beiden Schulsystemen in Südtirol.
15 Für weitere Details der Versuchsanlage muss auf die Abschlusspublikation verwiesen werden (Ellecosta, De Angelis, Franceschini, Mussner, Pedevilla & Videsott, 2009).
16 Es sollte versucht werden, zu drei Textdimensionen Aussagen zu machen: A: Schreibfluss; B: grammatikalische Komplexität; C: Lexikalische Variabilität (Typ/Token-Relation). Nebst Länge der Texte in Wörtern, wurden folgende Parameter gewählt: A: 1 Wörter/Satz; A: 2 Wörter/Proposition; B: 3 Verbalphrase/Satzgefüge; B: 4 Nebensatz/Satzgefüge; C: 5 Finite Verbmodi/Total der Verben; C: 6 Infinite Verbmodi/Total der Verben; C: 7 Einfache Zeiten/Total der Verben; C: 8 Zusammengesetzte Zeiten/Total der Verben; C: 9 Gebrauchte Verben/Total der Verben. Eine detaillierte Darstellung der Resultate kann hier nicht geleistet werden. Dafür muss wiederum auf den Abschlussbericht verwiesen werden (s. Ellecosta, De Angelis, Franceschini, Mussner, Pedevilla & Videsott, 2009).

Tab. 1: Mittlere Textlänge (in Anzahl Wörtern)
(5. Klassen im ladinischen Schulsystem, Nacherzählung einer Bildergeschichte, pro Sprache 30 Minuten Schreibzeit.)

Ladinisch	166,3	Italienisch	149,1	Deutsch	131,2

Auch gemessen an den Anzahl durchschnittlicher Wörter pro Satz (s. Tab. 2), zeigt sich die bessere Beherrschung des Ladinischen.

Tab. 2: Durchschnitt der Anzahl Wörter pro Satz
(5. Klassen im ladinischen Schulsystem, Nacherzählung einer Bildergeschichte, pro Sprache 30 Minuten Schreibzeit.)

Ladinisch	7,6	Italienisch	7,3	Deutsch	6,4

Aus einigen innersprachlichen Gründen (Wortkomposition im Deutschen, Zusammen- vs. Getrenntschreibung bei Verbfügungen etc.) ergeben Wortzählungen für das Deutsche immer etwas niedrigere Werte als für das Italienische und Ladinische. Die Tabellen 1 und 2 – aber auch alle anderen Parameter[17] – geben trotzdem eine Orientierung, um die Frage 1 zu beantworten: Was diese Schreibaufgabe anbelangt, ist Ladinisch die am besten beherrschte Sprache. Die L2, resp. L3 folgt in kurzem Abstand. Bei einer Aufteilung nach Tälern scheint sich die in der 2. Frage aufgeführte Hypothese zu bestätigen: In Gröden schreiben die Kinder bspw. leicht längere Texte auf Deutsch als auf Italienisch, in Gadertal liegt Italienisch bei der Textlänge vor Deutsch. Ansonsten waren jedoch die Unterschiede zwischen den beiden Tälern – mit derselben Tendenz – nur bezüglich 2 der 9 Parameter (s. Fußnote 17) statistisch signifikant: dem Verhältnis „Wörter / Proposition" (p < .026) und beim Verhältnis „gebrauchte Verben/Total der Verben" (p < .000). Die Nähe zum italienischsprachigen Gebiet und der dadurch erleichterte Kontakt mit dieser Sprache können die höheren Werte bei den italienischen Texten im Gadertal erklären.Die dritte Frage wurde mittels eines Vergleichs mit Klassen aus dem italienischen und dem deutschsprachigen Schulsystem in Südtirol zu beantworten versucht. Diese Klassen hatten diegleiche Aufgabe in ihrer jeweiligen Schulsprache zu lösen, 59 Schüler aus den deutschsprachigen und 54 Schüler aus den italienischsprachigen Schulen.

Es handelt sich hierbei um einen ‚harten' Vergleich, der nicht unumstritten ist, da man damit die Kompetenzen in der L2 und L3 der Kinder aus dem ladinischen Schulsystem mit den L1 von vornehmlich Italienischsprachigen, resp. Deutschspra-

---

17   Bspw. beim Vergleich der Nebensätze/Satz: in den ladinischen Texten wird der Wert 0,29 erreicht, in den italienischen 0,26, in den deutschen 0,23.

chigen vergleicht. Korrekterweise müsste man die jeweiligen L2 dieser Kontroll-
gruppen vergleichen. In diesem Falle würde das bedeuten: Italienischtexte aus den
deutschsprachigen Schulen und Deutschtexte aus den italienischsprachigen Schulen
für den Vergleich herbeiziehen. In diesen Schulen werden jeweils wöchentlich
mindestens zwei Stunden Sprachunterricht in der L2 erteilt, in einigen Modellklassen mehr.

Nur, eines war allen klar: Bei einem Vergleich unter den jeweiligen L2, die in
den drei Schulsystemen gelehrt werden, wären die Ladinischsprachigen als klare
outperformer hervorgegangen. Es wurde also gewagt, die in der 5. Klasse erreichten Schreibkenntnisse der integrierten Sprachdidaktik des paritätischen ladinischen
Modells direkt mit den ,muttersprachlichen' Kenntnissen in deutsch- und italienischsprachigen Schulen in Südtirol zu vergleichen, wohl wissend, dass die Kompetenzen mehrsprachiger Personen nicht einfach mit einer L1-Kompetenz verglichen werden können.

Als allgemeines Resultat kann festgehalten werden, dass die Kinder aus dem ladinischen Schulsystem in ihren Zweitsprachen Italienisch oder Deutsch nicht überall die Werte der L1-Schreiber erreichen, aber oftmals sehr nahe daran herankom-
men. Dies stellt ein beachtliches Resultat dar. Drei Beispiele zum Vergleich von
Italienisch in Gröden gegenüber Italienischtexten aus der Kontrollgruppe der italienischsprachigen Schulen sollen dies erhellen:

- In Gröden übertreffen die Kinder in den italienischen Texten im Parameter
  Wörter/Proposition gar die L1-Schreiber (im Mittel 5,87 Wörter/Proposition
  gegenüber 5,82 bei den L1 Schreibenden).[18]
- Doch beim Verhältnis Wörter/Satzfügungen weisen dieselben Kinder in den italienischen Texten den Mittelwert 7,46 gegenüber 8,91 bei den L1-Schreibenden
  auf. Sie schreiben demnach kürzere Sätze.
- Beim Parameter Verbalphrase/Satzfügungen erreichen sie im Schnitt den Mittelwert 1,26 gegenüber 1,52 bei den L1-Schreibenden.

Man kann somit sagen, dass die Kinder aus dem ladinischen Schulsystem in ihren
italienischen Textproduktionen im Vergleich zu den L1-Schreibenden kürzere Sätze und Satzfügungen schreiben und eine geringere Anzahl von Verbalphrasen pro
Satzfügungen aufweisen. Sie schreiben auch mit weniger Nebensätzen (im Mittel
0,26 vs. 0,51).

Die Werte für den Vergleich mit der deutschen Kontrollgruppe sind in Gröden,
wie man aus den vorgängigen Ausführungen erahnen kann, noch besser: In fast al-

---

18   Die hier dargestellten Resultate sind alle statistisch signifikant; für Details muss wie-
      derum auf Ellecosta u.a. (2009) verwiesen werden.

len Parametern erreichen sie die L1-Schreibenden der deutschsprachigen Schulen, außer beim Wortschatzreichtum im Bereich der Verben. Die Kinder in Gröden schreiben praktisch ausgeglichen bilingual Ladinisch-Deutsch.

Es sei hier nachfolgend als Beispiel der Beginn des Textes eines Fünftklässlers aus Gröden wiedergegeben:

> Es war Sonntag. Wie jeden Tag wusch ich mir die Ohren, das Gesicht und die Hände. Mit dem großen, bunten Handtuch troknete ich mich dann ab. Mit dem Handtuch über den Schultern schlurfte ich hinunter zum Esstisch. Dort angekommen nahm ich ein Glas Milch, und beobachtete meinen Vater der gerade Zeitung las. Plötzlich tropften ein paar Tropfen auf die Zeitung. […].

Fast spiegelverkehrt sieht es im Gadertal aus: Die Kinder schreiben fast ausgeglichen bilingual Ladinisch-Italienisch. Sie schreiben praktisch gleich viele Wörter/Proposition (Mittelwert 5,64 vs. 5,82 bei der Kontrollgruppe) und auch in den anderen Parametern kommen sie sehr nahe an die Werte der Kontrollgruppe heran. Auch sie schreiben leicht kürzere Satzfügungen (Wörter/Satzfügungen 7,04 vs. 8,91 bei der Kontrollgruppe) und weniger Nebensätze (0,25 vs. 0,51 bei der Kontrollgruppe). Hinsichtlich ihrer Schreibkompetenz in Deutsch kann man sagen, dass die Schüler im Gadertal sich den Werten der L1-Schreibenden so annähern, wie die Kinder aus Gröden dem Italienischen.

Diskussion und Grenzen der Übertragbarkeit

Der Erfolg des paritätischen Schulsystems in den ladinischen Schulen Südtirols mit einer eigens entwickelten integrierten Didaktik beruht auf spezifischen Gegebenheiten, die nicht auf andere Regionen bzw. migrationsbedingte Mehrsprachigkeit übertragen werden können:

- Sicherlich ist das ladinische Schulsystem auf eine spezifische territoriale Mehrsprachigkeit zugeschnitten, die auf eine jahrhundertealte Erfahrung im Sprachkontakt mit Italienisch und Deutsch zurückblicken kann, einschließlich von Phasen des Sprachverlustes. Das Sprachgebiet des Ladinischen ist über die Jahrhunderte geschrumpft. Der Erwerb der umgebenden Sprachen war überlebensnotwendig, und ist es heute noch. Natürlicher Sprachkontakt mit damit zusammenhängender (teilweiser) Kompetenz in den beiden Kontaktsprachen zeichnet das Territorium denn auch flächendeckend aus. Auf dieser verbreiteten, alltäglichen Zwei-, resp. Drei- bis Viersprachigkeit im Territorium – in unterschiedlichem Maß bis hinein ins engere Beziehungsfeld – baut denn auch das paritätische Schulsystem auf.
- Das Lehrpersonal, das sich für die Grundstufe fast ausschließlich aus Ladinien rekrutiert, ist in allen drei Sprachen kompetent. Das ist ein wichtiger Grundpfei-

ler für die praktizierte integrierte Didaktik. Nur so kann der Unterricht wochen-
oder monatsweise (oder auch thematisch) im Wechsel auf Deutsch oder Italienisch gehalten werden. Wichtig ist dabei nicht so sehr der ausgeglichene Umfang des Inputs in den jeweiligen Sprachen, sondern die Qualität und Authentizität dieses Unterrichts: Die Lehrperson steht als glaubwürdig mehrsprachige
Person vor den Kinder und teilt deren Kommunikationskultur. Die Kinder erfahren, wie eine Person sich auf natürliche Weise in mehreren Sprachen zu bewegen weiß. Dieser Vorbildfunktion, die eine Spiegelung des Verhaltens beim
Kind auszulösen helfen kann, messe ich hohe Bedeutung zu.

- Im Vergleich zu städtischen Realitäten ist als weitere Eigenheit zu nennen, dass
  man in den Schulen der ladinischen Ortschaften eine relative Homogenität der
  Familiensprachen vorfindet: Es sind klar überwiegend dieselben ein bis drei
  Sprachen im Spiel, nur in Einzelfällen noch weitere Sprachen. Die Sprachkom-
  binationen sind deshalb überschaubarer als bspw. in einem urbanen Umfeld.
  Schon in der Provinzhauptstadt Bozen (mit knapp über 100'000 Einwohnern)
  sind, wie aus einer aktuellen Untersuchung an einer berufsorientierten Schule
  der Sekundarstufe 1 hervorgeht, unter den Schülern 40 Familiensprachen verbreitet, mit einer damit einher gehenden hohen Varianz der Kombinationen in
  den jeweiligen L1-L2-L3.[19]

- Unter den Eigenheiten des Systems in Ladinien sind auch rechtliche und finanzielle Rahmenbedingungen zu nennen, die Garantien geben und einen hohen
  Grad an Autonomie ermöglichen: Die ladinischen Schulen nutzen diese Spielräume bestens, um ein Schulsystem zu unterhalten, das auf die Bedürfnisse
  einer Minderheit zugeschnitten ist. Diese Minderheit ist nicht nur stolz auf ihre
  Sprache sondern auch auf ihre Mehrsprachigkeit. Während man sich im Rest
  der Provinz mit mehrsprachigen Programmen – aus ganz unterschiedlichen
  Gründen – schwer tut, gelten die Ladiner als die ,Vorzeigesüdtiroler' in Sachen
  Mehrsprachigkeit.

Was man aus diesem paritätischen Schulsystem für den Umgang mit Mehrsprachigkeit an anderen Schulen in Europa lernen kann, sind eher allgemeine Orientierungen, nicht so sehr die Einzelheiten der feinkörnigen organisatorischen Umsetzung. Es lassen sich aber doch einige Schlussfolgerungen ziehen:

---

19   Es handelt sich um eine Untersuchung innerhalb des Netzwerkes LINEE (siehe Fuß-
      note 1), speziell um eine Analyse im Workpackage 8a „In search of multi-competence:
      exploring language use and language values among multilingual immigrant students in
      England, Italy and Austria".

- Eine allgemeine Eigenschaft, die nachahmungswürdig ist, ist die Angepasstheit eines Schulsystems an die Kommunikationskultur eines Gebietes.

- Ferner ist die positive Einstellung zur Mehrsprachigkeit zu nennen, von der die Einführung eines mehrsprachigen Schulmodells nur profitieren kann.

- Das ladinische Schulsystem führt somit vor Augen, dass die Grundlage für die Etablierung von sprachlich intensiven Modellen auf der Analyse der sprachlichen Diversität gründen sollte. Die Modellierung sollte die regional oftmals sehr unterschiedlichen, bestenfalls historisch gewachsenen Gegebenheiten einbeziehen.

- Davon leitet sich ab, dass Lehrende eine Sensibilität haben sollten, kulturelle und kommunikative Eigenheiten des Gebiets, in dem sie wirken, zu erfassen und für den Unterricht zu nutzen. Mehr denn je, wirken Lehrpersonen sprachlichen Ethnographen gleich: Sie sollten deshalb in ihrer Ausbildung ein Instrumentarium erwerben, dass sie befähigt, mit Diversität – auch mit sprachlicher Diversität – umzugehen.

- Anwärter für die Lehrerausbildung, die einige der nötigen o.g. Grundbedingungen mitbringen, sind bspw. Bildungsinländer. Sie haben potenziell einen Erfahrungsschatz, den sie für die Integration unterschiedlicher Sichtweisen besonders sensibel macht. Auf solche Personen könnte die Lehrerausbildung vermehrt setzen. Bildungsinländer gehören zu einem Personenkreis, der die Tücken der Integration gut kennt. Sie könnten sich für den Aufbau einer Bildungslandschaft wertvoll einbringen und auch glaubwürdig als mehrsprachige Personen vor einer Klasse auftreten.

In den vorliegenden Ausführungen ging es um den Beispielfall eines Schulmodells, das für eine Minderheitensprache geschaffen worden ist. Man könnte deshalb weiter reichende Schlussfolgerungen auch leicht damit abtun, dass es sich um einen zu singulären Einzelfall handelt. Man würde damit jedoch mindestens drei wichtige, generelle Schlussfolgerunden verkennen, die sich aus der Betrachtung des Modells ableiten lassen:

1. Das Ladinische paritätische Modell stellt eine Laborsituation dar. Es erlaubt Aussagen zur Langfristigkeit von frühem Sprachlernen zu tätigen. Die Langfristigkeit von mehrsprachigen Modellen stellt – berechtigterweise – eines der stark debattierten Themen in weiten Teilen Europas dar. Es fehlen noch weitgehend validierte Vergleichsdaten. Da das Ladinische Schulmodell nun schon seit einigen Jahrzehnten besteht, kann es dafür stehen, dass Schüler in einem dreisprachigen Unterricht (zudem mit Englisch als vierter Sprache),

gut bis sehr gut abschneiden. Dies ist eine wichtige Aussage zur o.g. Debatte.

2. Wir haben es in den beiden Talgemeinschaften insgesamt mit eher sozial homogenen Gesellschaften zu tun, als wir sie in einem stark von sozialen Differenzen geprägten urbanen Umfeld in europäischen Großstädten antreffen. Diese Laborsituation *sui generis* zeigt demnach geringere Ausschläge innerhalb sozio-kultureller Variablen. Somit können Aussagen über die Dependenz mehrsprachiger Programme von sozio-kulturellen Variablen gezogen, resp. bestätigt werden: Wenn soziokulturelle Faktoren konstant gehalten werden, treten die positiven Effekte mehrsprachiger Programme deutlich hervor. Umgekehrt kann man sagen, dass soziokulturelle Faktoren wirksamer sind, als dass mehrsprachige Programme sozusagen automatisch in ihren positiven Effekten durchschlagen könnten.

3. Soziokulturelle Differenzen bilden ein Bündel von intervenierenden Variablen, die scheinbar stärker sind als die für sich genommenen positiven Effekte der Mehrsprachigkeit, die wir gut kennen. Ähnliche Ergebnisse waren schon früh anfangs der 1970er Jahre zu den kanadischen Immersionsprogrammen gefunden worden: Das positivere Abschneiden von zweisprachig geschulten Kinder in den sprachlichen und allgemein kognitiven Fähigkeiten galten nur, wenn die soziokulturellen Variablen konstant gehalten wurden (s. etw. Lambert, Tucker & d'Anglejan, 1973).

4. Die Schlussfolgerungen zu den beiden letzten Punkten sind weit reichend: Die Integration von bildungsfernen Schichten jeglicher Herkunft (auch inländischer im Übrigen) muss weiterhin einen zentralen Punkt in der Schulentwicklung darstellen. Diesen Punkt positiv zu bearbeiten, dient dazu, insgesamt die Fähigkeiten von Kindern mit ihrem mehrsprachigen Hintergrund zu befördern und somit, den Vorteilen der Mehrsprachigkeit auch bei bildungsfernen Schichten zum Durchbruch zu verhelfen.

Einstellungen sind prägende soziale Kräfte, nicht nur im Bildungsumfeld. Bis ein mehrsprachiger Habitus als Normalfall gelten kann, geben Ausflüge in Gebiete, die damit einen jahrhundertealten Umgang haben, wichtige Einblicke. Sie beflügeln die Phantasie, wie man regional unterschiedliche Kommunikationskulturen – älterer, wie neuerer Ansiedlung – zur Entwicklung von Mehrsprachigkeit nutzen kann.

Literatur

Bloch, C., Kaiser, A., Kuenzli, E., Zappatore, D., Haller, S., Franceschini, R., Luedi, G., Radue, E.-W. & Nitsch, C. (2009). The age of second language acquisition determines the variability in activation elicited by narration in three languages in Broca's and Wernicke's area, *Neuropsychologia, 47,* 625–633.

Ellecosta, L. (Hrsg.) (2007). *La scora ladina. Die ladinischen Schulen in Südtirol. Le scuole nelle valli ladine di Badia e Gardena.* Comité Provinzial por l'Evaluaziun dl sistem scolastich ladin, Istitut Pedagogich ladin: Bulsan-Bozen.

Ellecosta, L., De Angelis, G., Franceschini, R., Mussner, R., Pedevilla, R. & Videsott, G. (2009), *Resultac dl'analisa linguistica – 5a classes scoles; Ergebnisse der Untersuchung zu Sprachkompetenzen – 5 Grundschulklasse; Risultati dell'analisi linguistica – 5e classi scuole primarie.* Bulsan.

Franceschini, R. (2008). Prospettive europee sul multilinguismo. *Il Cristallo: Rassegna di varia umanità, 49*(1), 40–48.

Franceschini, R. & Miecznikowski, J. (Hrsg.) (2004). *Leben mit mehreren Sprachen. Vivre avec plusieurs langues. Sprachbiographien – Biographies langagières,* Bern: Lang.

Goebl, H. (1997). Le rappel de l'histoire: le plurilinguisme dans la vieille monarchie habsbourgeoise. *Sociolinguistica, 11,* 109–122.

Hornberger, N. H. (gen. Ed.). (2008). *Encyclopedia of language and education,* New York: Springer.

Lambert, W. E., Tucker, R. G. & d'Anglejan, A. (1973). Cognitive and attitudinal consequences of bilingual schooling. *Journal of Educational Psychology.* 85 (2): 141–159.

Lucisiano, P., Benvenuto, G. & Storchi, M. N. (1994), *L'alfabetizzazione in lingua italiana nella Provincia di Bolzano. Risultati di un'indagine, comparati con i dati nazionali dell'indagine IEA-SAL, Quaderni di Documentazione* 1.

Rifesser, T. (2005). Die ladinische Schule in Südtirol – Gegenwart und Zukunftsperspektiven. In P. Hilpold & C. Perathoner (Hrsg.), *Die Ladiner. Eine Minderheit in der Minderheit* (S. 117–128). Wien, Bozen & Zürich: Athesia-Schulthess.

Verra, R. (2006). Die Ladinische Schule und ihre Mehrsprachigkeit. In W. Wiater & G. Videsott (Hrsg.), *Schule in mehrsprachigen Gebieten Europas* (S. 225–236). Frankfurt a. M.: Peter Lang.

Verra, R. (2007). Sprachwechsel in Gröden. S. Martin de Tor, *Ladinia* XXXI, ICL, 274–287.

Sjaak Kroon und Ton Vallen

Und jetzt mal wieder über Dialekt und Schule

Während die pädagogische und sprachwissenschaftliche Diskussion in Deutschland ebenso wie in den Niederlanden bis 1980 vor allem vom Diskurs über Dialekt und Schule geprägt wurde (vgl. z.b. Ammon, 1973; Stijnen & Vallen, 1981), wird in der Diskussion nach 1980 zunehmend dem Thema Migration und Unterricht Aufmerksamkeit gewidmet. Diese Verschiebung verdeckt gleichsam die Tatsache, dass sich der Diskurs über den Zusammenhang von Dialekt und Schulerfolg bis in die heutige Zeit parallel zu dem Diskurs über die Folgen der Arbeitsmigration für Bildung und Erziehung weiterentwickelt hat. Schon ein kleiner Blick ins Internet mit dem Suchauftrag „Dialekt und Schule" zeigt, dass das in Deutschland nicht anders ist als in den Niederlanden. In dieser „verborgenen" Geschichte wird, wie in der Migrationsforschung, auf Zusammenhänge zwischen sprachlicher Vielfalt einerseits und Sozialschicht, Erziehungspraxis und Sprachenpolitik andererseits hingewiesen.

In diesem Beitrag erörtern wir den gegenwärtigen Diskurs über Dialekt und Schule in den Niederlanden. Wir fangen an mit einem kurzen historischen Überblick, präsentieren danach Forschungsergebnisse über den Schulerfolg von Dialektsprechern und schließen ab mit einigen sprachpolitischen Notizen. Wir überlassen es dabei der Kreativität der Leser, sich über Parallelen und Unterschiede zwischen den Diskursen über Dialekte und Migrantensprachen im Unterricht Gedanken zu machen.

Historischer Überblick

Die niederländische Sprachenlandschaft ist von einer großen sprachlichen Vielfalt gekennzeichnet. Obwohl das heutzutage nicht prinzipiell anders ist als früher, kann doch festgestellt werden, dass die Zahl der in den Niederlanden benutzten Sprachen in den letzten Jahrzehnten als Folge von Globalisierungsprozessen und den damit einhergehenden Migrationsbewegungen bedeutsam zugenommen hat. Auch innerhalb der traditionellen einheimischen, dialektalen Sprachenvielfalt haben Varietäten zugenommen, die sich gleichsam zwischen Dialekt und Standardsprache befinden. Es handelt sich dabei z.B. um Regiolekte, Stadtsprachen, Ethnolekte und Mischarten von Migrantensprachen, Stadtsprachen und Standardniederländisch, die sogenannten Straßensprachen. Alle diese Varietäten spielen eine wichtige Rolle in der (informellen) Kommunikation auf regionaler und lokaler Ebene. Mit der zunehmenden Diversifikation der Sprachenvielfalt in den letzten 50 Jahren geht aber auch eine zunehmende Konzentration dieser Varietäten auf den Gebrauch in den niedrigeren Sozialschichten einher – mit Ausnahme vielleicht der Provinz Limburg, wo der Dialekt immer noch in vielen Situationen und allen Schichten gesprochen wird. Demzufolge gibt es bei den Kindern aus unteren Schichten eine größere Diskrepanz zwischen Schulsprache und Heimsprache als bei Kindern aus gesellschaftlich privilegierten Schichten, die zu Hause überwiegend die Standardsprache benutzen.

Sprachvarietäten werden von ihren Benutzern, ebenso wie von ihren Nichtbenutzern, als Identitätskennzeichen wahrgenommen; ihre Existenz zeigt, dass Sprache mehr Zielen als nur der Realisierung einer optimalen Kommunikation in einem einheitlichen Kode dient. Vor allem deswegen löst Sprachenvielfalt Reaktionen aus. Das war früher schon so, als besorgte Sprachwissenschaftler, Pädagogen und Lehrer den Dialekt als Bedrohung der vaterländischen Sprache und Kultur betrachteten. Und das ist heute noch immer so, wie die Reaktionen von Lehrern und anderen Hütern von Normen und Werten zeigen, die die Benutzung von Straßensprache, SMS-Sprache und manchmal auch Denglish als Beispiele von Verlotterung der Standardsprache sehen. Dieser deutlichen Disqualifikation von Varietäten, die von der Standardsprache abweichen, steht aber auch schon immer eine positive Bewertung anderer gegenüber. Darin wird mit der Authentizität, der Aussagekraft, dem sprachwissenschaftlichen Reichtum und den pädagogisch-didaktischen Möglichkeiten von Nicht-Standardsprachen und insbesondere Dialekten plädiert. Diese doppelte oder auch zwiespältige Haltung ist von Hagen und Vallen (1974) als eine Position von Homogenitätsanhängern gegenüber Heterogenitätsanhängern, von Strengen gegenüber Toleranten qualifiziert worden. Diese Opposition ist im Laufe der Jahre mit wechselnder Intensität, wechselnden Protagonisten und wechselnden Positionen deutlich sichtbar geblieben und hat auch 2009 in der niederländischen Diskussion über individuelle und gesellschaftliche Mehrsprachigkeit immer noch eine große Relevanz, wie wir anhand einiger Beispiele zeigen wollen.

So geht aus einem Beitrag in der niederländischen Tageszeitung *NRC Handelsblad* vom 23. April 2008 hervor, dass auch aktuell Dialektsprecher zu Logopäden geschickt werden, damit sie von ihrem Dialektakzent befreit werden, weil dieser bei der Jobsuche und im Unterricht negative Folgen haben könnte. Auch im Fernsehen gibt es regelmäßig negative Reaktionen und Bemerkungen von Moderatoren, wenn Gäste bei Talkshows oder Unterhaltungssendungen kein akzentfreies Niederländisch sprechen, sondern deutlich als Sprecher eines Dialekts erkennbar sind. Aber das Umgekehrte gibt es auch. So tritt Abrahams (2000) für eine neue Generation von Sprechern des Niederländischen aus den südlichen und östlichen Provinzen ein, die weniger bereit sind, sich der Norm der Standardsprache anzupassen, sich von den Benutzern dieser Norm nicht länger beeindrucken lassen und ihren Dialektakzent keineswegs verheimlichen.

Diese und viele ähnliche Beispiele zeigen, dass es immer noch fest verwurzelte Vorurteile über die Qualität der Dialekte und über die sprachlich-kognitiven Fähigkeiten ihrer Sprecher gibt. Sie zeigen aber zur gleichen Zeit, dass von einer deutlichen Akzeptanz, Anerkennung und Unterstützung des Dialekts als legitimes und anerkanntes Kommunikationsmittel sowie als Ausdruck von Identität und Gruppenbewusstsein gesprochen werden kann. Das Verhältnis zwischen diesen beiden Positionen wird von einem komplexen Zusammenspiel von sprachlichen und gesellschaftlichen Normen und Werten bestimmt. Darin wird der gesellschaftliche Status von Varietäten und die Position ihrer Sprecher bestimmt, z.B. wann Dialektsprecher ernst genommen werden und wann nicht, wann sie als lustig und gemütlich, oder als ordinär, dumm und frech angesehen werden. Das Dialektsprechen oder auch ein Dialektakzent können immer noch, auch wenn der Dialekt sich in einigen kulturell-gesellschaftlichen Kontexten deutlich im Aufwind befindet, zu negativen Haltungen und Erwartungen in Bezug auf Schulerfolg und gesellschaftlichen Erfolg führen.

Forschungsergebnisse

Das Verhältnis zwischen Dialektsprechen und Schulerfolg wurde in den Niederlanden erstmals um 1970 in einigen Fallstudien empirisch untersucht. Nach einer Phase der ‚Windstille‘ wurde das Thema Anfang des 21sten Jahrhunderts wieder aufgegriffen, jetzt aber meistens in Form von groß angelegten repräsentativen Forschungsprojekten. Wir geben zu beidem eine Übersicht.

In der gegenwärtigen niederländischen Grundschule hat das Dialektsprechen auf die durch Tests ermittelten Schülerleistungen nur einen geringen Effekt. Zwar schneiden Dialekt sprechende Schüler im nationalen Grundschulabschlusstest um ein Geringes niedriger ab als Schüler, die Standardniederländisch sprechen, aber die Unterschiede sind statistisch nicht signifikant (Van Schilt-Mol, 2007). Auch in zwei schon etwas älteren Fallstudien in der Provinz Limburg, in den Städten Kerkrade und Gennep, wurden keine signifikanten Unterschiede zwischen Dialekt sprechenden und Standardsprache sprechenden Schülern gefunden (Kroon & Vallen, 2004).

Ganz im Einklang mit diesen Ergebnissen fand auch Driessen (2006) in einer longitudinalen, national-repräsentativen Untersuchung, dass das Sprechen eines Dialekts die durch Tests gemessene Beherrschung der niederländischen Standardsprache kaum negativ beeinflusst. Die Studie zeigte weiter, dass es aber regionale Unterschiede in der Beherrschung der niederländischen Standardsprache gibt. Die

Dialektsprecher in Limburg z.B. schneiden nicht nur regional, sondern auch national gut ab. Hier ist also ein positiver Dialekteffekt in dem Sinne zu beobachten, dass Kinder aus Dialekt sprechenden Familien besser abschneiden als Kinder aus Familien, in denen kein Dialekt gesprochen wird. Für die Provinz Nordbrabant gilt eher das Umgekehrte: Hier schneiden die Standardsprache sprechenden Kinder besser ab als die Dialektsprecher. Dieses könnte daran liegen, dass in Limburg der Dialekt noch in allen Schichten der Bevölkerung und in formellen wie informellen Situationen benutzt wird, während in Nordbrabant das erste nicht und das zweite immer weniger der Fall ist. In Nordbrabant ist der Dialekt deutlicher als in Limburg sozial stratifiziert. Zu verzeichnen ist also ein Effekt von Sozialschicht in Kombination mit Dialekt: In sozial weniger privilegierten Schichten wird mehr Dialekt gesprochen als in den mittleren und höheren Schichten.

Eine ähnliche Situation, wie im urbanisierten Nordbrabant, zeigt sich bei den Dialekten oder Stadtsprachen in den niederländischen Großstädten. Bekanntlich führen sozial-ökonomische Statusunterschiede zu unterschiedlichen Erziehungspraxen. Diese Unterschiede werden z.B. sichtbar in den Sprachgebrauchs- und Interaktionsmustern in der Familie (sowohl im Dialekt als auch in der Standardsprache), im Lesen und Vorlesen, im Radiohören und Fernsehen, im Computergebrauch und in unterschiedlichen kulturellen Interessen und Orientierungen. Anders gesagt: Ebenso wie Kinder von sehr gut ausgebildeten Standardniederländisch sprechenden Eltern und Kinder von sehr gut gebildeten nicht-niederländischsprachigen Immigranten, haben auch Kinder von sehr gut ausgebildeten dialektsprachigen Eltern gute Schulerfolge. Und genauso wie Kinder von auf niedrigem Niveau ausgebildeten niederländischsprachigen und nicht-niederländischsprachigen Eltern, besteht auch für Kinder von dialektsprechenden geringqualifizierten Eltern ein größeres Risiko für eine schlechtere Schullaufbahn. Dieses Risiko wird also mehr von der Sozialisations- und Sprachgebrauchspraxis als vom Sprechen eines Dialekts, des Standardniederländisch oder einer anderen Sprache bestimmt.

Der positive Ton dieser Erläuterungen sollte übrigens nicht automatisch zu der Schlußfolgerung führen, dass Dialektsprecher im Unterricht oder auf dem Arbeitsmarkt, als Folge ihrer Muttersprache, keine Nachteile oder Probleme empfinden würden. Das Gegenteil ist wahr, aber es sollte gleich hinzugefügt werden, dass es nicht die Qualitäten der Dialektsprecher und ihrer Sprache sind, die dabei eine Rolle spielen, sondern die negativen Einstellungen und Urteile und die damit zusammenhängenden Vorstellungen von anderen über Dialekte und Dialektsprecher. In Kerkrade wurden z.B. signifikante Unterschiede zwischen Dialekt sprechenden und Standardniederländisch sprechenden Schülern gefunden in Bezug auf das Sitzenbleiben in der Grundschule, die von der Grundschule abgegebenen Empfehlungen für die weiterführende Schullaufbahn und die Beurteilung von mündlichem und schriftlichem Sprachgebrauch (Stijnen & Vallen, 1981). Vor allem bei der Beurteilung von Aufsätzen stellte sich heraus, dass wenn diese anonym, also ohne den Namen der Schüler, von einer anderen Lehrkraft beurteilt wurden, es keine Beurteilungsunterschiede zwischen Dialektsprechern und Sprechern der Standardsprache gab. Die Unterschiede in den Beurteilungen hingen also mehr mit der Einschätzung und Haltung des Klassenlehrers als mit der niederländischen Sprachbeherrschung der Schüler zusammen.

Eine Untersuchung von Weltens, et al. (1981) im Sekundarunterricht in Maastricht zeigte, dass Dialekt sprechende Schüler höhere Noten als Niederländisch sprechende Schüler brauchten, um nach der Orientierungsstufe zur höchsten Stufe des Sekundarunterrichts zugelassen zu werden. Auch das zeigt den Einfluss von Lehrereinstellungen. Dieser Einfluss zeigt sich auch 24 Jahre später noch, wie eine Studie von Offermans (2005) bei Studenten und Dozenten an Ausbildungsschulen für Grundschullehrer in der Provinz Limburg belegt. Die Studenten und ihre Ausbilder hatten zwar eine ganz positive Haltung zu den limburgischen Dialekten im Allgemeinen und sahen darin auch keine Gefahr für den Schulerfolg, aber die Mehrheit stand der Benutzung des Dialekts im Klassenzimmer negativ gegenüber. Als Zielsprache, Unterrichtssprache oder Kommunikationsmittel hat der Dialekt ihrer Ansicht nach keinen Platz in der Schule, und wenn er dort auftaucht, sollte eingegriffen und korrigiert werden. Die Studie zeigte auch, dass dem Thema Dialekt und Schule im Curriculum der meisten Grundschullehrerausbildungsschulen kaum Interesse gewidmet wird und dass gleichzeitig die Mehrheit der Studenten gerne mehr über dieses Thema wissen möchte.

Außerhalb der Grundschule (Klassen 1-6) sind nur wenige Forschungsergebnisse über Dialekt und Schulerfolg vorhanden. Van Reydt (1997) bezog in einer Studie in Emmen in der Provinz Drenthe die erste Klasse des Sekundarunterrichts mit ein und stellte fest, dass Dialektsprecher in einer Aufsatzaufgabe und einem *matched-guise* Test niedrigere Beurteilungen bekamen als Sprecher der Standardsprache. Van Dooren (2006) befragte Schüler und Lehrer im Sekundarbereich in Bladel in der Provinz Nordbrabant und stellte unter anderem fest, dass die übergroße Mehrheit der Schüler (94%) und Lehrer (90%) der Meinung ist, dass Dialektsprecher keine besonderen Schwierigkeiten in der Schule empfänden. Aber trotz der sehr positiven Einstellungen zum Dialekt in dieser Gegend (86% der Schüler und 93% der Lehrer finden, dass der Dialekt erhalten bleiben soll) wird die Benutzung des Dialekts während des Unterrichts in der Klasse von den Lehrern negativ bewertet. Nur 19% der Lehrer akzeptieren es, wenn Schüler in der Klasse Dialekt sprechen; man korrigiert sie, wenn sie untereinander (14%) oder mit Lehrern (26%) Dialekt sprechen und wenn sie in mündlichen (32%) oder schriftlichen Arbeiten (41%) Dialekt benutzen. Fast alle Lehrer sind auch der Meinung, dass sie untereinander in Anwesenheit von Schülern keinen Dialekt sprechen sollten. Diese Forschungsergebnisse werden in einer 2008 von der Nederlandse Taalunie durchgeführten Umfrage bei 503 Niederländern ab 18 Jahren zum Thema „Wo sollte der örtliche Dialekt benutzt werden können?" bestätigt. Von den Befragten sind nur 14% der Meinung, dass der Grundschulunterricht eine Domäne sei, wo es möglich sein sollte, den Dialekt zu benutzen (Nederlandse Taalunie, 2008).

Auch die Forschungsergebnisse von Kraaykamp (2005) zeigen den Einfluss des Faktors Einstellung bei der Beurteilung und Einschätzung von sprachlichen und intellektuellen Kompetenzen von dialektsprechenden Schülern. Kraaykamp untersuchte die sozioökonomischen Folgen des Sprechens eines Dialekts in der Jugend, indem er von einer national-repräsentativen Stichprobe von 3.500 zwischen 1920 und 1980 geborenen Personen das erreichte Bildungs- und Berufsniveau feststellte. Dazu erfasste er den höchsten erreichten Schulabschluss, die sprachlichen Fertigkeiten im Niederländischen (durch einen Wortschatztest) und den Status des ersten und letzten Berufs.

Die Forschungsergebnisse zeigen, dass Dialektsprecher im Durchschnitt gut ein Jahr weniger zur Schule gehen als Sprecher der Standardsprache. Auch wenn dabei Geburtsjahr, Geschlecht, Region und Sozialstatus der Familie kontrolliert werden, haben Dialektsprecher immer noch eine um vier Monate kürzere Ausbildung. Es handelt sich hier um einen statistisch signifikanten Unterschied. Die Forschungsergebnisse zeigen weiterhin, dass der negative Einfluss des Dialektsprechens auf das Ausbildungsniveau mit der Zeit abgenommen hat. Bei den jüngeren Generationen gibt es kaum noch einen Unterschied in der Ausbildungsdauer zwischen Dialektsprechern und Sprechern der Standardsprache und der Dialekt ist viel weniger als früher für das Erreichen einer höheren Ausbildung von Bedeutung. Beim niederländischen Wortschatztest gab es, nach Kontrolle der sozialen Schicht, keine Unterschiede zwischen Dialektsprechern und Sprechern der Standardsprache. Dialektsprechen in der Jugend zeigte sich jedoch als sehr bedeutungsvoll für den Status des ersten und letzten oder heutigen Berufs (auch bei Kontrolle des Sozialstatus und anderer persönlicher Merkmale). Dialektsprecher üben Berufe mit niedrigerem Status als Sprecher der Standardsprache aus. Wenn man einen Dialekt spricht oder einen Dialektakzent hat, bedeutet das anscheinend immer noch ein ernstliches Hindernis für die Ausübung von statushohen Berufen. Durch den starken Zusammenhang zwischen Dialekt und Sozialschicht und den selbständigen Einfluss des Dialektsprechens auf höhere Ausbildungchancen und statushohe Berufe spielt der Dialekt nach Kraaykamp (2005) eine Rolle in der gesellschaftlichen Reproduktion sozialer Ungleichheit. Trotz der guten Schulerfolge der heutigen Dialektsprecher, führt der Dialekt als Folge von negativen Einstellungen und Vorurteilen in der Schule und auf dem Arbeitsmarkt offensichtlich noch immer zu einer Stereotypisie-

rung, die die Sicht auf die wirklichen Qualitäten von Dialektsprechern negativ beeinflusst.

Das Fazit dieser Darstellung von Forschungsergebnissen zum Zusammenhang
von Dialektsprechen, Schulerfolg und gesellschaftlichem Erfolg ist sowohl eindeutig wie komplex. Es kann festgestellt werden, dass Dialektsprecher in der Schule
sicher nicht schlechter abschneiden als Sprecher der niederländischen Standardsprache. Es ist aber ebenfalls so, dass Dialektsprecher im Vergleich zu Sprechern
der Standardsprache (etwas) weniger gut ausgebildet sind und weniger statusreiche
Berufe ausüben. Dieses widersprüchliche Ergebnis scheint damit zusammenzuhängen, dass es im Unterricht und auf dem Arbeitsmarkt immer noch negative Einstellungen dem Dialekt und seinen Benutzern gegenüber gibt, die dazu führen, dass
Dialektsprecher weniger qualifiziert eingeschätzt werden. Diese Erklärung scheint
auf den ersten Blick im Widerspruch mit dem Forschungsergebnis zu stehen, dass
die meisten der befragten Lehrer (in Limburg und Nordbrabant) sich in Bezug auf
Akzeptanz und Erhalt von Dialekten positiv äußern. Aber genau diese Lehrer sagen
auch, dass es für den Dialekt als Unterrichtssprache in der Schulpraxis keinen Platz
gibt. Im Unterricht und auf dem Arbeitsmarkt, also wenn es wirklich darum geht,
etwas zu erreichen, hat der Dialekt keinen Stellenwert. Da hilft auch die breit ver-
tretene Akzeptanz und die Anerkennung des Dialekts als Kommunikationsmittel
nichts.

Sprachenpolitik

Nach Spolsky (2004) spielt sich Sprachenpolitik auf mindestens drei unterschiedlichen Ebenen ab. Erstens gibt es die Ebene der offiziellen Richtlinien und politischen Beschlüsse (was in Sachen Sprache festgelegt ist), zweitens die der Sprachenpraxis (was die Bürger in Sachen Sprache machen) und drittens die Ebene der
Ansichten und Einstellungen (welche Urteile die Bürger in Sachen Sprache haben).
Klar ist, dass die empirische Sachlage auf diesen drei Ebenen ganz unterschiedlich
sein kann. Auch wenn es in einem Land eine eindeutige Sprachenpolitik gibt, bedeutet das noch nicht unbedingt, dass alle Bürger dieser Politik in ihrer tagtäglichen
Sprachenpraxis folgen, oder dass sie mit dieser Politik einverstanden wären.

In den Niederlanden gibt es keine ausgeprägte und einheitliche nationale Politik
in Sachen Dialekt und Schule. Zwar ist der Gebrauch von Dialekt – in Regionen,
wo dieser von den Bürgern benutzt wird – als Hilfssprache im Grundschulunterricht erlaubt, eine einheitliche Durchsetzung dieser Bestimmung gibt es aber kaum.
Weiter sind seit den 1990er Jahren neben Friesisch, Jiddisch und Romanes, auch
der niedersächsische und limburgische Dialekt in die Europäische Charta für
Regional- und Minderheitensprachen aufgenommen worden (Europarat, 1993). Der

letzte Bericht der Expertenkommission des Europarats zeigt aber, dass z.B. der limburgische Dialekt in der Vorschule und im Sekundarunterricht fast vollständig fehlt und in der Grundschule nur in sehr beschränktem Maße gelehrt wird (Council of Europe, 2008).

Insofern sie dem Dialekt in der Schule Interesse widmen wollen, stehen den Lehrern vor allem Materialien zur Verfügung, in denen im Anschluss an die soziolinguistische Differenz-Konzeption „Reflexion über Sprache" als Perspektive gewählt wird. Es handelt sich dabei ausdrücklich nicht um Dialektlehrgänge, sondern um Hilfsmittel, die dazu benutzt werden können, Schülern eine positive Haltung zum Dialekt, zur Zweisprachigkeit und zum Zweisprachigsein zu vermitteln. Abgeleitete Ziele sind die Förderung eines stärkeren Stellenwerts des Dialekts im Unterricht, einer größeren Akzeptanz des Dialekts vonseiten der Lehrer und eines höheren Status des Dialekts als Schriftsprache. Diese letzte Zielsetzung ist interessant, weil sie den Dialekt, als ursprünglich mündliche und informelle Varietät, in direkte Konkurrenz zur Standardsprache bringt. Dieses kann leicht dazu führen, dass dem Dialekt und seinen Benutzern eine schriftliche Norm auferlegt wird. Diese kann letztendlich zu Urteilen darüber führen, was im Dialekt korrekt und inkorrekt sei mit der ungewollten Konsequenz, dass den Dialektsprechern dann nicht nur in der Standardsprache, sondern auch im Dialekt formale Fehler unterlaufen können. Dieses kann unseres Erachtens nicht die Absicht einer emanzipatorischen Dialektpolitik sein.

Wie bereits angesprochen, gibt es in der öffentlichen niederländischen Diskussion zur Aufnahme der Dialekte in die Europäische Charta mehrere Positionen. Die Charta sagt, dass „Dialekte der offiziellen Landessprache(n)" nicht für eine Aufnahme in Betracht kämen. Dass trotzdem einige – nicht alle – niederländischen Dialekte gleichsam zufällig von der Charta anerkannt wurden, führte zu kritischen Reaktionen von z.B. Jaspaert und Kroon (2006). Diese Kritik wurde sehr übel aufgenommen. Die Kritiker wurden des Versuchs der „palliativen Sedierung" und der „Verschacherung der Dialekte, die sie einst umarmten", beschuldigt (Van Hout, 2007, S. 35). In dieser Formulierung klingt unseres Erachtens das Echo des Gegensatzes zwischen den Homogenitätsanhängern und Heterogenitätsanhängern, zwischen Strenge und Toleranz, nach. Wie früher sind die Toleranten dabei die „Guten": Sie versuchen, den Dialekt zu beschützen und zu erhalten, benutzen dazu alle ihnen zu Diensten stehenden Mittel, wie auch die Charta und sind dabei erfolgreich. Dann die Strengen: Sie sind die „Bösen", aber ganz anders als früher sind sie keine Feinde des Dialekts und seiner Benutzung. Im Gegenteil, auch sie plädieren für eine positive Dialektpolitik, aber außerhalb der Charta, die z.B. dem limburgischen Dialekt eine Homogenität unterstellt und abverlangt, die es nicht gibt und die, wenn sie hergestellt würde, für die Vitalität der Dialekte eher kontraproduktiv

als statuserhöhend wäre. Wenn wir einmal absehen von der sinnlosen, vom Wort-
laut der Charta verursachten Diskussion über Unterschiede zwischen Regionalsprachen und Dialekten und feststellen, dass es keine sprachwissenschaftlichen Argumente dafür gibt, die eine Varietät wohl und die andere nicht als Regionalsprache
im Sinne der Charta anzusehen, dann muss das Fazit sein, dass sprachenpolitische
Aktionen zum Schutz sprachlicher Diversität angebracht und berechtigt sind. Der
Dialektsprecher selbst sollte darin unseres Erachtens das letzte Wort haben. Aber er
sollte sich darüber im Klaren sein, dass Sprachenpolitik meistens eher mit Homogenität als mit Vielfalt zusammengeht. Wenn man diese Vielfalt aus dem Auge ver-
liert und sie dem Status und der Bequemlichkeit einer uniformen und damit uni-
formierenden Dialektpolitik opfert, könnte es dazu kommen, dass letztendlich die
Aktionen der Heterogenitätsanhänger unbeabsichtigt zu einer größeren Homogenität z.B. in der limburgischen Dialektlandschaft führen. Es würde dort nicht länger
jeder Ort seinen eigenen Dialekt haben, sondern es würde ein einheitliches
„Limburgisch" geredet und geschrieben in einer einheitlichen Rechtschreibung, die
von niemanden gewollt und beherrscht wird. Das in der *Meerjarenvisie
streektaalbeleid 2007–2010* von den im Bereich Sprache und Kultur zusammen-
arbeitenden Institutionen in Limburg formulierte gemeinsame sprachenpolitische
Ziel, die limburgische regionale Sprache zu fördern, damit sie „in ihrer reichen
Vielfalt" erhalten bleibt, ist in diesem Zusammenhang ein positives Signal.

Literatur

Abrahams, F. (2000). De zagte g. In L. Parmentier & E. Sanders (Hrsg.), *Beeld van een taal*
    (S. 208–209). Den Haag: Nederlandse Taalunie.
Ammon, U. (1973). *Dialekt, soziale Ungleichheit und Schule*. Weinheim und Basel: Beltz.
Council of Europe (2008). *European Charter for Regional or Minority Languages. Applica-
    tion of the Charter in the Netherlands. 3rd monitoring cycle. ECRML (2008) 3.* Ver-
    fügbar unter: http://www.coe.int/t/dg4/education/minlang/Report/EvaluationReports/
    NetherlandsECRML3_en.pdf [20.02.2010].
Driessen, G. (2006). Ontwikkelingen in het gebruik van streektalen en dialecten in de periode
    1995–2003. *Toegepaste Taalwetenschap in Artikelen, 75*, 103–113.
Europarat (1993). Europäische Charta der Regional- oder Minderheitensprachen. 5 November
    1992, SEV-NR. 148. Verfügbar unter: http://conventions.coe.int/treaty/Commun/
    QueVoulezous.asp?NT=148&CM=1&CL=GER [20.02.2010].
Hagen. A. & Vallen, A. (1974). Dialect, standaardtaal en school. De Nederlandse literatuur
    van heemtaalkunde tot sociolinguïstiek. *Mededelingen van de Nijmeegse Centrale
    voor Dialect – en Naamkunde, XIII*, 14–44.

Jaspaert, K. & Kroon, S. (2006). Dialectbeleid: meer antwoorden dan vragen? In R. van Hout & T. van de Wijngaard (Hrsg.), *Lang leve de dialecten*. *Streektaalbeleid in Nederland* (S. 60–82). Maastricht: Raod veur 't Limburgs/Uitgeverij TIC.

Kraaykamp, G. (2005). Dialect en sociale ongelijkheid: een empirische studie naar de sociaaleconomische gevolgen van het spreken van dialect in de jeugd. *Pedagogische Studiën 82*, 390–403.

Kroon, S. & Vallen, T (Hrsg.). (2004). *Dialect en school in Limburg*. Amsterdam: Aksant Academic Publishers.

Meerjarenvisie (2007). *Meerjarenvisie streektaalbeleid 2007–2010*. Raod veur 't Limburgs, *Veldeke-Limburg, Huis voor de Kunsten Limburg*. Roermond: Huis voor de Kunsten Limburg.

Nederlandse Taalunie (2008). Publieksonderzoek 2008 – Dialect in de rechtszaal? *Taalpeil*, November 2008, 7.

Offermans, P. (2005). *Opvattingen over dialect en school. Een onderzoek bij studenten en docenten van Pabo's in Limburg*. Nijmegen: Radboud Universiteit.

Spolsky, B. (2004). *Language policy*. Cambridge: Cambridge University Press.

Stijnen, S. & Vallen, T. (1981). *Dialect als onderwijsprobleem. Een sociolinguistischonderwijskundig onderzoek naar problemen van dialectsprekende kinderen in het basisonderwijs*. Den Haag: SVO.

Van Dooren, J. (2006). *Dialectproblematiek in het onderwijs*. Nijmegen: Radboud Universiteit.

Van Hout, R. (2007). Het Europese Handvest en het Limburgs: het politieke en het taalkundige discours. In H. Bloemhoff & P. Hemminga (Hrsg.), *Streektaal en duurzaamheid*. (S. 33–47). Berkoop/Oldeberkoop: Stellingwarver Schrieversronte.

Van Reydt, A. (1997). *Dialect en onderwijs in Emmen*. Amsterdam: Thesis Publishers.

Van Schilt-Mol, T. (2007). *Differential Item Functioning en Itembias in de Cito-Eindtoets Basisonderwijs*. Amsterdam: Aksant Academic Publishers.

Weltens, B. et al. (1981). Taalvariatie en schoolsucces in een brugklas. *Tijdschrift voor Taalbeheersing 3–4*, 312–321.

Michael Damanakis

Zweisprachige Bildung: Beispiele aus der griechischen Diaspora

Die Forschungsgruppe ALFA hat jahrelang als interdisziplinäres ‚Gewächshaus‘ fungiert. Viele junge Wissenschaftler haben dort erst ein Dach und später, unter der Leitung und Förderung von erfahrenen und gestandenen Wissenschaftlern, ihren Weg daraus gefunden. Ich freue mich, 25 Jahre nach meiner Abreise aus Deutschland einen Beitrag für Ingrid Gogolin, die die beste, „Schülerin" in der zweiten ALFA-Generation war, zu schreiben. Ich freue mich auch, dass die Festschrift mir den Anlass gibt über die zweisprachige Bildung in der griechischen Diaspora zu reflektieren und meine Reflexionen mit einem Fachpublikum zu teilen.

Die Wahl des Themas meines Beitrags war bewusst und hängt zunächst mit Ingrids wissenschaftlichen Interessen zusammen, denn sie hat während ihrer Laufbahn die zweisprachige Forschung und Erziehung mit Engagement vorangetrieben. Auf der anderen Seite wollte ich die Gelegenheit nutzen, einem deutschsprachigen Lesepublikum manche der Erfahrungen und Erkenntnisse, die in den letzten zehn Jahren aus drei weltweiten Großprojekten hervorgegangen sind, zu präsentieren. Alle drei Projekte hatten als Forschungsgegenstand die griechischsprachige Bildung im Ausland und wurden vom griechischen Bildungsministerium und der europäischen Kommission finanziert.

Die neugriechische Diaspora

Die neugriechische Diaspora besteht einerseits aus der *historischen Diaspora* und der durch Migration in der Neuzeit entstandenen *Migrationsdiaspora*. Die erstere erstreckt sich vom Fall Konstantinopels, Mitte des fünfzehnten Jahrhunderts, bis in die zwanziger Jahre des zwanzigsten Jahrhunderts. Sie bildete sich während der osmanischen Herrschaft am Rande des Reichs, in der Regel in der Form von Wirtschaftsgemeinden und zwar in den Balkanländern, im Mittelmeerraum (z.B. Triest, Venedig, Livorno, Marseille, Alexandria) und am schwarzen Meer (z.B. Odessa). Die Gründe für die Bildung dieser Gemeinden waren allerdings nicht nur wirtschaftlicher Natur, sondern auch die Folge von Verfolgungen und Vertreibungen, die die Griechen dazu zwangen, bei den Russen als Angehörigen derselben Religion Zuflucht zu suchen. So entstanden im Reich der Zaren nicht nur Wirtschaftsgemeinden, sondern auch Flüchtlingskolonien, deren Überbleibsel heute noch in Südrussland, in der Ukraine, in Georgien und um den Kaukasus herum anzutreffen sind. Reste der Wirtschaftsgemeinden gibt es dagegen heute nur noch in Alexandria und Kairo.

Die *Migrationsdiaspora* ist das Ergebnis der Auswanderung von Arbeitskräften zuerst nach Amerika (seit 1890) und später bis in die 1970er Jahre nach Kanada und Australien. Ab der Mitte der 1950er Jahre wanderten Griechen auch nach Belgien, Holland, Schweden und vor allem nach Deutschland aus. In diesen Ländern gründeten sie Migrantengemeinden, die aber als Gemeinden von Arbeitern den Status, Ruhm und Glanz der historischen Wirtschaftsgemeinden nicht erreichten. Große aus der Migration entstandene Gemeinden findet man heute in vielen Großstädten in den USA, Kanada, Australien und Deutschland, kleinere in fast hundert Ländern.

Die Mitglieder der *historischen Diaspora* und der *Migrationsdiaspora* unterscheiden sich unter anderem hinsichtlich ihres historischen Gedächtnisses und ihrer kollektiven Identität. Die kollektive Identität der Mitglieder der *historischen Diaspora* verbindet sich in der Regel mit Vertreibungstraumata, während jene der Mitglieder der *Migrationsdiaspora* mit Migrationserfahrungen und -erlebnissen korrespondiert. Eine Ausnahme mögen die heutigen griechischen Kolonien in Kairo und Alexandria sein, die sich als Nachfolger der reichen griechischen Wirtschaftsgemeinden verstehen.

Wesentliche Unterschiede gibt es aber auch hinsichtlich des Integrationsgrades in den Aufenthaltsländern sowie hinsichtlich des Spracherhalts, der Bildungsorientierungen und der Bildungsinstitutionen. Vergleicht man beispielsweise den Integrationsstand der Griechen in den USA, Kanada, Australien und Deutschland, so stellt man leicht fest, dass die Griechen in den USA meist ökonomisch, sozial und kulturell gut integriert sind und sich eher als Amerikaner denn als Griechen verstehen – sie definieren sich in der Regel als Amerikaner griechischer Herkunft. Ähnlich verhält es sich bei den Griechen in Kanada und Australien, allerdings nicht im gleichen Grade. Dies ist hauptsächlich darauf zurückzuführen, dass ihre Migration dorthin wesentlich später, zum großen Teil nach dem Zweiten Weltkrieg, erfolgte.

Im Gegensatz zu den oben genannten drei Fällen definieren sich die Griechen in Deutschland sowie in anderen europäischen Ländern als in Deutschland lebende Griechen oder als Europäer, die aus Griechenland stammen und in einem anderen Land der Europäischen Union leben. Dies hängt nicht nur mit der Migrationsgeschichte zusammen, denn die Migrationen nach Australien, Kanada und Deutschland liefen fast gleichzeitig ab, sondern mit der geographischen Nähe bzw. Ferne zu Griechenland sowie mit der Migrationspolitik des jeweiligen Aufnahmestaates. Kanada und Australien verstanden sich – und verstehen sich immer noch – als Einwanderungsländer. Sie boten ihren Immigranten von vornherein die Option an, sich einzubürgern („naturalisieren") und in die Gesellschaft als kanadische bzw. australische Bürger zu integrieren. Die Bundesrepublik Deutschland dagegen deklarierte jahrelang, dass sie kein Einwanderungsland sei und verfolgte die bekannte Gastarbeiter- und Rotationspolitik.

Griechen in der ehemaligen Sowjetunion waren zwar sowjetische Bürger, hatten aber andere Probleme zu bewältigen, da sie vor allem in der Stalinzeit (aber auch danach bis hin zur Ära von Michail Gorbatschow) unterdrückt wurden und ihre Schulen, Theater, Druckereien etc. auflösen mussten. Dies hatte zur Folge, dass die in den ehemaligen Sowjetrepubliken lebenden Griechen erst während der Gorbatschowregierung, und vor allem nach 1989, ihre Schulen wieder aufbauen und in Betrieb setzen konnten.

Hinsichtlich des Sprachverlustes stellt man leicht fest, dass dieser in der ehemaligen Sowjetunion und in den USA, aus verschiedenen Gründen, am weitesten fortgeschritten ist, während in Deutschland der Spracherhalt und die Vitalität des Neugriechischen hoch sind. Sprachverlust, Spracherhalt, Sprachvitalität und Sprachloyalität scheinen mit der Migrationsgeschichte sowie mit der Größe und mit dem Organisationsgrad der Gemeinde zusammenzuhängen. Allerdings gibt es auch Fälle – dies gilt vor allem für die Pontier um den Kaukasus herum – bei denen kleinere unterdrückte Gemeinden einen hohen Grad an Spracherhalt und Sprachloyalität aufweisen (hinsichtlich Sprachvitalität und -loyalität vgl. Gogolin, 2005, S. 14).

Unterrichtsformen und -träger in der griechischen Diaspora

Die oben genannten Faktoren kombiniert mit dem jeweiligen Rechts- und Sozialstatus sowie mit den Zukunftsoptionen der Menschen, haben unmittelbare Auswirkungen auf die Bildungsorientierungen und auf die Art der Bildungsformen und die Gestaltung von Bildungsinstitutionen in der Diaspora. Fasst man die zurzeit weltweit existierenden, griechischsprachigen Bildungsformen und deren Träger vereinfacht zusammen, so kommt man auf folgende Kategorien (vgl. Tabelle 1; über die Bildung in der griechischen Diaspora siehe auch Damanakis, 2005 und www.uoc.gr/diaspora [05.03.2010]).

Bildungsträger / Bildungsform	Community-organisation	Aufnahmestaat	Herkunftsstaat	Im Schulsystem integriert	
				Ja	Nein
1. Nachmittags- oder Samstagsunterricht	X		X		X
2. Integrierter Griechischunterricht (Sprachkurse)		X		X	
3. Selbständige Griechische Privatschulen			X		X
4a. Bilinguale Schulen ethnisch-homogen	X			X	
4b. Bilinguale Schulen ethnisch-heterogen	X	X		X	

Tab. 1: Unterrichtsformen und -träger in der griechischen Diaspora

Der Nachmittags- oder Samstagsunterricht wird hauptsächlich von den Organisationen der jeweiligen Kolonie und nur selten vom griechischen Staat getragen. Er liegt außerhalb des Schulsystems des Aufnahmelandes, es besteht kein Rechtsanspruch darauf, es werden keine staatlich anerkannten Zeugnisse erteilt und sein Besuch ist freiwillig. Der Nachmittagsunterricht ist die häufigste Unterrichtsform in der griechischen Diaspora und fungiert mehr oder weniger als eine freiwillige Bildungsinstitution für die Mitglieder einer freiwilligen Sprachgemeinde. Dafür spricht auch die Tatsache, dass diese Unterrichtsform auch in kleinen Gemeinden anzutreffen ist und nach unseren Untersuchungen von 80–85% der Schülerschaft besucht wird (Damanakis, 1999).

Der integrierte Griechischunterricht ist Bestandteil der jeweiligen Schule des Aufnahmelandes, in die er integriert ist. Diese Unterrichtsform kommt heute noch hauptsächlich in Australien vor. Es handelt sich praktisch um ein Wahlfach, das allen Schülern einer Schule angeboten wird und dessen Besuch obligatorisch für diejenigen ist, die es wählen.

Die selbständigen Griechischen Privatschulen, auch als „Nationalschulen" bekannt, kommen fast nur in Deutschland vor.[1] Sie werden vom griechischen Staat finanziert und beaufsichtigt, arbeiten gemäß den griechischen Lehrplänen und ertei-

---

1   Solche Schulen gibt es auch in Brüssel und in London.

len griechische Schulzeugnisse und Abschlüsse. Obwohl sie theoretisch bilingual sein könnten, ist dies in der Praxis kaum der Fall und zwar nicht nur wegen ihrer Lehrpläne, sondern vor allem wegen des Lehrpersonals, das von Griechenland abgeordnet wird.

Anders verhält es sich mit den Bilingualen Schulen und zwar unabhängig davon, ob sie von Communityorganisationen oder vom Aufnahmestaat getragen werden. Diese Schulen stellen ein Alternativangebot zu den Regelschulen des Aufnahmelandes dar und wenden sich entweder nur an Schüler griechischer Abstammung (ethnisch homogene Schulen) oder aber an alle interessierten Schüler (ethnisch heterogene Schulen), wie z.b. die Alphington Grammar School in Melbourne oder die Staatliche Europaschule in Berlin. Diese Schulen sind in den USA, Kanada und Australien auch als Tagesschulen (Day Schools) bekannt, da sie im Gegensatz zu den Nachmittagsschulen tagsüber arbeiten. Ihr Besuch ist obligatorisch, ihre Lehrpläne sind, bis auf den griechischsprachigen Teil, diejenigen des Aufnahmelandes und schließlich sind ihre Zeugnisse gleichwertig mit denen der Regelschulen. Diese Schulen können als Bilinguale Schulen bezeichnet werden, weil sie beide Sprachen als Unterrichtsfach unterrichten und sie zugleich als Medium für den Unterricht anderer Fächer gebrauchen. Darüber hinaus sind sie gemäß ihrer Stunden- und Lehrpläne den ,starken' bilingualen Schulmodellen (Baker) zuzurechnen.[2]

Da der Terminus Schule in der griechischen Diaspora für jegliche Griechischunterrichtsformen gebraucht wird, soll unterstrichen werden, dass in meinem Beitrag mit dem Terminus Schule Bildungsinstitutionen gemeint sind, in denen die Schülerinnen und Schüler ihre Schulpflicht erfüllen und die aufgrund ihres Rechtsstatus sowie ihrer Lehr- und Stundenpläne vom Aufnahmestaat anerkannte Schulzeugnisse und -abschlüsse erteilen dürfen.

Meine weiteren Analysen werden sich aus raumökonomischen Gründen auf die Day Schools (Tagesschulen) beschränken. Dabei werde ich versuchen, zweierlei zu skizzieren: auf der einen Seite die Zeitphase und die Konstellation der Faktoren, die im Aufnahmeland zur Entstehung dieser Schulen beigetragen haben, und andererseits den Versuch des jeweiligen Schulträgers und der Schule selbst, eine bestimmte Identität aufzubauen und sich als erfolgreiche und zukunftsträchtige Institution zu profilieren.

---

2   In der Praxis ist es allerdings nicht immer der Fall. Ich werde aber darauf nicht eingehen, da mein Beitrag keinerlei Evaluationscharakter hat. Hinsichtlich der starken und schwachen bilingualen Schulmodelle siehe Baker, 1996, S. 175.

Die Tagesschulen (*Day Schools*) in der griechischen Diaspora

Tagesschulen findet man heute hauptsächlich in Australien, Kanada und in den USA, aber auch in Südafrika (Johannesburg), im Sudan (Hartum) und in Äthiopien (Adis Abeba). Ich werde mich auf ausgewählte Beispiele aus den ersten vier Ländern beschränken, in denen die Tagesschulen von Communityorganisationen getragen werden (zu den Tagesschulen siehe auch Michelakaki, 2008, www.uoc.gr/diaspora [05.03.2010]). Beginnend mit Australien ist zunächst festzuhalten, dass während der assimilatorischen White-Australien-Policy die Sprachen der Migranten, wenn überhaupt, als „community languages" betrachtet wurden (Clyne, 1991). Das bedeutete, dass im englischsprachigen Australien der Spracherhalt und die Sprachförderung der Migrantensprachen Privatsache oder im besten Falle eine Aufgabe der Community waren. In den 1970er Jahren „wurden die community languages zu einer Untermenge der LOTEs (Languages Other Than English)" (Clyne, 2005, S. 23). Im Rahmen der neuen Sprachpolitik, die den Hauptaspekt der sog. ‚multicultural-education-policy' darstellte, wurden die Migrantensprachen sowohl innerhalb der staatlichen Schulen (Government Schools), als auch in unabhängigen Schulen (Independent Schools), die von den Communities getragen wurden, angeboten, sowie im Rahmen des Nachmittags- bzw. Samstagsunterrichts gefördert.

Die griechische Sprache war eine von neun Schlüsselsprachen (key languages) (Tamis, Gauntiett & Petrou, 1993), die politisch und finanziell stark unterstützt wurden. Dies hatte zur Folge, dass im Rahmen der multikulturellen Bildungspolitik in den 1970er und 1980er Jahren eine Reihe von griechischen Tagesschulen eingerichtet und auf der andere Seite Griechisch als Wahlfach in den öffentlichen Schulen angeboten wurde. Obwohl seit Mitte der 1990er Jahre die Sprachpolitik an den sog. „trade languages" orientiert ist – zu denen Neugriechisch nicht gezählt wird – und die griechische Sprache von den asiatischen stark verdrängt wird, sind die Tagesschulen heute noch im Betrieb. Hinzu kommt, dass heute noch in vielen öffentlichen Schulen Neugriechisch allen interessierten Schüler angeboten wird (siehe auch Tamis, 2001).

Ähnlich war die Entwicklung der griechischen Tagesschulen in Kanada. Die Multikulturalismuspolitik in den 1970er Jahren bot beispielsweise der griechischen Gemeinde in Montreal die Möglichkeit an, die Sokratesschule, die als Gemeindeschule seit 1909 existiert und viele Entwicklungsphasen durchlaufen hatte, in eine vom Staat anerkannte und zum großen Teil finanzierte trilinguale (Englisch, Griechisch, Französisch) Tagesschule umzugestalten. Hierbei ist zu unterstreichen, dass die Provinz Quebec eine eigene multilinguale Bildungspolitik betreibt, die in den anderen Provinzen nicht auf die gleiche Art und Weise vorkommt. Die frankophonen Kanadier fühlen sich selbst kulturell unterdrückt und hatten daher gute Gründe eine Mehrsprachigkeitspolitik voranzutreiben, was auch dazu führte, dass die Sokratesschule im Schuljahr 1971/72 zu einer „school of public interest" erklärt und entsprechend mit öffentlichen Mittel unterstützt wurde (vgl. Georgiou 2008). Die Regierung von Ontario dagegen unterstützte, im Rahmen des sog. „Heritage Language Program" (Beginn 1977) den integrierten Griechischunterricht sowie den Nachmittags- und Samstagsunterricht, jedoch keine bilingualen Schulen (vgl. Constantinides, 2001, S. 78).

In den USA weisen die griechischen Tagesschulen eine andere Entstehungs- und Entwicklungsgeschichte auf, was zum Teil auf die Bildungspolitik der Vereinigten Staaten, zum großen Teil jedoch auf die Politik der Griechisch-Orthodoxen Kirche von Amerika zurückzuführen ist. Im Gegensatz zu anderen Ländern hatte in den USA die Kirche das Monopol über den Griechischunterricht. Die griechischen Tagesschulen sind als „Parochial Schools" (Pfarrgemeindeschulen)[3] gegründet worden – die erste, die „Socrates School" in Chicago, bereits 1908 – und arbeiten sie heute noch als solche. Die Schulen fungieren zwar als „Parochial Schools", da sie aber von den US-amerikanischen Schulbehörden genehmigt und anerkannt sind, arbeiten sie bis auf den griechischsprachigen Teil ihres Programms auf der Basis der Curricula für die amerikanischen öffentlichen Schulen. Die griechischen Tagesschulen haben zwar von der Bildungspolitik, die mit den „Elementary and Secondary Education Act" (ESEA), Titel VII („bilingual education") im April 1965 eingeleitet wurde, profitiert (vor allem was die Unterrichtsmaterialienentwicklung anbelangt, vgl. Damanakis, 1994), in Wirklichkeit jedoch arbeiten sie als paralleles System zu den öffentlichen Schulen, was im pluralistischen Bildungssystem der USA möglich ist.

Eine entscheidende Wende in der griechischsprachigen Bildung in den USA wurde durch die ‚Charter Schools'[4] eingeleitet. Vor allem im Bundesstaat Florida haben griechische Personenverbände von dieser Schulalternative Gebrauch gemacht und bilinguale Schulen eingerichtet. Dadurch ist die griechische Sprache in das US-amerikanische öffentliche Schulsystem eingedrungen, und auf der anderen

---

3   Im Gegensatz zu anderen Ländern sind die griechischen Gemeinden in den USA Pfarrgemeinden, die in ihrer Mission nicht nur den religiösen Bereich, sondern das ganze soziale und kulturelle Leben der Kolonie einbeziehen. Insbesondere im Falle der Schulbildung werden die Kontrollmöglichkeiten der Kirche sehr deutlich. Beispielsweise, an der Spitze der Administration von „St. Demetrios School New York Astoria" stehen die „Greek Othodox Archdioscese" und der „Archbishop".

4   Charter Schools sind öffentliche Schulen, die vom Staat finanziert werden, aber eine gewisse Freiheit in der Gestaltung ihrer Stunden- und Lehrpläne haben. Sie können z.B. eine zweite Sprache als Unterrichtsfach und Unterrichtssprache (Griechisch, Spanisch, etc.) in ihr Schulprogramm einbeziehen, wobei sie allerdings den zusätzlichen Teil des Unterrichtsprogramms selbst finanzieren. Über Charter Schools vgl. www.uscharterschools.org [20.03.2010] und M. Gary & N. Christopher, 2002.

Seite hat die Griechisch Orthodoxe Kirche nicht mehr das Monopol über den Grie-chischunterricht in den USA.

In Südafrika wird die Gründung der „SAHETI School" (South African Hellenic Educational and Technical Institute) mit dem Demokratisierungsprozess des Landes in Verbindung gebracht, obwohl die Gründung der Schule 16 Jahre vor Beginn des Demokratisierungsprozesses liegt und auf das Jahr 1974 zurückgeht. Dies hängt damit zusammen, dass der Hauptinitiator für die Gründung der Schule, George Bizos, Freund und Rechtsanwalt von Nelson Mandela war. Laut Grundgesetz (Act 108 of 1996, Capitel 1, Articll 6) der Republik Südafrika hat das Land elf Amts-sprachen („official languages"). Darüber hinaus werden im Grundgesetz ebenso viele „community languages" namentlich erwähnt, unter ihnen auch Griechisch, die geschützt sind. Im Rahmen der im Grundgesetz verankerten Mehrsprachigkeit arbeitet auch SAHETI als eine demokratische, d.h. allen Schülern, unabhängig von Hautfarbe, Ethnizität und Religion, offen stehende Schule. In der Schule wird außer der Erstsprache Englisch und der Zweitsprache Afrikaans oder isiZulu Griechisch als zusätzliche Zweitsprache[5] für alle Schüler unterrichtet (vgl. Arbeitsgruppe Süd-afrika, 2003). Der demokratische und offene Charakter sowie die Mehrsprachigkeit der Schule tragen zu ihrer Profilierung als erfolgreiche und zukunftsträchtige Schu-le wesentlich bei. Eine darüber hinausgehende Identitätsbildung hat sie aber erst dadurch aufbauen können, dass sie den Spruch *„Erkenne dich selbst"* zu ihrem Fundament machte. *„Erkenne dich selbst* ist der Ausgangspunkt und die Grenze ist der Himmel", pflegt die derzeitige Schuldirektorin zu sagen. Das Kind wird in der Schule angenommen, so wie es ist, und von Anfang an dabei unterstützt, zur Selbstvergewisserung zu gelangen, d.h. sich die eigene Herkunft bewusst zu ma-chen, seine Herkunftssprache und -kultur lieben zu lernen und auf der soliden Basis der ‚Selbsterkenntnis' seine weitere Schul- und Berufslaufbahn und überhaupt sein Leben aufzubauen. Mit anderen Worten, die Schule profiliert sich nicht nur durch gute Leistungen, sondern vor allen durch eine humanistische Bildung, in deren Mit-telpunkt der Mensch steht (vgl. www.saheti.co.za [05.03.2010]).

In Australien sind im Rahmen der Multikulturalismuspolitik in mehreren Groß-städten griechische Tagesschulen eingerichtet worden. Ich beschränke mich auf zwei Schulen, die in Melbourne arbeiten, beide sind als griechische Schulen be-kannt und trotzdem sehr verschieden. Die erste, „St. John's Greek Orthodox Col-lege", ist bereits 1978 als Konfessionsschule eingerichtet worden und wird von der

---

5   In SAHETI sollen die Schüler außer der Erstsprache Englisch, Afrikaans oder Zulu als Zweitsprache wählen und lernen. Da aber seit 2006 Griechisch als Abiturfach an-erkannt ist, kann Griechisch als zusätzliche Zweitsprache gewählt werden. In der be-stimmten Schule wird allerdings Griechisch für alle Schüler obligatorisch unterrichtet, weil SAHETI eine „griechische" Schule ist.

Griechischen Orthodoxen Kirche getragen. Ihre Schülerschaft setzt sich ausschließlich aus orthodoxen Schülerinnen und Schülern, die in der Regel griechischer Abstammung sind, zusammen. Ihr Schulprogramm ist bilingual, wobei der englischsprachige Teil gemäß den staatlichen Lehrplänen arbeitet, während der griechischsprachige über eigene Lehrpläne verfügt und auch vom Herkunftsland Griechenland finanziell unterstützt wird. Obwohl die Schule im Laufe ihrer Entwicklungsgeschichte ihre Stunden- und Lehrpläne modifizieren musste – der griechischsprachige Teil ist hauptsächlich wegen des Generationswechsels zurückgegangen – hat sie ihre griechischorthodoxe Identität beibehalten können. Im Gegensatz zur Konfessionsschule „St. John's College" ist die „Alphington Grammar School" im Jahre 1989 von der Griechischen Gemeinde Melbournes als *„independent school"* gegründet worden. Ca. 50% ihrer Schüler stammen aus 30 verschiedenen Ethnien, während die restlichen griechischer Abstammung sind. Neben Englisch wird Griechisch für alle Schülerinnen und Schüler vom Kindergarten an bis zu der 12. Klasse unterrichtet. Obwohl die griechische Identität im Vordergrund steht, ist die kulturelle Diversität ein wichtiger Bestandteil der Schule, da sie selbst Produkt der Multikulturalismuspolitik ist und deren Entwicklung zu folgen scheint. Anders ist es nicht zu erklären, dass auch Chinesisch als Abiturfach angeboten werden kann.

Obwohl beide Melbourner Schulen hinsichtlich des englischsprachigen Teils die staatlichen Lehrpläne anwenden und bezüglich des Griechischunterrichtes auch ähnliche Lehrpläne und ähnliche, wenn auch nicht die gleichen Unterrichtsmaterialien gebrauchen, unterscheiden sie sich wesentlich in ihrem Identitätsverständnis. ‚St. John's College' besitzt ein von vornherein festgelegtes griechisch-orthodoxes Selbstverständnis, während ‚Alphington' seine Identität im Rahmen des australischen sozialen und kulturellen Werdegangs und unter Berücksichtigung der griechischen Sprach- und Kulturtradition zu formen sucht. Mit anderen Worten: in dem einen Fall wird eine als gegeben angenommene Identität weitergepflegt, während in dem anderen Identität und Diversität in Kontakt kommen und miteinander interagieren.

Ähnlich verhält es sich mit den griechischen Konfessionsschulen und mit den ‚Charter Schools' in den USA. Die ‚St. Demetrios School' in New York Astoria beispielsweise arbeitet seit 1957 als Konfessionsschule, deren Hauptaufgabe in der Förderung der griechisch-orthodoxen Tradition liegt. Im Schuljahr 2006-07 bestand ihre Schülerschaft zu 100% aus orthodoxen Schülern und zu 95% aus Schülern griechischer Abstammung – die restlichen 5% kamen aus Rumänien (4%) und Russland (1%). Die griechisch-orthodoxe Identität wird nicht nur durch den Religions- und Sprachunterricht, sondern auch durch den Sozialkundeunterricht gefördert (s. www.saitdemetriosastoria.com [05.03.2010]).

Im Gegensatz zu den Tagesschulen, die ihre Schüler gemäß ihrer Konfession wählen und damit von vornherein über eine griechisch-orthodoxe Identität verfügen, dürfen die „Charter Schools" griechischer Prägung, die in den Anfängen der 1990er Jahre in Erscheinung traten, ihre Schüler nicht frei wählen. Sie haben Schüler aus ihrem Schuleinzugsbereich aufzunehmen und zwar unabhängig von Hautfarbe, Ethnizität und Religion. Falls die Nachfrage zu groß ist, sollen die Schüler per Los aufgenommen werden.

Wenn also eine „Charter School" sich als „Griechische Schule" bezeichnen und von anderen abgrenzen will, muss sie dafür andere Mittel wählen als die religiöse Ausrichtung. Sie könnte sich als besonders erfolgreiche Schule mit einem speziellen Unterrichtsangebot darstellen. Doch dies ist kein klares und eindeutiges Profil, denn erfolgreich sind viele Schulen. Eine zweite Möglichkeit bestünde in der Betonung der griechischen Sprache. Warum sollten aber im Bundesstaat Florida, wo vier von den sieben „Charter Schools" mit griechischem Profil arbeiten, eine Familie nicht griechischer Abstammung eine englisch-griechische, bilinguale „Charter School" wählen und nicht eine englisch-spanische, zumal in Florida ein sehr großer Teil der Bevölkerung spanisch spricht und außerdem Spanisch verbreiteter als Griechisch ist. Schulerfolg und Sprache sind sicherlich Bestandteile der Identität einer Schule. Im Falle der „Charter Schools" aber, die besser als der Durchschnitt der öffentlichen Schulen sein und die Familien vor allem in den ersten Jahren überzeugen und gewinnen müssen, um die Schülerinnen und Schüler zu halten, scheinen sie nicht auszureichen, um den Schulen ein hinreichend klares Profil zu geben. Am Beispiel der „Archimedean Academy" in Miami soll deshalb kurz skizziert werden, wie eine „Charter School" ihre Identitätsbildung meistern und sich als einzigartige, erfolgreiche und zukunftsträchtige Schule profilieren kann.

Die „Archimedean Academy" stützt sich auf drei Pfeiler: Englische Sprache, Neugriechische Sprache und Mathematik, wobei Mathematik in beiden Sprachen unterrichtet wird. Darüber hinaus ist mit Mathematik nicht nur Arithmetik und Geometrie gemeint, sondern das altgriechische, mathematische Denken und die Philosophie überhaupt. Dies soll auch im Namen der Schule Ausdruck finden. Kernpunkt des Lehrplans in dieser Schule sind das logische Denken und die rationale Argumentationsweise. Deswegen werden bereits in der Sekundarstufe I Philosophie, Logik und Rhetorik unterrichtet. Die Weltanschauung dieser Schule, so wie manch anderer „Charter Schools" griechischen Profils, hat sich von der griechisch-orthodoxen Tradition der übrigen griechischen Tagesschulen in den USA gelöst. Sie geht von den kulturellen Normen und Werten aus, die auf das altgriechische Denken zurückgehen, zugleich aber in der gegenwärtigen westlichen Kultur präsent und somit mehr oder weniger den Eltern vertraut sind, kombiniert sie mit dem neugriechischen Sprachunterricht und dem bilingualen Mathematikunterricht sowie mit

guten Leistungen vor allem in Mathematik und Sprache und zeigt dadurch ein at-
traktives Schulprofil nach außen. Die Attraktivität dieser bestimmten Schule, die
im Schuljahr 2007/08 nur zu 10% von Kindern griechischer Abstammung besucht
wurde, wird auch dadurch dokumentiert, dass sie im Schuljahr 2007/08 etwa 700
Schüler im Primar- und Sekundarbereich hatte und eben so viele auf der Warteliste
standen (s. www.archimedean.org [05.03.2010]).

Ich werde die Präsentation der ausgewählten Beispiele mit der bereits erwähnten
„Socrates School" in Montreal abschließen. Die Sokratesschule versteht sich als
eine Gemeindeschule, die sich an Schülerinnen und Schüler griechischer Abstammung wendet und zugleich als kultureller Bezugspunkt für die ganze Gemeinde
fungieren will. Dieses Selbstverständnis fußt auf der langjährigen Geschichte der
Schule und trägt dazu bei, dass die Schule von der ganzen griechischen Kolonie
nicht nur formal getragen, sondern substanziell unterstützt wird. Die Unterrichtsor-
ganisation ist dreisprachig (65% Französisch, 20–25% Griechisch und 10–15%
Englisch) und beschränkt sich auf den Primarbereich (Klasse 1–6). Danach wech-
seln die Schüler auf öffentliche, in der Regel frankophone Schulen[6] über.

Nach Meinung des Schulträgers, der griechischen Gemeinde, unterstützt die
Schule die Persönlichkeitsbildung der Schülerinnen und Schüler in folgender Art
und Weise: Die Schüler gewinnen an Selbstvertrauen und Selbstbewusstsein als
Mitglieder einer ethnischen Gruppe in einer multiethnischen Gesellschaft. Auf der
anderen Seite lernen sie vom ersten Schultag an, wenn nicht bereits im Kindergarten, mit drei Sprachen umzugehen. Im Laufe der sechsjährigen Schulbildung erreichen die Schüler in allen drei Sprachen ein derartiges Sprachniveau, dass sie danach dem französisch- und englischsprachigen Unterricht in den Schulen des Sekundarbereichs folgen und den Griechischunterricht in den Nachmittags- bzw.
Samstagkursen fortsetzen könnten. Die dreisprachige Bildung mag eine Belastung
für die Kinder sein, sei aber zugleich ein Vorteil, weil die Kinder im frühen Alter
hart zu arbeiten lernen, was den Besuch in den weiterführenden Schulen dann
leichter macht. Diese Argumentationsweise des Schulträgers und der Schulleitung
wird durch Forschungsergebnisse belegt und gestützt (vgl. z.B. Georgiou, 2008;
Constantinides, 2005).

---

6   „Community Schools", wie die Sokratesschule, wurden von der Regierung von Que-
     bec unter bestimmten Bedingungen, vor allem hinsichtlich des Lehrplans, der Be-
     suchsdauer und des Schülerübergangs, genehmigt. Entscheidender Punkt für die Bil-
     dungspolitik von Quebec war, dass die Schüler nach der sechsten Klasse auf franko-
     phone Schulen überwechseln sollten. Dadurch sollte die Schülerschaft in den
     frankophonen Sekundarbereichschulen verstärkt werden. Diese Maßnahme hat jedoch
     in den letzten Jahren nachgelassen.

Zusammenfassung und Schlussfolgerungen

Alle vorgestellten Tagesschulen ähneln sich hinsichtlich der Lehrplanstruktur. Alle haben einen griechischsprachigen Teil, dessen Inhalte sehr ähnlich sind, und einen zweiten größeren Teil, der den Lehrplänen der Regelschulen des Sitzstaates entspricht und in den entsprechenden Sprachen vermittelt wird. Alle bekunden, dass sie die griechische Sprache und Kultur pflegen und weiterentwickeln wollen. Doch hinter dieser Zielsetzung steckt jeweils eine andere Ideologie, die vom Schulträger bestimmt wird. Die Konfessionsschulen werden von der Griechisch-Orthodoxen Kirche getragen („St. John's College" & „St. Demetrius") und orientieren sich stark an der griechisch-orthodoxen Tradition, die ihrerseits das Selbstverständnis prägt. Die Schulen dagegen, die von den Gemeinden („Alphington Grammar School" & „Socrates School") oder von Interessenverbänden („SAHETI" & „Archimedean Academy") getragen werden, sind offener, flexibler und versuchen ihre eigene „Identität" im Rahmen des umfassenden sozialen und kulturellen Werdegangs der Aufnahmegesellschaft zu formen. Im ersten Fall scheint die Identität der Schule a priori mehr oder weniger gegeben zu sein, während im zweiten Fall die „Identitätsbildung" und die Profilierung ein dynamischer Prozess ist, der den ökonomischen, sozialen und kulturellen Entwicklungen der Aufnahmegesellschaft folgt. In ihrem Versuch, die Orthodoxie zu bewahren, laufen allerdings die ersteren Schulen Gefahr, die griechische Sprache als Identitätsmerkmal zu verlieren (was vor allem in den Vereinigten Staaten der Fall ist) oder aber nach und nach ihre Schülerschaft zu verlieren. Der Schülerrückgang im „St. John's College" in Melbourne wird beispielsweise größtenteils darauf zurückgeführt, dass die Schule sich an die neueren Entwicklungen in der australischen Gesellschaft nicht hat anpassen können.

Die Schule „St. George College" in Adelaide, Australien, hingegen, die ebenfalls eine Konfessionsschule ist, hat sich durch ein *„International Student Program"* den Schülern aus asiatischen Ländern geöffnet, was nicht nur finanzielle Probleme löste, sondern auch einen neuen Aspekt dem Schulprogramm hinzufügte. Der Schulleiter begründet diese Öffnung, indem er sagt: "St George College recognises, promotes and celebrates the value of cultural diversity and implements inclusive policies which advance cultural diversity as a positive force in the life of the College community" (www.stgeorgecollege.sa.edu.au [05.03.2010]).

Die säkular orientierten Tagesschulen sind in der Regel im Rahmen der Multikulturalismusdebatte in den 1970er und 1980er Jahren oder aber im Rahmen einer speziellen Bildungspolitik des Landes, wie z.B. die „Charter-Schools"-Politik, entstanden. Die Hauptsorge dieser Schulen ist, sich in der „Multikulturalismussuppe" nicht zu verlieren, sondern eine möglichst klare Schulidentität zu formen, so dass sie sich darauf stützend als einzigartige, zweisprachige und Bildungswerte vermittelnde Schulen profilieren können.

Die Erfahrung aus den Tagesschulen in der griechischen Diaspora zeigt, dass der eigentliche Wert eines zweisprachigen Unterrichts nicht nur das Erlernen beider Sprachen ist, sondern vielmehr die durch die zweisprachige Bildung vermittelten Bildungswerte.

Literatur

Baker, C. (1996). *Foundations of Bilingual Education and Bilingualism.* (2. Aufl.). Clevedon, Multilingual Matters.

Clyne, M. (1991). *Community Languages, The Australian Experience.* New York, Port Chester, Melbourne & Sydney: Cambridge University Press

Clyne, M. (2005). Sprachdemographie und Sprachpolitik in Australien: das wechselhafte Schicksal von Einwanderersprachen. *IMIS-Beiträge, 26,* 11–28.

Damanakis, M. (1994). Greek Teaching Materials Abroad. *European Journal of Intercultural Studies, 5* (2), 35–46.

Damanakis, M. (ed.). (2005). *Greek Education in the Diaspora,* Etudes Helléniques/Hellenic Studies. 13 (2).

Geogiou, T. (2008). The Contribution of Socrates School to the Identity Formation and Akademic-Professional Evolution of its Graduates, EDIAMME, Rethymno.

Gogolin, I. (2005). Erziehungsziel Mehrsprachigkeit. In C. Röhner (Hrsg.), *Erziehungsziel Mehrsprachigkeit. Diagnose von Srachentwicklung und Förderung von Deutsch als Zweitsprache* (S. 13–24). Weinheim & München: Juventa.

Miron, G. & Nelson, C. (2002). *What's Public about Charter Schools? Lessons Learned about Choice and Accountability.* California: Corwin Press.

Orfanos, S., Psomiades, H. & Spiridakis, J. (Eds.). (1987). *Education and Greek Amerikans. Process and Prospects.* New York: Pella.

Tamis, A. M., Gauntiett, S. & Petrou, S. (1993). *Unlocking Australia's Language Potential, Profiles of 9 Key Languages in Australia,* Vol. 8 Modern Greek, The National Language & Literacy Institute of Astralia, Canbera.

Δαμανάκης, Μ. (επιμ.). (1999). Παιδεία Ομογενών. Θεωρητικές και εμπειρικές προσεγγίσεις, ΕΔΙΑΜΜΕ, Ρέθυμνο.

Δαμανάκης, Μ. (2007). Ταυτότητες και Εκπαίδευση στη Διασπορά, Gutenberg, Αθήνα.

Κωνσταντινίδης Σ. (επιμ.). (2001). Η Ελληνόγλωσση Εκπαίδευση στον Καναδά, ΕΔΙΑΜΜΕ, Ρέθυμνο.

Μιχελακάκη,Θ. (επιμ.). (2008). Ημερήσια Ελληνικά Σχολεία στη Διασπορά, www.uoc.gr/ diaspora [05.03.2010], επιστημονικές μελέτες/πρακτικά συνεδρίων.

Ομάδα, Εργασίας Ν. Αφρικής (2003). Ελληνόγλωσση Εκπαίδευση στη Νότια Αφρική, ΕΔΙΑΜΜΕ, Ρέθυμνο.

Τάμης, Α. (επιμ.). (2001). Ελληνόγλωσση Εκπαίδευση στην Αυστραλία. Η σημερινή κατάσταση της Ελληνικής, ΕΔΙΑΜΜΕ, Ρέθυμνο.

Michael Clyne

Wünsche aus dem fernen Süden[1]

Da die Sprache bei fast allen menschlichen Tätigkeiten und in allen wissenschaftlichen Disziplinen eine wesentliche Rolle spielt, beinhalten sämtliche Interessen, die man hat, eine sprachliche Komponente. Dies bedeutet auch, dass die Sprachwissenschaft sich mit vielerlei anderen Disziplinen überschneidet und mit ihnen zusammenarbeiten kann, um gesellschaftliche Probleme zu untersuchen und zu lösen. Vielleicht ist dies ein Grund, warum die Linguistik, die reine oder die angewandte, international so viele hervorragende Wissenschaftler/innen und Studierende anzieht, die ihr Studium in anderen Gebieten begonnen hatten. Mit wenigen Ausnahmen haben diese „Zuwanderer" aus anderen Disziplinen die Möglichkeit, Erkenntnisse aus ihren früheren Disziplinen und aus anderen Interessengebieten und ihr Bedürfnis, die Welt zu verbessern, in ihre sprachwissenschaftliche Arbeit zu integrieren. Ingrid Gogolin ist ein hervorragendes Beispiel dafür. In ihr verbinden sich die ehemalige Journalistin und Werberin und die qualifizierte Lehrerin mit der Wissenschaftlerin, der Aktivistin und der Schul- und Sprachpolitikerin. Und das zeigt sich unter anderem in ihrem leserbezogenen Stil und in der Dynamik ihrer Vorträge und Reden.

Hier sei nur ein Aspekt ihres variantenreichen Schreibstils aufgegriffen: Gerne nutzt sie in ihren Schriften eine kontrastierende Argumentationsfigur, indem sie Unterschiede zwischen europäischen Einwanderungsländern wie Deutschland und klassischen Einwanderungsländern wie den USA oder Australien benennt, um zu zeigen, dass in den klassischen Einwanderungsländern fortgeschrittenere Lösungen gefunden sind und diese dem deutschen Bildungssystem entgegenzuhalten und so Prozesse der Transformation in Deutschland einzufordern oder anzustoßen oder in ihrer Richtung zu beeinflussen (z.B. Gogolin, 2006). Dabei kann es schon geschehen, dass die Verhältnisse in den zum Vergleich herangezogenen klassischen Einwanderungsländern positiver gesehen werden, als es z.Zt. in diesen Ländern selbst aussieht. Ich schlage hiermit einen Perspektivenwechsel vor: Wie sieht die australische Situation aus, wenn man sie an den Zielen misst, die Gogolin in ihrer wissenschaftlichen und praktisch politischen Arbeit verfolgt?

---

1   Ich danke Hans Reich für inhaltliche und Heinz-Leo Kretzenbacher und Doris Schüpbach für stilistische Vorschläge.

Monolingualer Habitus

In ihrer Kritik der deutschen Schule stützt sich Gogolin auf den Bourdieu'schen Begriff „Habitus" als Grundlage für den von ihr geprägten und weithin bekannt gemachten Terminus „monolingualer Habitus" (Gogolin, 1994). Es handelt sich um „Dispositionen", die durch die Sozialisierung entstehen und als Wahrnehmungs-, Denk- und Handlungsmatrizes den Praktiken und Praxisformen menschlichen Handelns zugrunde liegen. Das ist – bezogen auf die Disposition, die eigene anerzogene Einsprachigkeit als Norm und Normalität für alle auszugeben und entsprechend zu handeln – vergleichbar mit unserem australischen Begriff „monolingual mindset", d.h. der monolingualen Mentalität der dominanten Bevölkerung, in der die Einsprachigkeit als Norm und Entscheidungsbasis gilt (vgl. z.B. Clyne, 2005).

In Australien zeigt sich dies an der relativ geringen Teilnahme am Fremdsprachunterricht, die im Kontrast steht zur multilingualen Demographie. Bundesweit sprechen 16,8% der Bevölkerung eine andere Sprache als Englisch zu Hause, in Sydney sind es 31,9%, in Melbourne 27,9%. Nur etwa 12% der Abiturienten australienweit wählen eine andere Sprache als Englisch als Fach, obwohl dies je nach Bundesland (von 20% in Victoria bis 5,8% in Queensland) und nach Schulsystem variiert (in Victoria 8% in staatlichen, 13% in katholischen, 33% in privaten bzw. anderskonfessionellen Schulen). Die schwache Stellung der Sprachen beruht auf einigen monolingualen Annahmen, die unter Schulbehörden und Schuldirektoren vielfach vorherrschen:

• Der „Durchschnittsaustralier" brauche nur kurzfristig eine zweite Sprache zu lernen, da man international mit Englisch gut auskommen kann.
• Das Kerncurriculum sei schon zu überlastet, um auch noch Fremdsprachen unterzubringen.
• Die Reduzierung an Stundenzahlen für Fremdsprachen in manchen Grundschulen (z.B. auf eine halbe oder dreiviertel Stunde pro Woche) wird selbst damit begründet, dass nicht genügend Zeit für Englisch als Muttersprache zur Verfügung stehe, und dass sonst das Niveau des Englischen bzw. der Lese- und Schreibfähigkeit (unter englischsprachigen Kindern) sinken würde.

Solche Annahmen werden häufig durch starke Argumente widerlegt; sie tauchen aber immer wieder auf. In Australien gibt es schon seit dem 19. Jahrhundert Spannungen zwischen monolingualen bzw. monokulturellen und multilingualen bzw. multikulturellen Tendenzen in der Gesellschaft. Die 1970er und 1980er Jahre waren eine Blütezeit des Multikulturalismus; zur Zeit erholt sich Australien von einer sehr monokulturellen Phase unter der Howard-Regierung. Die Rudd-Regierung (wie die frühere Keating-Regierung) bevorzugt in Schulpolitik und Finanzierung vier asiatische Sprachen – Chinesisch (Mandarin), Indonesisch, Japanisch und Koreanisch.

Der „monolinguale Habitus", von dem Gogolin schreibt, wirkt sich auch auf die Interpretation der Zwei- und Mehrsprachigkeit aus. Oft wird in einer dominanten Bevölkerung, die grundsätzlich einsprachig ist, „bilingual" für „einsprachig in einer anderen (selbst unerwünschten) Sprache" missverstanden, ein Zeichen des monolingualen Habitus. Darin eingeschlossen ist eine Abwertung der nicht-dominanten Bevölkerung und dies kann zu fragwürdigen Schuldzuweisungen und zu separierenden Beschulungsformen führen.

Aufgrund empirischer Untersuchungen unter Lehrpersonen und Studierenden der Erziehungswissenschaften konnte Gogolin (1994) im dominanten Diskurs über die multilinguale Schule eine Ablehnung, gar Geringschätzung des Gebrauchs anderer Sprachen als Deutsch in der Schule feststellen. Entweder beruht diese Ablehnung auf Defizitdenken (Zweisprachigkeit als Mangel), oder Spracherhaltung wird als Privatsache empfunden, die nichts mit der Schule zu tun hat. Offensichtlich wird das Lernen von Statusfremdsprachen, insbesondere des Englischen, als etwas völlig anderes betrachtet als der Erwerb der in Deutschland gesprochenen Einwanderersprachen. Nur 40% der von Gogolin befragten Studierenden der Erziehungswissenschaften und Lehrpersonen befürworten die Einführung des Türkischen als Abiturfach, das allen zur Wahl stehen würde.

In der Blütezeit des Multikulturalismus in Australien war schon die Präsenz von Einwanderergruppen ein Grund für die Einführung von deren Sprachen für alle SchülerInnen in den örtlichen Schulen. Das ist heute weniger der Fall. Dennoch gelten in einigen Bundesländern bis zu 47 Sprachen als Abiturfach, darunter z.B. Türkisch, Farsi, Tamilisch, Ungarisch und Vietnamesisch. In den letzten paar Jahren sind einige (wie z.B. Lettisch, Tschechisch) wegen geringer Kandidatenzahl suspendiert (sprich: abgeschafft) worden. Bedauerlicherweise haben einige Bundesländer sich der Vielspracheninitiative nicht angeschlossen. Die Prioritätserklärung der vier asiatischen Sprachen gehört zu einer Politik der australischen Integration in die wirtschaftlichen und politischen Systeme Ost- und Südost-Asiens. Es sollte erwähnt werden, dass Ministerpräsident Kevin Rudd, der sich für diese Politik persönlich einsetzt, hervorragend Mandarin spricht und für seine mandarinsprachigen Reden in China häufig gelobt wird. Seit der Wahl seiner Regierung wird der Wert der Mehrsprachigkeit öffentlich weniger in Frage gestellt. Es wird aber vielfach vermutet und befürchtet, dass der Unterricht europäischer Sprachen quantitativ unter der Bevorzugung gewisser asiatischer Sprachen, auch in finanzieller Hinsicht, leiden wird.

Interessanterweise kann, sobald Mehrsprachigkeit höheres Ansehen genießt als Einsprachigkeit, der familiäre zweisprachige Spracherwerb von der dominanten einsprachigen Gruppe als „unfairer Vorteil" betrachtet werden. Dies erleben wir zurzeit in Australien, wo die chinesische Sprache (Mandarin) zu einer wichtigen Kommodität geworden ist.

Aufgrund des Wertes, der jetzt Fremdsprachen zugeschrieben wird, wollen aufgeschlossene Eltern, dass ihre Kinder möglichst früh eine zweite Sprache lernen; besonderes Interesse gilt Mandarin auf Grund der internationalen Sprecherzahl und der Handelsmöglichkeiten (Mandarinsprachige sind die am schnellsten zunehmende Einwanderergruppe). In Victoria und zunehmend auch in anderen Bundesstaaten bekommen diejenigen, die im Abitur eine zweite Sprache bestanden haben, einen etwa 10%igen Bonus, der die Note im Numerus Clausus dermaßen erhöht, dass dem Abturienten zu einem Studienplatz in einer Prestige-Universität und -Fakultät verholfen wird (Clyne, 2005, S. 118). Es wird behauptet, dass „echte Sprachlerner" durch die Gegenwart von AbiturientInnen chinesischer Herkunft abgeschreckt werden. Daher müssen AbiturientInnen, die eine gewisse Zeit in einem anderssprachigen Land aufgewachsen sind, spezielle Prüfungen statt der Mainstream-Prüfung in der jeweiligen Sprache machen. Es wird davon ausgegangen, dass sie es bisher zu leicht haben. Wo immer Grenzen gezogen werden, wird diskriminiert. Es ist wichtig, Kinder von Einwanderern in ihrer Zweisprachigkeit zu fördern und ihre Spracherhaltung nicht zu demotivieren.

Erziehung zur Zweisprachigkeit

In Gogolins pädagogischem Denken heißt Zweisprachigkeit „beide Sprachen fördern" (Gogolin, 1994), und „Wer Zweisprachigkeit fördert, fördert ja ganz selbstverständlich die zweite Sprache Deutsch" (Gogolin, 2006, S. 6). Dies steht im Gegensatz zu den vielpublizierten Äußerungen über das angebliche Ungenügen bilingualer Bildung, Migrantenkinder erfolgreich auf das berufliche und gesellschaftliche Leben in Deutschland vorzubereiten. Gogolin ist bereit, die Stereotypen gegenüber Migranten zu entschlüsseln und die Rolle der Schule im Scheitern vieler Kinder mit Migrationshintergrund zu identifizieren. Dadurch kann sie den sich in zwei Sprachen entwickelnden Menschen als etwas Positives darstellen, sofern ihm das Schulwesen die Gelegenheit verschafft, sich in beiden Sprachen zu entfalten.

In Australien schneiden Schülerinnen und Schüler aus gewissen Sprach- und Kulturgruppen bedeutend besser ab als diejenigen angloaustralischer Herkunft. Es handelt sich um junge Leute aus chinesischen, indischen, vietnamesischen, koreanischen Familien sowie viele mit ost- und südosteuropäischer Herkunft. Andere, die aus dem Nahen Osten und dem nördlichen Afrika stammen, haben im allgemeinen Ergebnisse weit unter dem australischen Durchschnitt (Birrell & Khoo, 1995; Marks et al., 2000). Dies liegt an mehreren Faktoren, wie z.B. kulturellen Einstellungen und unterbrochener Schulung.

Der zweisprachige Unterricht ist heute in Australien proportional viel weniger entwickelt als im Australien des 19. Jahrhunderts und selbst weniger als in Deutschland (Clyne, 2005, S. 1–2). In einigen Bundesstaaten gibt es eine Reihe bilingualer Programme in mehreren Sprachen; Programme wie z.b. die staatlichen Europaschulen, in denen SchülerInnen der dominanten Gruppe und die mit „anderer" Sprache als Erstsprache gemeinsam zweisprachig lernen, sind in Australien relativ selten anzutreffen. Andererseits gibt es in einigen Bundesstaaten staatliche schools of languages, die außerhalb der normalen Schulstunden mehr als vierzig Sprachen bis zum Abiturniveau unterrichten. Diese fungieren im mehrsprachigen Kontext – die victorianische z.b. hat 39 Zentren, die jeweils die Sprachen der lokalen Gegend anbieten. Die neuesten Sprachen sind Somali, Dinka (aus dem Sudan) und Karen (aus Birma-Myanmar). Neben den „schools of languages" gibt es auch vom Staat subventionierte „ethnic community schools" (ethnische Gemeindeschulen), die je eine Sprache unterrichten. Ein weiteres Beispiel offener multilingualer Rahmen sind staatliche Radiosendungen in etwa siebzig Sprachen und ein staatlicher multikultureller mehrsprachiger Fernsehkanal mit englischen Untertiteln. Solche Initiativen unterstützen Spracherhalt und demonstrieren das Recht aller Sprachen und Kulturen des multikulturellen Australien auf Erhalt.

Die Parallelen zwischen den Einstellungen in Deutschland und Australien zeigen, wie wichtig ein angemessener Begriff von Zwei- und Mehrsprachigkeit auch international gesehen ist. Gogolins Kombination von Wissenschaft (eigener lokaler, schulbasierter Forschung und Interpretation der Forschungen Anderer), Engagement, Politik und LehrerInnenausbildung ist das beste Gegenmittel gegen Stereotypen.

Schulsprachenpolitik

Deutschland schwebt in einem paradoxen sprachenpolitischen Kontext. Zu groß für eine rasche Anglisierung, zu klein, um selber Weltgeltung zu beanspruchen, verfolgt es nach außen eine Politik der sanften Sprachexpansion und einer unentschiedenen Europäisierung, immer bereit, den Primat des Englischen anzuerkennen. Im Innern wird eine Aufwertung des Deutschen als Teil einer assimilatorischen „Integrations"politik betrieben, die begleitet wird von anerkannten Domänen des Englischen und der weiteren Ausbreitung des Englischen als Fremdsprache im Bildungssystem. Für eine deutsch-englische Zweisprachigkeit werden öffentlich und privat erhebliche Mittel aufgewendet, während die „lebensweltliche Mehrsprachigkeit" der Migrantenkinder – auch dies ein von Gogolin geprägter Terminus, der weite Verbreitung gefunden hat (vgl. Gogolin, 2004) – vernachlässigt wird und nur am Rande des Bildungssystems eine Rolle spielt.

Da Englisch Australiens Nationalsprache und Lingua franca ist, braucht man die erste Fremdsprache nicht wie in vielen anderen Ländern allgemein festzulegen. Die interne Mehrsprachigkeit und die regionale Lage bieten bereits Möglichkeiten. Allerdings ist das Sprachenangebot an Mainstream-Schulen zunehmend auf sechs bis acht eingeengt worden – Chinesisch (Mandarin), Deutsch, Französisch, Indonesisch, Italienisch, Japanisch sowie in geringerem Maße Koreanisch und Spanisch. Wie schon erwähnt, sind die asiatischen unter den obengenannten Sprachen von der Bundesregierung vorwiegend aus wirtschaftlichen Gründen priorisiert worden. Dass die meisten dieser Sprachen auch Einwanderersprachen sind, ermöglicht den Gebrauch von Gemeinschaftsressourcen, was noch nicht genügend geschieht, sowohl im Sprachunterricht wie auch im wirtschaftlichen Bereich. Wichtig ist, dass SchülerInnen motiviert werden, einen hohen Grad an Zweisprachigkeit zu erreichen, von dem sie und die Nation Nutzen haben können.

Schulzentrierte empirische Forschung

Die Schule ist der Ort von Gogolins Forschungen. Ihre schulzentrierten Forschungen ermöglichen eine Kritik der Schule und erlauben es der nächsten Generation von LehrerInnen, sich ihre eigene Meinung darüber zu bilden, was übernommen werden soll und was verbessert werden kann. Durch Gogolins Initiativen finden sich LehrerInnen in ihren pluralistischen Einstellungen und pädagogischen Erfahrungen wissenschaftlich bekräftigt. Sie werden durch lokale und ausländische Forschungsergebnisse informiert, ermutigt und in der Folge didaktisch beraten. Gogolin kennt die fortschrittlichen innovativen Schulen, nicht nur in Hamburg (vgl. dazu Fürstenau, Gogolin & Yağmur, 2003) sondern auch weiter entfernt. Und dies nützt dem Nachwuchs, nicht nur in Deutschland.

Die Untersuchungen in der „Faberschule" (Gogolin & Neumann, 1997) zeigen, wieweit der monolinguale Habitus überwunden werden kann. Gogolin erkennt die Rolle der offen eingestellten Lehrerschaft im Paradigmenwechsel an, die ein „Potential zur Anpassung an die gewandelten Verhältnisse aktiviert hat" (Gogolin, 1994, S. 265) und sieht die Grenzen für das Gestaltungspotential zu Recht in der überlagerten Strenge der institutionellen Arbeit. Der Enthusiasmus, mit dem monolingual heranwachsende deutsche Kinder versuchsweise ein bisschen Türkischunterricht genießen, nachdem viele von ihnen etwas Türkisch von ihren Mitschülern erworben haben, ist ein Beispiel dafür, was möglich wäre. Allerdings zieht Gogolin den Multikulturalismus für die Reduktionsstrategie zur Rechenschaft, dass nur für die sprecherstärkste Migrantensprache ein bilinguales Programm eingeführt worden ist.

Ein Gegenbeispiel ist die Richmond West Primary School in einem inneren Melbourner Bezirk, die zwei bilinguale Programme anbietet, Mandarin-Englisch und Vietnamesisch-Englisch. Dieses hat Schülerinnen und Schüler mit anderen ethnisch-sprachlichen Hintergründen angezogen, jenes aber nicht.

Geschichtliche Grundlage

Gogolin beginnt in ihren Schriften und Vorträgen, ob umfangreich (wie Gogolin, 1994) oder knapp (wie Gogolin, 2006) vielfach mit deutscher Geschichte und Wissenschaftsrezeption. Dadurch vergegenwärtigt sie in mancher Beziehung Galtungs (1985) Begriff des „teutonischen" Wissenschaftsstils, der Theoriebildung, Paradigmata und historische Entwicklung zu seinen Stärken zählt. Die Darstellung der historischen Einwicklung erlaubt es Gogolin, auf die Funktion der deutschen Sprache im Schulwesen einzugehen. Auf diese Weise kann sie die Wurzeln des monolingualen Habitus im 19. Jahrhundert freilegen.

Auch die etwas paradoxalen Einstellungen und Praxen Australiens können historisch begründet werden. Einerseits im einsprachigen britischen Grundschulsystem, das die sechs britischen Kolonien Australiens als minimale Basis für die Schulpflicht in den 70er und 80er Jahren des 19. Jahrhunderts eingeführt haben, noch bevor der australische Bundesstaat entstand (1901). Viele bestehende zweisprachige Schulen wurden als Privatschulen weitergeführt, bis der zweisprachige Unterricht während des Ersten Weltkriegs gesetzlich abgeschafft wurde. Historisch-kulturelle und demographische Faktoren haben z.B. in Victoria und Südaustralien eine größere Akzeptanz sprachlich-kultureller Vielfalt und multikulturelle Initiativen in Schulen veranlasst, die sich im 19. Jahrhundert und wieder in den vergangenen 40 Jahren im Schulwesen widerspiegelten (Clyne, 2005).

Netzwerkbildung

Als ich vor zwei Jahren am Institut für International und Interkulturell Vergleichende Erziehungswissenschaft der Universität Hamburg zu Gast war, habe ich die Gastfreundschaft genießen können, die mich zugleich in die lebendige Atmosphäre des Instituts einbezogen hat. Dabei habe ich auch die Verknüpfungen, die von Gogolins Wirken ausgehen, unmittelbar erfahren. Die Küche im damaligen Institutsgebäude an der Binderstraße präsentierte sich als Treffpunkt für Ähnlichgesinnte aus aller Welt. Ingrid Gogolin ist Mittelpunkt eines europaweiten Netzwerkes, welches das Menschenrecht auf zwei- und mehrsprachige Bildung zur Grundlage hat. Diese Zusammenarbeit geht Hand in Hand mit der Bereitwilligkeit, Disziplingrenzen zu überschreiten.

In ihren Schriften und durch ihre Reden und Vorträge, ihre Mitarbeit in schul- und sprachpolitischen Gremien und besonders durch die Initiierung von kollaborativen Forschungsprojekten in Schulen versteht es Ingrid Gogolin, die „Innovationskraft der Lehrer" zu stimulieren, so dass die „Bandbreite der Praktiken" eine „Utopie mittlerer Reichweite" (Gogolin, 1994, S. 265) auslöst. Das ist ein Einsatz, den auch andere Länder brauchen. Jedes multikulturelle Land bräuchte eine Ingrid Gogolin, womöglich mehrere (falls sie zu finden sind!), um den Nachwuchs zu gewährleisten.

Für die nächste Phase erhoffe ich mir, dass es ihr gelingen wird, auch Schülerinnen und Schülern deutscher Herkunft die Vorteile der multilingualen/ multikulturellen Schule nahezubringen. Es wäre ein wesentlicher Schritt dazu, dass die Utopie mittlerer Reichweite eingeholt und der Habitus der multilingualen deutschen Schule wirklich multilingual wird.

Literatur

Birrell, B. & Khoo, S. (1995). *The Second Generation in Australia: Educational and occupational characteristics.* Camberwell: Bureau of Immigration, Multicultural and Population Research.

BSFGU (2007). *Hamburger Handlungskonzept zur Integration von Zuwanderern.* Hamburg: Behörde für Soziales, Familie, Gesundheit und Verbraucherschutz.

Clyne, M. (2005). *Australia's Language Potential.* Sydney: University of New South Wales Press.

Fürstenau, S.; Gogolin, I. & Yağmur, K. (2003). *Mehrsprachigkeit in Hamburg. Ergebnisse einer Sprachenerziehung an den Grundschulen.* Münster u.a.: Waxmann.

Galtung, J. (1985). Struktur, Kultur und intellektueller Stil. In A. Wierlacher (Hrsg.), *Das Fremde und das Eigene.* (S. 151–193). München: iudicium Verlag.

Gogolin, I. (1994) *Der monolinguale Habitus der multilingualen Schule.* Münster u.a.: Waxmann.

Gogolin, I. (2004) Lebensweltliche Mehrsprachigkeit. In K.-R. Bausch, F. Königs & H.-J. Krumm (Hrsg.), *Mehrsprachigkeit im Fokus. Arbeitspapiere der 24. Frühjahrskonferenz zur Erforschung des Fremdsprachenunterrichts* (S. 55–61). Tübingen: Gunter Narr.

Gogolin, I. (2006). *Wem nützt oder schadet Zweisprachigkeit? Vortrag bei der von der Alexander von Humboldt und der Deutschen Welle veranstalteten Tagung „Braucht Deutschland eine bewusste kohäsive Sprachenpolitik?"* 29. September–02. Oktober 2006.

Gogolin, I. & Neumann, U. (Hrsg.). (1997). *Großstadt-Grundschule. Eine Fallstudie über sprachliche und kulturelle Pluralität als Bedingung der Grundschularbeit.* Münster u.a.: Waxmann.

Marks, G. et al. (2000). *Patterns of Participation in Year 12 and Higher Education.* Camberwell: Australian Council of Educational Research.

Autorinnen und Autoren

Prof. Dr. Neville ALEXANDER
University of Cape Town, Project of the
Study of Alternative Education in South
Africa – PRAESA, Private Bag,
Rondebosch 7701,
ZAF – Cap Town

Christiane BAINSKI
Hauptstelle der RAA-NRW,
D-45141 Essen

Dr. Carole BLOCH
Project of the Study of Alternative Edu-
cation in South Africa – PRAESA,
Co-ordinator of the Early Literacy Unit,
Private Bag, Rondebosch 7701,
ZAF – Cap Town

Prof. Dr. Wilfried BOS
Technische Universität Dortmund,
Institut für Schulentwicklung,
D-44227 Dortmund

Prof. Dr. Jill BOURNE
University of Strathclyde,
Faculty of Education,
GB – Glasgow G12 8QQ

Prof. emer. Dr. Herbert CHRIST
Justus-Liebig-Universität Gießen,
Didaktik der französischen Sprache
und Literatur,
D-35394 Gießen

Prof. emer. Dr. Michael CLYNE
Monash University, Victoria 3800
Australia; University of Melbourne,
Research Unit for Multilingualism and
Cross-Cultural Communication Univer-
sity of Melbourne,
AUS – Victoria 3010

Prof. Dr. Michael DAMANAKIS
Universität Kreta, Fachbereich Erzie-
hungswissenschaft,
GR-74100 Rethymnon

Prof. Dr. Gunther DIETZ
Universidad Veracruzana, Instituto de
Investigaciones en Educación,
MEX – 91065 Xalapa

Claudia DOHE, Dipl.-Stat., Wiss. MA
Technische Universität Dortmund, Insti-
tut für Schulentwicklungsforschung,
D-44227 Dortmund

Heide ELSHOLZ
Ministerium für Schule und Weiterbildung, D-59494 Soest

Prof. Dr. Rita FRANCESCHINI
Freie Universität Bozen / Libera
Unversità di Bolzano-
Free University of Bozen,
Kompetenzzentrum Sprachen,
I-39100 Bolzano-Bozen

Prof. Dr. Sara FÜRSTENAU
Westfälische Wilhelms-Universität
Münster, FB 06, IfE,
Arbeitsstelle Interkulturelle Pädagogik,
D-48143 Münster

Alfred GOLL
Grundschule Hellweg / Ampen,
D-59494 Soest

Prof. Dr. Stefan GRADMANN
Humboldt-Universität zu Berlin,
Bibliotheks- und Informationswissenschaft mit Schwerpunkt Wissensmana-
gement, D-10099 Berlin

Anne GRESSER, Dipl. Soz., Wiss. MA
Julius-Maximilians Universität Würzburg, Lehrstuhl Empirische Bildungsforschung, D-97074 Würzburg

Prof. Dr. Franz HAMBURGER
Johannes Gutenberg Universität Mainz,
Institut für Erziehungswissenschaft, AG
Sozialpädagogik, D-55099 Mainz

Prof. a.D. Dr. Georg HANSEN
FernUniversität Hagen, Institut für Bil-
dungswissenschaft und Medienfor-
schung, D-58084 Hagen

Britta HAWIGHORST, Wiss. MA
Universität Hamburg, Fakultät EPB, FB
1, Arbeitsstelle Interkulturelle Bildung,
D-20146 Hamburg

Prof. Dr. Gabriele KAISER
Universität Hamburg, Fakultät EPB, FB
5, Arbeitsbereich Mathematikdidaktik,
D-20146 Hamburg

Magdalena E. KOWOLL, Dipl. Psych.,
Wiss. MA
Technische Universität Dortmund,
Institut für Schulentwicklungsforschung,
D-44227 Dortmund

Prof. Dr. Sjaak KROON
Universiteit van Tilburg, Department
Taal en Cultuurstudies,
NL – 5000 LE Tilburg

Prof. a.D. Dr. Marianne KRÜGER-
POTRATZ
Westfälische Wilhelms-Universität
Münster, FB 06, IfE, Zentrum für Euro-
päische Bildung, D-48143 Münster

Prof. Dr. Hans-Jürgen KRUMM
Universität Wien, Lehrstuhl Deutsch als
Fremdsprache, Institut für Germanistik,
A-1010 Wien

Prof. emer. Dr. Gudula LIST
An der Kapelle 2, D-76855 Annweiler

Dr. Günther LIST
An der Kapelle 2, D-76855 Annweiler

Prof. Dr. Paul MECHERIL
Universität Innsbruck, Institut für Erziehungswissenschaft, A-6020 Innsbruck

Prof. emer. Dr. Meinert A. MEYER,
Fakultät für Erziehungswissenschaft,
Universität Hamburg, D-20146 Hamburg

Prof. Dr. Ursula NEUMANN
Universität Hamburg, Fakultät EPB,
Fachbereich 1, Arbeitsstelle Interkultu-
relle Bildung, D-20146 Hamburg

Dr. Heike NIEDRIG
Universität Hamburg, Fakultät EPB,
Fachbereich 1, Arbeitsstelle Interkulturelle Bildung, D-20146 Hamburg

Prof. Dr. Wolfgang NIEKE
Universität Rostock, Institut für Allgemeine Pädagogik und Sozialpädagogik,
D-18055 Rostock

Ulrike PLATZ, Wiss. MA
Technische Universität Dortmund, Institut für Schulentwicklungsforschung,
D-44227 Dortmund

Prof. emer. Dr. Hans H. REICH
Universität Koblenz-Landau, Campus
Landau, FB 5, Arbeitsbereich Interkulturelle Bildung, D-76829 Landau

Prof. Dr. Heinz REINDERS
Julius-Maximilians-Universität Würzburg, Lehrstuhl Empirische Bildungsforschung, D-97074 Würzburg

Prof. Dr. Lutz R. REUTER
Präsident der Universität Flensburg, Auf
dem Campus 1, D-24943 Flensburg

Prof. Dr. Hans-Joachim ROTH
Universität zu Köln, Humanwissenschaftliche Fakultät, Institut für Vergleichende Bildungsforschung und Sozialwissenschaften, D-50931 Köln

Simone SCHNURR, M. A., Wiss. MA
Julius-Maximilians Universität Würzburg, Lehrstuhl Empirische Bildungsforschung, D-97074 Würzburg

Susann SCHUSTER, Wiss. MA
Technische Universität Dortmund, Institut für Schulentwicklungsforschung,
D-44227 Dortmund

Prof. Dr. Dr. h.c. Gita STEINER-KHAMSI
Teachers College Columbia University
Comparative & International Education,
USA – 10027 New York

Prof. Dr. Rudolf TIPPELT
Ludwig-Maximilians Universität München, Lehrstuhl für Allgemeine
Pädagogik und Bildungsforschung,
D-80802 München

Prof. Dr. Rosemarie TRACY
Universität Mannheim, Anglistische
Linguistik, D-68131 Mannheim

Markus TRUNIGER
Projekt „Qualität in multikulturellen
Schulen" (QUIMS), Bildungsdirektion
des Kanton Zürich Volksschulamt,
CH-8090 Zürich

Prof. Dr. Ton VALLEN
Universiteit van Tilburg, Department
Taal en Cultuurstudies,
NL-5000 LE Tilburg

Prof. Dr. Norbert WENNING
Universität Koblenz-Landau, Campus
Landau, FB 5, Arbeitsbereich Interkulturelle Bildung, D-76829 Landau/Pfalz

Franz WITTEK-KAÏM
11, rue Pierre Bonnard, F-75020 Paris